# DIREITOS DOS POVOS INDÍGENAS EM DISPUTA

MANUELA CARNEIRO DA CUNHA
SAMUEL BARBOSA
(ORGS.)

# DIREITOS DOS POVOS INDÍGENAS EM DISPUTA

editora
unesp

Direitos de publicação reservados à:

Fundação Editora da Unesp (FEU)
Praça da Sé, 108
01001-900 – São Paulo – SP
Tel.: (0xx11) 3242-7171
Fax: (0xx11) 3242-7172
www.editoraunesp.com.br
www.livrariaunesp.com.br
atendimento.editora@unesp.br

Dados Internacionais de Catalogação na Publicação (CIP)
Vagner Rodolfo da Silva – CRB-8/9410

C972d

Cunha, Manuela Carneiro da
Direitos dos povos indígenas em disputa / Manuela Carneiro da Cunha, Samuel Rodrigues Barbosa (Orgs.). – São Paulo: Editora Unesp, 2018.

ISBN 978-85-393-0715-9

1. Direito. 2. Povos indígenas. 3. Índios. 4. Legislação. 5. Supremo Tribunal Federal - STF. 6. Marco Legal. 7. Marco Temporal. I. Barbosa, Samuel Rodrigues. II. Título.

2018-10 CDD: 341.4852
CDU: 34(=1.81-82)

Editora afiliada:

Asociación de Editoriales Universitarias de América Latina y el Caribe

Associação Brasileira de Editoras Universitárias

# Sumário

## Anexos

# Apresentação
# Contra a tese do marco temporal, pela justiça

*Manuela Carneiro da Cunha*

Foi no dia 10 de novembro de 2015, no salão nobre lotado da Faculdade de Direito da Universidade de São Paulo. Protestou-se ali contra o desvirtuamento dos direitos dos índios em curso na então segunda turma do Supremo Tribunal Federal.

A questão fundamental é: povos indígenas, expulsos de seus territórios em pleno século XX, perdem seus direitos às terras?

Resolveu a segunda turma do Supremo que perdiam, sim, a não ser que tivessem resistido pela força ou por vias judiciais até um dia específico, 5 de outubro de 1988. Esse dia, celebrado por ser o da promulgação da Constituição Cidadã, passaria a ser sinistro: excluiria, conforme a nova interpretação, os povos indígenas escorraçados.

A decisão visa casos específicos: um deles, os Guarani-Kaiowá do Mato Grosso do Sul e do oeste do Paraná, que tentam reaver suas terras, das quais foram arrancados desde a década de 1940. A ironia é atroz: como supor que os Guarani-Kaiowá, acuados e tutelados na época por uma Funai que não os representava, mas se arrogava a única a poder entrar em juízo em seu favor, pudessem realmente resistir pela força ou através do Judiciário?

Desde suas primeiras decisões nesse sentido, e embora o plenário não se houvesse pronunciado, a segunda turma do STF tentou propagandear e assim difundir por outras instâncias judiciais e nos meios políticos essa tese, hoje tristemente conhecida como "marco temporal".

Em 10 de novembro de 2015, na Faculdade de Direito, três indígenas ilustraram os ataques que sofrem, tanto do Poder Legislativo, com as propostas de emendas constitucionais anti-indígenas, quanto do Supremo Tribunal Federal, quando este interpreta a Constituição de 1988 em detrimento deles. Falaram Eliseu Lopes, guarani-kaiowá, membro do Conselho da Aty Guasu – Grande Assembleia Guarani e Kaiowa, Sonia Guajajara, Coordenadora Executiva da APIB, a Articulação dos Povos Indígenas do Brasil, e Davi Popygua, liderança da minúscula e ameaçada Terra Indígena guarani do Jaraguá.

Falaram a seguir eminentes juristas. Para a ocasião, o professor José Afonso da Silva elaborou e leu um extenso parecer que está circulando desde então. Falaram também o professor Dalmo Dallari, veterano de processos em defesa dos direitos indígenas; a dra. Deborah Duprat, que comandava a Sexta Câmara do Ministério Público Federal – que tem, pela Constituição, o mandato de defender os índios –; e o professor Samuel Barbosa, co-organizador do evento e desta empreitada.

Foi essa a gênese deste livro, ao qual vários outros autores se agregaram a seguir.

# Agradecimentos

Esta iniciativa contou com o apoio da encomenda feita pelo então Ministério da Ciência, Tecnologia e Inovação, viabilizada pelo Conselho Nacional de Pesquisa Científica, CNPq, no Processo 403823/2012-9. Constituiu um dos projetos-piloto demonstrativos da fecundidade de uma colaboração entre Povos Tradicionais e a Academia. Desembocou neste livro, ele também patrocinado pelo mesmo Processo.

A Associação dos Juízes pela Democracia abrigou os muitos debates preparatórios que reuniram, entre outros professores, das áreas do direito e da antropologia da USP, antropólogos e advogados do Centro de Trabalho Indigenista (CTI), do Instituto Socioambiental (ISA), do Movimento Índio é Nós e do Centro de Estudos Ameríndios da Universidade de São Paulo (CEstA). Essas reuniões culminaram no seminário de 10 de novembro de 2015, quando a Faculdade de Direito da USP nos acolheu em seu salão nobre. Desembocaram neste livro.

Cabe por fim ressaltar a generosidade do professor José Afonso da Silva, professor titular aposentado da USP, que se dispôs a escrever, sem ônus algum, o extenso e profundo parecer que inaugura este volume.

A todos agradecemos.

# AGRADECIMENTOS

# Introdução

*Samuel Barbosa*

Este livro enfoca o marco da Constituição de 1988 para os direitos territoriais indígenas. A Constituição foi seguramente um marco ao assumir os povos indígenas como portadores de formas de vida com direito ao futuro, não mais como resquícios do passado em via de extinção. Mais e mais o Judiciário, a começar pelo STF, também reinterpreta a Constituição como um marco específico, o chamado marco temporal. No entanto, essa interpretação, paradoxalmente, proíbe o direito de muitos povos ao futuro. A crítica às recentes interpretações judiciais unifica as contribuições deste livro.

Na perspectiva do Estatuto do Índio (1973), o índio vive em um estágio transitório no caminho de integração à comunhão nacional. O relatório da Comissão Nacional da Verdade não deixa dúvidas do projeto de extinção física e cultural desses povos por ação e omissão do Estado brasileiro. A Constituição introduz outro marco. O cerne do pacto constitucional é a garantia da reprodução física e cultural dos povos indígenas sem dia para acabar, rejeitando o ponto de chegada de uma assimilação final. Para tanto, a Constituição reconhece os direitos originários sobre as terras tradicionalmente ocupadas pelos índios, atribuindo à União a competência para demarcá-las. Terras de ocupação tradicional ficam na posse permanente dos povos indígenas, que têm o usufruto exclusivo das suas riquezas, sem subordinação, portanto, aos imperativos dos projetos de desenvolvimento nacional. O marco constitucional introduz o pleno reconhecimento de uma forma de vida tradicional, com sua organização social, costumes, línguas, crenças e tradições. O genuíno marco temporal da Constituição é o direito ao futuro dos povos indígenas.

Mas o STF e outras instâncias judiciais têm falado em marco temporal da Constituição em outro sentido. O acento não está no direito ao futuro e na garantia de reprodução física e cultural dos povos indígenas, mas na restrição ao reconhecimento das terras tradicionais. Trazem à baila uma cascata de restrições. Deveria ser provada a ocupação tradicional na data da promulgação da Constituição de 1988, a exceção sendo os casos de expulsão dos índios das suas terras, chamados na terminologia jurídica de hipóteses de "esbulho". Mais uma restrição, aqui não se trata do esbulho ocorrido no passado, mas dos efeitos do esbulho que continuam no presente, na data da Constituição. É o chamado "renitente esbulho". Outra restrição, o renitente esbulho se prova em 5 de outubro de 1988 por duas circunstâncias: ou porque havia resistência ou havia ação judicial contestando o esbulho. Última restrição, resistência passa a significar nesse caso apenas a resistência física. A data da promulgação da Constituição, assim, adquiriu uma dupla função, serve ou para provar a ocupação tradicional de uma área ou para provar a continuidade dos efeitos do renitente esbulho (resistência física ou ação judicial protocolada).

É fundamental salientar que essa tese do renitente esbulho com tantas restrições apareceu em poucos casos judiciais. Já a tese do marco temporal tem sido invocada mais frequentemente. Com a repetição, uma e outra tese podem se tornar um pressuposto interpretativo difícil de questionar. A tempo, o esforço despendido pelos autores deste livro é o de explicitar os riscos da adoção do mecanismo do marco temporal/renitente esbulho que lança à sombra o pactuado na Constituição.

Os capítulos discutem em profundidade os paradoxos trazidos por essas recentes interpretações judiciais. Esbulhos no passado, de resto frequentes, tornam-se na prática legitimados, pois quem praticou o esbulho ficaria com a terra se não fosse provada pelos índios a resistência física ou ação judicial protocolada. O mecanismo do marco temporal/renitente esbulho cria para os índios o ônus de provar que continuaram resistindo fisicamente ou pelas vias judiciais. Não responde quem praticou o esbulho, mas quem o sofreu. Com essa inversão, as violações do passado são potencializadas no presente contra os índios. Ficam opacas as mais variadas formas de resistência indígena que não se reduzem à resistência física que, aliás, sempre foi desencorajada e punida na longa duração do contato com esses povos. Não custa lembrar também que, até a Constituição, os índios não estavam autorizados a ingressar com ações judiciais. Mais paradoxal ainda, a Constituição que concebe o direito à reprodução física e cultural dos índios é interpretada para bloquear seu futuro. Afinal, qual horizonte resta aos povos esbulhados no passado que não conseguem provar a resistência física ou que não contaram com a iniciativa dos órgãos do Estado para o ajuizamento das ações judiciais antes da Constituição? Sem futuro.

Concluiu-se em 2009, no STF, o julgamento da demarcação da Terra Indígena Raposa Serra do Sol em Roraima. Foi dito então que o marco temporal visava a "colocar uma pá de cal nas intermináveis discussões sobre qualquer outra referência temporal de ocupação de área indígena". Não há dúvida de que a judicialização é um problema da ordem do dia. Não raro, vem sendo usada para criar obstáculos ou impedir a conclusão das demarcações, o que alimenta ainda mais os conflitos sobre os direitos territoriais. O esforço de encerrar a discussão e criar segurança jurídica, porém, coloca em risco o que foi pactuado na Constituição. É o que sustentam os trabalhos deste livro. A tese do marco temporal/renitente esbulho, longe de encerrar, antes repõe o sentido do projeto constitucional.

Vários autores fizeram remissão a uma importante decisão do STF de 1961, na qual o ministro Victor Nunes Leal já advertia que, nos conflitos de terras indígenas, "não se está em jogo, propriamente, um conceito de posse, nem de domínio, no sentido civilista dos vocábulos". Essa citação se tornou um lugar-comum da maior relevância para os intérpretes do direito. Se os direitos territoriais indígenas não equivalem à posse civil, mas é posse constitucional, então é preciso construir conceitos jurídicos adequados. Para os autores deste livro, o caminho para isso não é o fechamento monológico por parte dos mandarins do direito. É que o entendimento do que seja "posse constitucional" depende de uma ecologia de saberes, dos índios e dos indigenistas. Saber o que significa a tradicionalidade da ocupação ou o que seja resistência depende da autocompreensão e autoidentificação dos próprios índios. Uma terra indígena não é uma gleba sem mais, normatizada pela malha autorreferente dos conceitos do direito. Para os Guarani, por exemplo, seu território é *tekoha*, espaço da mata preservada para a caça ritual, agricultura e coleta de ervas ou materiais para o artesanato, é também o espaço sociopolítico de moradia, festas, lazer e rezas; *tekoha* é um conceito denso que combina dimensões cosmológicas, ecológicas e sócio-históricas. A tese restritiva do marco temporal, do esbulho e da resistência não faz jus a essa concepção de territorialidade e não garante a reprodução e o futuro dessa forma de vida.

Os capítulos representam um esforço de interpretação da Constituição por parte de juristas, integrantes do Ministério Público Federal, advogados e professores. José Afonso da Silva preparou especialmente para este livro um parecer jurídico que já recebeu uma ampla circulação e tem instruído diversas ações judiciais no país. O parecer avalia criticamente os argumentos empregados mais recentemente pelos tribunais, especialmente pelo STF, e oferece uma intepretação alternativa e adequada do projeto constitucional. O artigo de Deborah Duprat discute a aplicação do marco temporal para o caso da Terra Indígena Limão Verde e reabre a discussão sobre o conceito de resistência. Os trabalhos de Carlos Frederico Marés de Souza Filho e José Antônio Peres Gediel avaliam os limites da argumentação baseada nos conceitos do direito civil para os casos envolvendo indígenas, ressaltando a dimensão coletiva dos direitos indígenas. Samuel Barbosa preparou uma contribuição de teoria do direito sobre a ecologia dos saberes nos processos judiciais e as implicações correlatas da tese do marco temporal. Dois trabalhos inserem o debate em um contexto maior, Pádua Fernandes preparou uma contribuição no campo do direito internacional, enfatizando a importância das convenções internacionais, e Julio José Araujo Junior destaca a relevância do chamado novo constitucionalismo latino-americano. Para saber como esse esforço interpretativo vem sendo mobilizado em ações judiciais, publicamos a contribuição de Juliana de Paula Batista e Mauricio Guetta. Muitos desses trabalhos foram apresentados em um seminário na Faculdade de Direito da USP em novembro de 2015, e dele reproduzimos também a fala de Dalmo Dallari acerca das implicações político-jurídicas da questão. Para um enquadramento histórico do debate, republicamos as conferências sobre o indigenato de João Mendes Jr. (1912), antigo professor da Faculdade de Direito, que foram influentes nos debates da Constituinte de 1987-1988, e um histórico da legislação indigenista sobre direitos territoriais de autoria de Manuela Carneiro da Cunha.

Na presente conjuntura, o projeto constitucional é desafiado em diversas frentes. Projetos no Legislativo pretendem desfigurar o que foi pactuado ao impor um sem-número de restrições às demarcações. Uma ambiciosa CPI aposta na criminalização de organizações indígenas e indigenistas, do trabalho de antropólogos e até do Ministério Público Federal. A Funai sobrevive no limite da inoperância com fortes restrições orçamentárias e de pessoal, com rápida rotatividade de presidentes (muitos interinos) que mal se sustentam na função. Áreas já demarcadas são invadidas para exploração econômica ilegal. Projetos de desenvolvimento são celeremente implantados sem consultar os índios afetados. Em algumas regiões, povos vivem em reservas diminutas e inadequadas para sua reprodução, mal inventadas pelo governo de ocasião para liberar áreas para o aproveitamento econômico-comercial. Os índios vivem em um quadro de acentuada vulnerabilidade, com assistência à saúde precária, acossados pela violência de milícias que agem impunemente à luz do dia.

A enumeração não é exaustiva. Serve como indicação dos vários desafios para fazer da Constituição uma realidade. Para isso, o Judiciário é uma das arenas. O escopo deste livro enfoca justamente a jurisprudência mais recente sobre os direitos territoriais indígenas. Falar do direito ao futuro dos povos indígenas não é a formulação cândida que paira no ar. Antes, é um projeto normativo ancorado na resistência indígena de longa data e conta com a vitalidade no presente das muitas associações indígenas locais, regionais e nacionais.

# 1
# Parecer

*José Afonso da Silva*[1]

## A consulta

MANUELA CARNEIRO DA CUNHA, professora titular aposentada da FFLCH da USP, SAMUEL RODRIGUES BARBOSA, professor da Faculdade de Direito da USP, a Associação Juízes pela Democracia, o CENTRO DE TRABALHO INDIGENISTA, o INSTITUTO SOCIOAMBIENTAL, a ORGANIZAÇÃO ÍNDIO É NÓS, e o CENTRO DE ESTUDOS AMERÍNDIOS da USP, honrando-me com o pedido de um parecer jurídico, expõem o seguinte:

Considerando que a Constituição da República Federativa do Brasil promulgada em 5 de outubro de 1988 reconheceu aos índios os direitos originários sobre as terras que tradicionalmente ocupam;

Considerando que a proteção dos direitos desses povos sobre suas terras foi introduzida em nível constitucional em 1934, repetida em todas as Constituições seguintes, e já existia desde a legislação colonial;

Considerando que o STF decidiu que os direitos dos índios sobre as terras que tradicionalmente ocupam foram constitucionalmente "reconhecidos", e não simplesmente outorgados, com o que o ato de demarcação se orna de natureza declaratória e não propriamente constitutiva. Ato declaratório de uma situação

1 Advogado, professor titular aposentado da Faculdade de Direito da USP.

jurídica ativa preexistente (Ementa da Pet. n.3.388/RR – Raposa Serra do Sol, item 12, trecho);

Considerando que no mesmo acórdão, o STF ementou que "11.1. O marco temporal de ocupação. A Constituição Federal trabalhou com data certa a data da promulgação dela própria (5 de outubro de 1988) – como insubstituível referencial para o dado da ocupação de um determinado espaço geográfico por essa ou aquela etnia aborígene; ou seja, para o reconhecimento, aos índios, dos direitos originários sobre as terras que tradicionalmente ocupam. 11.2. O marco da tradicionalidade da ocupação. É preciso que esse estar coletivamente situado em certo espaço fundiário também ostente o caráter da perdurabilidade, no sentido anímico e psíquico de continuidade etnográfica. A tradicionalidade da posse nativa, no entanto, não se perde onde, ao tempo da promulgação da Lei Maior de 1988, a reocupação apenas não ocorreu por efeito de renitente esbulho por parte de não índios." (Ementa da Pet. n.3.388/RR – Raposa Serra do Sol, item 11, trechos);

Considerando que a Colenda Segunda Turma do STF, no ARE n.803.462--AgR/MS, ementou o seguinte entendimento sobre o "esbulho renitente": "Renitente esbulho não pode ser confundido com ocupação passada ou como desocupação forçada ocorrida no passado. Há de haver, para configuração de esbulho, situação de efetivo conflito possessório que, mesmo iniciado no passado, ainda persista até o marco demarcatório temporal atual (vale dizer, na data da promulgação da Constituição de 1988), conflito que se materializa por circunstâncias de fato ou, pelo menos, por uma controvérsia possessória judicializada";

Considerando que a Comissão Nacional da Verdade (CNV) constatou inúmeras graves violações de direitos humanos contra os povos indígenas, inclusive genocídio, e reconheceu a "responsabilidade [do Estado brasileiro], por ação direta ou omissão, no esbulho das terras indígenas ocupadas ilegalmente no período investigado e nas demais graves violações de direitos humanos que se operaram contra os povos indígenas articuladas em torno desse eixo comum". E que a CNV traçou uma série de recomendações para o Estado brasileiro, dentre elas a demarcação, desintrusão e recuperação ambiental das terras indígenas como "a mais fundamental forma de reparação coletiva pelas graves violações decorrentes da não observação dos direitos indígenas na implementação de projetos de colonização e grandes empreendimentos realizados entre 1946 e 1988";[2]

2 Brasil, Comissão Nacional da Verdade, *Relatório*, v.II, p.253-4.

Considerando que em diversas ações judiciais discute-se a questão jurídica da correta interpretação do "esbulho renitente" de terras indígenas e do "marco temporal" da ocupação dos indígenas de suas terras;

Levamos à sua apreciação a presente consulta mediante os seguintes quesitos:

1. *Qual a correta interpretação do instituto do "esbulho renitente" à luz do reconhecimento dos direitos originários sobre as terras indígenas pela Constituição de 1988? É correta a interpretação restritiva de esbulho renitente como controvérsia possessória judicializada? Para interpretar as hipóteses de esbulho renitente, é necessária a comprovação de resistência física dos índios à data da promulgação da Constituição? Tendo em vista as conclusões do relatório da CNV, é passível de ser qualificado juridicamente de esbulho renitente a desocupação forçada dos indígenas de suas terras no passado recente?*

2. *É correto interpretar a atual Constituição como se ela tivesse limitado os direitos originários dos povos indígenas às suas terras ao estado da ocupação em 5 de outubro de 1988, impedindo demarcações para etnias que só conseguiram retornar a suas terras tradicionais depois dessa data?*

3. No caso do RMS n.29.542, a Segunda Turma do STF anulou a Portaria n.3.508/2009, do Ministério da Justiça, que ampliou a "Terra Indígena Porquinhos" (MA). A fundamentação da decisão considerou (i) que deveria ser aplicada automaticamente a condicionante da vedação de ampliação de Terras Indígenas, estabelecida para o caso da Terra Indígena Raposa Serra do Sol (Pet. n.3.388), (ii) bem como que o prazo prescricional de 5 (cinco) anos previsto no artigo 54 da Lei n.9.784/1999 impediria a referida ampliação da Terra Indígena. Em sua avaliação, estão corretos os referidos entendimentos? Segundo sua interpretação da Constituição Federal, há vedação de ampliação de Terras Indígenas? Haveria distinção de entendimento sobre a referida questão quando a Terra Indígena a ser ampliada foi demarcada antes da entrada em vigor na Constituição Federal de 1988? Aplica-se o referido prazo prescricional?

A resposta sintética ao final a esses quesitos requer considerações sobre a natureza dos direitos constitucionais dos índios, bem como análise de algumas decisões do Supremo Tribunal Federal que têm gerado inquietação nas comunidades indígenas.

## 1. Natureza dos direitos constitucionais dos índios

1. Os problemas postos pela consulta terão que ser resolvidos a partir da definição da natureza dos direitos dos índios, o que, previamente, exige uma pequena referência histórica sobre sua evolução.

2. Embora a definição constitucional dos direitos indígenas[3] seja coisa recente, a verdade é que o direito dos índios foi reconhecido e perfeitamente firmado durante o período colonial por meio de diversos alvarás, cartas régias e provisões expedidas pelos monarcas portugueses de que dá notícia João Mendes Junior.[4] Foi ainda no período colonial que se criou o primeiro texto legal que fundamentou o direito dos índios especialmente sobre as terras por eles tradicionalmente ocupadas, qual seja, a Carta Régia de 30 de julho de 1611, depois o Alvará de 1º de abril de 1680, que reconheceu o direito de posse permanente das terras ocupadas pelos índios, o *indigenato*. A Lei de 6 de junho de 1775 também o reconheceu ao determinar que, na concessão de sesmarias, se respeitassem o direito dos índios, *primários e naturais senhores das terras por eles ocupadas*.

3. Constituição de 1934 foi a primeira a acolher expressamente o indigenato, em seu art. 129: "Será respeitada a posse de terras de silvícolas que nelas se acham permanentemente localizados, sendo-lhes, no entanto, vedado aliená-las", regra que foi repetida nas demais Constituições.

4. Finalmente, veio a Constituição de 1988 que incorporou esses princípios no seu art. 231. Abandonou a tese da incorporação dos índios à comunhão nacional, até porque reconhece sua organização social, costumes, línguas, crenças e tradições, e sua reprodução física e cultural, segundo seus usos, costumes e tradições.

5. Como se nota, os direitos dos índios às terras por eles tradicionalmente ocupadas preexistem ao próprio reconhecimento constitucional, porque

---

3 Sobre a evolução constitucional dos direitos indígenas, cf. Mendes, *Domínio da União sobre as terras indígenas, Parque Nacional do Xingu*, p.56 et seq. Trata-se, neste volume, da reprodução da contestação apresentada pela União na Ação Cível Originária n.362 (Relator: ministro Djaci Falcão) proposta pelo estado de Mato Grosso. Gilmar Mendes, então procurador da República, quando os procuradores da República exerciam também as funções de advogados da União. A peça é brilhante e prova os direitos dos índios sobre as terras por eles ocupadas, isso antes da Constituição de 1988. Pena é que ultimamente, como ministro do Supremo Tribunal Federal, o autor venha tomando outro rumo.

4 Cf. Mendes Jr., *Os indígenas do Brasil, seus direitos individuais e políticos*, p.29 et seq.

entranhadamente à sua existência comunitária. Nesse sentido, pode-se dizer que são *direitos naturais*, porque coexistentes com o próprio ser das comunidades indígenas e que o sistema constitucional, desde a Constituição de 1934, acolheu como forma de direito constitucional fundamental direitos humanos fundamentais dos índios que têm, para eles, um valor de sobrevivência física e cultural, tanto quanto têm para todos nós os direitos humanos consagrados nos documentos constitucionais e declarações internacionais.

6. Da Constituição se extrai que, sobre as terras tradicionalmente ocupadas pelos índios, incidem os *direitos de propriedade* e os *direitos originários*. Declara-se: em primeiro lugar, que *essas terras são bens da União* (art. 20, XI) como uma forma de propriedade vinculada com o fim de garantir os *direitos originários* dos índios sobre elas; assim, consagra uma relação jurídica fundada no *instituto do indigenato*, como fonte primária e congênita da posse territorial, consubstanciada no art. 231, § 2º da Constituição.

7. Repita-se: esses direitos são *direitos fundamentais dos índios*, que podem ser classificados na categoria dos *direitos fundamentais de solidariedade*, tal como o direito ao meio ambiente ecologicamente equilibrado. *Direitos de solidariedade*, porque têm, ao mesmo tempo, uma dimensão "individual" e uma dimensão "coletiva", uma vez que concernem à pessoa humana: o *índio* como tal, assim como as coletividades humanas: as comunidades indígenas.[5] São direitos supraestatais e, pois, direitos absolutos, natureza essa que lhes confere a garantia de permanência, pois não podem ser eliminados.

8. Diante disso é que se pode dizer que são ilegítimas algumas das diretrizes ou condicionantes estabelecidas no julgamento da ação popular identificada como Petição n.3.388 sobre a demarcação da *Terra Indígena Raposa Serra do Sol*, conforme veremos mais adiante.

9. É a partir dessa compreensão dos direitos dos índios que se lamenta a decisão da Segunda Turma do STF no caso do RSM n.29.087/DF, relativo às terras da etnia Guarani-Kaiowá em Mato Grosso do Sul. Neste caso, o Relator, Ministro Ricardo Lewandovski negou provimento à segurança por entendê-lo medida imprópria por falta de direito líquido e certo já que o direito pleiteado dependia de realização de provas. O Ministro Gilmar Mendes, em

5 Sobre a categoria dos direitos humanos de solidariedade, cf. Trindade, Derechos de solidariedad, em: Aranguren et al., *Estúdios básicos de Derechos Humanos*, v.I, p.63s.; e Silva, *Teoria do conhecimento constitucional*, p.551 et seq.

voto-vista, abriu divergência, para conceder a segurança, por entender que o direito líquido e certo estava devidamente provado. A maioria da Turma seguiu a divergência.

A decisão, enfim, concluiu pela desnecessidade de instrução probatória, por entender que os dados estão inseridos no laudo antropológico que subsidiou o processo administrativo. E daí passa a analisar o laudo, sublinhando as partes que, segundo os votos vencedores, provavam a ausência de índios nas terras, para concluir que "[os] excertos do laudo antropológico afastam quaisquer dúvidas sobre a anterior ocupação indígena da região na qual está inserido imóvel rural do Recorrente".

No entanto, desprezaram-se as passagens do laudo que favorecem os índios, tais como:

> A maioria das pessoas com mais de trinta anos que compõem essa parentela [dos Guyraroká] nasceram em Guyraroká e guardam uma viva memória do território e da vida comunitária que aí desenvolviam. [...]
>
> As informações levantadas junto aos índios dão conta da concentração expressiva de população Kaiowá residindo na terra reivindicada em caráter permanente até o início da década de 1940.

Foi desprezada a passagem do laudo que mostra por que não existiam índios, como esta:

> Os Kaiowá só deixaram a terra devido às pressões que receberam dos colonizadores que conseguiram os primeiros títulos de terras na região. A ocupação da terra pelas fazendas desarticulou a vida comunitária dos Kaiowá, mas mesmo assim muitas famílias lograram permanecer no local, trabalhando como peões para os fazendeiros.

O laudo afirma que, nos anos 1940, as pressões dos fazendeiros que começam a comprar as terras na região tornaram inviável a permanência dos índios no local.

Pesquisa e relatório da Comissão Nacional da Verdade (CNV) comprovam que a política de expulsão dos índios de suas terras executada pelo Estado brasileiro no período de 1946-1988 pode ser exemplificada, inicialmente, por meio do que ocorreu em Mato Grosso do Sul e no oeste do Paraná com os índios Guarani-Kaiowá e Ava-Guarani, precisamente os de que trata a decisão comentada.

Narra o relatório que os índios Guarani-Kaiowá foram "jogados à força em caminhões, sendo suas casas queimadas" e "relocados à força numa área" diminuta demarcada pelo Serviço de Proteção dos Índios (SPI).

> Documentos do SPI (1946-1947) mostram que os Kaiowá da região de Dourados e Rio Brilhante comunicaram-se reiteradamente com o SPI para pedir auxílios diante do avanço dos colonos, sem obter sucesso. [...]
>
> Nos anos de 1950, aos indígenas [Kaiowá] restaram sete lotes da CAND (Colônia Agrícola Nacional de Dourados), nos quais eles resistiram pelas décadas seguintes.

Esses fatos não foram sequer questionados na decisão em apreço, e, no entanto, eram fatos dependentes de provas que tornavam não líquido e certo o pedido do mandado de segurança. A decisão, para conceder a segurança, preferiu não tomar conhecimento de fatos graves que levaram o STJ a denegar a segurança como medida inapropriada.

## 2. Marco temporal de ocupação

10. "Marco temporal de ocupação das terras indígenas pelos índios" é um dos conceitos questionáveis estabelecidos pelo acórdão proferido no processo da Pet. n.3.388 sobre as *Terras Indígenas Raposa da Serra do Sol,* questionável em primeiro lugar porque fixado pretorianamente de modo arbitrário como sendo a data da promulgação da Constituição Federal de 5 de outubro de 1988. Questionável também por ter dado ao conceito uma dimensão normativa com aplicação geral a todos os casos de ocupação de terras indígenas.

11. Vejamos como a ementa do acórdão enuncia o conceito:

> 1.1. *O marco temporal de ocupação.* A Constituição Federal trabalhou com data certa a data da promulgação dela própria (5 de outubro de 1988) como insubstituível referencial para o dado da ocupação de um determinado espaço geográfico por essa ou aquela etnia aborígine: ou seja, para o reconhecimento, aos índios, dos direitos originários sobre as terras que ocupam.

12. Juntaram-se aqui dois conceitos que, na forma como estão sendo entendidos, são nitidamente espoliadores dos direitos fundamentais dos índios: o *marco temporal em 5 de outubro de 1988* e o *renitente esbulho*. Vamos ocupar-nos agora do primeiro, deixando o segundo para o tópico seguinte deste parecer.

13. Diz o texto que "A Constituição Federal trabalhou com data certa, a de sua promulgação a 5 de outubro de 1988". Onde está isso na Constituição? Como pode ela ter trabalhado com essa data, se ela nada diz a esse respeito nem explícita nem implicitamente. Nenhuma cláusula, nenhuma palavra do art. 231 sobre os direitos dos índios autoriza essa conclusão. Ao contrário, se se ler com a devida atenção o *caput* do art. 231, ver-se-á que dele se extrai coisa muito diversa. Vejamos:

> *São reconhecidos aos índios sua organização social, costumes, língua, crenças e tradições, e os direitos originários sobre as terras que tradicionalmente ocupam, competindo à União demarcá-las, proteger e fazer respeitar todos os bens.*

Se são "*reconhecidos* [...] os direitos originários sobre as terras que tradicionalmente ocupam", é porque já existiam antes da promulgação da Constituição. Se ela dissesse: "são conferidos etc.", então, sim, estaria fixando o momento de sua promulgação como marco temporal desses direitos.

14. Mas não foi isso que a Constituição estabeleceu. Já disse e reafirmo:

> A Constituição de 1988 revela um grande esforço da Constituinte no sentido de preordenar um sistema de normas que pudesse efetivamente proteger os direitos e interesses dos índios. E o conseguiu num limite bem razoável. Não alcançou, porém, um nível de proteção inteiramente satisfatório. Teria sido assim, se houvera adotado o texto do Anteprojeto da Comissão Afonso Arinos, reconhecidamente mais equilibrado e mais justo. É inegável, contudo, que ela deu um largo passo à frente na questão indígena[6] [reconhecendo direitos fundamentais dos índios e suas comunidades].

O ponto importante nos textos constitucionais, como notado por Manuela Carneiro da Cunha,

6 Cf. Silva, *Curso de Direito Constitucional Positivo*, p.870.

e que deve ser aqui salientado é que se trata do reconhecimento da posse imemorial dos índios, de seus títulos anteriores aos de quaisquer outros ocupantes, e não uma proteção transitória, apenas assegurada aos índios enquanto o exigisse seu estado de vulnerabilidade. Ou seja, pela facilidade com que podem ser lesados, os índios são protegidos pela tutela. Mas seus direitos à terra independem claramente dessa tutela, na medida em que são fundamentados na sua condição de seus primeiros donos. É o que fica claro nos comentários que Temístocles Cavalcanti, o futuro autor do Estatuto do Índio (Lei n.6.001, de 19 de dezembro de 1973), faz sobre o artigo da Constituição de 1946.[7]

15. Mostra isso que a Constituição de 1988 é o último elo do reconhecimento jurídico-constitucional dessa continuidade histórica dos direitos originários dos índios sobre suas terras e, assim, não é o marco temporal desses direitos, como estabeleceu o acordão da Pet. n.3.388. O termo "marco" tem sentido preciso. Em sentido espacial, marca limites territoriais. Em sentido temporal, marca limites históricos, ou seja, marca quando se inicia situação nova na evolução de algo. Pois bem, o documento que deu início e marcou o tratamento jurídico dos direitos dos índios sobre suas terras foi a Carta Régia de 30 de julho de 1611 promulgada por Felipe III, nos seguintes termos:

> *os gentios são senhores de suas fazendas nas povoações, como o são na serra, sem lhes poderem ser tomadas, nem sobre elas se lhes fazer moléstia ou injustiça alguma; nem poderão ser mudados contra suas vontades das capitanias e lugares que lhes forem ordenados, salvo quando eles livremente o quiserem fazer.*

Aqui temos inequivocamente *um marco temporal* – o reconhecimento jurídico-formal – dos direitos originários dos índios sobre as terras que ocupam.

16. Outro *marco* nessa continuidade histórica está no reconhecimento constitucional daqueles direitos. Por que, neste caso, temos um marco temporal? Porque se dá àqueles direitos uma nova configuração jurídico-formal, retirando-os das vias puramente ordinárias para consagrá-los como direitos fundamentais dotados de supremacia constitucional. Isso, como visto, se deu com a *Constituição de 1934*, cujo art. 129 os acolheu numa síntese expressiva essencial: "*Será respeitada a posse de terras de silvícolas que nelas se achem permanentemente localizados, sendo-lhes, no entanto, vedado aliená-las*".

7 Cf. Cunha, *Os direitos do índio*, p.93-4.

As demais Constituições deram continuidade a essa consagração formal até à Constituição de 1988, que acrescentou o reconhecimento de outros direitos, como se pode ver do seu art. 231. Mas, no que tange aos direitos originários sobre as terras indígenas, a Constituição de 1988 não inovou, porque, no essencial, já constavam das Constituições anteriores, desde a de 1934.

Então, se há um marco temporal a ser firmado este é o da data de promulgação da Constituição de 1934, qual seja, *16 de julho de 1934*, que, por primeiro, deu consagração constitucional a esses direitos e garantia de sua proteção efetiva. Isso não significa que se exija a presença física dos indígenas na área exatamente nessa data como requisito essencial para a caracterização da tradicionalidade da ocupação, pois, por qualquer motivo independente de sua vontade, podiam estar afastados dela na data referida.

A Constituição de 1988 é importante na continuidade desse reconhecimento constitucional, mas não é o marco, e deslocar esse marco para ela é fazer um corte na continuidade da proteção constitucional dos direitos indígenas, deixando ao desamparo milhares de índios e suas comunidades, o que, no fundo, é um desrespeito às próprias regras e princípios constitucionais que dão proteção aos direitos indígenas. Vale dizer: é contrariar o próprio sistema constitucional, que deu essa proteção continuadamente. Romper essa continuidade significa abrir brechas para a usurpação dos direitos dos índios sobre as terras que tradicionalmente ocupam, como provam decisões como a que foi prolatada no RMS n.29.087, como já deixei consignado antes.

Mesmo assim, para bem realçar esse corte prejudicial aos direitos dos índios, vou transcrever uma passagem do voto do Ministro Gilmar Mendes, *in verbis*:

> Importante foi a reafirmação de marco do processo demarcatório, a começar pelo *marco temporal de ocupação*. O objetivo principal dessa delimitação foi procurar dar fim a disputas infindáveis sobre as terras, entre índios e fazendeiros, muitas das quais, como sabemos, bastante violentas.

Fica claro, por esse texto, que o objetivo do marco estabelecido não é a proteção dos direitos dos índios, ainda que essa proteção seja uma exigência da Constituição, que até *determina competir à União demarcar as terras, proteger e fazer respeitar todos os seus bens*. A Constituição o diz no *caput* do art. 231, mas o Supremo Tribunal Federal diz o contrário em última instância.

Fica claro também que o objetivo enunciado é o de dar fim a disputas infindáveis sobre as terras não pelo cumprimento da regra constitucional que manda proteger e fazer respeitar todos os bens dos índios, ou seja, não pela coibição e repressão aos usurpadores, mas pela cassação dos direitos dos índios sobre elas. Fica claro ainda, segundo esse voto, que os conflitos entre índios e fazendeiros devem ser resolvidos em detrimento dos direitos dos índios, sem se levar em conta as normas constitucionais que os protegem!

Essa é a consequência da fixação arbitrária do marco temporal de ocupação na data da promulgação da Constituição de 1988 e não da Constituição de 1934, repita-se, a primeira a reconhecer os direitos dos índios e, portanto, o marco real da proteção constitucional desses direitos.

## 3. Renitente esbulho

17. A situação calamitosa para os índios com a fixação do marco temporal de ocupação na data da promulgação da Constituição de 1988 se agrava consideravelmente com o conceito de *renitente esbulho* dado pelo julgado do caso da *Terra Indígena Raposa Serra do Sol,* conforme a seguinte disposição estabelecida na sua ementa:

> 1.2. *O marco da tradicionalidade da ocupação.* É preciso que esse estar coletivamente situado em certo espaço fundiário também ostente o caráter da perdurabilidade, no sentido anímico e psíquico de continuidade etnográfica. A tradicionalidade da posse nativa, no entanto, não se perde onde, tempo da promulgação da Lei Maior de 1988, a reocupação apenas não ocorreu por efeito de renitente esbulho por parte de não índio.

Acoplaram-se aí dois conceitos detrimentosos dos direitos originários dos índios, como já disse: a fixação do marco de ocupação na data da Constituição de 1988, e não da data da promulgação da Constituição de 1934, como uma interpretação coerente e sistemática recomendaria, e o conceito de esbulho renitente.

18. O que mais destoa da interpretação dos direitos fundamentais dos índios, os direitos originários sobre suas terras, é a compreensão que o Supremo Tribunal Federal vem dando ao renitente esbulho, desde decisão

tomada pela Segunda Turma no julgado do Agravo no Recurso Extraordinário n.803.462/MS:

> Renitente esbulho não pode ser confundido com ocupação passada ou com desocupação forçada ocorrida no passado. Há de haver, para configuração de esbulho, situação de efetivo conflito possessório que, mesmo iniciado no passado, ainda persista até o marco demarcatório temporal atual (vale dizer, na data da promulgação da Constituição de 1988), conflito que se materializa por circunstâncias de fato ou, pelo menos, por uma controvérsia possessória judicializada.

19. Aí se vê a conjugação dos dois conceitos, pelos quais se subtraem os direitos dos índios em favor de usurpadores de suas terras. Há vários absurdos anti-índios nessa configuração do renitente esbulho.

O *primeiro,* bastante sutil, é esse modo de exprimir os termos do conceito, *renitente esbulho* em vez de *esbulho renitente,* pondo o destaque na qualificadora, para irrogar os ônus sobre a *renitência,* com o que impõe aos índios esbulhados a obrigação de provar os fatos. O segundo, e grave, é a utilização do conceito de esbulho num contexto que não lhe cabe, como veremos, como se se tratasse de um conflito de posse do direito civil. O *terceiro* é essa ideia de que o conflito, mesmo iniciado no passado, tem que persistir até o marco temporal: quer dizer, forja-se um marco temporal deslocado para o último elo da cadeia jurídico-constitucional que reconheceu os direitos indígenas, deixando ao desamparo os direitos que as Constituições anteriores reconheceram, e daí se exige que os índios sustentem um conflito ao longo do tempo, inclusive na via judicial, para que os seus direitos usurpados sejam restabelecidos. O *quarto* é essa exigência de que o conflito se materialize, pelo menos, *por uma controvérsia possessória judicializada,* como se se tratasse de uma disputa entre dois possuidores tutelados pelo direito civil, mas os indígenas não são possuidores nesse sentido. É uma torção semântica calamitosa essa de tratar o *indigenato,* ou seja, os direitos originários dos índios sobre as terras que ocupam, como se se tratasse de posse do direito civil.

De fato, o *esbulho* é um instituto do direito possessório civil considerado o ato pelo qual o "possuidor" é privado da posse que lhe é arrebatada pelo esbulhador. Ora, as terras dos índios são congenitamente possuídas, e sua relação com elas é de direito constitucional, pelo instituto do *indigenato,* e não do direito civil.

O que mais choca, nessa concepção civilista, é que nem ela é aplicada convenientemente, porque só é utilizada naquilo que favorece o usurpador das terras indígenas. Por exemplo, não se aplica o conceito de posse justa do art. 1.200 do Código Civil, ou seja, aquela "que não for violenta, clandestina", quando há até ministros que reconhecem a usurpação violenta das terras indígenas, como esta passagem do voto do ministro Ricardo Lewandovski na confirmação do seu voto no RMS n.29.087:

> Nós sabemos que o que está havendo, hoje, em todo o Brasil, lamentavelmente, é um novo genocídio de indígenas, em várias partes do país, em que os fazendeiros, criminosamente, ocupam terras que eram dos índios [...] e os expulsam *manu militari*, e depois os expedientes jurídicos, os mais diversos depois de esgotados os expedientes, evidentemente, ilegais e até criminosos acabam postergando o cumprimento desse importante dispositivo constitucional,

qual seja, o § 4º do art. 231 da Constituição, *in verbis*: "*As terras de que trata este artigo são inalienáveis e indisponíveis, e os direitos sobre elas, imprescritíveis*".

Dispositivo esse que está sendo anulado, inutilizado, pela aplicação do conceito de renitente esbulho na forma formulada, sobretudo, pela Segunda Turma do STF.

20. Não é só. Deslocar o marco temporal para a data da promulgação da Constituição de 1988 retira, com uma penada, os direitos originários dos índios sobre as terras por eles ocupadas que as Constituições anteriores, desde 1934, lhe reconheceram e confirmaram.

Igualmente na concepção civilista do renitente esbulho, os seus intérpretes não tomam conhecimento de normas do Código Civil em favor dos índios. Não é adequado aplicar regras do Código Civil sobre a posse como se está fazendo com essa concepção civilista; pior ainda quando seus intérpretes o empregam parcialmente, ou seja, só naquilo que favorece os usurpadores dos direitos indígenas, desprezando regras benéficas aos usurpados, como o art. 1.201 do Código Civil sobre a posse de boa-fé, que diz: "*É posse de boa-fé a posse, se o possuidor ignora o vício ou o obstáculo que impede a aquisição da coisa*".

Ora, os usurpadores de terras indígenas não podem desconhecer a pertinência dessas terras às comunidades indígenas e que elas são inalienáveis e indisponíveis, o que constitui "obstáculo que impede a aquisição da coisa".

Não pode haver boa-fé na ocupação de terras indígenas, porque, em relação a elas, não há possuidor não índio com justo título de que fala o parágrafo único do art. 1.201 do Código Civil, para se ter "presunção de boa-fé". Pois, nos termos do § 6º do art. 231 da Constituição, *são nulos e extintos, não produzindo efeitos jurídicos os atos que tenham por objeto a ocupação, o domínio e a posse de terras que se refere esse artigo.*

O voto condutor da decisão do RMS n.29.087 tem uma passagem que reconhece fatos que se encaixam bem na situação jurídica aqui apontada, mas, lamentavelmente, tirou deles consequências contra os direitos dos índios despojados de suas terras objeto daquele mandado de segurança. *In verbis*:

> Pedi vista dos autos por reconhecer a gravidade da situação fundiária há muito instaurada no Estado de Mato Grosso do Sul, conduzindo ao acirramento do conflito entre índios e proprietários rurais, detentores de títulos cuja cadeia dominial remonta ao século passado e cuja origem se tem na transmissão onerosa, ou não, pelo Poder Público de extensas glebas de terra como meio de fomentar o desenvolvimento do Centro-Oeste do país.

Bem se sabe que esse movimento de outorga de terras públicas no Centro-Oeste se deveu ao malsinado art. 64 da Constituição de 1891, dispositivo que gerou alguma controvérsia e até consequências não autorizadas, ao declarar *pertencer aos Estados as terras devolutas situadas nos seus respectivos territórios.* Diante desse dispositivo, alguns Estados começaram a estabelecer disposições sobre legitimação de posse, reconhecimento de domínio, discriminações das terras indígenas como se fossem devolutas. Com certeza não havia boa-fé nesses procedimentos, porque terras ocupadas pelos índios certamente não eram, nunca foram, nem são devolutas. João Mendes Junior o demonstrou nos termos seguintes:

> Aos Estados ficaram as terras devolutas; ora, as terras do *indigenato*, sendo terras congenitamente possuídas, não são devolutas, isto é, são originariamente reservadas, na forma do Alvará de 1º de abril de 1680 e por dedução da própria Lei de 1850 e do art. 24, § 1º do Decr. de 1854 [...][8]

8 Cf. Mendes Jr., *Os indígenas do Brasil, seus direitos individuais e políticos*, p.62.

É essa a origem espúria da "cadeira dominial" referida no voto, que, em vez de fundamentar uma decisão a favor dos índios, serviu para decidir a favor dos usurpadores. Não estou dizendo que todos ali foram usurpadores. Mas essa era uma questão de provas que não se quis fazer.

O que é curioso é que, nesse mandado de segurança, que tinha por objeto a *Terra Indígena Guarany-Kaiowá*, a decisão foi prolatada em favor dos usurpadores fundada precisamente no conceito de renitente esbulho que entendeu não ter ocorrido a despeito de reconhecer que "[o] agravamento do conflito fundiário envolvendo índios e não índios na região tem ido noticiado regularmente pelos veículos de comunicação, que relatam a crescente hostilidade entre índios e proprietários/posseiros e denunciam atos barbárie ali havidos". Quer isso dizer, houve ali a caracterização de conflitos, ou seja, renitência dos índios aos usurpadores de suas terras, como se reconhece na passagem do voto acima transcrita. Ou seja, os índios foram renitentes aos esbulhos. E isso é bastante para configurar o renitente esbulho, segundo o conceito da Segunda Turma do STF, configurado por um conflito materializado por *circunstâncias de fato*, reconhecido na passagem transcrita do referido voto.

21. Voltemos à assinalada torção semântica, consistente em conceber a ocupação das terras dos índios como posse do direito civil, como é a utilização do conceito de esbulho possessório, como se se tratasse de um conflito possessório.

22. Já escrevi e reafirmo, nesta oportunidade, que os dispositivos constitucionais sobre a relação dos índios com suas terras e o reconhecimento de seus direitos originários sobre elas nada mais fizeram do que consagrar e consolidar o *indigenato*, velha e tradicional instituição jurídica luso-brasileira que deita raízes já nos primeiros tempos da Colônia, quando o Alvará de 1º de abril de 1680, confirmado pela Lei de 6 de junho de 1755, firmara o princípio de que nas terras outorgadas a particulares seria *sempre* reservado o direito dos índios, que jamais poderá ser confundido com uma posse sujeita à legitimação e registro.[9] O *indigenato* não se confunde com a mera posse. É um direito congênito, enquanto a mera ocupação é título *adquirido* (*indigenato* é legítimo por si, "não é um fato dependente de legitimação, ao passo que a *ocupação possessória* depende de requisitos que a legitimem [...] Só a posse

9 Ibid., p.57.

por ocupação está sujeita a legitimação, porque, como título de aquisição, só pode ter por objeto as coisas que nunca tiveram dono, ou que foram abandonadas por seu antigo dono".[10]

Ora, a posse de não índio sobre terras indígenas nunca pode ser legitimada, porque, nos termos da Constituição, é nula, de nenhum efeito; isso porque essas terras são indisponíveis e inalienáveis (art. 231, §§ 4º e 6º).

23. Essas considerações, só por si, mostram que a relação entre o índio e suas terras não se rege pelas normas do direito civil. Essa relação extrapola da órbita puramente privada, porque não é e nunca foi uma simples ocupação da terra para explorá-la, mas base de seu *habitat*, no sentido ecológico de interação do conjunto de elementos naturais e culturais que propiciam o desenvolvimento equilibrado da vida humana. Esse tipo de relação não pode encontrar agasalho nas limitações individualistas do direito privado, daí a importância do texto constitucional, porque nele se consagra a ideia de permanência, essencial à relação do índio com as terras que tradicionalmente ocupa.

A ocupação das terras tradicionalmente pelos índios *não é simples posse* regulada pelo direito civil; não é a posse como simples poder de fato sobre a coisa, para sua guarda e uso com ou sem ânimo de tê-la como própria. É, em substância, aquela *possessio ab origine* que, no início, para os romanos, estava na consciência do antigo povo, e era não a relação material de homem com a coisa, mas um poder, um senhorio.[11] Por isso é que João Mendes Junior lembra que a relação do indígena com suas terras não era apenas um *ius possessionis*, mas também um *ius possidendi*, porque ela revela também o direito que têm seus titulares de possuir a coisa, com o caráter de relação jurídica legítima e utilização imediata. Podemos dizer que é uma posse como *habitat* no sentido visto antes.

Essa ideia está consagrada na Constituição, quando considera as terras habitadas, segundo os usos, costumes e tradições dos índios. Daí a ideia essencial de *permanência*, explicitada pela norma constitucional.

Quando a Constituição declara que as terras tradicionalmente ocupadas pelos índios se destinam à sua *posse permanente*, isso não significa um pressuposto do passado como ocupação efetiva, mas, especialmente, uma

10 Ibid., p.58-9.

11 Cf. Ruggiero, *Instituições de Direito Civil*, v.2, p.494.

garantia para o futuro, no sentido de que essas terras inalienáveis e indisponíveis são destinadas, *para sempre*, ao seu *habitat*.

O reconhecimento do direito dos índios ou comunidades indígenas à *posse permanente* das terras por eles ocupadas, nos termos do art. 231, §§ 1º e 2º da Constituição, independe de sua demarcação, e cabe ser assegurada pelo órgão federal competente, atendendo à situação atual e ao consenso histórico.

24. Outra coisa que a concepção do renitente esbulho torce é a compreensão dos direitos dos índios, sobretudo quando estabelece as condicionantes da configuração do esbulho. Os julgados do Supremo fundados nessa concepção reconhecem os conflitos entre índios e não índios, mas nunca reconhecem a sua fonte, que é a invasão, a grilagem ou a usurpação das terras dos índios. Mas, às vezes, se sente nas entrelinhas que os julgadores entendem que os índios é que provocam o conflito. O esbulho é praticado pelos não índios, de sorte que os ônus do conflito e sua solução deveriam recair nesses esbulhadores e não sobre os índios, quando exige deles que, mesmo iniciado no passado, sua resistência persista até o marco demarcatório temporal atual (vale dizer, na data da promulgação da Constituição de 1988), conflito que se materializa por circunstâncias de fato ou, pelo menos, por uma controvérsia possessória judicializada. Vale dizer, requer-se dos índios um comportamento típico dos não índios no que tange à luta pelos seus direitos, não se levando em conta que os direitos dos índios não são dos indivíduos como tal, mas da comunidade, e que os índios e as comunidades indígenas são sujeitos ao regime tutelar de competência da União (Lei 6.001, de 1973, art. 7º). Tutela essa que, no entanto, sofreu modificação no que tange a sua legitimidade para ingressar em juízo em defesa de seus direitos nos termos do art. 232 da Constituição: "Os índios, suas comunidades e organizações são partes legítimas para ingressar em juízo em defesa de seus direitos e interesses, intervindo o Ministério Público em todos os atos".

25. Por último, cabe destacar três pontos metodológicos que mostram os desvios semânticos dessa concepção de renitente esbulho que distorcem o sentido das normas constitucionais protetivas dos direitos originários dos índios sobre as terras que ocupam.

25.1. *Primeiro*. Essa concepção desvia o foco dos direitos indígenas, interpretando as normas jurídico-constitucionais como se fossem destinadas a comunidades de não índios, por isso quer que os índios e suas comunidades ajam como se vivessem no mundo dito civilizado; é isso que quer dizer aquela exigência de que para caracterizar o esbulho de suas terras pelos não índios o conflito tem que se materializar "por uma controvérsia possessória ajuizada". Ora, as regras da Constituição sobre os direitos indígenas têm a natureza de direito protetivo de minorias e, portanto, devem ser compreendidas na conformidade do contexto de vivência dessa minoria. "A Constituição é um texto, um texto normativo, um texto jurídico, por isso, sua interpretação – ou seja, a captação de seu sentido, a descoberta das normas que esse contexto veicula – também se submete às relações de contexto." Ora, o contexto da vivência confere às normas jurídicas destinadas à proteção indígena um sentido compatível com essa vivência. É isso que se extrai do enunciado do art. 231 da Constituição, quando reconhece aos índios sua organização social, costumes, línguas, crenças e tradições juntamente com o reconhecimento de seus direitos originários sobre as terras ocupadas por eles e suas comunidades.

25.2. *Segundo* desvio metodológico é a compreensão dos conflitos sobre as terras indígenas como "um conflito possessório de direito civil", como se se tratasse de um conflito entre dois indivíduos sobre a posse de um bem, como se fosse uma disputa entre dois fazendeiros, uma disputa individualista. Não é isso que se dá; não é uma disputa de natureza possessória, porque os índios, como observado, não têm uma posse nesse sentido do direito privado. Os direitos dos índios não são de natureza individualista, porque os direitos originários sobre as terras é um direito comunitário no sentido de que as comunidades indígenas é que são primariamente titulares desses direitos; os índios gozam desses direitos como integrantes das respectivas comunidades. É um fenômeno já observado por Jhering ao discorrer sobre as comunidades gentílicas, onde "os bens da *gens* pertenciam conjuntamente a todos os gentílicos. E este direito se distinguia do de cada um em particular, por não ser exclusivo, mas indiviso e inalienável e indissoluvelmente ligado à qualidade de membro da coletividade".[12] É por causa dessa dupla dimensão, ao mesmo tempo, individual e comunitária, que inclui os direitos dos índios entre os direitos fundamentais de solidariedade.[13]

25.3. *Terceiro*. Não se compadece com a Constituição essa concepção de que o esbulho não se refere ao passado, pois enquanto a comunidade

12 Cf. *L'Esprit du Droit Romain*, t.I, §17, p.204.

13 Cf. Silva, *Teoria do conhecimento constitucional*, p.551s.

usurpada existir os direitos às suas terras perduram, porque a Constituição, art. 231, § 4º, declara que *são terras inalienáveis e indisponíveis, e os direitos sobre elas, imprescritíveis.* Aquela concepção constitui, pois, uma forma de extinção pretoriana de direitos imprescritíveis, em afronta à Constituição. Vale dizer, pois, que a comunidade despojada de suas terras pelos não índios tem direito de a elas retornar a qualquer tempo e isso deve ser garantido pelo Poder Público, inclusive o Poder Judiciário, que tem o dever de proteger e fazer respeitar todos os bens dos índios, nos termos do *caput* do art. 231 da Constituição.

## 4. Vedação de ampliação de terras indígenas demarcadas

26. O voto do Relator no julgamento do caso da *Terra Indígena Raposa Serra do Sol* fez agregar aos respetivos fundamentos salvaguardas institucionais, segundo ele, "ditadas pela superlativa importância histórico-cultural da causa. Salvaguardas ampliadas a partir do voto-vista do ministro Menezes Direito e deslocadas para a parte dispositiva da decisão".

Esse acréscimo importou em duas diferenças básicas: a) introduziram-se condicionantes que a Constituição não autoriza; b) e, ao transferir dos fundamentos para o dispositivo da decisão, pretendeu-se dar força de julgado às salvaguardas, sem levar em conta que elas vão muito além das balizas do Supremo Tribunal Federal, com pretensão de validade geral e, assim, aplicação a processos futuros. Quer dizer, o fato de o voto do Ministro Relator dizer, como é dos princípios processuais e constitucionais: "*a presente ação tem por objeto tão somente a Terra Indígena Raposa Serra do Sol*", não tem impedido ao Tribunal, sobretudo por sua Segunda Turma, de aplicar as tais condicionantes a outros processos.

27. A Procuradoria-Geral da República, percebendo a extrapolação legal e constitucional do julgado, impugnou-o por meio de agravo de declaração, sustentando, com razão, que "os princípios democráticos e da divisão de poderes impõem limites para esta atividade normativa do STF, que foram ostensivamente ultrapassadas no caso".

Ao julgar os embargos, o Ministro Luís Roberto Barroso tentou justificá-lo e suavizá-lo, dizendo que a decisão não é vinculativa, mas, por outro lado, afirmou que "o acórdão ostenta a força moral e persuasiva de uma decisão da mais alta Corte do País". Com a devida vênia do eminente ministro, um acórdão só ostenta força moral e persuasiva quando se conforma aos ditames legais e sobretudo constitucionais, pois é dessa conformidade que extrai sua força de convicção. Quando a decisão extrapola seus limites e alberga questões inconstitucionais não pode ostentar força moral e persuasiva. O estranho, nesse caso, é que, em vez de declarar o acórdão inconstitucional e fazer a sua revisão para conformá-lo aos ditames da ordem jurídico-constitucional, os ministros tentam justificá-lo e, ao apelar para essa força moral, acabam reafirmando-o por cima da Constituição.

28. Entre as condicionantes está aquela prevista na letra "r" do item II do dispositivo do acórdão que *veda a ampliação da terra indígena já demarcada*. Essa condicionante foi aprovada por maioria apenas, porque três ministros a rejeitaram: a ministra Carmen Lúcia, o ministro Eros Grau e o ministro-Relator Carlos Ayres Britto, e o fizeram porque não viram fundamentos para ela.

Com toda a razão, primeiro, porque não está nas atribuições do Supremo Tribunal Federal interferir no mérito de ato de competência do Poder Executivo, como é a demarcação de terras indígenas, nem decidir dos limites dessa competência. Quando o *caput* do art. 231 declara que cabe à União demarcá-las, remete ao Poder Executivo federal porque se trata de ato concreto e individual. Isso mesmo é estabelecido no art. 19 do *Estatuto do Índio*, instituído pela Lei n.6.001, de 19 de dezembro de 1973, *in verbis*:

> As terras indígenas, por iniciativa e sob a orientação do órgão federal de assistência ao índio, serão administrativamente demarcadas, de acordo com o processo estabelecido em decreto do Poder Executivo.

29. Além disso, o que é fundamental é que a Constituição, no *caput* do art. 231, garante aos índios os direitos originários sobre as terras que ocupam. Então, onde houver terras indígenas nessas condições, a demarcação é obrigatória. Os índios têm direito à demarcação de suas terras na sua totalidade. Esses direitos preexistem ao ato de demarcação, por isso mesmo, a demarcação é reconhecida até pelo próprio Supremo Tribunal Federal como meramente declaratória. Ora, então, se forem indígenas as terras confinantes com terras já demarcadas, corre-lhes o direito à ampliação da demarcação

até cobrir as áreas que ficaram fora da demarcação original. Isso não pode ser proibido, porque é um direito inalienável. É lícita, pois, essa ampliação. O que não é lícito é a ampliação da demarcação sobre terra não indígena, sobre terras de propriedade privada fundada em título legítimo.

30. Uma importante decisão do Superior Tribunal de Justiça, interpretando corretamente o art. 231, §§ 1º e 6º, da Constituição, julgando o MS 29.542, ementou que a existência de propriedade, devidamente registrada, não inibe a Funai de investigar e demarcar terras indígenas, pois são nulos os atos translativos de propriedade sobre essas terras, e o mais importante é a decisão constante do item 6, segundo a qual *a interpretação sistemática e teleológica da ordem constitucional instaurada pela Carta de 1988 permite concluir que o processo administrativo de demarcação de terras indígenas que tenha sido levado a termo em data anterior à promulgação da Constituição vigente pode ser revisto.* Apesar disso, não conheceu do mandado de segurança por entender que a questão não poderia ser dirimida por essa via, por demandar instrução probatória.

A Segunda Turma do Supremo Tribunal Federal, contudo, reformou essa decisão por entender ter ela desrespeitado a condicionante de vedação de ampliação da demarcação de terras demarcadas estabelecida no acórdão da Pet. n.3.388. Quer dizer, os próprios Ministros do STF declaram que as salvaguardas ou condicionantes não são vinculantes de outros juízos ou tribunais, mas, quando um tribunal as contraria, eles mesmos invocam as determinações do acórdão para impor decisão contrária.

O caso era exatamente o da ampliação de demarcação da terra indígena Porquinhos das Canelas demarcada na década de 1970. O voto condutor do STJ entendeu que a diretriz contida no voto-vista do ministro Menezes Direito sobre a vedação de ampliação de terra indígena demarcada não se aplicava ao caso, porque a demarcação original se deu antes de 5 de outubro de 1988 sob a égide do regime constitucional anterior, quando a orientação era no sentido de proceder à demarcação de terras indígenas em *limite inferior* àquele correspondente à ocupação tradicional, porque o intuito era integrar o índio à comunhão nacional, daí a legitimidade de revisão da demarcação realizada anteriormente. Este é um argumento bem ponderável, que a Segunda Turma do Supremo, como visto, rejeitou.

É um bom argumento, mas não é o fundamental. O que legitima a ampliação, primeiro, é que a demarcação se insere no conjunto de direitos dos índios; segundo, se esse direito não foi realizado na demarcação original é que o direito foi insuficientemente reconhecido, logo a insuficiência deve ser coberta pela ampliação. Enfim, se a demarcação original não abrangeu toda a terra indígena da área, ela é viciada por não ter cumprido o que se impõe à União no *caput* do art. 231 da Constituição. É, pois, obrigação desta corrigir a falha expedindo uma demarcação revisora que amplie a área demarcada até os limites externos das terras indígenas. Isso vale para toda e qualquer ampliação antes ou depois da Constituição de 1988.

Mas, quanto à ampliação de terras demarcadas antes da Constituição de 1988, o que garante a sua legitimidade, além do direito mencionado acima, é a imprescritibilidade dos direitos sobre as terras tradicionalmente ocupadas pelos índios conjugada com a nulidade dos atos que tenham por objeto a ocupação, o domínio e a posse das terras a que se refere o art. 231 da Constituição. Quer dizer, se os direitos persistem, a ampliação da demarcação é rigorosamente obrigatória.

Vale, pois, dizer, em resumo: os direitos originários dos índios sobre as terras por eles ocupadas tradicionalmente precedem à demarcação delas, que essa demarcação é um direito dos índios constitucionalmente estabelecido, que esse direito à demarcação só será totalmente satisfeito quando abrange todas as áreas por onde se estendem aquelas terras. Logo, sempre que a demarcação cobrir limites inferiores a essas terras, seus ocupantes têm direito a correção para que a demarcação abranja a totalidade da área. Isso vale tanto para as demarcações realizadas posteriormente à data da promulgação da Constituição de 1988 como para as realizadas antes, porque, se os direitos precedem à demarcação, os índios continuam a ter direitos originários sobre a parte das terras que ficou fora da demarcação, porque essas terras são *inalienáveis* e *indisponíveis* e os direitos sobre elas, *imprescritíveis* (art. 231, § 4º), e porque são nulos, não produzindo nenhum efeito, eventual ocupação, domínio ou posse de não índio que porventura tenha recaído sobre elas. Essa imprescritibilidade constitucionalmente estabelecida afasta a incidência da regra prevista no art. 54 da Lei n.9.784/1999, invocada no caso em apreço. Independentemente disso, o citado dispositivo só se aplica nas relações obrigacionais entre União e administrados, em que o ato administrativo a ser anulado gere efeitos favoráveis para os destinatários. Não é disso que se trata no caso de revisão da demarcação para ampliá-la. Primeiro, não se trata de anulação do ato existente, mas de sua retificação. Segundo, isso não constitui efeito favorável aos destinatários, os índios, porque se trata de compor direito preexistente ao ato a ser revisto, a demarcação.

* * *

## 5. Respostas aos quesitos

31. À vista do exposto, podemos passar a responder sinteticamente aos quesitos da consulta.

### Ao 1º quesito

À luz do reconhecimento dos direitos originários sobre as terras indígenas pela Constituição, não é correta a interpretação do instituto do "renitente esbulho" aos conflitos que envolvem terras indígenas. Pois, esses não são conflitos tipicamente possessórios na forma caracterizada pelo direito civil, porque a ocupação indígena de suas terras não é uma mera posse como tal conceituada no direito civil. Os índios as ocupam com fundamento no indigenato, ou seja, com base nos direitos originários sobre ela, de sorte que quando o não índio se apossa dessas terras, ele não retira apenas a posse dos índios sobre elas, mas um conjunto de direitos que integram o conceito de indigenato.

Independentemente disso, ainda assim, não é correta a interpretação restritiva de esbulho renitente como controvérsia possessória judicializada; primeiro, porque a controvérsia não é tipicamente possessória pelo que se viu acima, ou seja, não é uma disputa individual em que um possuidor retira a posse do outro, pois os direitos ordinários dos índios sobre a terra, como visto no correr deste parecer, não pertence a eles como indivíduos, mas às comunidades indígenas; demais, os índios e as comunidades indígenas antes da Constituição de 1988 não tinham legitimidade processual, pois estavam sujeitos ao regime tutelar, de sorte que exigir deles o cumprimento de ônus, qual seja, a defesa das terras que ocupam, que são de propriedade da União, e que, pela sua situação de tutelado, não podem cumprir, é desconhecer que o direito se interpreta em relação ao contexto em que incide, sem levar em conta que a Constituição lhes garante também sua organização social, costumes e tradições. Demais, os direitos constitucionais dos índios são de natureza protetiva de minorias, e como tal devem interpretados sempre de modo favorável aos beneficiários, não se lhes impondo ônus fora de sua situação vivencial.

## Ao 2º quesito

Não, não é correto interpretar a atual Constituição como se ela tivesse limitado os direitos ordinários dos povos indígenas às suas terras ao estado da ocupação em 5 de outubro de 1988, impedindo demarcação para etnias que só conseguiram retornar a suas terras depois dessa data.

A questão posta pelo quesito se prende ao conceito de *marco temporal*, fixado pelo acórdão da Pet. n.3.388 na data da promulgação da Constituição de 1988, ou seja, *5 de outubro de 1988*. Não, não é correta a fixação de um marco temporal coincidente com a data da promulgação da Constituição de 1988, como ficou amplamente demonstrado no correr deste parecer.

O termo "marco" tem sentido preciso. Em sentido espacial, marca limite territorial. Em sentido temporal, como é o caso, marca limites históricos, ou seja, marca quando se inicia algum fato evolutivo. O documento que marcou o início do reconhecimento jurídico formal dos direitos dos índios foi a Carta Régia de 30 de junho de 1611, promulgada por Felipe III, que firmou o princípio de que os índios são senhores de suas terras, "sem lhes poderem ser tomadas, nem sobre elas se lhes fazer moléstias ou injustiça alguma".

Aqui temos inequivocamente um marco temporal: o reconhecimento dos direitos originários dos índios sobre as terras que ocupam. Outro marco nessa continuidade histórica está no reconhecimento constitucional desses direitos; por que, neste caso, temos um marco temporal? Porque se dá àqueles direitos uma nova configuração jurídico-formal, retirando-os das vias puramente ordinárias para consagrá-los como direitos fundamentais dotados de supremacia constitucional. Isso se deu com a Constituição de 1934, cujo art. 129 os acolheu numa síntese essencial. Demais Constituições deram continuidade a essa consagração até à Constituição de 1988, que acrescentou outros direitos, como se pode ver do art. 231. Mas, no que tange aos direitos originários sobre terras indígenas, foi a Constituição de 1934 que marcou seu início. Portanto, se há um marco temporal a ser assinalado, este é o da data da promulgação da Constituição de 1934, qual seja, *16 de julho de 1934* (cf. item 16 supra).

A Constituição de 1988 é muito importante na continuidade desse reconhecimento constitucional, mas é o último elo da cadeia; portanto, não é o marco, e deslocar o marco temporal da data da promulgação da Constituição de 1934 para ela corresponde a fazer um corte violento nessa continuidade, deixando milhares de índios e suas comunidades ao desamparo, o que, no fundo, é um desrespeito às próprias regras e princípios constitucionais que dão garantia aos direitos indígenas.

## Ao 3º quesito

Não, na minha avaliação não está correta a condicionante que determina a vedação de ampliação de terras indígenas já demarcadas. Não há nada na Constituição que sufrague esse entendimento.

Vale, pois, dizer, em resumo: os direitos originários dos índios sobre as terras por eles ocupadas tradicionalmente precedem à demarcação delas, que essa demarcação é um direito dos índios constitucionalmente estabelecidos, que esse direito à demarcação só será totalmente satisfeito quando abranger todas as áreas por onde se estendem aquelas terras. Logo, sempre que a demarcação cobrir limites inferiores a essas terras, seus ocupantes têm direito à correção para que a demarcação abranja a totalidade da área. Isso vale tanto para as demarcações realizadas posteriormente à data da promulgação da Constituição de 1988 como para as realizadas antes, porque, se os direitos precedem à demarcação, os índios continuam a ter direitos originários sobre a parte das terras que ficou fora da demarcação, porque essas terras são *inalienáveis* e *indisponíveis* e os direitos sobre elas, *imprescritíveis* (art. 231, § 4º), e porque são nulos, não produzindo nenhum efeito, eventual ocupação, domínio ou posse de não índio que porventura tenha recaído sobre elas. Essa imprescritibilidade constitucionalmente estabelecida afasta a incidência da regra prevista no art. 54 da Lei n.9.784/1999, invocada no caso em apreço. Independentemente disso, o citado dispositivo só se aplica nas relações obrigacionais entre União e administrados, em que o ato administrativo a seu anulado gere efeitos favoráveis para os destinatários. Não é disso que se trata no caso de revisão da demarcação para ampliá-la. Primeiro, não se trata de anulação do ato existente, mas de sua retificação. Segundo, isso não constitui efeito favorável aos destinatários, os índios, porque se trata de compor direito preexistente ao ato a ser revisto, a demarcação.

É o parecer.
José Afonso da Silva
OAB/SP 13.417
RG 1.410. 813-6
CPF 032.588.748-91

## Referências bibliográficas


BRASIL. Comissão Nacional da Verdade. *Relatório.* v.II. Brasília: CNV, 2014.

CUNHA, Manuela Carneiro da. *Os direitos do índio.* São Paulo: Brasiliense, 1987.

JHERING, R. von. *L'esprit du Droit Romain.* t.I, § 17. 3.ed. Paris: A. Marescq, 1886.

MENDES, Gilmar. *Domínio da União sobre as terras indígenas, Parque Nacional do Xingu.* Brasília: Ministério Público Federal, 1988.

MENDES JR., João. *Os indígenas do Brasil: seus direitos individuais e políticos.* São Paulo: Hennis Irmãos, 1912.

RUGGIERO, Roberto de. *Instituições de Direito Civil.* Trad. Ary dos Santos. v.2. São Paulo: Saraiva, 1971.

SILVA, José Afonso da. *Curso de Direito Constitucional Positivo.* 38.ed. São Paulo: Malheiros, 2015.

_____. *Teoria do conhecimento constitucional.* São Paulo: Malheiros, 2014.

TRINDADE, Antônio Augusto Cançado. Derechos de solidariedade. In: ARANGUREN, Asdrúbal Aguiar et al. *Estudios básicos de Derechos Humanos.* v.I. San José: CR, IIDH, 1994.

# 2
# O marco temporal de 5 de outubro de 1988: TI Limão Verde

*Deborah Duprat*[1]

No ano de 2014, a Segunda Turma do Supremo Tribunal Federal, rompendo antiga e consolidada jurisprudência,[2] firmada no sentido de que o mandado de segurança não é instrumento hábil à discussão dos limites de terra indígena definidos em portaria do ministro da Justiça e homologados em decreto do presidente da República, passou a anular, pela via da ação mandamental, tais atos administrativos sob o argumento de que não havia demonstração de posse indígena na data da promulgação da Constituição de 1988 e tampouco do chamado "esbulho renitente".[3]

---

1 Subprocuradora-geral da República e coordenadora da Sexta Câmara de Coordenação e Revisão do Ministério Público Federal (Povos Indígenas e Populações Tradicionais).

2 MS 25.483 (2007), RMS 24.531 (2005), RMS 22.913 (2004), MS 24.566 (2004), MS 21.891 (2003), MS 1.892 (2001), MS 21.649 (2000), MS 21.575 (1994), MS 20.751 (1988), MS 20.722 (1988), MS 20.723 (1988), MS 20.575 (1986), MS 20.556 (1986), MS 20.515 (1986), MS 20.453 (1984), MS 20.235 (1980), MS 20.234 (1980), MS 20.215 (1980). A Primeira Turma daquela corte mantém esse entendimento, como revela recente acórdão da lavra do ministro Luiz Fux, no RMS 27.255 AgR, publicado em 11 de dezembro de 2015. Mesmo no âmbito da Segunda Turma, há acórdão publicado em 19 de fevereiro de 2015, relator: ministro Celso de Mello, no sentido da inviabilidade do *mandamus* para a discussão dos limites de área indígena (RMS 29.193 AgR-ED).

3 RMS 29.087, relator: ministro Gilmar Mendes, *DJe*, n.200, 14 out. 2014; ARE 803.462, relator: ministro Teori Zavaski, *DJe*, n.249, 18 dez. 2014. Ambos os casos chegaram ao STF após o STJ concluir, na linha da jurisprudência, o descabimento do *mandamus* para tal fim. Também nesse ano, no RMS 29.542, relatora a ministra Cármen Lúcia, a mesma turma deliberou pela nulidade de portaria declaratória que redefinia os limites da TI Porquinhos, do grupo Kanela, no Maranhão. Esse tema será tratado oportunamente em outro texto.

Esse duplo requisito – ocupação indígena em 5 de outubro de 1988 ou prova de resistência persistente ao esbulho – fora estipulado por ocasião do julgamento do caso Raposa Serra do Sol (Pet. n.3.388, relator ministro Carlos Britto, *DJe*, de 1º de julho de 2010), e passara, desde então, a constituir, no entender dos magistrados daquela turma, um imperativo no reconhecimento de direitos territoriais indígenas.[4]

A questão, rigorosamente, não é de todo nova. Em 1998, o plenário do STF[5] viu-se às voltas com a discussão a respeito da titularidade das terras onde se localizavam antigos aldeamentos indígenas, na época já extintos.[6]

---

4 Não obstante, em embargos de declaração, o plenário tenha decidido que aquele acórdão era vinculante apenas para os processos relacionados à TI Raposa Serra do Sol. Confira-se a respectiva ementa: "EMBARGOS DE DECLARAÇÃO. AÇÃO POPULAR. DEMARCAÇÃO DA TERRA INDÍGENA RAPOSA SERRA DO SOL. 1. Embargos de declaração opostos pelo autor, por assistentes, pelo Ministério Público, pelas comunidades indígenas, pelo Estado de Roraima e por terceiros. Recursos inadmitidos, desprovidos, ou parcialmente providos para fins de mero esclarecimento, sem efeitos modificativos. 2. Com o trânsito em julgado do acórdão embargado, todos os processos relacionados à Terra Indígena Raposa Serra do Sol deverão adotar as seguintes premissas como necessárias: (i) são válidos a Portaria/MJ n.534/2005 e o Decreto Presidencial de 15 de abril de 2005, observadas as condições previstas no acórdão; e (ii) a caracterização da área como terra indígena, para os fins dos arts. 20, XI, e 231, da Constituição torna insubsistentes eventuais pretensões possessórias ou dominiais de particulares, salvo no tocante à indenização por benfeitorias derivadas da ocupação de boa-fé (CF/1988, art. 231, § 6º). 3. As chamadas condições ou condicionantes foram consideradas pressupostos para o reconhecimento da validade da demarcação efetuada. Não apenas por decorrerem, em essência, da própria Constituição, mas também pela necessidade de se explicitarem as diretrizes básicas para o exercício do usufruto indígena, de modo a solucionar de forma efetiva as graves controvérsias existentes na região. Nesse sentido, as condições integram o objeto do que foi decidido e fazem coisa julgada material. Isso significa que a sua incidência na Reserva da Raposa Serra do Sol não poderá ser objeto de questionamento em eventuais novos processos. 4. A decisão proferida em ação popular é desprovida de força vinculante, em sentido técnico. Nesses termos, os fundamentos adotados pela Corte não se estendem, de forma automática, a outros processos em que se discuta matéria similar. Sem prejuízo disso, o acórdão embargado ostenta a força moral e persuasiva de uma decisão da mais alta Corte do País, do que decorre um elevado ônus argumentativo nos casos em que se cogite da superação de suas razões." (Pet. n.3.388 ED, relator: ministro Roberto Barroso, Tribunal Pleno, julgado em 23 de outubro de 2013, Acórdão Eletrônico *DJe*, n.023, divulgação em 3 de fevereiro de 2014, publicação em 4 de fevereiro de 2014.)

5 RE 219.983, relator: ministro Marco Aurélio, julgamento em 9 de dezembro de 1998 e publicação em 17 de setembro de 1999.

6 Concluiu-se, na ocasião, que as terras indígenas só passaram ao domínio da União com a Constituição de 1967. Sobre o tema, foi editada a Súmula STF 650, segundo a qual "os incisos I e XI do art. 20 da Constituição Federal não alcançam terra de aldeamentos extintos, ainda que ocupadas por indígenas no passado remoto".

O ministro Jobim, em seu voto, chamava a atenção para a impropriedade da teoria do indigenato[7] no contexto da Constituição de 1988, que substituíra a expressão "posse imemorial" por "posse tradicional".[8] Segundo ele, o § 1º do atual art. 231 define "terra indígena" mediante a composição de quatro elementos distintos, sendo o primeiro deles a atualidade da posse.

No regime constitucional anterior, a temática relativa às terras indígenas foi, de certo modo, apenas tangenciada pelo STF, na medida em que o entendimento prevalecente por todo esse período foi de que quaisquer conclusões a respeito demandavam incursão em prova, o que era vedado às principais vias pelas quais a questão chegava à corte: o mandado de segurança, ou o seu respectivo recurso, e o extraordinário. No entanto, alguns importantes parâmetros foram então estabelecidos.

O primeiro deles refere-se ao art. 129 da Constituição de 1934, que inaugura a proteção constitucional ao tema nos seguintes termos: "será respeitada a posse de terra de silvícolas que nela se achem permanentemente localizados, sendo-lhes, no entanto, vedado aliená-las". Doutrinadores passaram a afirmar que, desde então, todos os títulos incidentes sobre terras indígenas eram nulos, conquanto provada a posse permanente. O Supremo Tribunal Federal assim também compreendeu, e, em vários acórdãos do período, é comum encontrar trechos semelhantes a este:

---

7 Essa tese tem início em conferência proferida na antiga Sociedade de Etnografia e Civilização dos Índios, em 1902, pelo professor João Mendes Junior: "já os filósofos gregos afirmavam que o *indigenato* é um título congênito, ao passo que a *ocupação* é um título *adquirido*. Conquanto o *indigenato* não seja a única verdadeira fonte jurídica da posse territorial, todos reconhecem que é, na frase do Alvará de 1º de abril de 1680, 'a primária, naturalmente e virtualmente reservada', ou, na frase de Aristóteles (*Polit.*, I, n.8), 'um *estado* em que se acha cada ser a partir do momento do seu nascimento'. Por conseguinte, não é um fato dependente de legitimação, ao passo que a *ocupação*, como fato posterior, depende de requisitos que a legitimem" (grifos no original). O Alvará de 1º de abril de 1680, referido no texto, ao cuidar das sesmarias, ressalvou as terras dos índios, considerados "primários e naturais senhores delas".

8 Alfredo Wagner Berno de Almeida registra: "Aliás, nunca houve unanimidade em torno desta expressão. Nas discussões da Assembleia Nacional Constituinte a expressão 'terras tradicionalmente ocupadas' só preponderou pela derrota dos partidários da noção de 'terras imemoriais', cujo sentido historicista, remontando ao período pré-colombiano, permitiria identificar os chamados 'povos autóctones' com direitos apoiados tão somente numa naturalidade ou numa 'origem' que não poderia ser datada com exatidão", em: *Terras tradicionalmente ocupadas*, v.2, p.33.

A Constituição Federal, no seu art. 198, afirma a inalienabilidade das terras habitadas pelos silvícolas "nos termos em que a lei determinar", declarando a nulidade e a extinção dos efeitos de qualquer natureza que tenham por objeto o domínio, a posse ou a ocupação das aludidas terras. Daí entender Pontes de Miranda serem "nenhuns quaisquer títulos, mesmo registrados, contra a posse dos silvícolas, ainda que anteriores à Constituição de 1934, se à data da promulgação havia tal posse" (*Comentários à Constituição de 1967, com a Emenda n.1, de 1969*, 1974, t.VI, p.457). Idêntica posição é perfilhada por Manoel Gonçalves Ferreira (*Comentários à Constituição Brasileira*, 1983, p.731-2), Paulino Jacques (*A Constituição explicada*, 1970, p.195) e Rosah Russomano (*Anatomia da Constituição*, 1970, p.346). (MS 20.575, relator: ministro Aldir Passarinho, *DJ*, 21 nov. 1986.)

Em relação ao requisito da posse, já havia, tal como a expressara o ministro Marco Aurélio no RE 219.983, a preocupação com o chamado "efeito Copacabana", ou seja, de retornarem aos indígenas todas as terras por eles ocupadas no passado, sem qualquer sinal de atualidade. Um critério então proposto foi verificar a presença indígena por ocasião da transmissão do título originário. Veja-se a seguinte ementa:

EMENTA: DESAPROPRIAÇÃO INDIRETA DE IMÓVEL PARA INTEGRAR O PARQUE NACIONAL DO XINGU.

Verificado que nas terras em causa não se achavam localizados, permanentemente, silvícolas (art. 216 da Constituição de 1946), à época em que o Estado de Mato Grosso as vendeu ao autor (1959), pois que foram levados para elas depois da criação do Parque Nacional do Xingu (1961), válidos são os títulos de propriedade do suplicante, e a União não poderia ter-se apropriado do imóvel sem prévia desapropriação. Fazendo-o, como o fez, por livre conta, praticou esbulho e deve ser compelida a ressarcir as respectivas perdas e danos. Ação cível originária julgada procedente. (ACO 278, relator: ministro Soares Muñoz, *DJ*, 11 nov. 1983.)

Este trecho extraído do MS 20.215 (relator: ministro Décio Miranda, *DJ*, 28 mar. 1980) é ainda mais didático:

Aferido que as terras em causa não são ocupadas por silvícolas, ou já não o eram desde os idos de 1960, que parece ter sido a época de sua transmissão a particulares pelo Estado de Mato Grosso, os títulos dos impetrantes, a admitir que tenham regularmente essa origem, sobrenadariam à impugnação que se lhes viesse a fazer sob esse aspecto. Verificado, porém, que a aquisição originária, ou as que se lhe seguiram, coincidem com a regular ocupação indígena, os títulos dos impetrantes perderão a força que acaso formalmente tenham.

A ausência indígena na área em disputa, por sua vez, era dado que afastava a proteção constitucional se decorrente de ato de vontade do grupo, e não de esbulho. No julgamento da ACO 323, que, a despeito de realizado nos idos de 1993, teve como parâmetro de controle a Constituição de 1967, o ministro Néri da Silveira observou:

> Registro, particularmente, a circunstância de, à época em que o Estado expediu os títulos de domínio, ora objeto da ação, essas terras já eram, sem dúvida alguma, pertencentes ao domínio da União, por força do art. 4º, inciso IV, da Constituição de 1967. Tratava-se de terras ocupadas por índios ao longo do tempo e se houve remoção, como ficou demonstrado nos autos, de forma violenta, isso não as descaracterizou como terras de índios. Não estava o Estado, de forma alguma, habilitado a proceder à alienação de terras que já pertenciam, por força de dispositivo constitucional, à União Federal. (ACO 323, relator: ministro Francisco Rezek, *DJ*, 8 abr. 94.)

Esse rápido apanhado permite intuir que os julgados da Segunda Turma são uma involução na jurisprudência da Suprema Corte no tema "terras indígenas". Por outro lado, estão em contradição com várias perspectivas por ela adotadas, especialmente no que diz respeito à sua nova conformação constitucional e à fundamentalidade do direito dos povos indígenas às terras que tradicionalmente ocupam. No RE 183.188 (*DJ*, 14 fev. 1997), o relator, ministro Celso de Mello, fez constar em seu voto:

> *Emerge* claramente do texto constitucional que a *questão da terra* representa o aspecto fundamental dos direitos e das prerrogativas constitucionais assegurados ao índio, pois este, *sem* a possibilidade de acesso às terras indígenas, *expõe-se* ao risco gravíssimo da *desintegração* cultural, da *perda* de sua identidade étnica, da *dissolução* de seus vínculos históricos, sociais e antropológicos e da *erosão* de sua própria percepção e consciência como integrante de um povo e de uma nação

> que reverencia os locais místicos de sua adoração espiritual e que celebra, neles, os mistérios insondáveis do universo em que vive. (Grifos no original.)

O presente texto tem por propósito desenvolver as questões postas, e, em seguida, analisá-las à vista do caso Limão Verde, do povo Terena, em Mato Grosso do Sul.

## I – A Constituição de 1934: suas implicações

Como já referido, 1934 é o marco a partir do qual se inicia a proteção constitucional às terras indígenas. Pontes de Miranda,[9] em análise ao art. 216[10] da Constituição de 1946, de redação bastante similar ao seu correlato da Constituição de 1934, observa:

> O texto respeita a "posse" do silvícola, posse a que ainda se exige o pressuposto da *localização permanente.* O juiz que conhecer de alguma questão de terras deve aplicar o art. 216, desde que os pressupostos estejam provados pelo silvícola, ou constem dos autos, ainda que alguma das partes ou terceiro exiba título de domínio. Desde que há *posse* e *localização permanente,* a terra é do nativo, porque assim o diz a Constituição, e qualquer alienação de terras por parte de silvícolas, ou em que se achem, permanentemente localizados e com posse, os silvícolas, é *nula,* por infração da Constituição. Aquelas mesmas que forem em virtude do art. 216 reconhecidas como de posse de tais gentes, não podem ser alienadas. Os juízes não podem expedir mandados contra silvícolas que tenham posse, e nas terras, de que se trata, se localizaram com permanência. A proibição de alienação tem como consequências: a) a nulidade de qualquer ato de disposição, incluídos aqueles que só se referem a elementos do direito de propriedade ou da posse (uso, fruto, garantia real, locação); b) não há usucapião contra o silvícola, ainda que por posse de quinze anos; c) as sentenças que adjudiquem tais terras a outrem são suscetíveis de rescisão, dentro do prazo para preclusão, por infringirem texto constitucional. (Grifos no original.)

---

9 *Comentários à Constituição de 1946*, t.VI, p.467-8.

10 "Art. 216 – Será respeitada aos silvícolas a posse das terras onde se achem permanentemente localizados, com a condição de não a transferirem."

Veja-se que, não obstante a ausência de expressa previsão constitucional, a posse indígena e a localização permanente eram pressupostos, desde 1934, aptos a gerar a nulidade de qualquer título incidente sobre a respectiva área. Significa dizer que esse direito, com tais atributos, foi incorporado ao patrimônio indígena, e a inércia, desídia, ação ou omissão do Estado não têm potencialidade de neutralizá-lo.

O Supremo Tribunal Federal teve por constitucionais – e os aplicou reiteradamente – diplomas legais que impediam desapropriação para fins de reforma agrária quando a propriedade tivesse sido invadida. Os casos foram muitos, em razão da grande atuação do MST, especialmente na década de 1990.[11] A *ratio* que subjaz a tal compreensão é a mesma que deve orientar aquela relativa às terras indígenas: direitos constitucionais não se perdem por fatos alheios à vontade de seus titulares.

De modo que a perda da posse, a partir de 1934, só se presta a desqualificar uma área como indígena se ela foi voluntária. O esbulho, ato contrário à Constituição e às leis, não pode ter aptidão de neutralizar um direito, mesmo com o passar do tempo. Tal conclusão ainda mais se potencializa diante do cenário constitucional posterior, reforçando e ampliando a proteção às terras indígenas.[12]

---

11 Em recente precedente sobre o tema, consta da ementa: "A necessidade de observância do império da lei ('rule of law') e a possibilidade de acesso à tutela jurisdicional do Estado – que configuram valores essenciais em uma sociedade democrática – devem representar o sopro inspirador da harmonia social, significando, por isso mesmo, um veto permanente a qualquer tipo de comportamento cuja motivação resulte do intuito deliberado de praticar atos inaceitáveis de violência e de ilicitude, como os atos de invasão da propriedade alheia e de desrespeito à autoridade das leis e à supremacia da Constituição da República perpetrados por movimentos sociais organizados, como o Movimento dos Trabalhadores Rurais Sem Terra (MST). – O Supremo Tribunal Federal, em tema de reforma agrária (como em outro qualquer), não pode chancelar, jurisdicionalmente, atos e medidas que, perpetrados à margem da lei e do direito por movimentos sociais organizados, transgridem, comprometem e ofendem a integridade da ordem jurídica fundada em princípios e em valores consagrados pela própria Constituição da República". Precedentes. (MS 32.752 AgR, relator: ministro Celso de Mello, Tribunal Pleno, julgado em 17 de junho de 2015, processo eletrônico *DJe*, n.156, divulgação em 7 de agosto de 2015, publicação em 10 de agosto de 2015.)

12 Na ACO 312, julgada em 24 de setembro de 2008, o relator, ministro Eros Grau, destacou em seu voto: "Observo desde logo que, no Brasil, disputa por terra indígena entre quem quer que seja e índios consubstancia algo juridicamente impossível. Pois quando dizemos *disputa* aludimos a uma oposição entre *direitos* e, no caso, ao invasor de bem público não se pode atribuir *direito* nenhum" (destaques no original).

Por outro lado, se é verdade que não há direito adquirido a regime jurídico de determinado instituto – e são reiterados os julgados do STF no que diz respeito ao direito de propriedade em face dos direitos territoriais indígenas[13] –, o contrário é evidente por si, sem necessidade de explicação adicional: há direito adquirido a regime jurídico que segue inalterado, apenas reforçado por sofisticações laterais. É o que ocorre com a posse indígena desde 1934.[14]

Há um outro efeito colateral decorrente da Constituição de 1934.

Todorov,[15] em um estudo clássico sobre a definição do outro por ocasião da conquista da América, aponta uma das contradições fundamentais do processo:

> Toda a história do Descobrimento da América, primeiro episódio da Conquista, leva a marca dessa ambiguidade: a alteridade humana se revela e se nega a um só tempo.

---

13 No MS 20.575, por exemplo, o relator, ministro Aldir Passarinho, após invocar passagem do voto proferido pelo ministro Moreira Alves no RE 94.020, no sentido de que "se a lei nova modificar o regime jurídico de determinado instituto de direito (como é a propriedade, seja ela de coisa móvel ou imóvel, ou de marca), essa modificação se aplica de imediato", ressaltou: "Da mesma forma, a regra constante do art. 153, § 22, da Constituição, não pode emprestar fundamento à pretensão dos impetrantes, porquanto é a própria Lei Maior que consagra a insubsistência de qualquer título de propriedade privada sobre as áreas de posse permanente dos silvícolas (CF, art. 4º, IV, e 198). Tenha-se presente que as regras constantes dos arts. 198 e 4º, IV, da Lei Maior, contêm, em verdade, uma declaração de extinção da propriedade privada em terras habitadas em caráter permanente pelos silvícolas. Não há, pois, como afastar a sua incidência imediata e geral com a alegação de direito adquirido ou de situação jurídica consolidada".

14 CF de 1937: "Art. 154 – Será respeitada aos silvícolas a posse das terras em que se achem localizados em caráter permanente, sendo-lhes, porém, vedada a alienação das mesmas"; CF de 1946: "Art. 216 – Será respeitada aos silvícolas a posse das terras onde se achem permanentemente localizados, com a condição de não a transferirem"; CF de 1967: "Art. 186 – É assegurada aos silvícolas a posse permanente das terras que habitam e reconhecido o seu direito ao usufruto exclusivo dos recursos naturais e de todas as utilidades nelas existentes"; EC 1/1969: "Art. 198 – As terras habitadas pelos silvícolas são inalienáveis nos termos que a lei federal determinar, a eles cabendo a sua posse permanente e ficando reconhecido o seu direito ao usufruto exclusivo das riquezas naturais e de todas as utilidades nelas existentes. § 1º. Ficam declaradas a nulidade e a extinção dos efeitos jurídicos de qualquer natureza que tenham por objeto o domínio, a posse ou a ocupação das terras habitadas pelos silvícolas. § 2º. A nulidade e extinção de que trata o parágrafo anterior não dão aos ocupantes direito a qualquer ação ou indenização contra a União e a Fundação Nacional do Índio". A Constituição de 1988 contém um capítulo destinado aos índios: arts. 231 e 232.

15 Todorov, *A conquista da América*.

Ariza,[16] em análise a esse texto, esclarece:

> Não se desconhece a existência do outro, sua presença individual e coletiva é reconhecida. Mas esse reconhecimento não pode implicar a igualdade, assumir que aqueles que são estranhos têm o direito ou a possibilidade de reproduzir sua cultura e seu modo de vida. Por isso, a definição, nesse caso, do aborígene americano como um ser inferior que apenas participa dos atributos ideais do ser humano ocidental é essencial para o desenvolvimento da campanha conquistadora.

Tendo por pano de fundo o cenário colonial do Brasil,[17] é possível afirmar que o artigo 129 da Constituição de 1934 é um primeiro passo na direção de conferir aos povos indígenas e seus indivíduos direitos humanos fundamentais, tais como dignidade e igualdade. Os textos constitucionais a ela posteriores reforçam essa convicção, na medida em que representam inegável evolução no trato da matéria.[18]

Um dos princípios centrais em direitos humanos é o da proibição do retrocesso, que veda a eliminação das concretizações alcançadas na proteção de um direito, permitindo apenas adições e melhorias. Segundo Ingo Sarlet e Tiago Fensterseifer,[19] a garantia da proibição de retrocesso tem por finalidade "preservar o bloco normativo – constitucional e infraconstitucional – já construído e consolidado no ordenamento jurídico, especialmente naquilo em que objetiva assegurar a fruição de direitos fundamentais, impedindo ou assegurando o controle de atos que venham a provocar a supressão ou restrição dos níveis de efetividade vigentes dos direitos fundamentais".[20]

---

16 Ariza, *Derecho, saber e identidad indígena*, p.40.

17 Alfredo Wagner observa o quanto esse dispositivo contrasta com "as legislações agrárias coloniais, as quais instituíram as sesmarias até a Resolução de 17 de julho de 1822 e depois estruturaram formalmente o mercado de terras com a Lei n.601, de 18 de setembro de 1850, criando obstáculos de todas as ordens para que não tivessem acesso legal às terras os povos indígenas, os escravos alforriados e os trabalhadores imigrantes que começavam a ser recrutados. Coibindo a posse e instituindo a aquisição como forma de acesso à terra, tal legislação instituiu a alienação de terras devolutas por meio de venda, vedando, entretanto, a venda em hasta pública, e favoreceu a fixação de preços suficientemente elevados das terras". Op. cit., p.34.

18 Ver nota 13.

19 Sarlet; Fensterseifer, Breves considerações sobre os deveres de proteção do Estado e a garantia da proibição de retrocesso em matéria ambiental, *Revista de Direito Ambiental*, n.58, abr.-jun. 2010.

20 No mesmo sentido, voto do ministro Celso de Mello (STA 175-Agr, *DJe*, 30 abr. 2010): "o postulado da proibição do retrocesso social, cuja eficácia impede – considerada a sua própria

De modo que não seria possível, em especial pela via hermenêutica, desconsiderar o ganho de proteção constitucional às terras indígenas desde 1934, legitimar as desterritorializações forçadas, e instaurar, a partir de 1988, um regime que confere validade ao esbulho se os indígenas a ele não se opuseram por décadas a fio. O retrocesso, aqui, parece não demandar maior explicação.

Em conclusão quanto a esse tópico, os direitos territoriais indígenas consagrados pela Constituição de 1934 e reafirmados em todos os textos constitucionais posteriores só podem ser negados se houve descontinuidade da posse por opção do próprio grupo. Aliás, nesse exato sentido, diz o art. 28.1 da Declaração das Nações Unidas sobre os Direitos dos Povos Indígenas: "os povos indígenas têm direito à reparação, por meios que podem incluir a restituição ou, quando isso não for possível, uma indenização justa, imparcial e equitativa, pelas terras, territórios e recursos que possuíam tradicionalmente ou de outra forma ocupavam ou utilizavam, e que tenham sido confiscados, tomados, ocupados, utilizados ou danificados sem seu consentimento livre, prévio e informado".

## II – O regime da Constituição de 1988: "terras tradicionalmente ocupadas"

Não há controvérsias quanto ao fato de que a Constituição de 1988 representa uma clivagem no trato da questão indígena à vista dos ordenamentos constitucionais pretéritos: rompe com o paradigma da assimilação, institui e valoriza o direito dos povos indígenas de se considerarem diferentes e serem respeitados como tais e reforça as suas instituições, culturas e tradições.[21]

---

razão de ser – sejam desconstituídas as conquistas já alcançadas pelo cidadão, que não pode ser despojado, por isso mesmo, em matéria de direitos sociais, no plano das liberdades reais, dos níveis de concretização por ele já atingidos".

21 Os considerandos da Declaração das Nações Unidas sobre os Direitos dos Povos Indígenas evidenciam bem esse movimento: "Afirmando que os povos indígenas são iguais a todos os demais povos e reconhecendo ao mesmo tempo o direito de todos os povos a serem diferentes, a se considerarem diferentes e a serem respeitados como tais"; "Afirmando ainda que todas as doutrinas, políticas e práticas baseadas na superioridade de determinados povos ou indivíduos, ou que a defendam alegando razões de origem nacional ou diferenças raciais, religiosas, étnicas ou culturais, são racistas, cientificamente falsas, juridicamente inválidas, moralmente

Esse mesmo movimento é observado no plano internacional. A Convenção 169 da Organização Internacional do Trabalho disciplina uma nova relação do Estado nacional com o seu "povo", circunstância facilmente identificada se confrontada com o texto normativo que lhe é anterior e que é por ela expressamente revogado: a Convenção 107 da mesma OIT. Enquanto esse último documento consignava como propósito a assimilação de minorias étnicas à sociedade nacional, o presente, já em seu preâmbulo, evidencia a ruptura com o modelo anterior.[22] Está expresso em seu texto:

> Considerando que a evolução do direito internacional desde 1957 e as mudanças sobrevindas na situação dos povos indígenas e tribais em todas as regiões do mundo fazem com que seja aconselhável adotar novas normas internacionais nesse assunto, a fim de se eliminar a orientação para a assimilação das normas anteriores; Reconhecendo as aspirações desses povos a assumir o controle de suas próprias instituições e formas de vida e seu desenvolvimento econômico, e manter e fortalecer suas identidades, línguas, religiões, dentro do âmbito dos Estados ondem moram [...].

Todos esses textos normativos, por sua vez, têm a terra como elemento essencial ao exercício dos direitos que passam a ser então reconhecidos aos povos indígenas. É interessante, nesse aspecto, observar a forma como a Constituição estruturou o capítulo dos "índios": são apenas dois artigos, sendo que o art. 231 é composto de sete parágrafos, todos eles relativos às terras indígenas; já o art. 232 conta apenas com o seu *caput* e disciplina o acesso a juízo.

condenáveis e socialmente injustas"; "Preocupada com o fato de os povos indígenas terem sofrido injustiças históricas como resultado, entre outras coisas, da colonização e da subtração de suas terras, territórios e recursos, o que lhes tem impedido de exercer, em especial, seu direito ao desenvolvimento, em conformidade com suas próprias necessidades e interesses"; "Consciente da necessidade urgente de respeitar e promover os direitos intrínsecos dos povos indígenas, que derivam de suas estruturas políticas, econômicas e sociais e de suas culturas, de suas tradições espirituais, de sua história e de sua concepção da vida, especialmente os direitos às suas terras, territórios e recursos".

22 Também em seu corpo, a Declaração das Nações Unidas sobre os Direitos dos Povos Indígenas expressamente estatui em seu art. 8.1: "Os povos e indivíduos indígenas têm direito a não sofrer assimilação forçada ou a destruição de sua cultura".

A centralidade da terra está exatamente na sua estreita relação com os aspectos culturais e identitários do grupo.[23] Essa circunstância foi ressaltada no julgamento do caso Raposa Serra do Sol, em vários votos. Veja-se, por exemplo, aquele proferido pelo ministro Menezes Direito:

> Não há índio sem terra. A relação com o solo é marca característica da essência indígena, pois tudo o que ele é, é na terra e com a terra. Daí a importância do solo para a garantia dos seus direitos, todos ligados de uma maneira ou de outra à terra. É o que se extrai do corpo do art. 231 da Constituição. [...]
>
> É nela e por meio dela que eles se organizam. É na relação com ela que forjam seus costumes e tradições. É pisando o chão e explorando seus limites que desenvolvem suas crenças e enriquecem sua linguagem, intimamente referenciada à terra. Nada é mais importante para eles. O índio é assim, ontologicamente terrâneo, tanto que os termos autóctone e nativo dão ideia de algo gerado e formado em determinado *locus*. O índio é, assim, um ser de sua terra. "*A posse de um território tribal é condição essencial à sobrevivência dos índios*", escreveu *Darcy Ribeiro* em 1962 (*A política indígena brasileira*, p.143).
>
> Por isso, de nada adianta reconhecer-lhes os direitos sem assegurar-lhes as terras, identificando-as e demarcando-as.

Tamanha é a importância desse elemento que a Constituição de 1988, de forma inaugural, estabeleceu um conceito para "terras tradicionalmente ocupadas pelos índios". Segundo o § 1º de seu art. 231, "são terras tradicionalmente ocupadas pelos índios as por eles habitadas em caráter permanente, as utilizadas para as suas atividades produtivas, as imprescindíveis à preservação dos recursos ambientais necessários a seu bem-estar e as necessárias a sua reprodução física e cultural, segundo seus usos, costumes e tradições".

---

23 Sobre a relação terras indígenas e identidade, a Corte Interamericana de Direitos Humanos proferiu decisões paradigmáticas. Por exemplo, no caso da *Comunidade Indígena Yakye* vs. *Paraguai*, decidido em 17 de junho de 2005, a corte observou que "*a garantia do direito de* propriedade comunitária dos povos indígenas deve levar em conta que a terra está estreitamente relacionada com as suas tradições e expressões orais, seus costumes e línguas, suas artes e rituais, seus conhecimentos e usos relacionados com a natureza, suas artes culinárias, seu direito consuetudinário, sua vestimenta, filosofia e valores. Em função do seu entorno, sua integração com a natureza e sua história, os membros das comunidades indígenas transmitem de geração em geração este patrimônio cultural imaterial".

A terra indígena, portanto, há de contar com todos esses atributos. Ela não é apenas o local de habitação; é a soma dos espaços de habitação, de atividade produtiva, de preservação ambiental e daqueles necessários à reprodução física e cultural do grupo.

Essa concepção de terra indígena, bastante ampliada em relação àquela considerada a partir dos textos constitucionais pretéritos, é uma decorrência direta do propósito enunciado na Constituição e em tratados internacionais, de que esses povos, além de terem condições plenas de viver e projetar suas vidas de acordo com suas concepções de mundo, se multipliquem e leguem às gerações futuras as condições ora desfrutadas. Tal conclusão, além da literalidade do texto normativo, conta com o endosso do ministro Menezes Direito. Apropriando-se da expressão "fato indígena" cunhada pelo ministro Nelson Jobim, define-o pelo concurso desses elementos, aos quais agrega o marco temporal de 5 de outubro de 1988. Confira-se:

> Mas a habitação permanente não é o único parâmetro a ser utilizado na identificação das terras indígenas. Em verdade, é o parâmetro para identificar a base ou núcleo da ocupação das terras indígenas, a partir do qual as demais expressões dessa ocupação devem ser manifestar.
>
> Para além desse fator temporal, exigem-se na caracterização das terras indígenas, como expõe *Luiz Armando Badin*, os seguintes fatores:
>
> "[...]
>
> b) fator econômico – as terras devem ser utilizadas para suas atividades produtivas; são os locais necessários à subsistência e produção econômica (como campos de caça, pesca, coleta e cultivo, por exemplo);
>
> c) fator ecológico – as terras devem ser imprescindíveis à preservação dos recursos naturais necessários a seu bem-estar;
>
> d) fator cultural e demográfico – as terras devem ser necessárias a sua reprodução física e cultural (manifestações culturais da comunidade, cemitérios, locais religiosos e destinados a práticas rituais), bem como a outras atividades próprias a sua organização social e econômica" (Sobre o conceito constitucional de terra indígena. Em: *Arquivos do Ministério da Justiça*, ano 51, n.190, jul.-dez. 2006, p.127-41).
>
> [...]
>
> Conclui-se que uma vez demonstrada a presença dos índios em determinada área na data da promulgação da Constituição (5 de outubro de 1988) e estabelecida a extensão geográfica dessa presença, *constatado o fato indígena por detrás*

*das demais expressões de ocupação tradicional da terra*, nenhum direito de cunho privado poderá prevalecer sobre os direitos dos índios. Com isso, pouco importa a situação fática anterior (posses, ocupações etc.). O fato indígena a suplantará, como decidido pelo constituinte dos oitenta". (Destaque nosso.)

E ele retorna a essa compreensão para explicar por que tem por razoável a existência de dois laudos sobre a Raposa Serra do Sol, um produzido em 1981 e outro em 1993, o último com área superior ao primeiro:

> Ainda que pudessem ser mais didáticos e diretos, menos retóricos, deles [de ambos os laudos] é possível extrair a justificativa para a identificação da área da terra indígena desde aquela esboçada em 1981. *Trata-se da necessidade, prevista no dispositivo constitucional, de assegurar aos índios as terras anexas às áreas onde residem e onde praticam suas atividades produtivas, reservadas para a preservação dos recursos ambientais de que precisam para sua sobrevivência e para a sua reprodução física e cultural*. (Destaque nosso.)

Tal interpretação está na linha da evolução da disciplina constitucional da matéria.[24] A única curiosidade no voto do ministro Menezes Direito – de longe aquele que mais se deteve sobre a territorialidade indígena à vista de seus novos pressupostos – é a insistência no marco temporal, especialmente sem problematizá-lo. Não faz muito sentido ver em uma Constituição de viés emancipatório, que trata com tamanho cuidado as terras indígenas, a desconsideração dos direitos territoriais adquiridos, validando expulsão e esbulho.

## III – O pluralismo e as diferentes visões de posse e de resistência ao esbulho

O tema "terras indígenas", tanto no contexto da Constituição de 1988 como no direito internacional, tem por pressuposto três ideias centrais que se articulam entre si: identidade, pluralismo e liberdades expressivas.[25]

24 Ver nota 13.

25 O tema a seguir tem maior desenvolvimento em Duprat, A Convenção n.169 da OIT e o direito à consulta prévia, livre e informada, em: Duprat (Org.), *Convenção n.169 da OIT e os Estados Nacionais*.

Como já referido anteriormente, o indígena foi considerado, pelo colonizador, um elemento da natureza, já que a cultura era um atributo dos "civilizados". A política de aldeamento foi concebida com o múltiplo propósito de conhecer, controlar, adestrar e transformar. Portanto, até a Constituição de 1988, as terras indígenas eram espaços em que os povos indígenas eram mantidos como um elemento estranho em face do restante da sociedade nacional, até a sua completa regeneração, normalização e inclusão no mundo civil.

Essa é uma concepção que também está fortemente ligada à gênese do Estado nacional e aos seus processos de unificação, centralização, padronização e homogeneização.[26] E um dos instrumentos mais eficazes para esse propósito é a unificação do mercado linguístico.

Certamente, tudo está mudado na contemporaneidade, ao menos no plano normativo. Há, na Constituição de 1988 e em vários textos internacionais, um investimento no sentido de permitir aos povos indígenas orientar-se pela visão de si e lançar-se ao mundo autarquicamente.[27]

Por outro lado, os povos indígenas são convidados a participar de uma sociedade que se abre à pluralidade dos modos de vida.[28] No art. 215, a Constituição determina que "o Estado garantirá a todos o pleno exercício dos direitos culturais". E como sinais distintivos da identidade dos diversos grupos formadores da sociedade brasileira, inclui, dentre outros, suas "formas de expressão" e seus modos de criar, fazer e viver (art. 216, I e II).

É interessante observar, nesse ponto, a identidade entre a formulação constitucional e a de Wittgenstein.[29] Este defende que o significado de uma palavra decorre do uso de que dela se faz e que os "jogos de linguagem" e as "formas de vida" são extremamente variados. Daí por que a linguagem é convencional e diferente nas distintas culturas. Diz ele:

---

26 Bourdieu, *Sobre o Estado*; Hobsbawm, *Nações e nacionalismos desde 1780*; Anderson, *Comunidades imaginadas*.

27 Duprat, O direito sob o marco da plurietnicidade/multiculturalidade, em: Duprat (Org.), *Pareceres jurídicos*.

28 O art. 5º da Declaração das Nações Unidas sobre os Direitos dos Povos Indígenas consigna: "os povos indígenas têm o direito de conservar e reforçar suas próprias instituições políticas, jurídicas, econômicas, sociais e culturais, mantendo ao mesmo tempo seu direito de participar plenamente, caso o desejem, da vida política, econômica, social e cultural do Estado".

29 Wittgenstein, *Investigationes filosóficas*, §§ 241-2, p.94.

na linguagem os homens estão de acordo. Não é um acordo sobre as opiniões, mas sobre o modo de vida. Para uma compreensão por meio da linguagem, é preciso não apenas um acordo sobre as definições, mas (por estranho que pareça) um acordo sobre os juízos.

Tampouco é por acaso que, ao lado da Declaração Universal sobre a Diversidade Cultural,[30] a Unesco adota, em 2005, a Convenção sobre a Proteção e Promoção da Diversidade das Expressões Culturais, promulgada, no Brasil, pelo Decreto n.6.177, de 1º de agosto de 2007. Esta, em seu preâmbulo, aciona pluralismo/identidade/liberdades expressivas, reconhecendo que "a cultura assume formas diversas através do tempo e do espaço, e que esta diversidade se manifesta na originalidade e na pluralidade das identidades, assim como nas expressões culturais dos povos e das sociedades que formam a humanidade"; e que "a diversidade cultural se fortalece mediante a livre circulação de ideias e se nutre das trocas constantes e da interação entre culturas". E estatui em seu art. 1º: "a diversidade cultural somente poderá ser protegida e promovida se estiverem garantidos os direitos humanos e as liberdades fundamentais, tais como a liberdade de expressão, informação e comunicação, bem como a possibilidade dos indivíduos de escolherem suas expressões culturais".

Como se vive, felizmente, num regime de constitucionalização do direito, com a irradiação das normas e valores constitucionais, especialmente aqueles relacionados aos direitos fundamentais, para todos os ramos do ordenamento jurídico,[31] é impossível recusar a incidência desse conjunto de disposições ao processo judiciário. Aliás, aqui, com muito mais razão, porque o princípio do contraditório exige que as partes que contestam sejam contempladas com idênticas oportunidades. Portanto, é indispensável permitir ao grupo indígena que verbalize a representação que tem dos fatos.[32]

Se prevalece a compreensão do direito estatal como corpo de normas objetivo, neutro e determinado – visão por muito tempo naturalizada – desfaz-se

30 Em seu art. 4º, proclama que "a defesa da diversidade cultural é um imperativo ético, inseparável do respeito à dignidade da pessoa humana".

31 Cf. Carbonell (Ed.), *Neoconstitucionalism(s)*; Barroso. Neoconstitucionalismo e constitucionalização do direito, em: Souza Neto; Sarmento (Orgs.), *A constitucionalização do direito*, p.203-50; Sarmento, O neoconstitucionalismo no Brasil, em: Sarmento (Org.), *Filosofia e teoria constitucional contemporânea*, p.113.

32 Duprat, O papel do Judiciário na demarcação de terras indígenas, em: Ricardo; Ricardo (Orgs.), *Povos indígenas no Brasil, 2001/2005*.

o compromisso com a pluralidade. Um significado aparentemente claro da norma atesta apenas a hegemonia de uma interpretação específica.

Por outro lado, fala-se, hoje e cada vez mais, que a interpretação de uma norma jurídica não é monopólio dos juristas. Na expressão de Peter Häberle,[33] "quem vive a norma acaba por interpretá-la ou, ao menos, por cointerpretá-la". Dworkin[34] também admite que teóricos e práticos estão engajados num mesmo tipo de raciocínio, ou seja, numa tentativa de impor a melhor interpretação à prática que encontram.

Não é possível prosseguir, no regime de uma Constituição de viés pluralista, homologando as definições naturalizadas de posse, esbulho e resistência, que foram incorporadas pelo direito a partir de uma visão hegemônica, com o descarte de inúmeras noções laterais possíveis. É por isso que o art. 8.1 da Convenção 169-OIT determina que "ao aplicar a legislação nacional aos povos interessados deverão ser levados na devida consideração seus costumes ou seu direito consuetudinário".[35]

## IV – O caso Limão Verde: Ag Reg no Recurso Extraordinário com Agravo 803.462-MS

Nesse acórdão, a Segunda Turma do STF, por unanimidade, deu provimento a recurso extraordinário em que se pleiteava a nulidade dos atos administrativos de reconhecimento da Terra Indígena Limão Verde, de uso tradicional do povo Terena, em Mato Grosso do Sul, apenas no que diz respeito à Fazenda Santa Bárbara.

O relator, ministro Teori Zavascki, entendeu ausentes os pressupostos antes referidos: ocupação indígena na área disputada, em outubro de 1988, e demonstração de esbulho renitente. No que diz respeito ao primeiro deles, disse:

---

33 Häberle, *Hermenêutica constitucional*, p.49.

34 Veja-se, a propósito, o seguinte trecho: "A linguagem só pode adquirir sentido a partir dos fatos sociais, das expectativas e das formas em que está presente, um fato sintetizado no tosco mas conhecido slogan, segundo o qual a chave do significado está no uso" (Dworkin, *A justiça de toga*, p.57).

35 A Declaração das Nações Unidas sobre os Direitos dos Povos Indígenas, em seu art. 13, assegura aos povos indígenas que "possam entender e fazer-se entender nas atuações políticas, jurídicas e administrativas".

Ora, no caso, tanto o voto vencedor, quanto o voto vencido do acórdão recorrido permitem concluir que a última ocupação indígena na área objeto da presente demanda (Fazenda Santa Bárbara) deixou de existir desde, pelo menos, o ano de 1953, data em que os últimos índios teriam sido expulsos da região. Portanto, é certo que não havia ocupação indígena em outubro de 1988.

Argumenta, porém, o voto vencedor, que, "ainda que os índios tenham perdido a posse por longos anos, têm indiscutível direito de postular sua restituição, desde que ela decorra de tradicional (antiga, imemorial) ocupação". Esse entendimento, todavia, não se mostra compatível com a jurisprudência do Supremo Tribunal Federal, que, conforme já afirmado, é pacífica no sentido de que o conceito de "terras tradicionalmente ocupadas pelos índios" não abrange aquelas que eram ocupadas pelos nativos no passado. Nesse sentido é a própria Súmula 650/STF: "os incisos I e XI do art. 20 da Constituição Federal não alcançam terras de aldeamentos extintos, ainda que ocupadas por indígenas em passado remoto".

Quanto ao esbulho, consignou:

O voto vencedor do julgado atacado considerou presente a ocorrência desse esbulho nos seguintes termos:

Na hipótese, restou incontroverso que, à época da promulgação da Constituição Federal de 1988, os índios da etnia Terena não estavam na posse da área reivindicada, posteriormente demarcada e homologada pelo Decreto Presidencial.

Importa saber, portanto, se dela foram os índios desalojados em virtude de renitente esbulho praticado por não índios. Acerca desta questão, o laudo pericial explica exatamente como os silvícolas foram desalojados do local onde viviam. (fl.1.100)

"Como indicamos nos itens 2.1 e 2.2, e depois nos itens 4.1 e 4.2 deste laudo, o processo de colonização da região da bacia do Aquidauana se intensifica especialmente depois do término da Guerra do Paraguai. Na região em questão, existiam diversos aldeamentos indígenas, como Ipegue na planície e o Piranhinha nos morros, como são registrados nos documentos já citados, pelo menos desde 1865-1866. A partir de 1892 inicia-se um processo de colonização conduzido por um grupo de coronéis (apesar de que antes da aquisição de terras por esse grupo, já existiam posseiros na região, como é o caso de João Dias Cordeiro) por meio da constituição da vila de Aquidauana e de propriedades rurais e urbanas. Pelos documentos localizados, a partir de 1895 em diante inicia-se um processo de titulação em terras localizadas entre o Córrego João Dias, o Morro do Amparo e o Aquidauana que se choca com as terras de ocupação indígena em diversos pontos. Isso caracteriza um choque entre o poder local e a economia agropecuária e a sociedade Terena. Esse choque de interesses sobre as terras e os recursos ambientais está registrado nos diversos documentos analisados e citados no laudo, e resultará na titulação das terras para o município em 1928 e depois na criação da Colônia XV de Agosto em 1959, incidentes na área depois identificada como indígena. Assim, consolida-se o processo ocupação nos territórios em questão. *Com relação às terras da Fazenda Santa Bárbara, podemos indicar que existiu ocupação indígena (no sentido de uso para habitação) até o ano de 1953, quando em meio ao processo de demarcação houve a expulsão dos índios da área, mas a ocupação (como uso de recursos naturais e ambientais) permanece até os dias de hoje, uma vez que os índios praticam a caça e coleta na serra.*" (Destaque nosso.)

Além disso, o MM. Juiz sentenciante constatou na inspeção judicial que, a partir do ano de 1953, os índios, não por vontade própria, ficaram impedidos de utilizar as terras da área litigiosa. Confira-se o seguinte trecho da r. sentença:

"Por ocasião da inspeção que realizei na área em litígio constatei que a Fazenda Santa Bárbara tem divisa bem definida com as terras indígenas. Além da divisa natural, representada pelo paredão da Serra de Amambaí, tornando difícil o acesso entre as glebas, existem cercas em todo o perímetro da fazenda. Essas cercas remontam à época que antecedeu a passagem do agrimensor Camilo Boni (1953)." (fls.2.417)

Diante disso, restando comprovado, nos autos, o renitente esbulho praticado pelos não índios, inaplicável à espécie, o marco temporal aludido na Pet. n.3.388 e Súmula 650 do Supremo Tribunal Federal.

Ademais, não vislumbro como afastar as conclusões do laudo oficial, considerando que nem mesmo os argumentos que foram deduzidos pelo assistente técnico do autor conseguiram desconstituir a conclusão a que chegou o perito judicial, de reconhecida idoneidade e competência. (fl.2.831-2) (ff.9-10)

O que se tem nessa argumentação, bem se percebe, é a constatação de que, no passado, as terras questionadas foram efetivamente ocupadas pelos índios, fato que é indiscutível. Todavia, renitente esbulho não pode ser confundido com ocupação passada ou com desocupação forçada. Há de haver, para configuração de esbulho, situação de efetivo conflito possessório que, mesmo iniciado no passado, ainda persista até o marco demarcatório temporal atual (vale dizer, na data da promulgação da Constituição de 1988), conflito que se materializa por circunstâncias de fato ou, pelo menos, por uma controvérsia possessória judicializada.

Especialmente quanto às "circunstâncias de fato", não teve como hábeis à demonstração de resistência ao esbulho "(a) a missiva enviada em 1966 ao Serviço de Proteção ao Índio; (b) o requerimento apresentado em 1970 por um vereador Terena à Câmara Municipal, cuja aprovação foi comunicada ao Presidente da Funai, através de ofício, naquele mesmo ano; e (c) cartas enviadas em 1982 e 1984, pelo Cacique Amâncio Gabriel, à Presidência da Funai".

## Ocupação

É importante ressaltar aquilo que está inconteste no acórdão: a ocupação terena da Fazenda Santa Bárbara vem de longa data e permaneceu até 1953, quando então o grupo foi forçado a deixar a área. Esses dados remetem às considerações feitas no item I deste texto e induzem à mesma conclusão a que ali se chegou: como havia ocupação permanente em 1934, as terras que depois vieram a formar a Fazenda Santa Bárbara passaram a integrar o patrimônio do povo Terena, sob a forma de posse, e a contar com a proteção efetiva do direito. E, como não houve abandono voluntário, jamais deixaram de ostentar essa condição.

O mais interessante, todavia, é confrontar essa ocupação com os próprios parâmetros estabelecidos no caso Raposa Serra do Sol.

O art. 231 da CF estatui que "são reconhecidos aos índios sua organização social, costumes, línguas, crenças e tradições, e os direitos originários sobre as *terras que tradicionalmente ocupam*, competindo à União demarcá-las, proteger e fazer respeitar todos os seus bens".

Foi com base na literalidade dessa norma que o Supremo Tribunal Federal, no julgamento da Pet. n.3.388, decidiu que deveria haver *ocupação tradicional* em 5 de outubro de 1988. Nas palavras do ministro Menezes Direito:

> Sendo seus principais elementos constituídos pelo advérbio "*tradicionalmente*" e pelo verbo "*ocupam*", é o significado destes que deve orientar a identificação espacial das terras indígenas.

O primeiro requisito a ser observado é a presença indígena na área, em 5 de outubro de 1988. Mas essa ocupação não se traduz necessariamente na edificação de habitações.[36] Aliás, por ocasião do julgamento da ACO 278, em 1º de dezembro de 1982, o ministro Aldir Passarinho já observava:

> Ora, na vigência da Constituição de 1946, quando a venda se efetuou, a posse lhes seria assegurada se, como se viu, estivessem os índios permanentemente localizados nas terras. Não haveria de exigir-se que estes se encontrassem fixados em pontos certos, pois os índios andam normalmente em busca de melhores áreas para suas atividades de caça e pesca e pequena lavoura, mas tudo dentro de uma gleba mais ou menos conhecida.

Convém recordar que o fato indígena, que vai permitir a caracterização de uma área indígena, precisa contemplar os seguintes fatores: (a) habitação permanente; "(b) econômico – as terras devem ser utilizadas para suas atividades produtivas; são os locais necessários à subsistência e produção econômica (como campos de caça, pesca, coleta e cultivo, por exemplo; (c) ecológico – as terras devem ser imprescindíveis à preservação dos recursos naturais necessários a seu bem-estar; (d) cultural e demográfico – as terras devem ser necessárias a sua reprodução física e cultural (manifestações culturais da comunidade, cemitérios, locais religiosos e destinados a práticas rituais), bem como a outras atividades próprias a sua organização social e econômica".

Pois bem, o acórdão ora sob exame transcreve o seguinte trecho do laudo antropológico:

> Com relação às terras da Fazenda Santa Bárbara, podemos indicar que existiu ocupação indígena (no sentido de uso para habitação) até o ano de 1953, quando em meio ao processo de demarcação houve a expulsão dos índios da área, mas a ocupação (como uso de recursos naturais e ambientais) permanece até os dias de hoje, uma vez que os índios praticam a caça e coleta na serra.

36 Já em 1961, o ministro Victor Nunes Leal observava: "Não está em jogo, propriamente, um conceito de posse, nem de domínio, no sentido civilista; trata-se de *habitat* de um povo" (RE 44.585, *DJ*, 11 out. 1961).

Ou seja, o que o laudo revela, textualmente, é que não havia mais *habitação* indígena na área da Fazenda Santa Bárbara a partir de 1953, mas a *ocupação* persistiu até os dias de sua elaboração,[37] com os indígenas fazendo uso, naquela área, de recursos naturais e ambientais, mediante caça e coleta.

Diante dessa informação, fica difícil afirmar, sem um mínimo de problematização, que não havia ocupação indígena na Fazenda Santa Bárbara em outubro de 1988.

Uma leitura completa do laudo, ao contrário, reforça a convicção de estar presente o requisito temporal, na medida em que, tradicionalmente, as habitações da área indígena Limão Verde se localizavam ao longo dos rios, sendo que, na região da serra, onde se situa a Fazenda Santa Bárbara, desenvolvia-se, tal como na atualidade, principalmente atividade de caça e coleta.[38]

Portanto, das duas, uma: ou se conclui pela ocupação tradicional indígena em outubro de 1988 na Fazenda Santa Bárbara, diante do que afirma o laudo antropológico, ou se entende que essa passagem do laudo precisa ser analisada à vista da sua inteireza e do confronto com outras provas, o que resultaria na inviabilidade do recurso, em face do óbice da Súmula 279-STF.[39]

De mais a mais, a leitura da sentença revela aquilo que o acórdão não vê: a Fazenda Santa Bárbara é uma porção da TI Limão Verde.[40] De modo que, tal como afirmou o ministro Menezes Direito no precedente tantas vezes citado, poderia ser anexada à área de habitação permanente, de modo a assegurar as atividades produtivas e os recursos ecológicos necessários ao bem-estar do grupo.[41] Esse agregado e mais as áreas necessárias à reprodução física e

---

37 Trata-se de laudo produzido por perito do juízo, apresentado em 3 de setembro de 2008 nos autos da ação que dá origem ao presente recurso (Proc. 2003.60.00.011984-2).

38 De resto, no julgamento da ACO 312, concluído algum tempo depois da Pet. n.3.388, o relator fez consignar em seu voto: "a baixa demografia indígena na região em determinados momentos históricos, principalmente quando decorrente de esbulhos perpetrados pelo forasteiro, não consubstancia óbice ao reconhecimento do caráter permanente da posse dos silvícolas".

39 "Para simples reexame de prova não cabe recurso extraordinário."

40 Consta da sentença que "a Fazenda Santa Bárbara tem divisa bem definida com as terras indígenas".

41 A sentença consigna: "O outro fundamento que me leva a desacolher a pretensão do autor está no fato da gleba ser ***imprescindível à preservação*** *dos recursos ambientais necessários a seu bem-estar e as necessidades a sua reprodução física e cultural* (art. 231, § 1º, da CF)" (destaque no original). E, adiante, acrescenta: "Com efeito, disse o perito que na gleba litigiosa está a cabeceira do Córrego João Dias e a maior parte do seu curso, de maneira que existe uma fonte de água importante para a lavoura dentro dos territórios indicados".

cultural dos Terena é que formará a terra por eles tradicionalmente ocupada, ou seja, o "fato indígena".

O ministro Victor Nunes Leal, no RE 44.585,[42] afirmou: "se os índios, na data da Constituição Federal, ocupavam determinado território porque desse território tiravam seus recursos alimentícios, embora sem terem construções ou obras permanentes que testemunhassem posse de acordo com nosso conceito, essa área, na qual e da qual viviam, era necessária à sua subsistência. Essa área, existente na data da Constituição Federal, é que se mandou respeitar". Como o julgamento é de 1961, a Constituição referida é de 1946.

De modo que, por onde quer que se caminhe, a conclusão é de que a Fazenda Santa Bárbara é de ocupação tradicional indígena, qualquer que seja a perspectiva, de outrora ou a atual, com os parâmetros estabelecidos no caso Raposa Serra do Sol.

## O regime jurídico indígena antes de 1988

Existe consenso quanto ao fato de que a dominação colonial constrói o outro em termos de inferioridade, diferença hierárquica e distância temporal, circunstâncias que só poderão ser superadas mediante a sua incorporação total na cultura ocidental.[43] Os indígenas, aqui e na América espanhola, eram considerados seres inferiores, que viviam no passado, em uma etapa da evolução humana de há muito superada.[44] Essa concepção, de incapacidade dos indígenas de fundar e fazer funcionar suas próprias instituições, é central no projeto colonial. Daí a instituição, desde cedo, em seu favor, de um regime de natureza tutelar.

O "procurador dos índios" é uma figura mencionada no Alvará de 26 de julho de 1596, na Lei de 9 de abril de 1655 e no Regimento das Missões de 1686,

42 Ver nota 36.

43 Ariza, op. cit., p.40.

44 Nas palavras de Manuela Carneiro da Cunha, "A partir do terceiro quartel do século XIX, novas teorias afirmam não mais que os índios são a velhice prematura da humanidade, mas antes a sua infância: um evolucionismo sumário consagra os índios e outros tantos povos não ocidentais como 'primitivos', testemunhos de uma era pela qual já teríamos passado: fósseis, de certa forma, milagrosamente preservados nas matas e que, mantidos em puerilidade prolongada, teriam no entanto por destino acederem a esse *télos* que é a sociedade ocidental" (*Índios do Brasil*, p.60).

sempre no sentido de ser alguém encarregado de requerer justiça em nome dos indígenas.[45]

Mas a noção de capacidade civil relativa, condicionada ao grau de civilização dos índios, e o correlato regime jurídico da tutela vão materializar-se organizadamente no Decreto n.5.484,[46] de 27 de junho de 1928. Esse ato normativo, que disciplinava "a situação dos índios nascidos no território nacional", dispunha em seu art. 6º que "os índios de qualquer categoria não inteiramente adaptados ficam sob a tutela do Estado, que a exercerá segundo o grau de adaptação de cada um, por intermédio dos inspetores do Serviço de Proteção aos Índios e Localização de Trabalhadores Nacionais, sendo facultados aos ditos inspetores requerer ou nomear procurador, para requerer em nome dos mesmos índios, perante as justiças e autoridades, praticando para o referido fim todos os atos permittidos em direito". O Estatuto do Índio de 1973 (Lei n.6.001, de 19 de dezembro) mantém inalterado esse cenário jurídico: incapacidade relativa, tutela e atribuição ao órgão federal de assistência ao índio da "defesa judicial ou extrajudicial dos direitos dos silvícolas e das comunidades indígenas".

Em 1967, foi constituída uma comissão para apurar irregularidades no Serviço de Proteção aos Índios, cujas conclusões estão consolidadas em documento que se tornou conhecido como "Relatório Figueiredo", de autoria do procurador Jader Figueiredo.[47] As investigações, restritas de início aos anos de 1962 e 1963, evidenciaram que "a geral corrupção e a anarquia total foram imperantes no SPI em toda a sua área como, também, através dos tempos". Eis alguns importantes trechos:

> Nesse regime de baraço e cutelo viveu o SPI muitos anos. A fertilidade de sua cruenta história registra até crucificação, os castigos físicos eram considerados fato natural nos Postos Indígenas.

---

45 Cunha (Coord.), *História dos índios no Brasil*, p.121.

46 Antes, o Código Civil de 1916 previa em seu art. 6º, IV, a incapacidade relativa dos "silvícolas" e estabelecia em seu parágrafo único: "os silvícolas ficarão sujeitos ao regime tutelar, estabelecido em leis e regulamentos especiais, o qual cessará à medida que se forem adaptando à civilização do País".

47 Esse documento foi encontrado pelo pesquisador Marcelo Zelic e veio a público em abril de 2013, em reportagem de Felipe Canedo, do jornal *O Estado de S. Paulo*, intitulada "A história que o Brasil escondeu". Relatório acessível em: http://www.direitosocioambiental.com.br/relatorio-figueiredo/.

> Os espancamentos, independentes de idade ou sexo, participavam de rotina e só chamavam a atenção quando, aplicados de modo exagerado, ocasionavam a invalidez ou a morte.
>
> Havia alguns que requintavam a perversidade, obrigando pessoas a castigar seus entes queridos. Via-se, então filho espancar mãe, irmão bater em irmã e, assim por diante.
>
> O "tronco" era, todavia, o mais encontradiço de todos os castigos, imperando na 7ª Inspetoria. Consistia na trituração do tornozelo da vítima, colocado entre duas estacas enterradas juntas em ângulo agudo. As extremidades, ligadas por roldanas, eram aproximadas lenta e continuamente.
>
> Tanto sofreram os índios na peia e no "tronco" que, embora o Código Penal capitule como crime a prisão em cárcere privado, deve-se saudar a adoção desse dito como um inegável progresso no exercício da "proteção ao índio".
>
> Sem ironia pode-se afirmar que os castigos de trabalho forçado e de prisão em cárcere privado representavam a humanização das relações índio-SPI.
>
> Isso porque, de maneira geral, não se respeitava o indígena como pessoa humana, servindo homens e mulheres, como animais de carga, cujo trabalho deve reverter ao funcionário.
>
> [...]
>
> O trabalho escravo não era a única forma de exploração. Muito adotada também era a usurpação do produto do trabalho. Os roçados laboriosamente cultivados, eram sumariamente arrebatados do miserável sem pagamento de indenização ou satisfação prestada.
>
> [...]
>
> A crueldade para com o indígena só era suplantada pela ganância. No primeiro caso nem todos incorreram nos delitos de maus-tratos aos índios, mas raros escaparam dos crimes de desvio, e apropriação ou de dilapidação do patrimônio indígena.

Ao final, sumariando os inúmeros crimes cometidos contra os indígenas pelo SPI, o relatório expressamente consigna a "doação criminosa de terras" e a "adulteração de documentos oficiais".

O SPI, criado em 1910, é extinto em 1967 e sucedido, no mesmo ano, pela Fundação Nacional do Índio (Funai).

A Comissão Nacional da Verdade, no seu relatório final, em capítulo intitulado "Violações de direitos humanos dos povos indígenas", registra que o novo órgão tutor seguiu reproduzindo as práticas de seu antecessor, especialmente a apropriação das terras indígenas e remoções forçadas de povos, alguns para junto de inimigos tradicionais. Consta do documento:

> Denúncias de que as transferências forçadas não serviam apenas para viabilizar obras de infraestrutura, mas também para liberar terras indígenas para a implantação de projetos agroindustriais são frequentes na CPI da Funai de 1977. O sertanista Cotrim Neto reforça esse ponto, afirmando que "seu trabalho na Funai tem se limitado a simples administrador de interesses de grupos econômicos e segmentos nacionais, dada a política de concessão de áreas indígenas pela Funai [...]". (*Folha de S.Paulo*, 20 maio 1972.)

Ou seja, desde a colônia até a Constituição de 1988, os indígenas brasileiros (i) não tinham acesso, por si próprios, ao sistema de Justiça; (ii) dependiam, para tal fim, de órgãos tutelares; (iii) estiveram sujeitos, desde 1910, ao SPI e à Funai, que atuavam contra seus interesses, especialmente no que diz respeito às suas terras.

Nesse cenário, é de se perguntar: quais as possibilidades reais de resistência dos indígenas ao esbulho de suas terras? Não é certamente pela via judicial, pois não tinham como acioná-la. A lei os impedia. E aqueles designados para fazê-lo em seu nome permaneciam intencionalmente inertes.

Seria pelo enfrentamento direto? A questão permite inúmeros desdobramentos.

O primeiro, e talvez mais óbvio, era a inegável desproporção de força e poder entre os indígenas e aqueles que vinham ocupar as suas terras. Estes contavam com o total apoio do Estado, inclusive do órgão tutelar. O Serviço de Proteção aos Índios, por exemplo, dispôs dos decretos n.10.652, de 16 de outubro de 1942, e n.52.668, de 11 de outubro de 1963, que previam prisão de até cinco anos para os indígenas considerados "prejudiciais às populações vizinhas".[48] De modo que, nesse tipo de disputa, os ganhos eram irreais, ao passo que a derrota e o massacre eram, mais do que certos, reais.

48 Respectivamente: "art. 9º – e) propor ao diretor, mediante requisição do chefe da Inspetoria competente, o recolhimento à colônia disciplinar ou, na sua falta, ao Posto Indígena designado pelo diretor, e pelo tempo que este determinar, nunca excedente a cinco anos, de índio que, por infração ou mau procedimento, agindo com discernimento, for considerado prejudicial à comunidade indígena a que pertencer ou mesmo às populações vizinhas, indígenas

Por outro lado, carece de razoabilidade a inferência de que o reconhecimento de um direito fique a depender de que o seu titular, previamente, tenha feito ou tentado fazer "justiça pelas próprias mãos". Tal entendimento pode ter ainda uma eficácia simbólica perigosa. Como certamente ainda se alongarão no tempo as disputas relativas às suas terras, os indígenas podem ser levados a crer que a resistência física é um elemento importante no reconhecimento de seus direitos.

De resto, há povos indígenas para os quais o conflito e a violência são muito penosos, às vezes até insuportáveis. Aliás, James Scott[49] chama a atenção de que, para a maioria dos grupos historicamente subordinados, as pequenas guerrilhas silenciosas, travadas em seu cotidiano, costumam ter um impacto bem maior do que rebeliões, revoltas e levantes de larga escala. Ele tem em mente armas comuns, tais como o "corpo mole", a dissimulação, a submissão falsa, as sabotagens, os saques, os incêndios premeditados, a ignorância fingida, a fofoca etc.

Portanto, numa sociedade normativamente plural, como ocorre com a brasileira, as possibilidades de resistência a uma situação de injustiça devem ser aferidas concretamente, e não a partir de um modelo ideal, via de regra encarnado no grupo majoritário. E a resistência possível aos Terena de Limão Verde foi aquela descrita no acórdão: requerimentos aos órgãos de Estado, em especial os tutelares, para que agissem na defesa de suas terras. Além de incursões permanentes àquele território, para realização de caça e coleta, superando as cercas que ali foram erguidas.

A desqualificação dessas iniciativas e a exigência de que a figura do "esbulho renitente" se acomode à imagem de disputas possessórias entre indivíduos em situação de simetria é, a um só tempo, negativa ao pluralismo e ao processo histórico nacional.

---

ou civilizadas"; e "art. 8º, X – propor o recolhimento a colônia disciplinar ou, na sua falta, ao Posto Indígena que for designada pelo Diretor do SPI, pelo tempo que este determinar, nunca excedente a cinco anos, do índio que, por infração ou mau procedimento, agindo com discernimento, for considerado prejudicial à comunidade indígena a que pertencer, ou mesmo as populações vizinhas, indígenas ou civilizadas".

49 Scott, *Weapons of the Weak*.

## O laudo pericial e o princípio da proteção à confiança legítima

A nota 26 informa que o laudo pericial produzido nos autos da ação a que se refere o presente recurso foi apresentado em 3 de setembro de 2008, antes, portanto, da publicação do acórdão da Raposa Serra do Sol, em 25 de setembro de 2009, e de sua republicação, em 1º de julho de 2010.

Ainda que o requisito da ocupação em 5 de outubro de 1988 tenha sido, de certa forma, insinuado na jurisprudência do STF, especialmente no caso que deu ensejo à Sumula 650-STF, o foi lateralmente, porque a ação versava sobre disputa de dominialidade entre União e Estado-membro. Quanto ao "esbulho renitente",[50] é uma figura introduzida no julgamento da Raposa.

De modo que o perito, quando da elaboração de seu laudo, não tinha como antecipar que esses eram elementos que deveriam ser tratados detidamente na definição da espacialidade da AI Limão Verde. Aliás, nem sequer havia quesitos a respeito.

O Supremo Tribunal Federal, independentemente de se tratar de ações do controle abstrato e concentrado de constitucionalidade, tem admitido, de longa data, a possibilidade de modulação dos efeitos das decisões que representam uma guinada na sua jurisprudência ou no critério de interpretação de normas, em observância ao princípio da segurança jurídica.[51]

Essa posição deveria ter sido adotada quando do julgamento da Pet. n.3.388, especialmente para aqueles casos em que, nas ações em curso e nos procedimentos administrativos, o laudo já tivesse sido produzido. Era preciso, pelo menos, que fosse determinada a sua complementação, de modo a tratar especificamente dos novos requisitos.

---

50 A sentença não faz uso da expressão e tampouco da concepção adotada no acórdão examinado neste texto. Diz o juiz, analisando o caso Raposa Serra do Sol: "Se bem entendi, o Excelso Pretório deu a direção para a solução de lide na qual está *provado que os índios abandonaram espontaneamente a posse* ou quando *provado o* ***fato indígena*** *– posse de que trata a CF, em 5/10/88*, mas não liquidou o direito dos índios às *terras das quais já tiveram posse e que dela foram destituídos*" (destaques no original).

51 Exemplificativamente, CC 7.204, relator: ministro Carlos Britto, *DJ*, 9 dez. 2005; MS 26.604, relatora: ministra Cármen Lúcia, *DJ*, 3 out. 2008; RE 737.011, relator: ministro Teori Zavascki, *DJe*, 27 out. 2015. Veja-se também, a respeito do tema, Ribeiro, A segurança jurídica na jurisprudência do STF, em: Sarmento; Sarlet (Coords.), *Direitos fundamentais no Supremo Tribunal Federal*, p.361-3.

O comprometimento, no caso, não é só da segurança jurídica, mas da própria noção de justiça, pois demandas que envolvem direitos fundamentais são decididas sem que se incorporem ao processo as informações essenciais à tomada de decisão. Com isso, tal como ocorre com a Fazenda Santa Bárbara, há a possibilidade de uma nova desterritorialização dos indígenas, quando os requisitos necessários ao reconhecimento de suas terras tradicionais estavam presentes, mas invisíveis aos olhos do julgador.

## Conclusões

A essa altura, é possível concluir que o maior problema desse julgado está na admissão do extraordinário. Um recurso que não admite análise de provas, que tem como limite máximo de cognição a matéria de fato apreciada pelas instâncias ordinárias e como tal declinada nas respectivas decisões, certamente não dá conta da enorme complexidade da territorialidade indígena.

Também os precedentes não têm tido a análise que merecem. A jurisprudência sobre o tema é evolutiva, e o caso Raposa Serra do Sol não é um ponto fora da curva. Muito ao contrário, pela primeira vez, ficou assentado que as terras indígenas formam um mosaico que combina habitação, recursos produtivos e ecológicos, e espaços necessários à reprodução física e cultural do grupo.

A invocação da Súmula 650, que volta e meia se faz na atualidade, é de todo impertinente, porque nada tem a ver com territorialidade, mas com "antigos aldeamentos", que existiram no passado e lá ficaram. Não alcança, certamente, ocupações que persistiram até o século XX e que só não prosseguiram por conta de esbulho. Validar essa súmula para situações ocorridas há um tempo relativamente curto é manter o direito refém de uma triste história de desapossamentos e de exclusões.

Por fim, voltando ao caso analisado, ainda que se considerasse a ausência de ocupação em 5 de outubro de 1988 – o que, a essa altura, só se admite por amor ao debate –, o só fato do esbulho, em passado recente, deveria levar a uma ponderação de interesses.

A importância – real e simbólica – dessa área para o povo Terena é inegável, tanto que a luta para a sua recuperação vem de décadas.[52] Muito já se

52 A sentença, no ponto, diz o seguinte: "Quando da inspeção constatei que nos domínios da Fazenda Santa Bárbara existem duas nascentes, cujas águas correm em direção da Serra de

disse sobre a estreitíssima relação indígena/terra, em nada equiparável àquela que um não indígena estabelece com a sua propriedade imobiliária. Aqui, o capital, o valor, são os seus elementos centrais. Seria possível e legítimo manter a Fazenda Santa Bárbara sob posse indígena e determinar à União que ressarcisse integralmente o seu proprietário.

O que espanta e entristece, no caso, é a indiferença quanto ao destino de um povo e ao seu direito a uma terra.

## Referências bibliográficas


ALMEIDA, Alfredo Wagner Berno de. Terras tradicionalmente ocupadas: processos de territorialização, movimentos sociais e uso comum. In: *Terras de quilombo, terras indígenas, "babaçuais livres", "castanhais do povo", faxinais e fundos de pasto*: terras tradicionalmente ocupadas. Manaus: PPGSCA-Ufam, 2006. [Coleção Tradição e Ordenamento Jurídico, v.2.]

ANDERSON, Benedict. *Comunidades imaginadas*: reflexões sobre a origem e a difusão do nacionalismo. São Paulo: Companhia das Letras, 2008.

ARIZA, Libardo José. *Derecho, saber e identidad indígena.* Bogotá: Siglo del Hombre Editores; Universidad de los Andes; Pontífica Universidad Javeriana, 2009.

BARROSO, Luís Roberto. Neoconstitucionalismo e constitucionalização do direito: o triunfo tardio do direito constitucional no Brasil. In: SOUZA NETO, Cláudio Pereira de; SARMENTO, Daniel (Orgs.). *A constitucionalização do direito*: fundamentos teóricos e aplicações específicas. Rio de Janeiro: Lúmen Júris, 2007.

BOURDIEU, Pierre. *Sobre o Estado.* São Paulo: Companhia das Letras, 2014.

CARBONELL SÁNCHEZ, Miguel (Ed.). *Neoconstitucionalismo(s).* Madrid: Editorial Trotta, 2003.

CUNHA, Manuela Carneiro da. *História dos índios do Brasil.* 2.ed. São Paulo: Companhia das Letras, 1992.

_____. *Índios no Brasil*: história, direitos e cidadania. 1.ed. São Paulo: Claro Enigma, 2012.

DUPRAT, Deborah. O papel do Judiciário na demarcação de terras indígenas. In: RICARDO, Beto; RICARDO, Fany (Orgs.). *Povos indígenas no Brasil, 2001/2005.* São Paulo: Instituto Socioambiental, 2006.

_____. O direito sob o marco da plurietnicidade/multiculturalidade. In: *Pareceres Jurídicos*: direitos dos povos e comunidades tradicionais. Manaus: UEA, 2007.


Amambaí indo formar o Córrego João Dias, que por sua vez atravessa toda a Aldeia (fotos de fls. 1.994 a 1.998 e 2.024 a 2.029). A importância que a comunidade dá ao referido curso d'água pode ser mensurada pela sua denominação: João Dias, nome de um ancestral da comunidade. Desde o relatório do servidor Werneck, produzido nos idos de *1947*, já se ressaltava o valor dessas nascentes para a comunidade".

DUPRAT, Deborah. A Convenção n.169 da OIT e o direito à consulta prévia, livre e informada. In: *Convenção n.169 da OIT e os Estados Nacionais*. Brasília: ESMPU, 2015.

DWORKIN, Ronald. *A justiça de toga*. São Paulo: Martins Fontes, 2010.

HÄBERLE, Peter. *Hermenêutica constitucional*. A sociedade aberta dos intérpretes da Constituição. Contribuição para a interpretação pluralista e "procedimental" da Constituição. Porto Alegre: Sergio Antonio Fabris, 1997.

HOBSBAWM, Eric J. *Nações e nacionalismos desde 1780*: programa, mito e realidade. Rio de Janeiro: Paz e Terra, 1990.

MIRANDA, Pontes de. *Comentários à Constituição de 1946*. Rio de Janeiro: Borsoi, 1963.

RIBEIRO, Darci. *A política indígena brasileira*. Rio de Janeiro: Ministério da Agricultura, 1962.

RIBEIRO, Ricardo Lodi. A segurança jurídica na jurisprudência do STF. In: SARMENTO, Daniel; SARLET, Ingo Wolfgang (Coords.). *Direitos fundamentais no Supremo Tribunal Federal*: balanço e crítica. Rio de Janeiro: Lúmen Júris, 2011.

SARLET, Ingo Wolfgang; FENSTERSEIFER, Tiago. Breves considerações sobre os deveres de proteção do Estado e a garantia da proibição de retrocesso em matéria ambiental. *Revista de Direito Ambiental*, n.58, abr.-jun. 2010.

SARMENTO, Daniel (Org.). *Filosofia e teoria constitucional contemporânea*. Rio de Janeiro: Lúmen Júris, 2009.

SARMENTO, Daniel. O neoconstitucionalismo no Brasil: riscos e possibilidade. In: SARMENTO, Daniel (Org.). *Filosofia e teoria constitucional contemporânea*. Rio de Janeiro: Lúmen Júris, 2009.

SCOTT, James C. *Weapons of the Weak*: Everyday Forms of Peasant Resistance. New Haven, London: Yale University Press, 1985.

SOUZA NETO, Cláudio Pereira de; SARMENTO, Daniel (Orgs.). *A constitucionalização do direito*: fundamentos teóricos e aplicações específicas. Rio de Janeiro: Lúmen Júris, 2006.

TODOROV, Tzvetan. *A conquista da América*: a questão do outro. 2.ed. Trad. Beatriz Perrone Moisés. São Paulo: Martins Fontes, [s.d.].

# 3
# Marco temporal e direitos coletivos

*Carlos Frederico Marés de Souza Filho*[1]

## Introdução

O tempo no direito moderno é um fator de extrema importância. Como os direitos da modernidade não fluem naturalmente, mas são abstrações sociais criadas, como o direito de propriedade da terra, saber exatamente o momento de nascimento do direito traz consequências capitais. O direito como criação nasce e morre, daí que discutir seu tempo e seus marcos temporais é, no fundo, discutir seu fundamento, pois se o direito não nasceu, não existe. A norma estabelece critérios, formas, momentos, ritos para o nascimento de cada direito; se não há contrato solene, não há direito de propriedade individual da terra, por exemplo, se no tempo do contrato havia impedimento para ser realizado, o contrato é nulo, anulável ou mesmo inexistente para o direito. François Ost escreveu um belo e denso livro sobre o tempo do direito, no qual trata dos tempos de nascimento e dos tempos de morte, dos tempos da memória e dos tempos da esperança no futuro.[2]

Todas as prescrições, caducidades, preclusões e prazos são categoricamente estabelecidos. Há grandes discussões no campo jurídico para saber o nascimento de cada direito: é absolutamente fundamental numa morte

---

1 Professor titular de Direito Socioambiental da Pontifícia Universidade Católica do Paraná. Integrante do Programa de Pós-Graduação em Direito, Mestrado e Doutorado da PUC-PR.

2 Ost, *O tempo do direito.*

simultânea de pai e filho saber de ciência certa qual dos dois morreu antes ou se foi exatamente ao mesmo tempo. Mas, que fique claro, esses tempos e momentos estão diretamente ligados aos direitos patrimoniais, quer dizer, mesmo que se refira a direitos não patrimoniais, como a vida, a determinação de seu tempo tem consequências patrimoniais. Os tribunais lidam na maior parte das vezes com patrimônios e direitos patrimoniais; quando não há patrimônios em disputa, os tempos iniciais e finais perdem importância. Assim, no que se refere aos direitos indígenas, a discussão do tempo só importa para a questão territorial.

Assim é porque os direitos patrimoniais são individuais e patrimônio significa o conjunto de bens jurídicos de um sujeito, uma pessoa, física ou jurídica. Trata-se do direito de propriedade individual. E a questão do tempo, então, pode ser posta como a definição e morte de um direito, ou o seu começo e fim, no sentido de que a definição do momento em que um bem ou direito patrimonial entra ou sai de um patrimônio para integrar outro ou para perder-se do mundo jurídico. Esse pensamento fechado e sem lacunas é próprio do direito moderno fundado em um direito de propriedade absoluto e sempre resolvido pontualmente, patrimônio por patrimônio.

Quando, entretanto, entram em disputa direitos que não se enquadram nos limites estreitos dos direitos individuais e se expressam em direitos de comunidades, grupos, povos puramente coletivos, a questão do tempo, do nascimento e da morte é significativamente alterada. Os direitos de uma comunidade, enquanto direitos de comunidade, nascem com ela e com ela morrem, não há tempos internos, os tempos internos são as definições que uma comunidade pode fazer em relação a seus membros individuais, não ao de todos.

Por isso, quando o sistema jurídico brasileiro quer impor a ideia de "marco temporal" como início do direito de um povo está claro que está aplicando concepções de direito individual a direitos consagrados como coletivos e certamente cometerá erros e injustiças. É fundamental, portanto, analisar o que são os direitos dos povos indígenas e quilombolas, qual a sua gênese e natureza e como são, acima de tudo, coletivos, e assim reconhecidos na Constituição de 1988.

## Os direitos coletivos

Direitos coletivos são naturalmente existentes em todas as sociedades humanas. O singelo fato de unir-se em sociedade cria direitos coletivos, a começar pelo próprio direito de se organizar em sociedade. Existir em sociedade é, em si, um direito coletivo. Criada a sociedade, outros direitos coletivos passam a naturalmente existir, são os direitos de grupos, famílias, clãs e o direito de todos sobre a organização social, os conhecimentos, a cultura, a língua, a religião e a terra, o território e as riquezas (chamadas às vezes de recursos naturais) capazes de alimentar, vestir e abrigar a comunidade, produzir e reproduzir seus conhecimentos e cultura. Todos esses direitos são coletivos.

A modernidade europeia, para construir a sociedade civil, negou e desconstruiu os direitos coletivos, estabelecendo a exclusividade dos direitos individuais. Essa diferença entre a manutenção jurídica dos direitos coletivos ou sua desconsideração foi a marca da sociedade civil em contraposição com a sociedade chamada natural. A tradução de sociedade natural *versus* sociedade civil na filosofia política moderna, portanto, é o reconhecimento de direitos individuais em exclusão aos coletivos. Isto é, as sociedades naturalmente constituídas por direitos coletivos teriam que se transformar em sociedades de direitos individuais para a felicidade de todos, como dizia Voltaire no verbete "propriedade" do seu *Dicionário filosófico*.[3] A sociedade individualizada e proprietária deixaria de ser natural para ser civilizada. Assim, todo coletivo e todos os direitos coletivos, a partir do final do século XVIII, na Europa, deveriam se concentrar no Estado constituído.

Essa discussão sobre a supressão ou concentração dos direitos coletivos no Estado se inicia intensamente nos finais do século XV na Europa, com Hobbes, Locke, mas já estava presente na prática das penínsulas do sul, itálica e ibérica, muito antes, com a promulgação de leis do trabalhador livre, em Portugal, Espanha e as cidades independentes na Itália. Não é por acaso que o nome "Estado" é cunhado por Maquiavel na virada do século XV para o XVI. Mas é somente no século XVIII e XIX, quando se definiram os Estados Nacionais por meio de Constituições políticas e códigos de direito que a supressão, omissão ou exclusão dos direitos coletivos se estabeleceu como princípio e regras, na Europa. De fato, esta é uma construção europeia, com

3 Voltaire, *Cartas inglesas; tratado de metafísica; dicionário filosófico*.

pensamentos, teorias e ideologias voltadas aos interesses europeus, mas foi aplicada em sua integralidade no processo colonial que sangrou a América a partir do século XVI contra a lógica e as organizações sociais existentes, de cunho majoritariamente coletivista.

Na Europa, especialmente na França a partir da revolução, ficaram proibidas as organizações que defendessem direitos coletivos. A proibição se voltaria principalmente às organizações sindicais que coletivamente reivindicariam direitos e relações de trabalho mais justas fora do contrato individual de trabalho. O que fosse direito coletivo deveria ser do Estado, o espaço dos *commons* seria espaço estatal.[4] Assim, em 1791 foi promulgada a *Loi Le Chapelier* (14 de junho de 1971) que tornou proscritas todas as organizações de ofício, declarando em seu preâmbulo: *Não está permitido a ninguém motivar os cidadãos a um interesse intermediário e os separar da coisa pública por um espírito de cooperação* (em tradução livre).[5] Por interesse intermediário há de se entender um interesse entre a coisa pública (estatal) e as coisas dos cidadãos (direitos individuais), isto é, os interesses intermediários não seriam outra coisa que direitos coletivos. Em 1810, o Código Penal francês tipificava como crime a organização de sindicatos (*coalition des ouvriers*), artigos 413 e 414, que somente viria a ser descriminalizada em 1884, com a regulamentação dos sindicatos conseguida com guerras civis, revoluções e rebeliões dos trabalhadores. Ainda assim, a reivindicação coletiva dos trabalhadores passou a ser entendida não como direitos coletivos, mas como reivindicações políticas, insertas não nas relações contratuais de trabalho, mas na esfera da política, da democracia e do jogo democrático, transformados em políticas públicas de garantias individuais. A revisão do direito moderno no final do século XIX, já então capitalista, mais uma vez negava a existência dos naturais direitos coletivos. Até mesmo a família, necessariamente coletiva, foi transformada pelo Código Civil em um contrato de duas partes ou duas vontades individuais.

A colonização da América pelos europeus criou centros de produção agrícola e de minérios para exportação, com a negação absoluta dos direitos coletivos; na América, os direitos coletivos não eram de corporações de ofício,

---

4 Beauvisage, La Loi Le Chapelier, du 14 juin 1791, le fruit amer de la Révolucion.

5 No original francês: "n'est permis à personne d'inspirer aux citoyens un intérêt intermédiaire, de les séparer de la chose publique par un esprit de coopération".

e sim os direitos dos povos e comunidades indígenas. Os empreendimentos coloniais estabelecidos na América desconsideravam qualquer direito dos povos, a terra e a organização social existente. Tanto Portugal como Espanha estabeleceram leis para aplicação nas colônias sobre o uso e controle da terra e sobre a obrigatoriedade de as populações locais trabalharem em ofícios de interesse da metrópole e seus capitais. As leis castelhanas e portuguesas tratavam a terra americana como terra desocupada e estabeleceram as formas de ocupação convenientes para a metrópole. As leis ibéricas proclamavam o trabalhador livre, individual, desde o século XIV e antes, exercendo rígido controle sobre a terra. A aplicação desse controle na América foi ainda mais rígida e a proclamação do trabalhador livre se converteu em escravagismo. Portanto, nenhuma liberdade aos trabalhadores, nem à ocupação da terra. Ainda que algumas leis proibissem o trabalho escravo ou servil dos indígenas, era quase natural o uso deles como escravos e servos. Havia não apenas a negação dos direitos coletivos, mas até mesmo dos direitos individuais que estavam sendo construídos na Europa. A produção agrícola foi praticamente toda baseada em trabalho africano explicitamente escravo, o que negava qualquer humanismo pós-feudal na colonização.[6]

Longe dos centros produtores coloniais continuava vivendo uma vasta população de povos originários e outros povos que foram se criando e inventando a partir da resistência e rebeldia ao sistema escravagista e de servilidade, vivendo naturalmente com suas comunidades de direitos coletivos e sofrendo o desprezo e preconceito por ainda não terem "evoluído" para um sistema de direitos civis, além de férrea perseguição para integrarem a sociedade colonial. Esses coletivos, povos indígenas e outros povos tradicionais e independentes, detentores de territórios ricos capazes de prover a subsistência coletiva, eram vistos também como desocupados e, assim, como reserva de futuras apropriações tanto de terras como de trabalhadores. Essa concepção somente podia ser sustentada por um profundo racismo que justificasse,

6 Não é objeto deste trabalho analisar as relações de trabalho nas colônias, mas a política escravagista está muito ligada à questão da terra. Havia um controle muito grande sobre a terra e a necessidade de encontrar mão de obra para fazer a terra produzir, daí que, em Portugal, só eram concedidas terras a quem tivesse capital para comprar escravos, e, na Espanha, as terras eram concedidas a quem tivesse encomendado povos indígenas para cuidar, eram as *encomiendas*.

ou procurasse justificar, a inferioridade racial desses povos, em geral formados por populações originárias e afrodescendentes.[7]

Na América Latina, os direitos coletivos se mantiveram existentes, os povos continuaram organizados sempre e enquanto não fossem extintos pelos constantes massacres e miscigenação forçada. As metrópoles coloniais e os Estados Nacionais que se constituíram a partir das independências estavam preocupados com a mão de obra dos indivíduos e focados na organização dos direitos individuais exclusivos. Dessa perspectiva, os coletivos eram vistos apenas como fonte de indivíduos, de mão de obra, ou fonte de distúrbios à ordem instituída, seja porque a negavam institucionalmente, seja porque dificultavam a opção dos indivíduos pela integração voluntária. Sendo assim, os povos continuaram existindo com seus direitos coletivos apesar de não reconhecidos nem respeitados e, por isso mesmo, permanentemente reprimidos.[8] A violência foi constante contra os povos indígenas no sentido de capturar e sequestrar mão de obra e intensa contra todos os que ousassem deixar o sistema e se organizar à sua margem, como os quilombolas e outras populações camponesas, mesmo depois da Independência e mesmo no século XX, como a chamada Guerra Camponesa do Contestado.[9] E essa violência continua, sem cessar, no século XXI.

Os povos indígenas do continente intensificaram suas reivindicações e lutas e conseguiram, no final do século XX, que os Estados Nacionais introduzissem em suas constituições o reconhecimento desses direitos coletivos. A esse reconhecimento de direitos aos povos se somou o reconhecimento de direitos coletivos sobre a natureza, sua conservação, preservação e restauração, estendido aos bens culturalmente relevantes, chamados em seu conjunto de bens ambientais ou meio ambiente protegido natural e artificial. Embora aparentemente separados, os direitos coletivos dos povos a sua própria existência e de toda humanidade ao chamado meio ambiente são umbilicalmente ligados, formando um conjunto que se pode dizer socioambiental. Além dos indígenas, muitos outros povos foram se formando ao longo do violento processo de colonização que teve continuidade depois da Independência. Às

7 Quijano, Colonialidade do poder, eurocentrismo e América Latina, em: Lander, Edgardo (Org.). *A colonialidade do saber*: eurocentrismo e ciências sociais, perspectivas latino-americanas.

8 Oliva de Coll, *A resistência indígena*.

9 Fraga, *Contestado em guerra*: 100 anos do massacre insepulto do Brasil.

reivindicações coletivas indígenas se somaram as dos quilombolas, extrativistas, camponeses, pescadores e muitos outros com menor reconhecimento. A esses povos também foram reconhecidos direitos pela Convenção 169 da Organização Internacional do Trabalho (OIT), que os chamou de tribais, pela Declaração Universal dos Direitos dos Povos Indígenas, da ONU, e a Declaração Americana sobre os Direitos dos Povos Indígenas, da OEA.

Portanto, como resultado de um longo processo de reivindicação dos povos indígenas, os direitos coletivos ingressaram nos sistemas jurídicos nacionais pelas Constituições nacionais e no sistema internacional de direitos humanos. Hoje se pode, afinal, dizer que os direitos coletivos são reconhecidos como direitos e não apenas como o sonho dos povos.

## Sujeitos de direitos coletivos

Nem as Constituições da América Latina, nem as leis que os regulamentaram descrevem com clareza o conceito de direitos coletivos. O que está evidente é que os direitos coletivos estão em oposição aos direitos individuais, especialmente o direito de propriedade, ou, melhor ainda, os direitos de propriedade, incluindo a propriedade intelectual e a propriedade da terra com seus derivativos, posse, uso, gozo, fruição e disponibilidade. Nem mesmo os poderes ou faculdades dos sujeitos dos direitos coletivos estão descritos. Essa ausência facilita a não aplicação ou deturpação, especialmente porque os tribunais, acostumados cultural e ideologicamente a aplicar os direitos individuais, têm dificuldade, no caso concreto, de fazer prevalecer os coletivos sobre os individuais, dando preferência a estes porque seus poderes, faculdades e direitos estão descritos na lei. Por causa dessa incompreensão, há uma insistência em aplicar os princípios dos direitos individuais nos coletivos, como a determinação do momento do nascimento e morte do direito. Os direitos de propriedade individuais não nascem com o nascimento da pessoa, se adquirem, mas os direitos de uma comunidade, como as indígenas e quilombolas, que se criou em função de uma terra determinada, nascem com ela.[10]

10 Tárrega (Org.), *Conflitos agrários*: seus sujeitos e seus direitos.

Dessa oposição entre direito coletivo e direitos individuais podem-se extrair algumas características. A primeira delas é que não se trata de soma de direitos individuais, portanto, não permite que haja direitos individuais parcelados ou fracionários dentro dele. O direito é de todos e, portanto, de um sujeito coletivo; é indivisível, intransferível, imprescritível, aliás, não pertence apenas às gerações contemporâneas, mas também às futuras, como pertenceu às anteriores e ancestrais, porque o sujeito é, difusamente, toda a comunidade.

É verdade que existem alguns direitos coletivos não comunitários, mas difusos de toda a sociedade, que se realizaram individualmente, como o direito à saúde, por exemplo. Nesses casos, embora haja uma materialização individual, há também a existência de um direito coletivo de todos, isto é, uma coisa é a realização individual e outra, em geral traduzida por políticas públicas determinadas, é o direito coletivo em que todos são sujeitos. Realmente, todos têm direito à saúde, ao sistema de saúde, mas cada um tem direito a um tratamento ou remédio determinado. O sujeito é, nesse caso, geral, indeterminado e difuso, no coletivo, mas determinado no individual, de tal forma que sua violação pode gerar indenização ou perdas e danos ao patrimônio individual, enquanto no coletivo não. Quer dizer, o individual pode ser valorado monetariamente, o coletivo não tem valor econômico. O coletivo não nasce, sempre existiu, o individual nasce.

Daí que, dito de outra forma, o valor econômico do direito coletivo só pode ser realizado individualmente. Portanto, enquanto coletivo, não tem valor econômico, valor de troca, de mercadoria. A redução desses direitos a valores econômicos significa sua redução a direitos individuais, somente possível se não afetar a integridade do direito coletivo protegido. Portanto, é um valor de alta complexidade. Quer dizer, o sistema econômico e jurídico pode atribuir valor à sua proteção ou pode transformá-lo em mercadoria, enquanto expressão individual,[11] mas não pode diminuir, restringir ou causar dano ao objeto coletivo do direito. Essas características geram uma tal complexidade que é muito difícil para a lei regulamentar todas as situações possíveis. O que fica claro é que o direito coletivo não tem valor econômico, mas pode ser valorado economicamente. Seu valor econômico passa a ser o valor de sua restauração, que pode chegar a ser muitas vezes maior que seu eventual valor de troca. Quando é impossível repor o bem, acabava havendo uma

11 Souza Filho (2014).

indenização que algumas vezes segue o valor dos direitos individuais, como ocorreu no caso do Povo Panará.[12]

Essas contradições dos direitos coletivos com os direitos individuais e mesmo com sua realização em direitos individuais, gera dificuldades para as categorias jurídicas modernas, entre elas, e especialmente, a categoria de sujeito de direitos. No exemplo dos direitos referentes à saúde, assim como nos chamados direitos ambientais, referentes à natureza e ao patrimônio cultural, é muito imprecisa a categoria sujeito de direito, porque são *todos* e "todos" sem qualificativo é um termo impreciso (todos os cidadãos, todos os residentes, todos os atingidos, todos os seres humanos, todos os seres vivos etc.). Por isso, a doutrina tem admitido que esses sujeitos são difusos, atribuindo essa qualidade aos próprios direitos, genericamente chamados de direitos difusos ou mesmo interesses difusos.[13]

Os termos "direitos" e "interesses difusos" e os respectivos sujeitos difusos de direito não servem aos direitos dos povos tradicionais. Esses sujeitos não são difusos, embora coletivos. São coletividades determinadas e se aproximam dos indivíduos chamados de pessoa jurídica, com duas fortes diferenças: 1) são naturais, isto é, não necessitam de constituição formal, nascem e existem independentemente do direito e da lei e de seu tempo; 2) a relação com o objeto do direito é de todos por tudo, quer dizer, todos os integrantes são titulares de todos os objetos em sua totalidade, não dando margem a parcelamentos ou fracionamento do direito. Cada integrante novo, que nasce ou é reconhecido como membro da comunidade, passa a ser titular do direito coletivo tanto quanto qualquer outro. Em resumo, o direito coletivo naturalmente constituído em uma comunidade ou povo não é a soma de direitos existentes ou, dito de forma diversa, ninguém tem parte ou parcela do direito, todos têm tudo, ao contrário dos direitos da pessoa jurídica, em que as parcelas e os direitos individuais internos são claramente estabelecidos e conhecidos.

Nesse sentido, esse sujeito coletivo de direitos (povos e comunidades) tem uma formação natural e é definido, ao contrário do "todos" sujeito dos direitos chamados difusos. Portanto, os povos originários, e os outros que se formaram no processo de colonialidade, são, cada um, sujeito determinado e específico, com regras internas de decisão e representação. Por isso, o

---

12 Arnt; Pinto, L. F.; Pinto, R., *Panará*: a volta dos índios gigantes.

13 Mazzilli, *A defesa dos interesses difusos em juízo*.

reconhecimento dos direitos dessas populações é o reconhecimento não de direitos coletivos gerais como à saúde e ao meio ambiente equilibrado, ou patrimônio cultural, que são criação da lei, mas o reconhecimento de existência de um povo diferenciado da chamada "sociedade hegemônica" ou "sociedade nacional". Essas sociedades ou povos já existiam, ou se criaram, independentemente do reconhecimento legal, quer dizer, não há criação de direitos, os direitos já existiam, por isso trata-se de reconhecimento de existência, ou declaração, mas não constituição, concessão ou criação de direitos. Estamos diante de um sujeito coletivo de direitos que não se confunde, e não pode ser confundido, com o sujeito de direitos individuais. Esses direitos precedem ao Estado e suas leis e se formam fora dele, por isso tanta demora em seu reconhecimento, que só veio a ocorrer no final do século XX. É por isso que a Constituição brasileira chama os direitos dos povos indígenas sobre a terra de direitos *originários*.

Os direitos coletivos dessas comunidades ou povos nascem quando nasce o povo ou a comunidade, por isso, quando o Estado e os organismos internacionais reconhecem a existência do povo ou comunidade como portador de direitos, reconhecem seus direitos coletivos, inclusive sobre a terra, de forma atemporal.

## Povos tradicionais

Esses sujeitos de direito coletivo são chamados, no Brasil e na América Latina, por nomes pouco representativos e, em geral, geradores de confusão. Um dos nomes comuns utilizado é de povos tradicionais ou populações tradicionais, ou ainda comunidades tradicionais. A palavra "povo" tem causado certa preocupação aos Estados Nacionais por entender, segundo o direito internacional moderno, que o direito de um povo sobre seu território significa a criação ou constituição de novo Estado nacional, na concepção individualista e unicista de que cada Estado possui um só povo e uma só nação.

Durante as discussões nas sessões da Organização Internacional do Trabalho para as definições da convenção que trataria sobre Povos Indígenas e Tribais em Países Independentes, alguns Estados Nacionais, o Brasil inclusive, não aceitavam a inclusão da palavra "povo" nem mesmo no título da convenção. A convenção anterior que tratava do tema, e que estava sendo revista por reivindicação dos povos indígenas, se chamava "Convenção concernente à proteção e integração das populações indígenas e outras populações tribais e semitribais de países independentes", era a Convenção 107, de 1957. Exatamente a discussão se fazia porque os indígenas não aceitavam o caráter integracionista da antiga convenção. Depois de uma longa discussão ficou aceita uma fórmula que manteve a palavra "povo", mas se acrescentou um numeral 3 no artigo primeiro que esclarece: *"A utilização do termo 'povos' na presente convenção não deverá ser interpretada no sentido de ter implicação alguma no que se refere aos direitos que possam ser conferidos a esse termo no direito internacional"*. E a convenção acabou sendo aprovada em 1989 com o título de "Convenção sobre os povos indígenas e tribais".[14] Apesar das concordâncias, o Brasil somente tornou a convenção lei interna em 2004, quinze anos depois, pelo Decreto n.5.051, tendo o depósito da ratificação na OIT ocorrido em 25 de julho de 2002.

No Brasil, portanto, o uso do termo "povo" é legal, porque autorizado pelo numeral 3 do artigo 1º da Convenção 169. O termo "tradicional" também é gerador de confusão, embora tenha fundamento constitucional. De fato, no *caput* do art. 231 estão garantidos aos índios os "direitos originários sobre as terras que tradicionalmente ocupam". Tradicionalmente quer dizer segundo as suas tradições, isto é, segundo o seu modo de vida. O modo de vida de uma comunidade é a forma como produz para viver e reproduz a sua vida cultural e física. A tradição ou costume é a maneira de fazer as coisas, reproduzir e manter as relações sociais internas. Tradicional, portanto, não quer dizer imemorial ou histórico, tradição é forma, modo de ocupação, o que significa que o direito é sobre a quantidade de terra necessária à ocupação tradicional.

A palavra "tradicional", consagrada para os indígenas na Constituição brasileira, foi estendida aos outros povos em leis infraconstitucionais, por exemplo, o Decreto n.6.040, de 2007, que trata da Política Nacional do Desenvolvimento Sustentável dos Povos e Comunidades Tradicionais, cujo conceito está assim redigido:

> Povos e Comunidades Tradicionais: grupos culturalmente diferenciados e que se reconhecem como tais, que possuem formas próprias de organização

14 Gomez, *Derechos indígenas*: lectura comentada del Convenio 169 de la OIT.

social, que ocupam e usam territórios e recursos naturais como condição para sua reprodução cultural, social, religiosa, ancestral e econômica, utilizando conhecimentos, inovações e práticas gerados e transmitidos pela tradição.[15]

A Lei das Unidades de Conservação, Lei n.9.985/2000, por sua vez, continha um conceito de populações tradicionais que foi vetado, mas manteve duas unidades de conservação para esses povos, as reservas extrativistas (art. 18) voltadas paras as "populações extrativistas tradicionais" e as reservas do desenvolvimento sustentável (art. 20) destinadas a abrigar "populações tradicionais". O termo também está consagrado na Lei n.13.123/2015, que dispõe sobre o acesso ao patrimônio genético e a proteção e acesso ao conhecimento tradicional associado. A lei traz a seguinte definição:

> Art. 2º, IV – comunidade tradicional – grupo culturalmente diferenciado que se reconhece como tal, possui forma própria de organização social e ocupa e usa territórios e recursos naturais como condição para a sua reprodução cultural, social, religiosa, ancestral e econômica, utilizando conhecimentos, inovações e práticas geradas e transmitidas pela tradição.

Nas normas internacionais, a Convenção da Diversidade Biológica, promulgada no Brasil pelo Decreto n.2.519, de 16 de março de 1998, se refere a "populações indígenas com estilos de vida tradicionais, conhecimento tradicional, práticas culturais tradicionais, tecnologias indígenas e tradicionais" etc. Já a Convenção 169 da OIT utiliza outra terminologia, "povos indígenas" e "povos tribais", com sentido idêntico.

Isto significa que o termo e o fenômeno são reconhecidos tanto na legislação brasileira como na internacional, aceita e integrada ao sistema jurídico nacional. Sendo assim, os "tradicionais" são os outros, não hegemônicos, enquanto forma de se organizar, produzir e reproduzir a própria existência. Esse conceito pode ser de muito difícil entendimento porque seu objeto é extraordinariamente vasto, complexo e divergente. Incluiu os chamados índios, caracterizados por fortes vínculos étnicos, facilmente conceituados e

15 Art. 3º, inciso I do Decreto n.6.040, de 7 de fevereiro de 2007. No propósito do decreto há uma contradição. Os povos tradicionais são sustentáveis, desde que seus territórios sejam protegidos da agressão da exploração moderna.

generalizados, que somam milhares de povos diferentes na América Latina. Incluiu comunidades que se mantiveram escondidas da sociedade hegemônica porque eram forçadas pelo trabalho escravo e viviam (e vivem) sob um racismo constante e perverso, sob denominações genéricas de quilombolas, *palenques*, marrons, ou outras, e que também compreendem uma diversidade muito grande na América Latina. Incluiu populações ou grupos extrativistas não minerais, como seringueiros, catadoras de mangaba, quebradeiras de coco-babaçu, castanheiros, ervateiros e muitos outros. Quase todas essas pessoas vivem ou complementam a sua vida com algum grau de atividade e produção camponesa de subsistência, gerando algum excedente. Por isso mesmo, podem-se incluir também, entre as tradicionais, as populações tipicamente camponesas de produção de subsistência, como aliás o faz a Lei n.13.123/2015 já referida.

Esses povos tradicionais são, cada um, sujeitos de direito coletivo. Cada povo é sujeito determinado, não difuso. Todos juntos são sujeito de direito coletivo difuso de existir e viver sob forma diferente da hegemônica ou envolvente. A realização desse direito, porém, não se dá como direito individual, mas como direito coletivo. Cada povo, comunidade, grupo, coletividade, é portador, é sujeito de direitos. E, ainda mais importante, a sua criação não depende de trâmites legais, contratos, registros, autorizações, não poucas vezes são criminalizados, perseguidos, dispersados, mas existem independentemente da vontade da lei, do sistema ou do Estado e, às vezes, contra a lei e o Estado.[16] Apesar disso, existem. O fato de existirem gera direitos à existência não necessariamente reconhecidos pelos Estados Nacionais, mas, quando reconhecidos e protegidos, como nas legislações nacionais e internacionais citadas, geram o direito ao território ou terra, sem o qual perece o direito de existir. Esses direitos, de existir e de estar em uma terra, não nascem com o reconhecimento do Estado, mas lhes são anteriores, nascem com o nascimento do povo ou comunidade.

## Os direitos coletivos dos povos tradicionais

Como esses sujeitos são naturalmente constituídos, seus direitos são originários e frutos de sua própria existência. Por isso, o que os define é a

16 Clastres, *A sociedade contra o Estado*: pesquisa de antropologia política.

autoidentificação. Está claro que, quando a modernidade desconsiderou qualquer direito coletivo e criou juridicamente o império do direito individual, os coletivos deixaram de ser reconhecidos, embora continuassem existindo. Isto significa que em nenhum momento os coletivos deixaram de existir, apenas não foram reconhecidos ou até mesmo foram criminalizados, proibidos. Essa é a razão de algumas vezes terem se tornado invisíveis, como conta o belíssimo romance de Manuel Scorza, *Garabombo, o invisível*.

Os povos tradicionais existem desde que se reconheçam como tais. Não é necessário, porém, que se reconheçam com os nomes genéricos a eles atribuídos pela legislação moderna. Não é necessário que se digam indígenas ou quilombolas, mas sim que se reconheçam como grupo humano diferenciado e coletivo. Indígenas, tribais, quilombolas, tradicionais, são categorias teoricamente criadas para enquadrar povos, comunidades ou populações. Essa é a realidade e também exata acepção da Convenção 169 da OIT no art. 1º, numeral 2: "*A consciência de sua identidade indígena ou tribal deverá ser considerada como critério fundamental para determinar os grupos aos que se aplicam as disposições da presente Convenção*". O Estatuto do Índio, Lei n.6.001/1973, embora já superado por seu caráter integracionista, reconhecia que o índio era a pessoa que se identifica e é identificado como tal (art. 3º, I). A autoidentificação, autorreconhecimento ou autodefinição é a única forma de reconhecimento possível. A negação da autoidentificação leva a uma arbitrariedade no reconhecimento dos coletivos e revela um evidente racismo. Está claro que essa autoidentificação deve distinguir o grupo de outros setores da coletividade nacional, além de estarem regidos, total ou parcialmente, por seus próprios costumes ou tradições e conservarem suas próprias instituições sociais, econômicas, culturais e políticas, mesmo que parcialmente, no dizer da convenção. Portanto, um grupo sem história, sem hierarquias internas próprias, sem regras de convivência tradicionais, sem formas próprias de prover a subsistência, não pode se autointitular povo tradicional. É claro que o que se exige é a existência de uma comunidade com tradição autorreconhecida, mesmo que não a possa praticar por estar afastada da terra que lhe proporcionaria a vida comunitária integral ou por estar impedida por qualquer razão, especialmente a repressão estatal direta ou indireta.

Pois bem, quem define a existência de um povo é o próprio povo, e compete ao direito estatal moderno, hegemônico ou envolvente reconhecer essa existência. Reconhecida a existência é necessário conhecer os direitos de cada povo. Não é demais lembrar que o Estado pode negar todos os direitos aos coletivos, como já o fez, embora esses direitos continuem existindo para o povo. Podem também negar direito a um povo específico ou a alguns, mas os direitos ainda existem. Dito de forma clara: ao existir um povo existe o direito, reconhecido ou não. Aliás, quando um direito ou um povo não é reconhecido por um Estado Nacional, já há instâncias internacionais para tentar reverter a situação de negação de direitos. Por isso, não é correto dizer que o reconhecimento de direitos coletivos sejam "novos" direitos; ao contrário, são velhos direitos agora reconhecidos. E esses direitos são basicamente dois.

O primeiro é o direito a existir, que corresponde ao direito à vida. Nesse caso, não se trata da vida individual de cada pessoa (é claro que cada indivíduo tem direito à vida), mas do direito a existência como grupo, isto é, a viver segundo seus usos, costumes e tradições, a viver segundo a sua própria ordem. É o direito de ser povo, grupo, comunidade, população, tribo, sociedade, diferenciado da sociedade hegemônica nacional. E continuar sendo.[17] Aqui, a essência do direito é a opção por continuar sendo o que é, não deixar de ser. Este é um autêntico direito coletivo que a Constituição de 1988 admitiu em sua integridade no art. 231, pela primeira vez no ordenamento jurídico brasileiro. Os povos indígenas passaram a ter direito a ser povos indígenas para sempre. Não é mais obrigação do Estado integrar esses povos à chamada comunhão nacional. Não precisam ser integrados e o Estado tem a obrigação de garantir-lhes a decisão de não integração.

A tipificação dos crimes contra esse direito de existir enquanto grupo é chamado de genocídio, que é matar, exterminar pessoas da mesma etnia, motivado pela diferença, é o extermínio físico do povo, população, ou de parte dela. Mas há outro crime, nem sempre tipificado, que é o etnocídio, que é a destruição da possibilidade de um grupo étnico continuar existindo, que é tão grave quanto o genocídio, apesar de não se tratar da morte física individual de cada membro do grupo. Não raro, os dois crimes estão associados.

O direito de existir como grupo diferenciado inclui usar o idioma, cultura a religião, praticar as festas, em liberdade. Portanto, não se trata do direito de não ser morto por causa da etnia, raça, prática religiosa ou grupo a que

17 Souza Filho, O direito de ser povo, em: Sarmento, Daniel et al. *Igualdade, diferença e direitos humanos*, p.475-96.

pertence, já tipificado no genocídio, trata-se do direito de praticar livremente seus usos, costumes e tradições, e mantê-los. O direito é de ser e continuar sendo. É, portanto, um direito muito amplo e cuja realização conflita muitas vezes com fortes interesses econômicos, como o uso de recursos naturais e da própria terra.

O segundo, que deriva diretamente do primeiro, é o direito territorial ou direito à terra. Se o povo existe, tem que estar em algum lugar. Se estiver em um lugar onde não pode praticar sua cultura, promover sua vida como povo, está em risco, e o risco é de etnocídio. O território de um povo não é um lugar para morar individualmente, não se confunde com o direito à moradia, ou seja, não é uma casa, um quintal ou um apartamento. Trata-se de um direito coletivo de um grupo social diferenciado, é um lugar onde possa estar coletivamente, em geral, é o lugar onde vive e provê o seu sustento material. O povo se forma em um território determinado por razões específicas. O caso dos povos quilombolas é exemplar. Cada povo se formou em um lugar por razões diferentes. Quando se estuda a formação, ou a história de cada comunidade, se depara com características próprias, ou porque era suficientemente escondido da repressão escravagista, ou porque recebeu a terra por doação, chamadas terras de pretos, ou foi herança ao santo, as terras de santo.[18] Cada povo tem sua história em um lugar ou lugares determinados, e se não está na terra é porque em algum momento foi expulso e, então, a comunidade ou a identidade continua existindo em função da recuperação da terra, do território, do lugar. Este é o caso claro de muitos povos na atualidade, como os Avá-Guarani no oeste do Paraná, os Guarani Kaiowá no sul de Mato Grosso do Sul, por exemplo. Alguns obtiveram sucesso na luta pelo retorno à terra, como os Panará, em Mato Grosso,[19] os Krenak, Minas Gerais, que obtiveram sua terra de volta, ou parte dela, por decisão do STF em 1993,[20] e os Pataxó Hã Hã Hãe, que puderam voltar às suas terras, ainda não integralmente, também por decisão do STF, em 2012.[21] Não só os índios,

18 Gediel et al. (Orgs.), *Direitos em conflito*: movimentos sociais, resistência e casos judicializados.

19 Arnt; Pinto, L. F.; Pinto, R. *Panará*: a volta dos índios gigantes.

20 O caso Krenak foi julgado pelo Pleno do STF anulando os títulos emitidos e devolvendo a terra aos índios (ACO 323/MG, Relator: ministro Francisco Resek) em 14 de outubro de 1993.

21 O caso Pataxó Hã Hã Hãe, conhecido como Reserva Indígena Caramuru-Catarina Paraguassu também foi julgado pelo Pleno do STF anulando os títulos emitidos e devolvendo a terra aos índios (ACO 312, Relator: ministro Eros Grau) em 2 de maio de 2012.

mas também os quilombolas e outras populações tradicionais têm conseguido comprovar que a terra reivindicada é a terra de que efetivamente necessitam para continuar a ser povo, para manter o direito de existir.

Essa relação entre existência física e lugar de estar, quer dizer, a existência da comunidade e seu território, é uma relação que completa, ou realiza, o direito coletivo. Por isso, a luta dos povos destituídos de seu território, a luta pela sobrevivência da comunidade ou povo, é a luta pela terra, mas não pela propriedade individual da terra, não por qualquer terra, mas pelo território, lugar, que possibilite viver e realizar suas tradições. Portanto, povos, populações, comunidades ou sociedades tradicionais são os grupos humanos ligados por direitos *coletivos* à terra, principalmente, porque não atribuem valor de troca à terra, isto é, não a consideram uma mercadoria e por isso são coletivas, sem a possibilidade ética de se desfazer dela, o equivalente a abrir mão da existência como coletividade. Isso leva à existência de uma interação com a natureza, no sentido de saber que a produção da terra depende de uma natureza viva. Essas duas coisas, o pertencimento à terra e a relação com a natureza que a cobre são contrárias a formação social e econômica do capitalismo, que tem a terra como mercadoria que tanto mais vale quanto mais vazia estiver, vazia de natureza e de gente apta para a produção do mais rentável.[22] Isto é fácil de observar entre índios, quilombolas e extrativistas, mas, às vezes, é mais difícil de ver em populações tipicamente camponesas, embora, ao se aprofundar o estudo, se veja que isso também ocorre; essa relação entre camponeses e a terra, mediada pelo conhecimento da natureza local, faz que grande parte de camponeses tenham se constituído como populações tradicionais. Portanto, a terra, o local, é modificada e modifica a cultura local, daí a profundidade da relação entre povo e terra.

Esse é o sentido que a Constituição brasileira de 1988 adota para com os povos indígenas. Até a Constituição de 1988, o Estado brasileiro e seu direito aceitava que existissem os povos, mas tinham como princípio a integração como indivíduos, portanto o desaparecimento dos povos. Essa é a formulação do Estatuto do Índio, que, não por acaso, não se chama Estatuto dos Povos Indígenas ou qualquer nome plural, ao estabelecer em seu artigo 1º: "*Esta Lei regula a situação jurídica dos índios ou silvícolas e das comunidades*

---

22 Souza Filho, Terra mercadoria, terra vazia: povos, natureza e patrimônio cultural. *Revista InSURgência*, Brasília, ano 1, v.1, n.1, p.57-71, jan.-jun. 2015.

*indígenas, com o propósito de preservar a sua cultura e integrá-los, progressiva e harmoniosamente, à comunhão nacional".*[23] Esse dispositivo repetia as Constituições anteriores e está claro que se tratava de integrá-los como trabalhadores individuais. A integração no mundo do primado individual é individual, não coletiva. Então, havia o reconhecimento do ser coletivo como um ser provisório, que se transformaria em ser individual, sujeito de direitos individuais, no momento da integração. Esse ser coletivo provisório era destinado a se desfazer, "evoluir" até a integração individual no mundo civilizado; quanto menos direitos coletivos mantivessem, mais rápido "evoluiriam".

Exatamente por causa desse princípio da integração individual, a primeira agência nacional que tratou da questão indígena, criada em 1910, foi o Serviço de Proteção ao Índio e Localização de Trabalhadores Nacionais (SPILTN).[24] Em 1918, o SPI foi separado da Localização de Trabalhadores Nacionais pelo Decreto-Lei n.3.454, de 6 de janeiro. O propósito do SPILTN ou do SPI era basicamente o mesmo, de tornar os índios trabalhadores agrícolas ou urbanos. Essa fórmula continuou com a Fundação Nacional do Índio (Funai), que substituiu o SPI em 1971 e está presente no Estatuo do Índio de 1973, ainda não revogado totalmente. Essa força da integração individual pelo trabalho ficou também patente na Convenção 127, da OIT, de 5 de junho de 1957, que era concernente à proteção e *integração* das "populações indígenas e outras populações tribais". O direito coletivo dos povos estava reconhecido, mas como passageiro e sem regulamentação jurídica própria.[25] A ideia dessa modernidade avançada era de que os direitos dos povos estava vivendo os seus estertores e em pouco tempo esse "atraso" chegaria à civilização, à sociedade civil, e os direitos coletivos seriam coisa do passado, como os formuladores da Lei Le Chapelier imaginavam ter sido na Europa. Portanto, nesse momento, não se discutia o início, o nascimento do direito coletivo, mas se imaginava claro o seu perecimento, estava presente o tempo de morte do direito. E é essa concepção que continua existindo quando se defende ou se aplica o tempo do direito aos povos, o marco temporal é o marco do não nascimento, quer dizer, o marco do tempo da morte do direito.

23 Estatuto do Índio, Lei n.6.001, de 19 de dezembro de 1973.

24 O SPILTN foi criado pelo Decreto n.8.072, de 20 de julho de 1910.

25 Souza Filho, *O renascer dos povos indígenas para o direito.*

A Constituição brasileira de 1988, seguida por muitas constituições latino-americanas, pela Convenção 169 da OIT, pela Declaração das Nações Unidas sobre os Direitos dos Povos Indígenas, de 13 de setembro de 2007, e, finalmente, pela Declaração Americana sobre os Direitos dos Povos Indígenas, rompe com o paradigma do integracionismo. Romper com o integracionismo significa reconhecer os povos como portadores de direitos coletivos, sujeitos de direitos coletivos, portanto sujeitos do direito de existir e continuar existindo segundo seus usos, costumes e tradições e, em consequência, ter direito à terra ou ao território que lhe permita exercer o direito coletivo de existência. Significa dizer que os direitos não têm um tempo, um marco, de nascimento nem de perecimento, existem enquanto existe a comunidade, povo, sociedade ou grupo.

A Constituição brasileira e as latino-americanas que a seguiram não estabeleceram apenas direitos coletivos aos povos indígenas, mas também a outros povos e a todos, de uma forma difusa, sobre o chamado meio ambiente, que nada mais é do que a própria natureza. A Convenção 169 da OIT estendeu esses direitos coletivos a todos os povos tradicionais, a quem chamou de tribais, e a Declaração da ONU eleva os direitos coletivos dos povos à categoria de direitos humanos a serem respeitados por todos os Estados e pessoas.

## O nascimento dos direitos coletivos

Os povos são sujeitos coletivos dos direitos de existir e de estar territorialmente de forma permanente em determinado lugar onde possam praticar, com liberdade, sua existência segundo os usos, costumes e tradições autonomamente criados, mantidos e modificados. Dado esse pressuposto, é claro que o direito coletivo nasce e morre com a coletividade, povo ou sociedade. Portanto, a negação de um deles necessariamente se estende à negação do outro. Se é negada a existência, deixa de existir o direito territorial; se é negado o território, está negada a existência, porque aos poucos vai matando a etnicidade. Por isso, a luta de um povo sem território, sem terra, é fundamentalmente pela terra. Reconquistada a terra, a luta é pela sobrevivência cultural.

Há uma diferença, porém, entre a existência do direito coletivo e o seu reconhecimento. O direito coletivo existe intrinsecamente ao grupo ou povo, o reconhecimento é externo. Portanto, o direito pode existir, continuar existindo e não sofrer qualquer restrição, apesar de não ser reconhecido externamente; é o caso de alguns povos da Amazônia, de longínquo contato, e dos quilombos do Vale da Ribeira antes da Constituição de 1988. Mas, quando o não reconhecimento se dá em zonas de conflito, pode ocorrer o extermínio do povo ou o etnocídio. O não reconhecimento do povo Xetá[26] no oeste do Paraná nas décadas de 1950 e 1960 acarretou um genocídio, porque o conflito matou fisicamente cada um de seus membros, restando uns poucos, isolados uns dos outros e que já há mais de três décadas tentam se reagrupar, para evitar o etnocídio.

Os exemplos dessa separação entre existência do direito e seu reconhecimento externo está presente na história da América Latina nestes últimos quinhentos anos. A luta pelo estar no território para continuar sendo tem sido a tônica do continente. O que ocorreu de diferente no final do século XX foi um certo reconhecimento pelos Estados Nacionais em suas Constituições e os dispositivos de reconhecimento internacional feitos pela OIT e, já no século XXI, pela ONU, pela OEA e, também, pela Comissão e Corte Interamericanas de Direitos Humanos, que passaram a reconhecer esses direitos sempre e quando houver o autorreconhecimento pelos povos. Isto é, os povos têm que se reconhecer como tais e os Estados Nacionais devem garantir o território para que continuem sendo.

Antes do final do século XX, as políticas públicas dos Estados Nacionais, reforçadas pela Convenção 107 da OIT e o silêncio dos demais organismos internacionais, eram no sentido de reconhecer direitos coletivos apenas enquanto os indivíduos não fossem integrados no sistema produtivo dominante. Essa postura dos Estados acabava por significar negação dos direitos, que seriam provisórios. Dito de forma mais contundente, havia uma ideologia que forçava o não reconhecimento para facilitar a integração. Se essa relação contraditória possibilitava uma visibilidade aos povos indígenas, enaltecida como boa prática pelos Estados Nacionais, era absolutamente negada a todos os outros povos. Isso quer dizer, os direitos coletivos, provisórios, eram reconhecidos apenas aos povos indígenas originários (e não a todos), e negada a qualquer outro que não fosse, ou tivesse dificuldade de demonstrar ser, indígena.

Deve ficar claro que esse processo de integração de povos indígenas significava o reconhecimento do direito de ser, mas uma forte restrição ao de

26 Mota, *Xetá no vale do Ivaí 1840-1920.*

estar. É assim que os reconhecimentos territoriais eram os mais restritos possíveis, porque se entendia que somente existiriam até o momento que os indivíduos ingressassem no "doce, pacífico e justo" mundo do trabalho.[27] Para os povos e comunidades não indígenas, nem isso.

Quer dizer, os direitos coletivos nascem e morrem com o povo, comunidade, população, sociedade. Exatamente por isso são naturais, isto é, não precisam de ato, forma ou registro. Na medida em que os integrantes do povo se reconhecem como tais, não com uma declaração formal, mas com o exercício cotidiano da própria vida, está presente o direito coletivo naturalmente estabelecido. E com ele o direito sobre o território. Tentar encontrar a data de nascimento e de morte desses direitos coletivos é confundi-los com os direitos individuais criados pela modernidade.

## O ardil do marco temporal

A Constituição de 1988 reconheceu a existência de povos, especialmente os indígenas, como povos diferenciados, ainda que não tenha usado o termo "povo". Ao reconhecer a existência do povo, atribuiu-lhe o segundo direito, o das terras que tradicionalmente ocupem. É claro que esse reconhecimento não foi pacífico e as dificuldades com sua implantação real sempre foram dependentes da pressão dos grupos e movimentos sociais e da ação governamental, nas esferas administrativa, legislativa e judicial.

Em 1996, o Poder Executivo regulamentou o processo de demarcação das terras indígenas, incluindo procedimentos estranhos aos direitos à terra estabelecidos na Constituição, mas, mesmo assim, e apesar dos protestos, esse processo foi o que se manteve na demarcação das terras, mesmo daquelas que se iniciaram muito antes dele, apesar de a Constituição ter estabelecido um prazo de cinco anos para que as demarcações das terras conhecidas fossem feitas. Não foi cumprido o prazo.

O mais marcante exemplo dessa trajetória foi a demarcação da terra indígena conhecida como Raposa Serra do Sol. Vasto território ao norte e

27 A expressão vem da Carta Régia de 5 de novembro de 1808, que dizia: "que se tente a sua civilização e o reduzi-los a aldear-se, e gozarem dos bens permanentes de uma sociedade pacífica e doce, debaixo das justas e humanas leis que regem os meus povos...".

nordeste de Roraima, habitado pelos povos Macuxi, Uapixanas, Ingaricó, Taurepangues e Patamonas. O processo de reconhecimento territorial teve início em 1917 e foi concluído administrativamente em 2005, já então seguindo os trâmites de Decreto de 1996. Pode se dizer que o processo de demarcação levou impressionantes 82 anos. Mesmo assim, resolvidas todas as questões administrativas e homologada a demarcação, interesses contrários à demarcação ingressaram em juízo e, por caminhos pouco ortodoxos, a questão chegou ao Supremo Tribunal Federal, onde ficou mais quatro anos. A demarcação tinha sido feita sobre toda a área, segundo os parâmetros indicados na Constituição, mas os opositores queriam que a demarcação se desse apenas nos locais de moradia dos índios, aldeias dentro do território.

A alegação era, exatamente, de que os índios tinham seus dias contados, deixariam de ser índios e se integrariam à sociedade nacional como trabalhadores e, por isso mesmo, a transferência dessas terras para a produção agrícola extensiva significaria facilitar a integração que já estava ocorrendo. O argumento não está exposto dessa maneira, mas se pode entender nas entrelinhas a ideia da provisoriedade dos índios como sujeito coletivo. O argumento não deixa de ser curioso, porque alega que os índios já estão deixando de ser índios e por isso suas terras devem passar à mão de não índios, mas, se já não são índios, não poderiam eles mesmo administrarem e produzirem nas terras como não índios? Não seria o caso de entregar as terras anteriormente habitadas por índios aos novos não índios? A proposta era transformar os índios em sem-terra, entregando as suas antigas terras a outros não índios, depois admiti-los como trabalhadores assalariados, os que pudessem ser assimilados, é claro, e os demais que fossem para as cidades em busca de trabalho.

O STF finalmente reconheceu a validade e legalidade da demarcação em área contínua, tal como havia sido feita a demarcação administrativa. Não poderia ser diferente, pois o decreto de demarcação havia sido rigorosamente aplicado e a ocupação indígena era incontestável, apesar de um pequeno grupo de não índios que entrara à força muito recentemente e com enfrentamentos ainda vivos. A discussão não era essa, porém, era o confronto das duas teses: provisoriedade ou permanência? A discussão era sobre como o Estado brasileiro deveria entender esse direito coletivo. Se o imperativo legal fosse integrar na sociedade nacional, o território deveria ser demarcado em pequenas ilhas, apenas para que os indígenas tivessem onde viver enquanto trabalhavam fora de casa; para os povos continuarem a ser povos precisavam de um território contínuo para manifestar suas tradições e mantê-las.

Na leitura dos documentos[28] que vieram a compor o processo, a disputa entre continuidade ou integração está presente, nenhuma das partes nega a existência dos povos, ao contrário, os argumentos dos que negam o direito coletivo sobre as terras são de que eles estão a caminho da integração e, portanto, não necessitam das terras, já podem ser empregados como trabalhadores e deixarão de ser índios. O argumento contrário é o de que o direito coletivo sobre as terras deriva do reconhecimento constitucional expresso.

A questão foi resolvida pelo STF, por 10 votos contra 1, pelo reconhecimento da demarcação contínua feita pela União e pela retirada imediata dos não índios ocupantes ilegais. Porém, junto com a decisão, como se não fizesse parte dela, mas a ela integrada, foi agregado um conjunto de condicionantes ao exercício dos direitos coletivos dos povos, muito especialmente aos direitos territoriais. Nenhuma das condicionantes fazia parte de qualquer pedido, mas, assim mesmo, o STF as aprovou. São dezenove as condicionantes e uma delas considera que os direitos coletivos indígenas estabelecidos na Constituição só se aplicam sobre as terras que estavam ocupadas em 5 de outubro de 1988, o que veio a ser chamado de marco temporal do direito indígena.

Essa ideia extravagante, porém, não se limitou ao direito dos povos indígenas e no voto dado na Ação Direta de Inconstitucionalidade (ADI) 3.239 contra o Decreto n.4.887/2003, que regulamenta o procedimento para identificação, reconhecimento, delimitação, demarcação e titulação das terras ocupadas por remanescentes de comunidades dos quilombos, a ministra Rosa Weber, embora tenha reconhecido a constitucionalidade do decreto, utilizou o critério de marco temporal para estabelecer os direitos coletivos quilombolas nos casos concretos. A ministra deixa a entender que o marco temporal da Constituição de 1988 deve servir para identificar tanto o direito à existência quanto o direito ao território. Assim, em análise desfavorável aos direitos coletivos, se poderia entender que o povo deveria ser identificar como quilombola e estar sobre o território em 5 de outubro de 1988, caso contrário nem é povo, comunidade ou sociedade, nem tem direito à terra.

28 Esses documentos podem ser facilmente consultados no *site* do Instituto Socioambiental: https://www.socioambiental.org/inst/esp/raposa/?q=documentos. Acesso em: 5 mar. 2017.

Nesse entendimento etnocida ficaria estabelecido um marco temporal para a autoidentificação: o que não se identificava como quilombola em 1988 já não pode mais fazê-lo. É claro que essa interpretação é equivocada e não quis dizer isso a ministra.

As condicionantes como um todo e especialmente essa interpretação da existência do marco temporal para o reconhecimento de direitos em 5 de outubro de 1988 é ardilosa em relação aos direitos coletivos porque levaria a concluir que, ao contrário do que diz a Constituição, a OIT, a Declaração da ONU e da OEA, os direitos coletivos dos povos, populações, grupos, comunidades ou sociedades indígenas, tradicionais ou tribais são constituídos pela vontade dos Estados Nacionais, nascendo, portanto, no momento em que o Estado reconhece o direito e, mais grave ainda, no momento da demarcação das terras. É claro que isso inverte o direito que deve ser formulado da seguinte forma: se o povo existe, tem direito a um local para viver coletivamente. O ardil do marco temporal seria: se o povo estava fora da terra em 5 de outubro de 1988, não existe.

O voto na ação de inconstitucionalidade do Decreto Quilombola pode ser ainda mais grave. O termo "índio", genérico e equivocado, é usado na América Latina desde o século XV para designar os povos originários do continente, mas o termo "quilombola" sempre foi usado pejorativamente, era "valhacouto de escravos fugidos", na acepção das primeiras edições do *Dicionário Aurélio*.[29] Quem elevou quilombo a nome genérico com direitos coletivos foi a Constituição de 1988, portanto, os hoje chamados quilombolas não se identificavam, nem poderiam se identificar, como quilombolas em 1988, se identificavam como comunidade, povo, grupo, coletivo, núcleo, afrodescendente e rural. Exigir que em 1988 algum grupo se identificasse como quilombola, portanto, é um equívoco que nega o direito concedido.

A Constituição de 1988 e os documentos internacionais não deixam dúvida sobre duas coisas: os povos têm direito a existir e continuar existindo e para continuar existindo têm direito à terra. Se o Estado nega a existência de um povo sob a alegação de que nunca existiu, está negando o primeiro direito, mas, se reconhece a existência de um povo, não pode desconsiderar sua

29 Recentemente o *Novo Dicionário da Língua Portuguesa*, de Aurélio Buarque de Holanda, define a palavra quilombo como: "esconderijo no mato onde se refugiavam os escravos", o que tampouco é correto para a acepção da Constituição.

terra, quer dizer, não pode afastar esse direito por uma razão temporal, porque razão temporal se aplica para o nascimento ou perecimento de direitos individuais e aqui se trata de direitos coletivos. É claro que o Estado pode discutir se a terra a ser reconhecida será esta ou aquela, mas não pode não reconhecer terra nenhuma e o critério a ser discutido será de mérito, de fundamento, e não de tempo.

Afinal, quando se discute o tempo no direito, não se discute o direito, mas a possibilidade de seu exercício. Os direitos coletivos das comunidades e povos nascem com a comunidade ou povo e com elas morrem. O marco temporal, assim, é uma decretação de morte da comunidade ou povo por ele atingido, portanto, é uma violação aos direitos coletivos reconhecidos nacional e internacionalmente.

## Referências bibliográficas

ARNT, Ricardo; PINTO, Lucio Flavio; PINTO, Raimundo. *Panará*: a volta dos índios gigantes. Com ensaio fotográfico de Pedro Martinelli. São Paulo: ISA, 1998.

BEAUVISAGE, Jêróme. La Loi Le Chapelier, du 14 juin 1791, le fruit amer de la Révolucion. *Cahiers de Institut CGT de l'Histoire Sociale*, Dossier n.117, [s.d.]. Disponível em: http://www.ihs.cgt.fr/IMG/pdf_CIHS117_002-023-BD.pdf. Acesso em: 28 jul. 2015.

CLASTRES, Pierre. *A sociedade contra o Estado*: pesquisa de antropologia política. Rio de Janeiro: Francisco Alves, 1978.

FRAGA, Nilson Cesar. *Contestado em guerra*: 100 anos do massacre insepulto do Brasil. Florianópolis: Insular, 2012.

GEDIEL, José Antonio Peres et al. (Orgs.). *Direitos em conflito*: movimentos sociais, resistência e casos judicializados. Curitiba: Kairós, 2015.

GOMEZ, Magdalena. *Derechos indígenas*: lectura comentada del Convenio 169 de la OIT. México: Instituto Nacional Indigenista, 1991.

MAZZILLI, Hugo Nigro. *A defesa dos interesses difusos em juízo*. 28.ed. São Paulo: Saraiva, 2015.

MOTA, Lúcio Tadeu. *Xetá no vale do Ivaí 1840-1920*. Maringá: Eduem, 2013.

OLIVA DE COLL, Josefina. *A resistência indígena*. 2.ed. Porto Alegre: L&PM, 1986.

OST, François. *O tempo do direito*. Lisboa: Instituto Piaget, 2001.

QUIJANO, Aníbal. Colonialidade do poder, eurocentrismo e América Latina. In: LANDER, Edgardo (Org.). *A colonialidade do saber*: eurocentrismo e ciências sociais, perspectivas latino-americanas. Ciudad Autónoma de Buenos Aires: Clacso, 2005. p.107-130. [Colección Sur Sur.]

SOUZA FILHO, Carlos Frederico Marés de. De como a natureza foi expulsa da modernidade. *Revista Crítica do Direito*, v.66, n.5, p.88-106, ago.-dez. 2015.

_____. Terra mercadoria, terra vazia: povos, natureza e patrimônio cultural. *Revista InSURgência*, Brasília, ano 1, v.1, n.1, p.57-71, jan.-jun. 2015.

_____. O direito de ser povo. In: SARMENTO, Daniel et al. *Igualdade, diferença e direitos humanos*. Rio de Janeiro: Lumen Juris, 2008. p.475-96.

_____. *O renascer dos povos indígenas para o direito*. Curitiba: Juruá, 1998.

TÁRREGA, Maria Cristina Vidotte Blanco (Org.). *Conflitos agrários*: seus sujeitos e seus direitos. Goiânia: Ed. PUC-Goiás, 2015.

VOLTAIRE, François Marie Arouet de. *Cartas Inglesas; tratado de metafísica; dicionário filosófico*. Sel. e trad. Marilena de Souza Chaui. São Paulo: Abril Cultural, 1978.

ZAFFARONI, Eugenio Raúl. *La pachamama e el humano*. Buenos Aires: Colihue, 2011.

# 4
# Terras indígenas no Brasil: o descobrimento da racionalidade jurídica

*José Antônio Peres Gediel*[1]

## 1. Introdução

As expressões "renitente esbulho" e "marco temporal" cunhadas pela jurisprudência do Supremo Tribunal Federal (STF), em decisões recentes a respeito de requisitos para a demarcação de terras indígenas,[2] são produto da interpretação do art. 231 da Constituição da República Federativa do Brasil.[3] Aparentemente neutras e pertencentes ao vocabulário jurídico, essas expressões resultam na negação ou em restrições à efetivação dos direitos dos povos indígenas sobre as terras que habitam ou habitaram. Apontam para elementos que remetem à formação do direito brasileiro e que, embora não se encontrem expressos nas normas vigentes, são recorrentes na

---

1 Professor titular de Direito Civil da Universidade Federal do Paraná (UFPR).

2 Brasil, Supremo Tribunal Federal, Pleno, Pet. 3.388 – RO, relator: ministro Roberto Barroso, Plenário, 23 de outubro de 2013; Brasil, Supremo Tribunal Federal, Segunda Turma, Recurso Ordinário em MS 29.542, – DF, relatora: ministra Carmen Lúcia, 30 de setembro de 2014; Brasil, Supremo Tribunal Federal, Segunda Turma, Ag. Regimental no Recurso Extraordinário 803.462 – MS, relator: ministro Teori Zavascki, Segunda Turma, 9 de dezembro de 2014.

3 "Art. 231 – São reconhecidos aos índios sua organização social, costumes, línguas, crenças e tradições, e os direitos originários sobre as terras que tradicionalmente ocupam, competindo à União demarcá-las, proteger e fazer respeitar todos os seus bens. [...] Parágrafo 2º – As terras tradicionalmente ocupadas pelos índios destinam-se a sua posse permanente, cabendo-lhes o usufruto exclusivo das riquezas do solo, dos rios e dos lagos nelas existentes." Brasil, Constituição da República Federativa do Brasil, promulgada em 5 de outubro de 1988.

compreensão, fundamentação e argumentação de decisões do Supremo Tribunal Federal sobre essa matéria.

Em geral, as análises das decisões do STF e seus efeitos podem ser reunidos em dois blocos: um deles busca examiná-los, a partir de teorias hermenêuticas e estudos constitucionais comparatistas, para identificar quais cânones, princípios, preceitos e métodos têm sido utilizados pelos ministros e pelo plenário do STF para dirimir esses conflitos; outro contempla a interpretação do Supremo Tribunal Federal sobre terras indígenas com base em teorias críticas da *colonialidade*, apontada "como um dos elementos constitutivos e específicos de um padrão mundial de poder capitalista. Funda-se em uma classificação étnico-racial da população do mundo como pedra angular de tal poder e opera em cada um dos planos, âmbitos e dimensões materiais e subjetivas da existência cotidiana e escala social".[4] Essas teorias afirmam a existência de direitos originários dos povos sobre essas terras e, atualmente, são recepcionadas por poucas decisões da Corte Interamericana de Direitos Humanos e documentos internacionais, por exemplo, a Convenção 169 da Organização Internacional do Trabalho (OIT).[5]

Sem desconsiderar essas duas importantes vertentes de análise, é possível agregar e explorar outros elementos decorrentes da cultura privatista que perturba o direito público constitucional no tratamento das terras indígenas. Referimo-nos às noções jurídicas de sujeito de direito, autonomia individual e coletiva, posse e propriedade sobre as coisas. Em resumo, a cultura jurídica privatista é visível nas decisões do STF a respeito de demarcações de terras indígenas, mesmo que a matéria seja decidida com base na Constituição Federal.

Esses conflitos entre índios e não índios também acentuam as diferenças socioculturais entre a sociedade brasileira colonizada e ocidentalizada e os povos originários remanescentes no continente americano. Acrescente-se, ainda, que as recentes mudanças nas Constituições de países sul-americanos, a exemplo da Constituição da República Federativa do Brasil de 1988, reconheceram a pluralidade das culturas circunscritas nos espaços nacionais,

4 Quijano, *Cuestiones y horizontes*, p.285, tradução livre.

5 Convenção 169 da Organização Internacional do Trabalho (OIT) sobre povos indígenas e tribais. Adotada em Genebra em 27 de junho de 1989. Ratificada pelo Brasil em 25 de julho de 2002. Disponível em: http://www.planalto.gov.br/ccivil_03/_ato2004-2006/2004/decreto/d5051.htm. Acesso em: 6 jun. 2016.

mas são insuficientes para alterar o quadro de negação ou diminuição de direitos desses povos reivindicados perante o Judiciário.

Situadas nos limites entre o político e o jurídico, entre o direito público constitucional e o direito privado, as decisões do STF acabam por revelar a natureza da atuação do Poder Judiciário, na modernidade europeia, e o papel político que também desempenha na sociedade brasileira atual, herdeira dessa tradição.

Esta análise se situa no campo da investigação, do descobrimento,[6] ou desvelamento de aspectos subjacentes à racionalidade jurídica que determina a fundamentação das decisões do STF; afasta-se, assim, de qualquer proposta hermenêutica.

## 2. Errâncias da semântica jurídica colonialista nas Índias Ocidentais

Nos relatos das viagens, Colombo descreve os habitantes das Índias, seus costumes, gestos, vestimentas, e percebe que está diante não de criaturas monstruosas ou sem qualquer traço de razão, mas, sim, de integrantes de sociedades organizadas, com suas hierarquias e com indivíduos ocupando posições de mando e poder. O domínio sobre as terras e as riquezas recém-conquistadas também perturbaram o espírito de Cristóvão Colombo, desde seus primeiros contatos com os nativos das Índias Ocidentais. Junto com essa preocupação sobre a apropriação dos bens materiais, surgem indagações sobre a humanidade das gentes que habitavam essas novas possessões dos Reinos de Castela e Leão.[7]

A perplexidade de Colombo se deve, em parte, à diferença entre o que vê e a imagem difundida na Europa renascentista acerca do Oriente, criada a partir de relatos de viagens não raro fictícios e fantasiosos.[8] Apesar dessa percepção e sensibilidade, a posição de Colombo em relação à apropriação dos bens é muito dúbia, pois continua presa a objetivos econômicos e sociais que o vinculam ao projeto colonial e aos objetivos das viagens: conquistar

6 Bornheim, *O conceito de descobrimento*, p.8.

7 Varela, *Cristóbal Colón*, p.262-4.

8 Greenblatt, *Ces merveilleuses possessions*, p.53-9.

territórios e riquezas para si e para a Coroa, e cristianizar os gentios para que se tornem bons súditos de Suas Majestades Católicas.

Contemporâneo aos descobrimentos, o pensamento jusnaturalista cristão promoveu questionamentos morais, no interior da Igreja Católica, a respeito do modo como a cristandade impunha seu domínio sobre os povos conquistados. Esse pensamento recolhe a experiência do *direito das gentes* como direito comum europeu, e sofre a influência da cultura renascentista, que começa a delinear, no século XIV, um ideal de homem e de humanidade. O direito orientado pelo jusnaturalismo cristão funda-se na ideia de dignidade humana em decorrência da origem divina comum a todos os homens. A dignidade como atributo especial dos seres humanos os distingue dos animais e lhes permite viver em sociedades dirigidas por regras divinas, naturais e humanas, como exigência para a preservação dessa dignidade. No que se refere à fruição dos bens terrenos, o jusnaturalismo cristão defende que, sendo esses bens criados por Deus, a todos os homens é concedido apenas o seu usufruto, mas nunca sua apropriação com exclusividade.[9]

Alguns teólogos jusnaturalistas da Escola de Salamanca vão reconhecer não só a humanidade desses "novos achados", mas também a sua capacidade de criar regras jurídicas e de viver em sociedade regidos por essas regras, que deveriam ser minimamente consideradas pelos conquistadores. Bartolomé de las Casas[10] e Francisco de Vitória, expoentes dessa escola, vão advogar perante a Coroa o reconhecimento de direitos desses povos, apesar do paganismo dos nativos e de sua necessária conversão ao catolicismo.

O debate jurídico envolvendo a humanidade dos indígenas não afastou, contudo, a aplicação, na América, do princípio do *uti possidetis*. Esse princípio, também extraído do direito natural das gentes, era utilizado para dirimir conflitos dominiais e possessórios, tendo duas acepções: a primeira, referente a situações de conquistas territoriais, por meio de *guerra justa* entre nações, como registra Grotius, citando o jurisconsulto romano Gaio – "As coisas que são tiradas dos inimigos se tornam logo pelo direito das gentes, propriedade daqueles que as tomaram"[11] –, significando, neste caso, que os conquistadores de um território de outro reino teriam direito a possuí-lo, mesmo que esse

9 García de Enterría, *La lengua de los derechos*, p.50-3.

10 Wolkmer, *Direito e justiça na América indígena*, p.68-72.

11 Grotius, *Direito da guerra e da paz*, p.1.131.

território já estivesse povoado, o que resultava, necessariamente, na submissão dos habitantes ao domínio dos vencedores. Essa foi a fundamentação utilizada no Tratado de Tordesilhas datado de 1494, celebrado entre Espanha e Portugal, para antecipar os efeitos da conquista da América.[12]

No segundo sentido, o princípio *uti possidetis* era aplicável para definir a posse da terra em conflitos entre súditos de um mesmo reino, e determinava que a terra caberia àquele que a houvesse possuído por primeiro. Nessa segunda acepção, era necessário que o detentor da terra gozasse do *status* de súdito de um reino, com direitos inscritos na ordem jurídica daquela comunidade. Por óbvio, na América colonial, essa ordem jurídica ainda estava em construção e os indígenas, mesmo os convertidos, ainda não se encontravam plenamente integrados, ou eram integrados para ocupar posições jurídicas desvantajosas em relação aos súditos europeus.

O caráter colonial do direito vigente na América desvalorizava os indivíduos, os povos e a cultura local, e fragilizava, pouco a pouco, a influência do pensamento jusnaturalista cristão. Assim, inúmeros instrumentos jurídicos que inicialmente favoreciam os direitos dos índios se enfraqueceram, e a posição de titulares de direitos dessas terras passou a depender de formas jurídicas contrárias à posição jusnaturalista, como registra Rosembert Ariza Santamaría:

> *Las leyes españolas desde el primer momento consideraron a los indios como hombres libres, súbditos de la corona, con amplia capacidad para poseer y disfrutar de sus bienes de cualquier naturaleza; los indios eran así sujetos de toda clase de derechos, incluyendo el de propiedad, sin ninguna excepción. Pero atendiendo a que ellos eran personas necesitadas de tutela a semejanza de los incapaces, les impusieron, con ánimo de favorecerlos y defenderlos, determinadas trabas al libre ejercicio*

12 "E outrossim vos damos o dito poder pera que em nosso nome, e de nossos herdeiros e sucessores de nossos reinos e senhorios, súbditos e naturais deles, possais concordar, e assentar, e receber e aceitar do dito rei de Portugal e dos ditos seus embaixadores e procuradores em seu nome, que todo os mares, ilhas e terras que forem e estiverem dentro da limitação e demarcação de costas mares e ilhas e terras que quedarem, e ficarem com nós e com nossos sucessores, pera que sejam nossos e de nosso senhorio e conquista, e assim de nossos reinos e sucessores deles, com aquelas limitações e excepções e com toda las outras cláusulas e declarações que a nós outros bem visto for." Minuta original do Tratado de Tordesilhas (versão portuguesa), 7 de junho de 1494. Disponível em: http://purl.pt/162/1/brasil/obras/tratado_tordesilhas/ficha.html. Acesso em: 8 jun. 2016.

*de sus facultades dominicales sobre las tierras de su propiedad. Mas estas limitaciones no querían decir que las tierras se les daban a los índios únicamente en usufructo, reservándose la Corona la propiedad.*[13]

A apropriação das terras indígenas pela Coroa portuguesa, no Brasil, também se dá com base em postulados jurídicos similares ao do mundo hispânico, mas sem a influência direta dos teólogos de Salamanca.

Com base na Carta Régia de 1611, o primeiro instrumento jurídico a tratar de terras indígenas no Brasil, o Alvará Régio de 1º de abril de 1680 determinou que a posse dos índios sobre as terras deveria ser respeitada "por serem eles seus primeiros ocupantes e donos naturais".[14] No mesmo sentido, a Lei de 1755 refere-se aos índios como senhores primários da terra e detentores de domínio natural. Esses documentos coloniais fornecem as bases para o tratamento jurídico das terras indígenas no Brasil pelo instituto do *indigenato*.

Com idas e vindas e com a finalidade de desconsiderar a humanidade, a capacidade plena dos indígenas e facilitar o saque das riquezas, o direito reinol mostrou-se um instrumento refinado e eficiente para a desconstrução dos direitos originários desses povos e para a lenta construção do conceito de propriedade privada na América portuguesa. Essa cultura jurídica perdura até os dias atuais no Brasil e influencia as decisões judiciais a respeito de terras indígenas.

No regime colonial, os indígenas foram submetidos ao direito português, sendo tratados como súditos pela ordem jurídica colonial. Porém, no século XVIII, houve a tentativa de reduzi-los à condição de escravos. Ocorre que, diante de sua "renitência" e da resistência dos jesuítas a esse projeto de escravização, a Coroa optou pela busca de escravos africanos para trabalho na lavoura e na mineração.

---

13 "As leis espanholas desde o primeiro momento consideraram os índios como homens livres, súditos da Coroa, com ampla capacidade de possuir e desfrutar de seus bens de qualquer natureza; os índios eran assim sujeitos de toda clase de direitos, incluindo o de propriedade, sem nenhuma exceção. Mas, percebendo que eles eran pessoas necessitadas de tutela, à semelhança dos incapazes, impuseram-lhes, com intuito de favorecê-los e defendê-los, determinadas travas ao libre exercício de suas faculdades dominicais sobre as terras de sua propriedade. Mas estas limitações não queriam dizer que as terras eran dadas aos índios únicamente em usufruto, reservando-se a Coroa a propriedade delas." Santamaría, El régimen jurídico de las tierras, la Convención 169 de la OIT y la actuación del poder judicial frente a los derechos del territorio, em: Gediel et al., *Direitos em conflito*, v.2, p.26.

14 Araújo, *Povos indígenas e a Lei dos "Brancos"*, p.24.

As instâncias do Rei D. João V expediu o SS. Padre Benedito XIV, a sua memorável bula de 20 de dezembro de 1741, em a qual, suscitando as dos seus antecessores Paulo III e Urbano VIII, proibia terminantemente que qualquer pessoa secular ou eclesiástica, de qualquer categoria que fosse, possuísse como escravos os índios e os reduzisse a cativeiro por qualquer forma, sob as penas de excomunhão *latae sententiae*; bula dirigida ao arcebispo e bispos do Brasil, e outros domínios nas Índias Ocidentais e América.[15]

As diversas estratégias para impedir a autonomia dos povos originários e a plena capacidade individual dos indígenas seguem a mesma orientação integracionista durante o Império, mesmo após a vedação formal da escravidão indígena, por meio da Lei de 27 de outubro de 1831.[16] Os índios brasileiros passam de escravos, sem qualquer reconhecimento da sua condição de sujeitos de direitos, para a posição de tutelados equiparada aos órfãos, submetidos ao poder do Estado exercido por intermédio de juízes. Essa condição retira de vez a possibilidade de reconhecimento da autonomia dos povos indígenas e de reivindicação coletiva e individual da terra, ou mesmo qualquer possibilidade de participação dos índios como cidadãos na vida social brasileira.

Superadas as tentativas de escravização indígena, tratou-se de reconhecer aos índios apenas a posse territorial específica, com base no direito das gentes. Essa posse foi tratada como posse imemorial, posse originária e atualmente tradicional. Essa posse não foi objeto da Lei n.601, de 1850 (Lei de Terras),[17] que regulamentou o acesso à propriedade privada no Brasil e sua consolidação por meio de títulos de propriedade com o seguinte teor:

Dispõe sobre as terras devolutas no Império, e acerca das que são possuídas por título de sesmaria sem preenchimento das condições legais, bem como por simples título de posse mansa e pacífica; e determina que, medidas e demarcadas

15 Malheiro, *A escravidão no Brasil*, p.285.

16 Brasil, Lei n.37.625, de 27 de outubro de 1831. Revoga as cartas régias que mandaram fazer guerra, e pôr em servidão os índios. Consolidação de leis do império do Brasil, 1831. Disponível em: http://www2.camara.leg.br/legin/fed/lei_sn/1824-1899/lei-37625-27-outubro-1831-564675-publicacaooriginal-88614-pl.html. Acesso em: 3 jun. 2016.

17 Brasil, Lei n.601, de 18 de setembro de 1850. Dispõe sobre as terras devolutas do Império. Livro 1º do Actos Legislativos. Secretaria d'Estado dos Negócios do Império, 1850. Disponível em: http://www.planalto.gov.br/ccivil_03/Leis/L0601-1850.htm. Acesso em: 3 jun. 2016.

as primeiras, sejam elas cedidas a título oneroso, assim para empresas particulares, como para o estabelecimento de colônias de nacionais e de estrangeiros, autorizado o Governo a promover a colonização estrangeira na forma que se declara.

Art. 1º – Ficam proibidas as aquisições de terras devolutas por outro título que não seja o de compra.

Excetuam-se as terras situadas nos limites do Império com países estrangeiros em uma zona de 10 léguas, as quais poderão ser concedidas gratuitamente.

Do texto dessa lei podemos retirar, pelo menos, três consequências: primeira, que coloca as terras públicas devolutas no mercado, mediante compra; segunda, que atinge o conceito de terras devolutas, muito discutido na sua passagem de Portugal para o Brasil, e aproximado do conceito de terras vagas que, na visão da sociedade imperial, inclui as terras indígenas; terceira, que contém a exceção referente às terras situadas nas fronteiras do Império, para permitir a titulação de terras públicas nessas regiões, onde há maior incidência de povos indígenas.

Formalmente, as terras indígenas continuaram sob o regime jurídico específico do *indigenato,* baseado na ocupação ou posse indígena e assegurada independente de titulação. Contudo, no regime proprietário inaugurado no Brasil pela Lei de Terras verifica-se mais um enfraquecimento do que uma vantagem na nova posição jurídica desses povos, pois a sua qualificação como ocupantes, ou possuidores originários, não proprietários, os diferencia dos demais nacionais, que podem obter direito de propriedade, e os aproxima dos detentores de terras públicas, posseiros, ou possuidores, portugueses ou nacionais, sem títulos de terras.

## 3. O silvícola-cidadão entre o Código Civil e as Constituições

Os excedentes da lavoura agroexportadora alavancaram, no final do século XIX, o primeiro surto industrial no Brasil, que passou a exigir a expansão de novas fronteiras agrícolas e de mineração em direção a terras indígenas ainda intocadas, bem como a inclusão de novos contingentes de mão de obra rural e industrial, além dos trabalhadores imigrantes que haviam inicialmente substituído os escravos no campo. Essas mudanças estruturais na economia promoveram alterações no Estado brasileiro, que, em 1889, passa a ser republicano e de orientação liberal.

Em relação aos indígenas, as mudanças legislativas exigidas pela nova fase econômica e política não deixam dúvidas quanto ao seu caráter tutelar, ao seu perfil integracionista dos povos indígenas à cultura europeia preconizada pelo Estado, com vistas a preparar esses indivíduos para o trabalho subordinado e as tarefas penosas.

O Serviço de Proteção Indígena e Localização de Trabalhadores Nacionais (SPILTN), criado pelo Decreto n.8.072/1910,[18] cujo título já denuncia sua finalidade precípua – integrar os índios à sociedade brasileira como trabalhadores tutelados –, vai responder às necessidades do capitalismo periférico e da lavoura arcaica. Interessante observar que, cem anos depois, a Convenção 169 da OIT, apesar de adotar uma perspectiva de reconhecimento de direitos territoriais dos povos ditos tradicionais, ainda se inscreve na racionalidade jurídica da modernidade, de estender direitos que aproximem esses povos da sociedade capitalista.

Essas estratégias políticas do início do século XX são reforçadas e reafirmadas no texto do Código Civil de 1916, de orientação claramente liberal; denomina os indígenas de silvícolas e os classifica como relativamente incapazes tutelados pelo Estado, conforme o artigo 6º, inciso IV e parágrafo único.[19] O código previa, ainda, que leis e regulamentos deveriam regular tal tutela. O Decreto n.5.484, de 27 de junho de 1928,[20] atribui a tutela especial dos índios ao Estado, por meio do SPILTN, para assisti-los na realização de atos da vida civil. Tal tutela somente cessaria com a plena integração

18 Brasil, Decreto n.8.072, de 20 de junho de 1910. Cria o Serviço de Proteção aos Índios e Localização de Trabalhadores Nacionais e aprova o respectivo regulamento, República dos Estados Unidos do Brasil. Disponível em: http://www.planalto.gov.br/ccivil_03/decreto/1910-1929/D8072.htm. Acesso em: 3 jun. 2016.

19 "Art. 6º – São incapazes, relativamente a certos atos (art. 147, n.1), ou à maneira de os exercer: [...] os silvícolas. Parágrafo único. Os silvícolas ficarão sujeitos ao regime tutelar, estabelecido em leis e regulamentos especiais, e que cessará à medida de sua adaptação." Brasil, Código Civil dos Estados Unidos do Brasil, 1916. Disponível em: http://www.planalto.gov.br/ccivil_03/leis/L3071.htm. Acesso em: 3 jun. 2016.

20 Brasil, Decreto n.5.484, de 27 de junho de 1928. Regula a situação dos índios nascidos no território nacional. Diário Oficial [da] República dos Estados Unidos do Brasil, Rio de Janeiro, RJ, 14 de julho de 1928. Disponível em: http://www2.camara.leg.br/legin/fed/decret/1920-1929/decreto-5484-27-junho-1928-562434-publicacaooriginal-86456-pl.html. Acesso em: 3 jun. 2016.

do indígena à cultura nacional, no momento em que tivesse perdido sua identidade cultural.

Outro aspecto da legislação civil que complementa a menoridade jurídica dos indígenas diz respeito à total ausência de menção à posse indígena ou ao domínio coletivo desses povos sobre suas terras. O Código Civil de 1916 unifica o tratamento jurídico da terra, que passa a ser classificada como bem imóvel, que pode ser apropriado individualmente e, excepcionalmente, mantido em comunhão (condomínio). Nenhuma palavra sobre posse ou domínio coletivo indígena, apesar de os índios serem tratados como sujeitos de direito por esse mesmo código, ainda que relativamente incapazes. Para o Código Civil, os sujeitos titulares de bens podem ser pessoas públicas e privadas, e essa titularidade é determinante para a classificação e determinação do regime jurídico incidente sobre o bem.

O silêncio do código sobre a titularidade dos índios conduz logicamente as terras indígenas para o regime dos bens públicos, que, nesse período, era regulado com base na Constituição da República dos Estados Unidos do Brasil de 24 de fevereiro de 1891.[21] Nessa Constituição, as terras não tituladas foram classificadas como terras devolutas, ou seja, aquelas consideradas vagas e não tituladas em favor de particulares e, por isso, foram atribuídas ou devolvidas aos estados da federação recém-constituída, para que pudessem titulá-las em favor de quem desejasse cultivá-las. Essa solução foi desastrosa para os povos indígenas, cujos modos de vida não se enquadravam na definição de ocupação e posse civil prevista no Código Civil, de modo a se oporem à cobiça das elites republicanas estaduais.

Decorre desse sistema classificatório o fechamento do Código Civil para qualquer titularidade coletiva, pois os bens só podem ser de propriedade de pessoas individualizadas, físicas ou jurídicas, públicas ou privadas. As comunidades ou coletividades indígenas não figuram no sistema do Código Civil nem se apresentam como titulares do domínio de suas terras na Constituição de 1891.

---

21 "Art. 64 – Pertencem aos Estados as minas e terras devolutas situadas nos seus respectivos territórios, cabendo à União somente a porção do território que for indispensável para a defesa das fronteiras, fortificações, construções militares e estradas de ferro federais." Constituição da República dos Estados Unidos do Brasil, promulgada em 24 de fevereiro de 1891.

A Constituição de 1934 foi a primeira a tratar do tema indígena na República, assegurando aos índios a posse das terras[22] e atribuindo à União a competência para legislar sobre a incorporação do silvícola à comunidade nacional.[23] As Constituições subsequentes, de 1937 e 1946, mantêm o mesmo tratamento dado ao tema.[24] Essa matriz integracionista foi igualmente mantida e reiterada, no período ditatorial recente, com a edição da Constituição de 1967 (art. 8º, XVII,o)[25] e da Emenda Constitucional n.1 de 1969.[26]

Nas últimas décadas do século XX, os permanentes conflitos fundiários entre indígenas e não indígenas nas fronteiras da expansão econômica dos países colonizados, reavivaram o debate nacional e internacional sobre os direitos originários dos povos. As reivindicações desses povos foram parcialmente incorporadas em Declarações Internacionais de Direitos e Constituições, como é caso da Constituição de 1988, no Brasil.

No Brasil, apesar desses avanços constitucionais, não se tratou da autonomia política desses povos, o que poderia ocorrer, por exemplo, com a criação de uma "justiça indígena", uma vez que o Poder Judiciário repudia qualquer iniciativa de reconhecimento da autodeterminação. É o que se vê no trecho a seguir retirado do voto do ministro Ayres Brito, no julgamento da Pet. 3.388,[27] em que se discutiram a desintrusão e demarcação da terra Raposa Serra do Sol:

---

22 "Art. 129 – Será respeitada a posse de terras de silvícolas que nelas se achem permanentemente localizados, sendo-lhes, no entanto, vedado aliená-las." Brasil, Constituição (1934). Constituição da República dos Estados Unidos do Brasil, Rio de Janeiro, 1934.

23 "Art. 5º – Compete privativamente à União: [...] legislar sobre: [...] incorporação dos silvícolas à comunhão nacional." Brasil, Constituição (1934), Constituição da República dos Estados Unidos do Brasil, Rio de Janeiro, 1934.

24 "Art. 5º – Compete à União: [...] legislar sobre [...] incorporação dos silvícolas à comunhão nacional." Brasil, Constituição (1946), Constituição dos Estados Unidos do Brasil, Rio de Janeiro, 1946.

25 "Art. 8º – Compete à União: legislar sobre [...] nacionalidade, cidadania e naturalização; incorporação dos silvícolas à comunhão nacional." Brasil, Constituição (1967), Constituição da República Federativa do Brasil, Brasília, DF, 1967.

26 Brasil, Constituição (1967), Emenda Constitucional n.1, de 17 de outubro de 1969. Edita o novo texto da Constituição Federal de 24 de janeiro de 1967. Disponível em: http://www.planalto.gov.br/ccivil_03/Constituicao/Emendas/Emc_anterior1988/emc01-69.htm. Acesso em: 3 jun. 2016.

27 Brasil, Supremo Tribunal Federal, Pleno, Peti. 3.388 – RO, relator: ministro Roberto Barroso, Plenário, 23 de outubro de 2013.

O que de pronto nos leva a, pessoalmente, estranhar o fato de agentes públicos brasileiros aderirem, formalmente, aos termos da recente "Declaração das Nações Unidas Sobre os Direitos dos Povos Indígenas" (documento datado de 13 de setembro de 2007), porquanto são termos afirmativos de um suposto direito à autodeterminação política, a ser "exercido em conformidade com o direito internacional".

A perspectiva integracionista do Estado brasileiro convive e prepondera sobre todas as afirmações constitucionais de pluralismo, e sempre que os conflitos são encaminhados para o Poder Judiciário, são julgados com base em um quadro normativo infraconstitucional informado pela racionalidade eurocêntrica, privatista e liberal do Estado de direito.

## 4. As terras indígenas nas malhas da interpretação jurisprudencial

A interpretação jurisprudencial do direito, antes de ser técnico-jurídica, é uma questão de poder, uma disputa política pela produção de sentidos das regras jurídicas, no momento de sua aplicação, em determinada sociedade.

No longo e variado processo de formação da modernidade jurídica, essa disputa se deu, primeiramente, em torno da validade e vigência dessas normas, segundo suas fontes. De um lado, regras costumeiras oriundas da tradição local ratificadas pelo uso constante e pelo exercício judicante do poder feudal.[28] De outro, as normas exaradas pelo poder central, monárquico, posteriormente apropriado e assumido pela burguesia revolucionária, bipartido em funções (poderes) legislativa e judicial, uma que detém o monopólio da produção das regras jurídicas e outra, a aplicação do direito nacional, escrito e unificado.[29]

O triunfo das burguesias comerciais nacionais resultou no deslocamento do conflito das fontes para o conflito entre os poderes do Estado e em torno do sentido do direito nacional aplicável a todos os cidadãos. É conhecido o percurso desses conflitos na Inglaterra, onde se geraram e desenvolveram

28 Oppetit, *Droit et modernité*, p.41-3.
29 Grossi, *Mitologias jurídicas da modernidade*, p.96-8.

o *habeas corpus* e o mandado de segurança.[30] É igualmente conhecida a disputa entre os poderes do Estado burguês francês a respeito da interpretação do direito que se cristalizou por influência da denominada *Escola da Exegese*, cujo método conduzia a uma redução, ao mínimo, dos poderes dos magistrados na sua função de intérpretes privilegiados da lei.

Segundo as lições de juristas dessa escola favoráveis ao cesarismo de Napoleão Bonaparte, a postura hermenêutica a ser adotada pelos juízes franceses deveria ser a do juiz como "boca da lei", para exarar decisões com fundamento em cânones interpretativos, que tinham como ponto de partida e de chegada o texto do Código Civil.

Para realizar o programa hermenêutico da Escola da Exegese, os juízes deveriam abandonar a cultura jurídica calcada no direito pré-moderno, assentado em tradições, em fundamentos morais e religiosos e em práticas locais e regionais, adaptado para solver questões oriundas de relações sociais estamentais, no seio da economia agrária feudal.

O Código Civil francês de 1804, produto da revolução burguesa essencialmente mercantil, não logrou, em pouco tempo, abarcar toda a complexidade e dinâmica das relações privadas em uma sociedade em plena industrialização. As lacunas foram preenchidas por práticas negociais e notariais, por relações não reguladas, conhecidas como relações de fato, que se mantiveram à margem da lei, mas com ampla vigência social, pois a interpretação que lhes era dada pelo Judiciário era insuficiente.

A tensão entre lei e interpretação jurisprudencial foi amainada pela denominada *Escola Livre de Direito*, orientada por François Genny,[31] no final do século XIX, que defendia uma interpretação com base na experiência jurídica, especialmente naquela originada nos tribunais e mais atenta aos fatos sociais. Ressalte-se que essa escola, ao contrário da Escola da Exegese, teve pouca repercussão na cultura jurídica brasileira.

A disputa pelo sentido das normas jurídicas tomou um caminho diverso na Alemanha moderna, onde a centralização não se deu por uma revolução burguesa, mas por meio de uma aliança política que reuniu setores aristocrático-militares e da burguesia. Nessa conjuntura, a cultura jurídica se apresentava como um fator de unificação, mas sem a possibilidade de ser

30 David, *O direito inglês*, p.4-6.

31 Oppetit, *Droit et modernité*, p.65-8.

produzida por um parlamento nacional eleito nos moldes das democracias burguesas. Naquele país, desde o século XVIII, as universidades contavam com grandes autores de direito natural, e, principalmente com Savigny, consolida-se uma proposta de direito civil. Um direito para os burgueses, sem que haja condições para se elaborar e publicar um Código Civil, o que viria a ocorrer em 1900, com o efetivo triunfo da burguesia alemã na Guerra Franco-Prussiana. A particularidade da formação do direito burguês alemão conferiu maior importância e influência aos juristas nas universidades.[32]

Todas essas características e conflitos da formação do direito burguês europeu se encontram presentes na cultura jurídica e nas bases da atividade judicial brasileira. A eles se somam a herança colonial e o legado imperial escravista.

No que se refere às fontes, até a publicação do Código Civil, em 1916, as Ordenações do Reino ocupam lugar central no direito privado brasileiro, apesar de a independência política do país ter ocorrido em 1822. As consequências dessa continuidade são múltiplas e foram tratadas à exaustão por diversos autores.[33] Ao lado dessa fonte legislativa escrita, uma série de outros fatores nos vincula ao passado colonial e influencia a doutrina, a jurisprudência e o ensino jurídico.

Além da manutenção das Ordenações do Reino, outra importante especificidade marcou a cultura jurídica brasileira e a atividade dos tribunais. Trata-se da filiação doutrinária dos juristas brasileiros à Escola de Coimbra, pois até a década de 1830 os juristas brasileiros, em sua maioria, eram formados na Universidade de Coimbra, em virtude da inexistência de cursos de Direito no Brasil. Esse afastamento dos juristas das questões nacionais produziu uma cultura jurídica artificial e incapaz de interpretar a contento as relações sociais no Brasil.

Essas peculiaridades do direito brasileiro no período colonial e no Império se opõem ao ideário liberal e republicano de inspiração positivista vigente no Brasil no final do século XIX. O liberalismo no Brasil caracteriza-se, em grande medida, pelo fato de que foi difundido e defendido pela elite brasileira, composta, predominantemente, por grandes proprietários e por comerciantes envolvidos na economia de exportação-importação. Esses grupos, no final do século XIX, estavam interessados em se apropriar e manter as

32 Wieacker, *História do direito privado moderno*, p.181.

33 Gomes, *Raízes históricas e sociológicas do Código Civil brasileiro*, p.5-7.

estruturas tradicionais, com algumas mudanças pontuais, tais como a abolição da escravatura e a mudança do regime político.

Em um primeiro momento, as ideias liberais serviram de instrumento de luta utilizado pelas elites brasileiras contra a metrópole portuguesa; posteriormente, foram acionadas durante o Império e articuladas com o discurso republicano. Apesar dos seus diferentes contextos e configurações, em todos os momentos o liberalismo brasileiro teve como elemento estratégico a proposta de limitação e enfraquecimento do poder central. Ocorre que os mesmos discursos e as mesmas práticas liberais conviviam com o trabalho escravo e outras práticas sociais tradicionais existentes, como o patriarcalismo, o clientelismo e a patronagem.

A República brasileira, em suas múltiplas crises, sofre transformações ao longo do século XX, mas o direito brasileiro se mantém demarcado por um pensamento que oscila entre o liberalismo econômico e o estatismo, sempre ignorando as populações indígenas.

Terminada a Segunda Guerra Mundial, a Europa promove a refundação do Estado de direito liberal. O pensamento da social-democracia ressurge e se coloca como a única via possível para restabelecer laços sociais e restaurar a representação política no continente.

A pauta central desse processo é a reformulação das instituições políticas e administrativas do Estado liberal, a reafirmação do jusnaturalismo renovado no reconhecimento da dignidade humana,[34] princípio fundante das novas constituições europeias e que provoca inúmeras acomodações nos "institutos" do direito civil, tais como direitos da personalidade, sujeito, contrato, propriedade e família.

De resto, afirma Zagrebelski: "a experiência da social-democracia após a Segunda Guerra Mundial (a começar pela Alemanha) demonstrava como a lei podia valer com base em uma política reformadora, pela afirmação de valores de justiça determinados pela sociedade".[35] Na social-democracia, as reformas devem ser promovidas de acordo com a lei e mediante a intervenção do Judiciário. O exercício dessa nova posição a ser ocupada pelo Judiciário, na Europa, requereu a alteração das bases da instituição, inclusive com a mudança de orientação no ensino jurídico.

---

34 Meirelles, *Marx e o Direito Civil*, p.190.

35 Zagrebelski, *Il diritto mite*, p.88, tradução livre.

Essas propostas e mudanças políticas têm reflexos no Brasil, que, em 1946, aprova uma nova Constituição, ainda marcadamente liberal, e logo a seguir, em 1964, sofre um golpe militar que aposta mais uma vez na expansão das fronteiras agrícolas sobre terras indígenas e edita o Estatuto do Índio.[36]

No final da penúltima década do século XX, o Brasil experimenta novo processo constituinte que se inscreve no movimento de redemocratização do país. A reforma política do aparelho estatal finalmente colocou a dignidade da pessoa como elemento central da ordem jurídica brasileira e como vetor interpretativo de todos os direitos, mas manteve a ordem econômica baseada no mercado.

Durante esse processo houve uma intensa mobilização popular em favor das reformas econômicas e sociais, dando visibilidade a movimentos de trabalhadores e de outros grupos tradicionalmente excluídos da política brasileira. A Constituição de 1988 é, sobretudo, a Constituição possível, sem rupturas, mas que representa uma mudança radical no direito brasileiro.

A abertura política e a Constituição de 1988 enfim provocaram alterações no curso tradicional da doutrina jurídica e da jurisprudência, que, em um primeiro momento, não assimilaram as mudanças constitucionais, ou se dedicaram a realizar uma crítica desconstrutiva dos direitos constitucionalmente assegurados. Em um segundo momento, passaram a afirmar tais direitos sem aprofundar a compreensão de seus fundamentos.

A Constituição Federal de 1988, além de garantir direitos a grupos vulneráveis, atribuiu ao Poder Judiciário, por meio do Supremo Tribunal Federal, o controle difuso e concentrado da constitucionalidade das leis, dos atos administrativos e das decisões judiciais. Após 1988, o Poder Judiciário assume um papel político e social de uma relevância jamais experimentada no Brasil e passa a analisar problemas que interferem diretamente nas atividades legislativa e administrativa, e de repercussão geral sobre as ações que tramitam nas demais instâncias desse poder.

A assunção do papel de controle constitucional pelo Poder Judiciário provoca uma mudança na relação entre os poderes, uma discussão a respeito dos limites da interpretação constitucional e a possibilidade de inovação ou de negação de direitos com vistas à proteção ou desproteção de grupos vulneráveis.

36 Lei n.6.001, de 19 de dezembro de 1973.

A judicialização de conflitos de ampla repercussão social com base em direitos que foram enunciados pela Constituição, mas que não sofreram regulamentação legal, ou que, ao serem regulamentados, acabaram por frustrar as expectativas de determinados grupos, expõe os problemas do denominado ativismo judicial que interfere na relação com o Legislativo e com o Executivo.

O que se indaga em primeiro lugar é a respeito da escolha dos métodos e critérios para interpretar convenientemente a Constituição diante dos casos concretos e das decisões dos outros poderes. Pergunta-se, ainda, qual o limite dessa interpretação e seus efeitos, isto é, pode o Judiciário inovar a Constituição nesse processo interpretativo, ou deve estabelecer estratégias para permanecer nos limites por ela traçados e ao mesmo tempo atender a demandas sociais urgentes e atuais?

Essas tendências e movimentos teóricos, oriundos de outros países, são recepcionados pela doutrina e experimentados pelo Poder Judiciário brasileiro. Ultimamente, alguns autores têm ressaltado a necessidade de se abandonar a revisão judicial, nos termos vigentes, para reconhecer e dar maior liberdade à força criativa dos direitos locais e do Poder Legislativo.

A crítica que se faz ao Poder Judiciário, como responsável pelo controle constitucional, reside no fato de que ele passa a ser não só guardião e última palavra a respeito da Constituição, mas tende a se identificar com a própria Constituição e com o conceito de justiça. A doutrina contrária ao sistema de controle constitucional vigente aponta para a possibilidade de despolitização do debate sobre direitos fundamentais, pois, segundo essa corrente, isso só é possível se ocorrer no Legislativo, sob pena de esse poder se paralisar e se tornar dependente das decisões do Judiciário.

## Considerações finais

O Supremo Tribunal Federal, ao elaborar a noção de "renitente esbulho", reconhece que a questão se localiza "no campo da hermenêutica e não pode ser confundido com ocupação passada ou com desocupação forçada, ocorrida no passado".[37]

37 Brasil, Supremo Tribunal Federal, Agravo Regimental no Recurso Extraordinário com Agravo 803.462 – MS, relator: ministro Teori Zavascki, Segunda Turma, 9 de dezembro de 2014, p.3.

Ao assim se posicionar, a corte faz uma primeira remissão ao caráter histórico do problema, mas imediatamente tenta se refugiar em questões jurídicas oriundas do direito privado, tais como esbulho e posse civil, que não são aplicáveis no campo do direito público, em relação às terras indígenas, afirmando:

> Há de haver, para configuração de esbulho, situação de efetivo conflito possessório que, mesmo iniciado no passado, ainda persista até o marco demarcatório temporal atual (vale dizer, a data da promulgação da Constituição de 1988), conflito que se materializa por circunstâncias de fato ou, pelo menos, por uma controvérsia possessória judicializada.

Invoca, para dar consistência jurídica à sua fundamentação, a norma constitucional como acontecimento jurídico de um período em que se recria o direito ignorando o passado e o conflito antes apontados, que só devem ser levados em consideração se atualizados pela refundação da sociedade brasileira, após 1988. O mito do poder constituinte originário, não tão originário assim no caso brasileiro, serve também de fundamento último ao chamado *marco temporal*.

O ministro Teori Zavascki, ao decidir o Agravo Regimental em Recurso Extraordinário, em que se discutiu a demarcação da Terra Indígena Raposa Serra do Sol, que foi ocupada por não indígenas, por um longo período de tempo, negou a posse e a propriedade a não índios que lá permaneçam por longo tempo sem oposição jurídica e ressaltou e asseverou os argumentos do Ministério Público Federal:

> embora o marco temporal de ocupação de um determinado espaço geográfico por determinada etnia aborígene, para fins de reconhecimento de que se trata de terras tradicionalmente ocupadas pelos índios, seja a data da promulgação da Carta Magna (5 de outubro de 1988), o renitente esbulho por parte de não índios não é hábil a descaracterizar a tradicionalidade da posse nativa.

Os argumentos do Ministério Público Federal favoráveis à desintrusão de não indígenas dessas terras, com base na Constituição Federal de 1988, e nos termos da Súmula 650 do STF, que reafirma o domínio da União sobre as terras indígenas e, em consequência, resulta na impossibilidade de serem tituladas ou destinadas ao uso e exploração a particulares.

Como visto, o percurso da regulação jurídica da titularidade de terras indígenas lhes confere uma natureza especial e é reconhecida, desde o período colonial, por leis e alvará régios, a partir da presença inequívoca dos povos que aí habitavam, antes da conquista. Esse é o único *marco temporal* e prova possessória que merecem ser levados em consideração nos processos de demarcação, cujo efeito jurídico é de apenas delimitar as áreas, mas não constituir ou atribuir direitos aos índios, pois esses direitos já foram ratificados constitucionalmente.

Por outro lado, a ausência de qualquer menção à posse e ao domínio das terras indígenas, nos Códigos Civis brasileiros, demonstra, cabalmente, que os referidos códigos não possuem instrumentos categoriais e conceituais para classificá-las e regulá-las, adequadamente, no regime de posse civil e propriedade privada, forjados no processo de formação histórica da modernidade europeia. Por isso, a matéria é regulada na Constituição e em legislação específica.

Assim, a utilização dos conceitos de posse civil e propriedade para dirimir conflitos fundiários, envolvendo índios e não índios, é inadequada e resulta em evidente desvantagem para os indígenas, uma vez que a posse civil e a propriedade privada são oriundas de um universo cultural estranho às populações nativas da América.

Os índios não são agricultores nos moldes europeus e suas atividades materiais podem ser sazonais e em variados locais, segundo sua tradição, como ocorre com a caça e a pesca. Além disso, suas antigas moradias e cultos religiosos deixam poucos vestígios e muitas vezes só são perceptíveis por alguns membros do grupo e conhecidos a partir de relatos, advindo daí uma das dificuldades da prova da posse, da resistência e da permanência de determinados povos sobre suas terras.

Em relação à propriedade privada, a posse indígena também se distingue por não ter um conteúdo individualista, que permita a fruição exclusiva de cada bem por um só indivíduo como ocorre na sociedade capitalista. A posse e fruição dos bens são exercidas, coletivamente, por todos os indivíduos do grupo, segundo padrões culturais que se apresentam incompreensíveis para o direito moderno, que regula a propriedade individual e que só admite a comunhão ou indivisão como um mal necessário e residual ao sistema.

Ressalte-se, ainda, que o direito dos indígenas sobre a terra não depende de títulos imobiliários, pois essas terras integram os bens públicos da União, e também não podem ser confundidas com terras devolutas da União aptas a serem tituladas em favor de particulares pelo poder público.

Todos esses aspectos são apontados à exaustão pelos laudos antropológicos, sistematicamente desconsiderados pelo Poder Judiciário em decisões recentes, como a proferida no RMS 29.087, no STF.[38] Por evidente, o Judiciário não desconhece as elaborações teóricas recentes que, apoiadas nas constituições sul-americanas e em declarações de direitos exaradas por organismos internacionais, promovem um giro conceitual que afasta a aplicação do direito civil do tratamento de terras indígenas e de outros povos e comunidades tradicionais.

Assim, o STF, ao cunhar a expressão "marco temporal", inexistente na Constituição de 1988, e que significa, em última análise, exigir que os índios provem que estavam na posse de suas terras, em 5 de outubro de 1988, data da promulgação da Constituição Cidadã, ou haviam resistido nessa posse estabelecendo controvérsia possessória judicializada. O STF ignora o direito nacional, quinhentos anos de resistência indígena e solicita provas cujo ônus deveria recair sobre os esbulhadores. As poucas provas da posse indígena estão muitas vezes nas mãos da outra parte, ou do Estado, que em várias circunstâncias é benevolente com os esbulhadores.

Ademais, não há como sustentar a construção do denominado marco temporal com base na interpretação gramatical do teor do art. 231 da CF de 1988. Nesse artigo, o verbo "ocupam" não pode ser tomado em seu sentido dado pelo presente do indicativo, pois vem precedido do complemento adverbial "tradicionalmente", que o remete para uma longa duração no passado, um presente contínuo, e para uma forma de uso da terra que se distingue da ocupação e posse civil valorizada pelas codificações da modernidade.

No que se refere à criação do STF da expressão "renitente esbulho", fica ainda mais patente o uso indevido de categorias e conceitos civilistas para dirimir questões fundiárias envolvendo terras indígenas. A criação começa com a inversão dos termos, pois o esbulho renitente é aquele que persiste com a presença do esbulhador sobre a terra, apesar dos esforços do legítimo possuidor em recuperar sua posse. O STF não leva em consideração a ilegitimidade da posse dos esbulhadores.

---

38 Brasil, Supremo Tribunal Federal, Recurso Ordinário em Mandado de Segurança 29.087 – DF, relator: ministro Ricardo Lewandowski, Segunda Turma, 16 de setembro de 2014.

No Agravo no Recurso Extraordinário 803.462 – MS,[39] o STF acabou valorizando a permanência dos possuidores ilegítimos, que conseguiram, reiteradamente, renitentemente, permanecer na posse da terra, até a promulgação da Constituição Federal de 1988, marco temporal.

Para justificar tal raciocínio invertido, o STF decidiu que só poderia demarcar a terra em favor dos índios, legítimos possuidores, se eles conseguissem provar que tomaram as medidas judiciais cabíveis, *controvérsia possessória judicializada*, para afastar os esbulhadores.

Tal exigência, contudo, não leva em consideração, primeiro, a evidência de que os índios se encontravam sob tutela do Estado e que, muitas vezes, o Estado concedeu títulos de terras indígenas a não índios, ao considerá-las vagas e devolutas; segundo, que o Estado tutor dos indígenas, reiteradamente, deixou de tomar medidas fáticas e judiciais para garantir a terra de seus tutelados e, quando as tomou, seguidamente esbarrou em interpretações privatistas do Judiciário; terceiro, que a resistência física ao esbulho, agora exigida pelo STF, para demonstrar sua clara intenção de recuperar as terras esbulhadas, já resultou em genocídio de muitos povos. Por último, não é de menor importância a flagrante desvantagem material e social dos índios, em relação aos esbulhadores, para ter acesso à Justiça.

No atual momento em que o Judiciário e, em especial, o STF, tornam-se protagonistas diretos na resolução das questões sociais, aparentemente sem sofrerem as pressões e os efeitos negativos da política eleitoral e das peculiaridades das disputas partidárias, sua legitimidade social parece decorrer muito mais da força institucional, do discurso de imparcialidade e da crença que a sociedade tem na possibilidade de uma justiça imparcial a ser atingida por meio da lei orientada por princípios constitucionais.

No entanto, a complexa tarefa de interpretar o direito e avançar na formulação de direitos favoráveis à proteção de grupos vulneráveis exige muito mais que esses requisitos para a atuação do Judiciário, pois requer uma cultura jurídica que entenda os direitos como uma via da Justiça, que permeie todas as camadas da sociedade que pretendem construir uma democracia estável e em movimento.

39 Brasil, Supremo Tribunal Federal, Agravo Regimental no Recurso Extraordinário com Agravo 803.462 – MS, relator: ministro Teori Zavascki, Segunda Turma, 4 de agosto de 2014.

Esse equilíbrio não tem sido alcançado pelo STF ao tratar da tensão entre o projeto de conquista territorial e desenvolvimento nacional, e o reconhecimento dos direitos originários dos povos indígenas, titulares de direitos já existentes sobre esses territórios. Diante desse quadro de negação de direitos sociais e de direitos originários, o multiculturalismo e o Estado democrático de direito estabelecidos na Constituição correm o risco de tornarem-se apenas expressões vazias de conteúdo.

## Referências bibliográficas

ARAÚJO, Ana Valéria et al. *Povos indígenas e a Lei dos "Brancos"*: o direito à diferença. Brasília: Ministério da Educação; Secretaria de Educação Continuada, Alfabetização e Diversidade; Laced/Museu Nacional, 2006.

BORNHEIM, G. *O conceito de descobrimento*. Rio de Janeiro: Editora da UERJ, 1998.

BRASIL. Supremo Tribunal Federal. Agravo Regimental no Recurso Extraordinário com Agravo 803.462 – MS. Relator: ministro Teori Zavascki. Segunda Turma. 9 de dezembro de 2014.

_____. Súmula 650, de 24 de setembro de 2003.

DAVID, René. *O direito inglês*. São Paulo: Martins Fontes, 1997.

DUPRAT, Deborah (Org.). *Pareceres jurídicos*: direito dos povos e comunidades tradicionais. Manaus: UEA, 2007. [Coleção Documentos de Bolso, n.2.]

GARCIA DE ENTERRÍA, Eduardo. *La lengua de los derechos*: la formación del derecho público europeo trás la Revolución Francesa. Madrid: Alianza, 1994.

GEDIEL, José Antônio Peres et al. *Direitos em conflito*: movimentos sociais, resistência e casos judicializados. v.1 e 2. Curitiba: Kairós, 2015.

GOMES, Orlando. *Raízes históricas e sociológicas do Código Civil brasileiro*. São Paulo: Martins Fontes, 2003.

GREENBLATT, Stephem. *Ces merveilleuses possessions*: découverte et appropriation du nouveau monde au XVI^e^ siècle. Paris: Les Belles Lettres, 1996.

GROSSI, P. *Mitologias jurídicas da modernidade*. Florianópolis: Fundação Boiteux, 2007.

GROTIUS, Hugo. *Direito da guerra e da paz*. 2.ed. Ijuí: Editora Unijuí, 2005.

HESPANHA, A. M. *O direito dos letrados no império português*. Florianópolis: Fundação Boiteux, 2006.

INSTITUTO LATINO-AMERICANO DE SERVICIOS LEGALES ALTERNATIVOS (ILSA). Derecho a la tierra. Conceptos, experiencias e desafíos. *El Otro Derecho*, Bogotá, n.31-2, 2003-2004.

MALHEIRO, Agostinho Marques Perdigão. *A escravidão no Brasil*: ensaio histórico-jurídico-social. Rio de Janeiro: Typographia Nacional, 1866.

MEIRELES, Henrique da Silva Seixas. *Marx e o direito civil*: para a crítica histórica do paradigma civilístico. Coimbra: Almedina, 1990.

OPPETIT, Bruno. *Droit et modernité*. 1.ed. Paris: Presses Universitaires de France, 1998.

ORGANIZAÇÃO INTERNACIONAL DO TRABALHO (OIT). Convenção n.169, sobre povos indígenas e tribais. Brasília: OIT, 2011.

QUIJANO, Anibal. Colonialidade do poder e classificação social. In: SANTOS, Boaventura de Sousa; MENESES, Maria Paula (Orgs.). *Epistemologias do Sul*. Coimbra: Almedina, 2009. p.73-115.

_____. *Cuestiones y horizontes*: de la dependencia histórico-estructural a la colonialidad/descolonialidad del poder. Selección y prólogo a cargo de Danilo Assis Clímaco. 1.ed. Ciudad Autónoma de Buenos Aires: Clacso, 2014. [Colección Antologías.]

RAMOS, Alcida Rita (Org.). *Constituições nacionais e povos indígenas*. Belo Horizonte: Editora da UFMG, 2012.

SALVADOR, Bartolomé Clavero. Código entre indígenas: a propósito de la codificación del siglo XIX de Carlos Ramos. *Quaderni Fiorentini per la Storia del Pensiero Giuridico Moderno*, v.29, n.1, p.495-509, 2000. ISSN 0392-1867. Disponível em: http://www.centropgm.unifi.it/cache/quaderni/29/0496.pdf. Acesso em: 6 dez. 2015.

_____. Derechos indígenas *versus* derechos humanos: a propósito de un proyecto de Naciones Unidas. *Quaderni Fiorentini per la Storia del Pensiero Giuridico Moderno*, v.29, n.1, p.495-509, 2000. ISSN 0392-1867. Disponível em: http://www.centropgm.unifi.it/cache/quaderni/29/0496.pdf. Acesso em: 6 dez. 2015.

SANTAMARÍA, Rosembert Ariza. El régimen jurídico de las tierras, la Convención 169 de la OIT y la actuación del poder judicial frente a los derechos del territorio. In: GEDIEL, José Antônio Peres et al. *Direitos em conflito*: movimentos sociais, resistência e casos judicializados. v.2. Curitiba: Kairós, 2015. p.25-40.

SOUZA FILHO, Carlos Frederico Marés de. Terra mercadoria, terra vazia: povos, natureza e patrimônio cultural. *Revista inSURgência*, Brasília, ano 1, v.1, n.1, jan./jun. 2015. Disponível em: http://periodicos.unb.br/index.php/insurgencia/article/view/16774/11912. Acesso em: 18 fev. 2016.

_____. *O renascer dos povos indígenas para o direito*. 1.ed. 2.tir. Curitiba: Juruá, 1999.

VARELA, Consuelo (Org.). *Cristóbal Colón*: los cuatro viajes; Testamento. Madrid: Alianza Editorial, 1986.

VIANNA, L. W.; BURGOS, M. B.; SALLES, P. M. Dezessete anos da judicialização da política. *Tempo Social, Revista de Sociologia da Universidade de São Paulo*, São Paulo, v.19, n.2, p.39-85, 2007.

WIEACKER, F. *História do direito privado moderno*. Lisboa: Fundação Calouste Gulbenkian, 1980.

WOLKMER, Antônio Carlos. *Direito e justiça na América Indígena*: da conquista à colonização. Porto Alegre: Livraria do Advogado, 1998.

YAMADA, Erica Magami; VILLARES, Luiz Fernando. Julgamento da Terra Indígena Raposa Serra do Sol: todo dia era dia de índio. *Rev. Direito GV*, v.6, n.1, p.145-57, 2010. [*on-line*]. ISSN 1808-2432. Disponível em: http://www.scielo.br/scielo.php?script=sci_pdf&pid=S1808-24322010000100008&lng=en&nrm=iso&tlng=pt. Acesso em: 5 out. 2015.

ZAGREBELSKY, G. *Il diritto mite*: legge, diritti, giustizia. Torino: Einaudi, 1992.

ZWETSCH, Roberto. Las Casas: um profeta da causa indígena. *Estudos Teológicos*, São Leopoldo, v.32, n.2, 1991.

# 5

# Usos da história na definição dos direitos territoriais indígenas no Brasil

*Samuel Barbosa*[1]

## 1. *Introdução*

A definição dos direitos territoriais indígenas é um problema ainda em aberto no Brasil.[2] Existem diversas disputas judiciais em curso tanto para áreas em processo de demarcação quanto para terras já demarcadas. Nas esferas administrativa e judicial, são produzidos pareceres de especialistas (historiadores, antropólogos, geógrafos, juristas e outros) e, frequentemente, os juízes devem interpretar legislações e evidências que remontam ao século XIX, se não antes. Minha contribuição será distinguir em termos formais e esquemáticos dois usos da história nas disputas para definição dos direitos territoriais indígenas: ou história para provar fatos passados ou história para interpretar o sentido da Constituição. Essa temática se subsume à questão mais geral e complexa de teoria da história do Direito que é a contribuição da pesquisa histórica para a construção de conceitos jurídicos. Em outras palavras, a pergunta mais geral é saber em que medida o trabalho sobre o passado ou a representação narrativa sobre o passado é constitutiva do sentido do Direito no presente.

---

1 Professor doutor na Faculdade de Direito da Universidade de São Paulo. *E-mail*: samuel.barbosa@usp.br. Os resultados desta pesquisa também foram apresentados no XIX Congresso internacional de História do Direito Indiano, ocorrido em Berlim, entre 28 de agosto e 2 de setembro de 2016.

2 Dallari, Os direitos humanos e os índios no Brasil, em: Amaral Júnior, Perrone-Moisés (Orgs.), *O cinquentenário da Declaração Universal dos Direitos do Homem*.

## 2. *Premissas constitucionais*

As disputas atuais sobre a definição dos direitos territoriais dos indígenas partem da Constituição Federal em vigor, promulgada em 1988, após a redemocratização do Brasil. A Constituinte de 1987-1988 contou com a grande participação de movimentos sociais, inclusive dos movimentos indígenas.[3] Pela primeira vez, uma Constituição dedicou um capítulo específico à temática indígena.[4] Vejamos algumas passagens do texto aprovado:

> Art. 231. São reconhecidos aos índios sua organização social, costumes, línguas, crenças e tradições, e os direitos originários sobre as terras que tradicionalmente ocupam, competindo à União demarcá-las, proteger e fazer respeitar todos os seus bens.
>
> § 1º São terras tradicionalmente ocupadas pelos índios as por eles habitadas em caráter permanente, as utilizadas para suas atividades produtivas, as imprescindíveis à preservação dos recursos ambientais necessários a seu bem-estar e as necessárias a sua reprodução física e cultural, segundo seus usos, costumes e tradições.

A primeira parte do *caput* do art. 231 vem sendo interpretada pela dogmática constitucional como uma mudança de paradigma.[5] Antes da Constituição, vigorava uma perspectiva assimilacionista, para a qual a condição indígena era considerada como transitória, passageira, que desapareceria com a modernização do país e com a incorporação do índio à cultura nacional.[6] A nova perspectiva, ao contrário, reconhece que uma forma de vida tradicional tem direito ao futuro, não é uma condição transitória. Dentro desse marco, os direitos territoriais são entendidos como uma condição para a continuidade dessa forma de vida ao permitir a reprodução física e cultural dos índios. Na formulação de Márcio Santili:

---

3 Para um balanço mais geral sobre o funcionamento da Constituinte, ver Pilatti, *A Constituinte de 1987-1988*. Para a questão indígena especificamente, ver Lacerda, *Os povos indígenas e a Constituinte*; e Souza Filho, *O renascer dos povos indígenas para o Direito*.

4 Cunha, *Direitos dos índios*.

5 Silva, Terras tradicionalmente ocupadas pelos índios, em: Santili (Coord.), *Os direitos indígenas e a constituição*; Villares, *Direitos e povos indígenas*; e Mendes, *O domínio da União sobre as terras indígenas*.

6 Lima, *Um grande cerco de paz*; Oliveira, Sem a tutela, uma nova moldura de nação, em: Oliven, Brandão, Ridenti (Orgs.), *Constituição de 1988 na vida brasileira*, p.251-75.

A mudança profunda que a Constituição de 1988 introduziu foi o reconhecimento de direitos permanentes aos índios. Ela abandona a tradição assimilacionista e encampa a ideia – a realidade dos fatos – de que os índios são sujeitos presentes e capazes de permanecer no futuro.[7]

O § 1º e os seguintes dispõem sobre as terras indígenas "tradicionalmente ocupadas", um dos quatro tipos de terras indígenas admitidos no direito brasileiro. Além das terras de ocupação tradicional, a legislação define as seguintes modalidades: reservas indígenas (terras doadas para a União ou adquiridas por ela que se destinam à posse dos índios), as terras dominiais (terras de propriedade dos índios, adquiridas nos termos da legislação civil) e as terras interditadas (áreas com restrição de ingresso e trânsito de terceiros para proteção de índios isolados). Para nossa discussão, interessa a modalidade das terras de ocupação tradicional.

Uma definição mínima seria a de terras de propriedade da União, demarcadas em processo administrativo, com usufruto permanente e exclusivo dos índios para garantia do seu modo de vida tradicional. O texto constitucional fixa os critérios para identificação dessas áreas, incumbência do governo federal. Se uma área é homologada pelo Estado brasileiro como de ocupação tradicional indígena, todos os títulos de propriedade são declarados nulos e extintos; há indenização apenas para as benfeitorias derivadas de ocupações de boa-fé (art. 231, § 6º). É de se presumir as acirradas disputas na esfera administrativa e judicial. As disputas, não raro violentas, são particularmente sensíveis nas regiões com atividades do agronegócio no interior do país.[8]

O processo administrativo de demarcação a cargo da União é regulado pelo Decreto n.1.775/1996 e outras normas infralegais, com destaque para a Portaria/Funai n.14/1996.

A primeira fase do processo administrativo demarcatório é a constituição pelo órgão do governo federal de assistência ao índio (atual Funai) de um grupo técnico especializado, coordenado por antropólogo, com a finalidade de produzir "estudos complementares de natureza etno-histórica, sociológica, jurídica, cartográfica, ambiental e o levantamento fundiário necessários à delimitação" (Decreto n.1.775/1996, art. 2º, § 1º). Esse grupo de trabalho

7 Santili, *Os brasileiros e os índios*, p.29.
8 Morais, *Do corpo ao pó*.

produzirá um relatório de identificação e delimitação, cujas rubricas são minuciosamente definidas pela Portaria 14. Por exemplo:

> Informações gerais sobre o(s) grupos(s) indígena(s) envolvido(s), tais como, filiação cultural e linguística, eventuais migrações, censo demográfico, distribuição espacial da população e identificação dos critérios determinantes desta distribuição;
>
> Pesquisa sobre o histórico de ocupação de terra indígena de acordo com a memória do grupo étnico envolvido;
>
> Descrição dos aspectos cosmológicos do grupo, das áreas de usos rituais, cemitérios, lugares sagrados, sítios arqueológicos etc., explicitando a relação de tais áreas com a situação atual e como se objetiva essa relação no caso concreto.

A terra indígena resulta do encontro entre os dispositivos do Estado brasileiro (há um processo administrativo minucioso) e o saber dos povos indígenas, mediado pelo trabalho dos antropólogos e historiadores. O relatório deve ser aprovado por um órgão especializado do Estado (Funai), depois pelo ministro da Justiça e por fim pelo presidente da República. Durante esse processo, há o contraditório administrativo com a eventual produção de novos laudos e relatórios. A Justiça pode ser acionada para suspender e anular o processo demarcatório. Depois de demarcadas, também pode haver contestação judicial.

## 3. *História como prova*

Gostaria, na sequência, de diferenciar dois usos da história nessas controvérsias. No primeiro uso, a pesquisa de etno-história é chamada para participar da produção de provas. Responde a perguntas como: Qual é o grupo indígena? Qual o histórico de ocupação da área? Qual a extensão da área necessária para a reprodução física e cultural do grupo? Os índios ocupavam a área na data da Constituição? Quando os índios foram esbulhados das suas terras?

O trabalho dos especialistas (antropólogos, historiadores, geógrafos) produz relatórios e laudos durante o processo administrativo e o judicial para a prova de fatos, fazendo uso de documentação primária (cartorial, narrativas de viagens, comunicação entre os índios e os órgãos do Estado), uso de história oral, relatos etnográficos e outros.[9] Esses estudos retrabalham as informações disponíveis sobre a ocupação de indígenas na área. O objetivo não é provar a chamada "imemorialidade" da ocupação, mas a "tradicionalidade" da ocupação.

Um aspecto a ser salientado é que os grupos de trabalho não poderiam preparar a tempo os relatórios se já não houvesse sólidas pesquisas etnográficas e etno-históricas produzidas pela Universidade. Não vou explorar aqui a reflexão mais recente dos antropólogos sobre as limitações inerentes a esse tipo de trabalho requisitado pelo Estado. Há estudos refletindo sobre a função mediadora dos especialistas entre os povos indígenas e as demandas burocráticas do Estado.[10] Para os fins deste trabalho, o importante é assentar a função de prova que é desempenhada por esses estudos. Em outras palavras, a pesquisa universitária, que tem motivações próprias, é reapropriada na feitura dos relatórios e laudos que funcionam como prova de fatos sobre os povos indígenas.

Esse uso da história como prova de fatos faz parte de uma concepção mais geral de divisão de trabalho nos litígios judiciais. Dois brocardos jurídicos exprimem essa concepção.

"Da mihi factum, dabo tibi ius." Os fatos precisam ser alegados e provados pelas partes, então o juiz diz o direito. Esse brocardo exprime uma divisão que distingue entre a dúvida sobre os fatos e a dúvida sobre o direito. A participação da etno-história ficaria circunscrita às dúvidas sobre fatos. Já as dúvidas sobre o sentido do direito ficariam a cargo do juiz, segundo a lógica própria ao campo jurídico. Isso, aliás, é o que exprime o brocardo "Iura novit curia": o juiz sabe qual o direito válido que não precisa ser provado. Em outras palavras, os peritos aptos a provar os fatos não participam da interpretação do direito.

Relatórios administrativos de identificação e delimitação e laudos periciais, valorados à luz do direito probatório do Código de Processo Civil – é essa a filtragem judicial do saber etno-histórico.

---

9 Leite (Org.), *Laudos periciais antropológicos em debate*; Sampaio Silva; Luz; Helm (Orgs.), *A perícia antropológica em processos judiciais*; Pacheco, O antropólogo como perito: entre o indianismo e o indigenismo, em: L'Estoille; Neiburg; Sigaud (Orgs.), *Antropologia, impérios e Estados nacionais*, p.253-77; Guevara Gil; Vergara; Vergara (Eds.), *El peritaje antropológico*.

10 Ver artigos de Pacheco (Org.), *Indigenismo e territorialização*. Ver ainda as indicações da nota anterior.

Vejamos um exemplo. O principal *leading-case* sobre direitos territoriais indígenas após a Constituição é a decisão de 2009 do Supremo Tribunal Federal favorável à demarcação da Terra Indígena Raposa Serra do Sol.[11] Os juízes da Suprema Corte brasileira definiram um critério a ser observado nessa demarcação que ficou conhecido como "marco temporal". Para reconhecimento de uma terra indígena, deve ser provada a ocupação tradicional na data da promulgação da Constituição em 5 de outubro de 1988.[12] Ao introduzir esse critério, o STF pretendeu "colocar uma pá de cal nas intermináveis discussões sobre qualquer outra referência temporal de ocupação de área indígena".[13]

A distinção tradicional entre questões de fato e questões de direito é um princípio orientador da argumentação. Com efeito, Carlos Ayres Britto, relator do caso, afirmou que

> Aqui, é preciso ver que a nossa Lei Maior trabalhou com data certa: a data da promulgação dela própria (5 de outubro de 1988) como insubstituível referencial para o reconhecimento, aos índios, "dos direitos sobre as terras que tradicionalmente ocupam".
>
> *A data de verificação do fato em si da ocupação fundiária* é o dia 5 de outubro de 1988, e nenhum outro.[14]

A passagem exprime o esforço para resolver uma questão de direito ao *determinar* a regra aplicável: o reconhecimento do direito sobre terras tradicionalmente ocupadas na data da promulgação da Constituição. A questão de fato, passível de *prova*, passa a ser a verificação da ocupação nessa data. Em outras palavras, o chamado "marco temporal" é um esforço para reduzir a indeterminação do direito ao fixar o sentido da Constituição, deixando em aberto apenas as questões de fato.

---

11 Brasil, Supremo Tribunal Federal, Pet. 3.388 Roraima, Brasília, 2009; Yamada; Villares, Julgamento da Terra Indígena Raposa Serra do Sol: todo dia era dia de índio, *Revista Direito GV*, v.6, n.1, p.143-57, 2010; Miras (Org.), *Makunaíma grita*.

12 O critério valia para o caso em julgamento, mas vem sendo aplicado também para outros casos pelo STF e por tribunais inferiores, apesar do questionamento de juristas, antropólogos e ativistas.

13 Brasil, Supremo Tribunal Federal, Pet. 3.388, Roraima, Brasília, 2009, p.295.

14 Ibid., p.295-6, grifo meu.

Esse argumento formula assim a já aludida divisão de trabalho. Às partes incumbem a produção das provas, ao juiz imparcial compete dizer o direito aplicável.

Outro juiz, o ministro Menezes Direito, também se orienta pela distinção fato/norma:

> Em primeiro lugar, as terras indígenas são terras ocupadas pelos índios. Não terras que ocuparam em tempos idos e não mais ocupam; não são terras que ocupavam até certa data e não ocupam mais. São terras ocupadas pelos índios quando da promulgação da Constituição de 1988.
> [...] *A ocupação é, portanto, um fato a ser verificado.*[15]

É importante salientar também que o acórdão da Raposa Serra do Sol formulou uma limitação à tese do marco temporal. São os chamados casos de "renitente esbulho":

> ali onde a reocupação das terras indígenas, ao tempo da promulgação da Lei Maior de 1988, somente não ocorreu por efeito do renitente esbulho por parte dos não índios, é claro que o caso já não será de perda da tradicionalidade da posse nativa.[16]

A data da promulgação da Constituição de 1988 tem, portanto, dois usos. Serve para fixar a data da verificação da ocupação – o marco temporal propriamente dito – e para definir o "renitente esbulho", que vem a ser a continuidade dos efeitos do esbulho a ser verificado em 5 de outubro de 1988. A aplicação da regra do marco temporal não pode ser separada da discussão da hipótese de esbulho. Não é difícil perceber que exigir a ocupação na data da Constituição sem a discussão da ocorrência de esbulho seria uma legitimação retroativa do uso da violência, esvaziando o sentido da Constituição.

Em 2014, uma área demarcada (a terra indígena de ocupação tradicional Limão Verde do povo Terena) foi anulada pelo Supremo Tribunal Federal por decisão da Segunda Turma. A questão central dizia respeito à ocorrência ou não de esbulho renitente. O tribunal aproveitou a oportunidade para dar uma definição de esbulho renitente:

15 Ibid., p.378, grifo meu.
16 Ibid., p.235-6.

> Renitente esbulho não pode ser confundido com ocupação passada ou com desocupação forçada, ocorrida no passado. Há de haver, para configuração de esbulho, situação de efetivo conflito possessório que, mesmo iniciado no passado, ainda persista até o marco demarcatório temporal atual (vale dizer, a data da promulgação da Constituição de 1988), conflito que se materializa por circunstâncias de fato ou, pelo menos, por uma controvérsia possessória judicializada.[17]

Seria preciso provar a existência de resistência de fato ou ação possessória na data da promulgação da Constituição de 1988. No caso Limão Verde, os relatórios e laudos periciais provaram o esbulho na década de 1950, mas esbulho, na construção do tribunal, recebeu a qualificação de "renitente", não é "desocupação forçada ocorrida no passado". Do ponto de vista dos juízes, não teria ficado provado a resistência ou ajuizamento de ação possessória.[18] Essa construção do conceito de esbulho é mais um exemplo do trabalho já aludido de determinar o sentido da Constituição. A "situação de efetivo conflito possessório" precisa ser *provada* na data da Constituição. A lógica da separação entre questões de fato e questões de direito reaparece aqui. Há, pois, uma dimensão fática do esbulho que é passível de prova e há uma dimensão hermenêutica que é fixada pelo tribunal sem referência à autocompreensão dos indígenas sobre o que significa resistência ("Iura novit curia").

## 4. *História para interpretar o direito*

Gostaria de sugerir na sequência uma outra interpretação para o uso da história que vem sendo mobilizada com mais frequência pelos índios, ativistas e acadêmicos. Sustento que, para além da função de prova, a pesquisa da

17 Brasil, Supremo Tribunal Federal, Acórdão do Agravo Regimental no Recurso Extraordinário com Agravo 803.462 – MS, relator: ministro Teori Zavascki, Segunda Turma, Brasília, 2014, Ementa n.3.

18 O tribunal considerou que a existência de ação ajuizada na data da Constituição seria uma prova de esbulho renitente, mas não levou em conta que, antes da Constituição, os índios não possuíam legitimação processual para ingressar com ações judiciais, ficando na dependência do apoio de órgãos do Estado. O tribunal não considerou como prova relevante o fato de os índios terem reportado por correspondência situações de esbulho aos órgãos do Estado em diversas ocasiões antes de 1988.

história é usada para participar da definição do sentido do direito, usos da história não apenas para questões de fato, mas também para questões de direito.

O melhor exemplo e mais recente é a combinação entre marco temporal e esbulho renitente que já começamos a discutir. Caso se prove que os índios perderam a área (sofreram esbulho) mas continuaram a resistência em 1988, então eles têm direito a essa terra. Mas o que é resistência indígena? Aqui entra o trabalho de pesquisa para mostrar os diferentes tipos de resistência, que variam para cada povo.[19] Não é apenas a resistência física e violenta. Índios que permanecem próximos à área, realizando pequenos furtos, coleta e pesca nas áreas esbulhadas podem configurar uma forma de resistência. Índios que se tornam empregados de fazendeiros para permanecerem na terra e realizar seus ritos, também é uma forma de resistência. Há uma miríade de formas de resistência quase invisíveis, "the weapons of the weak", como chama James Scott.[20] O conceito de esbulho de terras indígenas não pode ser uma construção monológica da dogmática do direito civil. Retração voluntária (desistência de resistir ao esbulho) ou o abandono da terra não podem ser presumidos nem constatados exclusivamente segundo critérios do direito civil. Para cada povo indígena, segundo seus usos e costumes, são praticadas formas de resistência cotidianas que não se subsumem às hipóteses aludidas na ementa do Limão Verde.

Em outras palavras, a compreensão mais alargada do que significa resistência tem consequências na definição do que significa esbulho renitente e na definição do que é ocupação. Não é uma questão de prova de fatos apenas, mas de disputa sobre a melhor interpretação da Constituição.

Nas disputas atuais no Brasil parece estar em curso uma mobilização do saber etno-histórico e antropológico com maior radicalidade e com consequências ainda imprevistas. O que está em jogo não é a prova de fatos, mas qual a extensão dos direitos positivados na Constituição.

Um importante antropólogo francês que trabalha com os Yanomami, Bruce Albert, cunhou a expressão "pesquisa implicada".[21] O índio já foi

19 Monteiro, Armas e armadilhas: história e resistência dos índios, em: Novaes (Org.), *A outra margem do Ocidente*, p.237-56.

20 Scott, *Weapons of the Week*; Duprat, *Memorial no Ag. Reg. no Recurso Extraordinário com Agravo, 803.462, Mato Grosso do Sul.*

21 Albert, "Ethnographic Situation" and Ethnic Movements: Notes on Post-Malinowskian Fieldwork, *Critique of Anthropology*, v.17, n.1, p.53-65, 1997.

pensado como objeto da pesquisa antropológica, como população administrada e tutelada pelo Estado. Uma mutação importante foi a passagem do índio como objeto para o índio como sujeito que negocia com o Estado, que colabora com o antropólogo. Isso altera o modo de fazer etnografia, da clássica observação participante para o que Albert chamou de participação observante, cujo acento está colocado na colaboração entre antropólogo e índios, sem o privilégio epistêmico para o observador. Da agência do índio, dessa colaboração entre o índio e o antropólogo se produz a pesquisa implicada.[22] Sai de cena o índio como objeto de políticas do Estado, destinatário tutelado e sem voz da legislação, e aparece um sujeito de direito que politiza o debate, luta por direitos, faz passeatas e retomadas, se organiza em associações. Os conflitos para demarcar terras esbulhadas, para ampliar terras já demarcadas, para afirmação do modo de vida indígena com direito ao futuro são lastreados pelo saber antropológico e etno-histórico das pesquisas implicadas.[23]

Faz parte dessa constelação o trabalho da Comissão Nacional da Verdade, instituída em 2012 pelo Estado brasileiro para apurar as graves violações de direitos humanos entre 1946 e 1988, que trouxe um capítulo específico sobre povos indígenas. A comissão catalisou a formação de rede de pesquisadores e ativistas que produziu relatórios, a descoberta de novos documentos da história recente que documentam os diversos esbulhos de terras indígenas com iniciativa ou chancela do Estado.[24] O trabalho da comissão deu um impulso para o trabalho sobre a memória recente cujos efeitos ainda não são plenamente compreendidos e têm efeitos imprevistos.

Pensando em termos da distinção fato/norma, o uso da história como prova ocupa um dos lados e a atuação do núcleo dos profissionais do direito (com destaque para os juízes) ocupa o outro. Em outras palavras, o saber etno-histórico, articulado por antropólogos e historiadores, é valorado pelo

---

22 Lopes, O direito dos índios no Brasil: a trajetória dos grupos indígenas nas constituições do país, *Espaço Amerindio*, Porto Alegre, v.8, n.1, p.83-108, 2014.

23 Guerra, *Aukê e briga de papel*.

24 Brasil, Comissão Nacional da Verdade, Relatório, 3v., Brasília: CNV, 2014. Disponível em: http://www.cnv.gov.br/. A principal descoberta documental foi o Relatório Figueiredo (www.documentosrevelados.com.br), feita por Marcelo Zelic, no Museu do Índio em 2012. Produzido em 1967 pelo procurador Jader de Figueiredo Correia, a pedido do então ministro do Interior, Albuquerque Lima, para investigar irregularidades e crimes aos índios praticados pelo então órgão de proteção e assistência. Um exemplo de relatório regional, Packer, *Violações dos direitos humanos e territoriais dos Guarani no oeste do Paraná (1946-1988)*.

direito processual como prova, ao passo que o saber jurídico especializado, articulado pelos profissionais do direito, dá a interpretação correta da Constituição e do direito como um todo.

Essa concepção, que tem um apelo muito forte entre juristas e também antropólogos, não põe em evidência as outras relações entre saber jurídico e saber etno-histórico. Armou-se uma constelação que desenha outra ecologia dos saberes e questiona o monopólio da interpretação do direito pelos profissionais. A pesquisa implicada, construída entre índios e antropólogos, é carregada de normatividade e também participa da definição do sentido do direito. Como nosso caso sugeria, a definição de esbulho renitente não é um conceito que pode ser construído com autonomia pela dogmática sem consideração das formas tradicionais de resistência. O uso da história é enfocado normalmente como produção de prova administrativa e judicial. Meu ponto principal é que esse não é o único uso, nem é o mais importante para compreender as disputas atuais. A pesquisa histórica também é usada para definir a extensão dos direitos, para defender a passagem de um paradigma da assimilação ao paradigma da diversidade, para defender o direito ao futuro das formas de vida tradicionais.

## Referências bibliográficas


ALBERT, Bruce. "Ethnographic Situation" and Ethnic Movements: Notes on Post-Malinowskian Fieldwork. *Critique of Anthropology*, v.17, n.1, p.53-65, 1997.

BRASIL. Comissão Nacional da Verdade. Relatório. 3v. Brasília: CNV, 2014. Disponível em: http://www.cnv.gov.br/.

_____. Supremo Tribunal Federal. Acórdão do Agravo Regimental no Recurso Extraordinário com Agravo 803.462 – MS. Relator: ministro Teori Zavascki. Segunda Turma. Brasília, 2014, Ementa n.3.

_____. Supremo Tribunal Federal. Petição 3.388 Roraima. Brasília, 2009.

CUNHA, Manuela Carneiro da. *Direitos dos índios*. São Paulo: Brasiliense, 1987.

DALLARI, Dalmo. Os direitos humanos e os índios no Brasil. In: AMARAL JÚNIOR, Alberto do; PERRONE-MOISÉS, Cláudia (Orgs.). *O cinquentenário da Declaração Universal dos Direitos do Homem*. São Paulo: Edusp, 2003.

DUPRAT, Deborah. *Memorial no Ag. Reg. no Recurso Extraordinário com Agravo, 803.462, Mato Grosso do Sul*. Brasília: Ministério Público Federal, 2015.

GUERRA, Marcele Garcia. *Aukê e briga de papel*: "Ensina o *mehin* como o *kupen* faz!". São Paulo, 2015. Tese (Doutorado em Antropologia Social) – Universidade de São Paulo (USP).

GUEVARA GIL, A.; VERGARA, A.; VERGARA, R. (Eds.). *El peritaje antropológico*: entre la reflexión y la práctica. Lima: Centro de Investigación, Capacitación y Asesoría Jurídica del Departamento Académico de Derecho, 2015.

LACERDA, Rosane Freire. *Os povos indígenas e a Constituinte*. Brasília: Cimi, 2008.

LEITE, Ilka Boaventura (Org.). *Laudos periciais antropológicos em debate*. Florianópolis: Nuer/ABA, 2005.

LIMA, Antonio Carlos de Souza. *Um grande cerco de paz*: poder tutelar, indianidade e formação do Estado no Brasil. Petrópolis: Vozes, 1995.

LOPES, Danielle Bastos. O direito dos índios no Brasil: a trajetória dos grupos indígenas nas constituições do país. *Espaço Ameríndio*, Porto Alegre, v.8, n.1, p.83-108, 2014.

MENDES, Gilmar Ferreira. *O domínio da União sobre as terras indígenas*: o Parque Nacional do Xingu. Brasília: Ministério Público Federal, 1988.

MIRAS, Julia Trujilo (Org.). *Makunaíma grita*: Terra Indígena Raposa Serra do Sol e os direitos constitucionais no Brasil. Rio de Janeiro: Azougue, 2009.

MONTEIRO, John. Armas e armadilhas: história e resistência dos índios. In: NOVAES, Adauto (Org.). *A outra margem do Ocidente*. São Paulo: Companhia das Letras, 1999. p.237-56.

MORAIS, Bruno Martins. *Do corpo ao pó*: crônicas da territorialidade Kaiowá e Guarani nas adjacências da morte. São Paulo, 2016. Dissertação (Mestrado em Antropologia Social) – Universidade de São Paulo (USP).

OLIVEIRA, João Pacheco de. Sem a tutela, uma nova moldura de nação. In: OLIVEN, Ruben; BRANDÃO, Gildo; RIDENTI, Marcelo (Orgs.). *Constituição de 1988 na vida brasileira*. São Paulo: Anpocs, 2008. p.251-75.

PACHECO, João. O antropólogo como perito: entre o indianismo e o indigenismo. In: L'ESTOILLE, Benoit de; NEIBURG, Federico; SIGAUD, Lygia (Orgs.). *Antropologia, impérios e Estados nacionais*. Rio de Janeiro: Relume Dumará, 2002. p.253-77.

_____ (Org.). *Indigenismo e territorialização*: poderes, rotinas e saberes coloniais no Brasil contemporâneo. Rio de Janeiro: Contra Capa, 1998.

PACKER, Ian. *Violações dos direitos humanos e territoriais dos Guarani no Oeste do Paraná (1946-1988)*: subsídios para a Comissão Nacional da Verdade. São Paulo: Centro de Trabalho Indigenista, 2013. Disponível em: https://goo.gl/jwYMh0.

PILATTI, Adriano. *A Constituinte de 1987-1988*: progressistas, conservadores, ordem econômica e regras do jogo. Rio de Janeiro: Lumen Juris, 2008.

SAMPAIO SILVA, Orlando; LUZ, Lídia; HELM, Cecília Maria (Orgs.). *A perícia antropológica em processos judiciais*. Florianópolis: Ed. da UFSC, 1994.

SANTILI, Marcio. *Os brasileiros e os índios*. São Paulo: Editora Senac São Paulo, 2000.

SCOTT, James. *Weapons of the Week*: Everyday Forms of Peasant Resistance. New Haven: Yale University Press, 1985.

SILVA, José Afonso da. Terras tradicionalmente ocupadas pelos índios. In: SANTILI, Juliana (Coord.). *Os direitos indígenas e a Constituição*. Porto Alegre: Fabris, 1993.

SOUZA FILHO, Carlos Frederico Marés de. *O renascer dos povos indígenas para o direito.* Curitiba: Juruá, 2001.

VILLARES, Luiz Fernando. *Direitos e povos indígenas.* Curitiba: Juruá, 2009.

YAMADA, Erica Magami; VILLARES, Luiz Fernando. Julgamento da Terra Indígena Raposa Serra do Sol: todo dia era dia de índio. *Revista Direito GV*, v.6, n.1, p.143-57, 2010.

# 6
# A PROTEÇÃO DAS TERRAS INDÍGENAS NO DIREITO INTERNACIONAL: MARCO TEMPORAL, PROVINCIANISMO CONSTITUCIONAL E PRODUÇÃO LEGAL DA ILEGALIDADE

*Pádua Fernandes*[1]

## Introdução: o marco temporal e a legitimação judicial do genocídio

A Constituição brasileira de 1988 foi a primeira no Brasil a possuir todo um capítulo dedicado à proteção dos direitos originários dos povos indígenas no Brasil. Esse capítulo foi conquistado pela mobilização dos povos indígenas e de organizações apoiadoras, apesar de toda a movimentação, em parte aberta, em parte secreta, do governo federal para impedir que esse capítulo tivesse a forma que tem hoje. A proteção legal desses direitos originários começou já nos tempos do Brasil Colônia. Em razão da histórica falta de efetividade do direito no Brasil para a proteção de minorias e a cultura jurídica cínica em relação às leis,[2] o genocídio indígena pôde conviver com a proteção jurídica desses povos e de suas terras, que foi alçada a nível constitucional em 1934. A Constituição de 1988 a ampliou, reconhecendo a especificidade dos modos de vida indígenas.

1 Doutor em Direito – USP; Instituto de Pesquisa, Direitos e Movimentos Sociais; Rede Índio é Nós.

2 Esse perfil da cultura jurídica brasileira é um dos pontos estudados por José Murilo de Carvalho em sua história da cidadania no Brasil (Carvalho, *Cidadania no Brasil*), que é, em muitos pontos, uma história da barbárie, e mais o teria sido se o autor tivesse dado a devida menção aos massacres sofridos pelos povos indígenas durante a República.

Dessa forma, é bastante constrangedor que tivesse acolhida judicial uma interpretação, oriunda dos interesses do latifúndio, de que o novo regime constitucional tivesse "cassado" o reconhecimento de terras indígenas pelas Constituições anteriores, por meio da "tese" do "marco temporal". Ela fundamentou a anulação das portarias de reconhecimento das Terras Indígenas (TI) Limão Verde, do povo Terena, Guyraroká, do povo Guarani Kaiowá, ambos em Mato Grosso do Sul, e Porquinhos, do povo Canela Apanyekrá, no Maranhão, pela Segunda Turma do Supremo Tribunal Federal,[3] em 2014 e 2015.

De acordo com essa tese, os povos indígenas somente teriam direito às terras que estivessem efetivamente ocupadas na data de promulgação da Constituição da República, isto é, 5 de outubro de 1988, com a ressalva do "esbulho renitente", isto é, da prova de que, naquele dia, embora estivessem afastados do território reclamado, estavam resistindo à remoção forçada (ou seja, se ocorria o "esbulho renitente").

A forma como a Segunda Turma do STF vem interpretando essa "resistência" não faz sentido do ponto de vista constitucional, tampouco do antropológico.[4] Segundo essa interpretação, os índios deveriam ter proposto ação judicial (uma condição impossível, que mostra o desconhecimento de certos ministros do direito aplicável na época: os índios não poderiam fazê-lo antes da Constituição de 1988, em razão da tutela exercida pela Funai), ou deveriam estar em luta com os invasores, não obstante a assimetria de forças; uma escolha, pois, entre o massacre físico e a inépcia processual.

Essa tese, no Supremo Tribunal Federal, já havia sido acolhida no caso da TI Raposa Serra do Sol, em Roraima (Pet. 3.388/RR). O longo julgamento encerrou-se em 19 de março de 2009. Nele, os ministros criaram uma série de condicionantes, não previstas pela Constituição, que tiveram o efeito de

---

3 Nessa turma está presente um magistrado orgânico do latifúndio, Gilmar Mendes, que pertence a uma família de fazendeiros e políticos em Mato Grosso.

4 Deborah Duprat, em seminário realizado na USP sobre a tese do marco temporal, pôde referir-se ao desprezo pela antropologia nessas decisões: "as decisões da Segunda Turma do STF analisadas mostravam que os ministros nem mesmo leram os laudos antropológicos quando afirmaram que os índios não resistiram à invasão de suas terras: no caso dos Terenas, desde os anos 1950 esse povo reclamava da invasão de suas terras para o governo federal. Referindo-se a James Scott e seus estudos sobre as estratégias de resistência dos 'fracos', ela acrescentou: 'se pegarmos os laudos de todas as áreas indígenas', todos eles mostram 'pequenas sabotagens cotidianas', que 'é a forma de resistência possível para esses grupos; então, como considerar que não houve resistência ao esbulho?'" (Índio é Nós, *Os direitos dos povos indígenas em disputa no STF*).

limitar os direitos dos povos indígenas envolvidos. A ementa do julgado abre um item para o "marco temporal":

> 1. O CONTEÚDO POSITIVO DO ATO DE DEMARCAÇÃO DAS TERRAS INDÍGENAS. 11.1. O marco temporal de ocupação. A Constituição Federal trabalhou com data certa – a data da promulgação dela própria (5 de outubro de 1988) – como insubstituível referencial para o dado da ocupação de um determinado espaço geográfico por essa ou aquela etnia aborígene; ou seja, para o reconhecimento, aos índios, dos direitos originários sobre as terras que tradicionalmente ocupam. 11.2. O marco da tradicionalidade da ocupação. É preciso que esse estar coletivamente situado em certo espaço fundiário também ostente o caráter da perdurabilidade, no sentido anímico e psíquico de continuidade etnográfica. A tradicionalidade da posse nativa, no entanto, não se perde onde, ao tempo da promulgação da Lei Maior de 1988, a reocupação apenas não ocorreu por efeito de renitente esbulho por parte de não índios. Caso das "fazendas" situadas na Terra Indígena Raposa Serra do Sol, cuja ocupação não arrefeceu nos índios sua capacidade de resistência e de afirmação da sua peculiar presença em todo o complexo geográfico da "Raposa Serra do Sol".

Embora a ementa elogie retoricamente a resistência dos índios, o marco, na verdade, impede o direito ao retorno, bem como a criação de novas terras indígenas ou a ampliação das existentes.

Em outubro de 2013, ao julgar os embargos declaratórios do caso da Raposa, relatados pelo ministro Luís Roberto Barroso, entendeu-se que as condicionantes impostas ao caso não teriam efeito para outras demarcações. De acordo com a ementa,

> A decisão proferida em ação popular é desprovida de força vinculante, em sentido técnico. Nesses termos, os fundamentos adotados pela Corte não se estendem, de forma automática, a outros processos em que se discuta matéria similar. Sem prejuízo disso, o acórdão embargado ostenta a força moral e persuasiva de uma decisão da mais alta Corte do País, do que decorre um elevado ônus argumentativo nos casos em se cogite da superação de suas razões.

O acórdão encontra sua "força moral" e suas "razões" no desfazimento das conquistas constitucionais de 1988 e na legitimação das remoções forçadas e do genocídio promovidos durante a ditadura militar. Se os índios não estavam em suas terras na data de promulgação da Constituição de 1988, isso se deveu às graves violações de direitos humanos contra eles cometidas e reconhecidas pelo próprio Estado brasileiro no relatório da Comissão Nacional da Verdade (CNV), que estimou o número de 8.350 mortos para as somente dez etnias pesquisadas pela comissão. Ainda não sabemos quantos milhares de índios foram vítimas nesse período, e o número exato jamais será conhecido.

No entanto, em 11 de maio de 2016, o plenário do Supremo Tribunal Federal rejeitou embargos de declaração de um produtor rural de Mato Grosso do Sul no Mandado de Segurança Preventivo 27.939, proposto contra a ampliação, em 1991, da Terra Indígena Porto Lindo (Yvy Katu), no município de Japorã (Mato Grosso do Sul). Como a ampliação tinha ocorrido após a Constituição de 1988, ela violaria o marco temporal:

> A reserva, demarcada em 1928, teve sua área aumentada, em 1991, de 1.648 hectares para 9.454 hectares. No mandado de segurança impetrado no Supremo, o produtor rural Pedro Fernandes Neto afirmou que a ampliação da área em quase seis vezes afetou 17 propriedades particulares, entre elas terras suas, segundo ele em clara violação ao direito de propriedade. Ele também alegou que a ampliação não se amoldava ao conceito de ocupação tradicional descrita nos artigos 20, inciso XI, e 231, § 1º, da Constituição Federal.[5]

O ministro Lewandowski já havia negado em 2010 seguimento ao mandado de segurança por inadequação da via eleita – o rito do mandado de segurança não permite a instrução necessária para discutir a natureza de TI. A parte ainda interpôs agravo regimental contra essa decisão, que foi negado, e, finalmente, embargos de declaração, relatados pelo ministro Fachin.

Para esse julgamento, a Mobilização Nacional Indígena entregou o parecer sobre o marco temporal que José Afonso da Silva produziu,[6] a pedido de

5 Supremo Tribunal Federal (STF), "Rejeitados embargos envolvendo ampliação da Área Indígena Porto Lindo (Yvy Katu)", *Notícias STF*, 11 maio 2016. Disponível em: http://www.stf.jus.br/portal/cms/verNoticiaDetalhe.asp?idConteudo=316406. Acesso em: 12 maio 2016.

6 Centro Indigenista Missionário (Cimi), *Decisão do STF sobre Yvy Katu traz vitória aos povos indígenas contra marco temporal*, 12 maio 2016. Disponível em: www.cimi.org.br/site/pt-br/?system=news&conteudo_id=8712&action=read. Acesso em: 13 maio 2016.

Manuela Carneiro da Cunha, Samuel Rodrigues Barbosa, Centro de Trabalho Indigenista (CTI), Instituto Socioambiental (ISA), Índio é Nós e Centro de Estudos Ameríndios da USP. O parecer foi apresentado no Seminário Direito dos Povos Indígenas em Disputa no STF, ocorrido em 10 de novembro de 2015 na Faculdade de Direito da Universidade de São Paulo (USP), organizado por Manuela Carneiro da Cunha e Samuel Rodrigues Barbosa, com apoio das organizações mencionadas.[7]

Como a obra que abriga este artigo já apresenta artigos primorosos no campo do direito constitucional, muitos deles apresentados no seminário citado, vamos cingir-nos a questões de direito internacional. O marco temporal viola especialmente a Convenção Americana sobre Direitos Humanos, a Convenção 169 da Organização Internacional do Trabalho, que são fundamento da jurisprudência da Corte Interamericana de Direitos Humanos na proteção dos direitos indígenas, bem como normas de justiça de transição e sobre populações atingidas por remoções forçadas. Precede essas análises uma nota sobre produção legal da ilegalidade, com o fim de entender como a radical violação dos direitos dos povos indígenas é articulada em termos teóricos no direito.

## 1. Produção legal da ilegalidade, isolacionismo jurídico e espoliação das terras e direitos dos povos indígenas

Temos, no presente momento, uma situação em que os movimentos indígenas e seus aliados reivindicam não a mudança dos direitos a eles concernentes, sejam normas internacionais, sejam normas constitucionais, mas sua aplicação (e manutenção, tendo em vista os projetos anti-indígenas que tramitam no Congresso Nacional). Do outro lado, é o Estado brasileiro que, por meio de várias de suas instâncias nos três poderes, Executivo, Legislativo e Judiciário, buscar negar a efetividade do direito estatal e do internacional.

Nessa situação paradoxal, os povos indígenas reivindicam não um pluralismo jurídico, mas o direito do Estado, direito que é por este negado.

---

7 Índio é Nós, *Os direitos dos povos indígenas em disputa no STF*: após o Seminário na USP, 16 de novembro de 2015b. Disponível em: http://www.indio-eh-nos.eco.br/2015/11/16/os-direitos-dos-povos-indigenas-em-disputa-no-stf-apos-o-seminario-na-usp/. Acesso em: 10 fev. 2016.

Em termos de teoria do direito, essa situação também passa por um paradoxo: o art. 231, que tem como finalidade a proteção dos modos de vida indígenas e de suas terras, não tem sua validade contestada pelos defensores e aplicadores da tese do marco temporal: sua inconstitucionalidade não é arguida segundo a tese de que haveria normas constitucionais inconstitucionais. Tampouco se sustenta que não tem eficácia, ou que ela não é plena. Opera-se outra armadilha hermenêutica: a previsão constitucional é interpretada em oposição aos próprios fins da norma, para que os efeitos da aplicação levem à espoliação das terras indígenas, e não à garantia dos direitos originários, finalidade evidente do art. 231.

Em outros trabalhos, chamamos essa operação de efetividade paradoxal da norma: por meio da interpretação guiada por finalidades contrárias à da norma, os efeitos da aplicação frustram seus fins originais. Estudamos essa questão nas questões relativas ao direito da cidade, e verificamos que, na medida em que o ordenamento jurídico favorece princípios como o da função social da propriedade e direitos como o da moradia (ambos previstos na Constituição da República), verificam-se decisões judiciais e administrativas que ou negam a eficácia dessas previsões jurídicas, ou a aplicam de forma que seus efeitos sejam contrários aos fins.

Essa é a produção legal da ilegalidade, pois realizada por meio de instituições que têm o dever de aplicar o direito.

No caso do direito à cidade, essa produção da ilegalidade tinha como resultado o favorecimento do capital ligado à especulação imobiliária. No âmbito dos direitos dos povos indígenas, a produção legal da ilegalidade tem beneficiado setores econômicos associados à grilagem e à devastação ambiental, como o agronegócio, as madeireiras e a mineração.

A legitimação judicial da ilegalidade ocorre de braços dados com a violência no campo, atualmente, ou o que chamamos de "agrobanditismo", e tem como vítimas "as populações que sobrevivem fazendo uso tradicional da terra, de lagos, rios, manguezais e bosques, ou seja, indígenas, pescadores, coletores, populações ribeirinhas, assentados da reforma agrária"; os povos tradicionais se tornaram "sujeitos da resistência" ao capitalismo no Brasil, com "aumento significativo da violência dos poderes privados" no avanço do agronegócio.[8]

8 Zibechi, *Brasil potência*, p.318.

Tanto na cidade quanto nas áreas de ocupação tradicional, são traídas as promessas distributivas ou de justiça social do direito; no campo dos direitos indígenas, a discriminação racial na negação dos modos de vida próprios dos povos originários, no entanto juridicamente garantidos, é também evidente. Não se trata da margem de apreciação ou de interpretação das normas jurídicas, mas de manipulações que não podem ser legitimadas por critérios de razoabilidade.

Em relação ao direito internacional aplicável nos casos em que está sendo empregada a tese do marco temporal, em geral se nota que ele é ignorado, como se a todos não fosse escusado desconhecer o direito, exceto aos servidores públicos que têm como função precípua a aplicação do direito, isto é, os magistrados.

Essa ignorância programática do direito internacional dos direitos humanos corresponde a uma cultura jurídica isolacionista, marcada pelo provincianismo constitucional, isto é, em que a interpretação da Constituição é realizada à margem dos parâmetros jurídicos internacionais ou simplesmente estrangeiros.

No entanto, a Constituição brasileira é marcada pela internacionalização dos direitos humanos, em previsões como a do art. 4º, II (o princípio nas relações internacionais da "prevalência dos direitos humanos"), do art. 5º, § § 2º e 3º (regime especial dos tratados internacionais de direitos humanos), o art. 7º do Ato das Disposições Constitucionais Transitórias (criação de um tribunal internacional de direitos humanos). Por conseguinte, a violação dos compromissos internacionais do Estado no campo dos direitos humanos em geral está associada a uma violação do direito constitucional. No caso do marco temporal, ocorrem violações nesses dois campos jurídicos.

Como resultado, temos uma cultura jurídica cínica e infensa aos direitos humanos, que se manifesta também na espoliação das terras indígenas por meio de decisões judiciais e de teses como a do marco temporal. Nessa cultura, algo como a produção legal da ilegalidade pode efetuar-se, pois ela não significa o simples agir ilegal cotidiano de administradores públicos, mas a criação de uma legalidade espúria dentro do ordenamento, por violar princípios ou regras superiores, sejam constitucionais, sejam internacionais.

Bartolomé Clavero, em análise de algo correlato no direito constitucional dos Estados Unidos, refere-se a um pressuposto antropológico da cultura prevalecendo sobre a previsão dos direitos, um regime antropológico por meio do qual a mentalidade colonial prevalece. Clavero indaga: "¿Qué mayor signo de régimen antropológico por encima dele constitucional que el ejercicio inveterado y vigente de leerse en la Constitución de los Estados Unidos lo que el texto no contiene, el apoderamiento federal sobre los pueblos indígenas?".[9]

Não se trata, porém, de estabelecer uma oposição entre cultura e direito, e sim de entender as condições de poder que levam a que os direitos sejam manipulados, e com as quais se busca legitimar, por meio da aparência de legalidade, a criação, pelo Poder Executivo, de normas infralegais inconstitucionais e violadoras dos tratados internacionais; ou, no Judiciário, o uso de cláusulas de escape da normatividade previstas no próprio ordenamento jurídico (outra forma de produção legal da ilegalidade), como o instituto da suspensão de segurança, que permite que racionalidades de outra ordem – da economia, por exemplo – afastem a necessidade de fundamentação das decisões judiciais em normas jurídicas, como ocorreu na construção da usina de Belo Monte:

> A Quinta Turma do Tribunal Regional Federal da 1ª Região, nos autos do AI 2006.01.00.017736-8/PA, decidiu pela paralisação do empreendimento, e proibir o seu licenciamento ambiental, pela invalidade do Decreto Legislativo n.788/2005, que violou o art. 231, § 3º, da Constituição Federal, autorizando a Usina sem a oitiva das comunidades indígenas. Essa decisão foi parcialmente suspensa pela ministra Ellen Gracie, em 2007, então no Supremo Tribunal Federal (já se aposentou) em Suspensão de Segurança. Sua decisão, em 2012, foi corroborada pelo ministro Ayres Britto, sem fundamentação constitucional e exame do mérito, apenas com a alegação de que haveria perigo à economia pública se o empreendimento fosse paralisado. Decidiu que "o acórdão impugnado [era] ofensivo à ordem pública, [ali] entendida no contexto da ordem administrativa, e à economia pública, quando considerou inválido, [naquele] momento, o Decreto Legislativo n.788/2005 e proibiu ao Ibama que elaborasse a consulta política às comunidades interessadas" (doc. XVI). Daí o comando para "suspender, em parte, a execução do acórdão proferido para permitir ao Ibama que proceda à oitiva das comunidades indígenas interessadas". Note-se que se podem imaginar

9 Clavero, *Ama Llunku, Abya Yala*, p.428.

poucos danos maiores à ordem pública, aos índios e ao meio ambiente do que a conclusão dessa usina.[10]

As monumentais devastação e ilegalidade foram garantidas por meio de decisões da mais alta corte do Estado que, naquelas decisões monocráticas, não julgou que os direitos indígenas fossem questões importantes para a ordem e a economia públicas, em mais um exemplo do profundo recorte étnico da cultura jurídica brasileira, infensa aos direitos humanos.

Nos pontos analisados neste trabalho, a produção legal da ilegalidade resultante do "marco temporal" significa revogar, sem emenda constitucional, o art. 231 da Constituição, e violar uma série de compromissos internacionais. A violação desses compromissos é realizada, em termos metodológicos, pelo provincianismo constitucional. As questões abordadas aqui raramente são aplicadas ou abordadas nos julgados nacionais, embora se trate de normas obrigatórias para o Estado brasileiro, bem como eficazes.

## 2. A proteção às terras indígenas no Sistema Interamericano de Direitos Humanos: o caráter originário *versus* o marco temporal

A proteção às terras dos povos indígenas no Sistema Interamericano decorreu não de alterações na Convenção Americana sobre Direitos Humanos (ou Pacto de São José da Costa Rica), mas de mudanças na interpretação das normas, especialmente o entendimento de que a proteção ao direito de propriedade previsto na convenção abrangia também a "propriedade comunal", e da aplicação de normas internacionais externas ao Sistema Interamericano, especialmente a Convenção 169 da OIT.

Em 2001, no caso da Comunidade Mayagna (Sumo) Awas Tingni *vs.* Nicarágua, proposto por falta de demarcação das terras indígenas e pela concessão de parte delas para terceiros pelo Estado nicaraguense, a Corte Interamericana decidiu em favor da demarcação, "levando em consideração o direito consuetudinário, valores, usos e costumes da Comunidade":

10 Fernandes, *Segurança nacional e os povos indígenas, ontem e hoje.*

> 64. [...] conforme o artigo 2º da Convenção Americana sobre Direitos Humanos, esta Corte considera que o Estado deve adotar as medidas legislativas, administrativas e de qualquer outro caráter que sejam necessárias para criar um mecanismo efetivo de delimitação, demarcação e titulação das propriedades das comunidades indígenas, conforme seu direito consuetudinário, valores, usos e costumes. Igualmente, como consequência das violações indicadas dos direitos consagrados na Convenção no presente caso, a Corte dispõe que o Estado deverá proceder a delimitar, demarcar e titular as terras que correspondem aos membros da Comunidade Awas Tingni, em um prazo máximo de 15 meses, com a plena participação, e levando em consideração o direito consuetudinário, valores, usos e costumes da Comunidade.[11]

A corte aplicou, segundo o professor James Anaya (que atuou como advogado da comunidade indígena), uma interpretação "'evolutiva' das normas sobre propriedade contidas na Convenção Americana sobre Direitos Humanos e invocou os mesmos conceitos de direito indígena à terra que se refletem em numerosos instrumentos internacionais".[12] Para a formação dessa jurisprudência, foi crucial a aplicação da Convenção 169 da OIT pela corte, que já decidiu diversos casos concernentes aos direitos dos povos indígenas. Citamos o levantamento feito por Góngora-Mera:

> [...] a Corte Interamericana tem tido a oportunidade de se pronunciar sobre várias formas de discriminação estrutural contra estes grupos: desapropriação, *land grabbing*, e concessão ilegal de terras a colonos e empresas (casos Awas Tingni, Yakye Axa, Sawhoyamaxa e Xákmok Kásek); o impacto excessivo dos danos ambientais resultantes da exploração dos recursos naturais em seus territórios e desrespeito sistemático do direito de consulta prévia com respeito à utilização dos recursos naturais em seus territórios e de políticas públicas, investimento e desenvolvimento que podem afetá-los (casos Saramaka e Sarayaku); massacres e desaparecimentos forçados contra membros das comunidades étnicas (casos Aloeboetoe, Massacre Plan de Sánchez, Comunidade Moiwana e Tiu Tojin); regras desvantajosas no acesso a processos eleitorais (caso Yatama) e políticas

---

11 Brasil, Secretaria Nacional de Justiça, Comissão de Anistia, *Jurisprudência da Corte Interamericana de Direitos Humanos*: direitos dos povos indígenas, Brasília: Ministério da Justiça, 2014, p.64.

12 Anaya, *Los pueblos indígenas en el derecho internacional*, p.126.

estatais deliberadas para deixar sem representação política a grupos étnicos, incluindo o desaparecimento forçado e assassinato de lideranças indígenas (casos Bámaca Velásquez, Escué Zapata e Chitay); discriminação pela linguagem (caso Lopez Alvarez); discriminação no acesso à justiça (caso Tiu Tojin); violações sexuais contra mulheres indígenas por membros do exército (casos Fernández Ortega e Rosendo Cantú); e altas taxas de mortalidade materna devida à falta de cuidados médicos adequados para as mulheres em estado de gravidez e pós-gravidez (caso Xákmok Kásek).[13]

A proteção às terras indígenas inclui atividades no território como a caça e a pesca, uma vez que são necessárias para o modo de vida desses povos, como já decidiu a Corte Interamericana no Caso Comunidad indígena Yakye Axa *vs.* Paraguay em 2005, como "direito coletivo à sobrevivência como povo organizado". Em razão de tratar-se de um direito originário, ele em princípio predomina sobre a propriedade privada:

> 146. Al aplicar estos estándares a los conflictos que se presentan entre la propiedad privada y los reclamos de reivindicación de propiedad ancestral de los miembros de comunidades indígenas, los Estados deben valorar caso por caso las restricciones que resultarían del reconocimiento de un derecho por sobre el otro. Así, por ejemplo, los Estados deben tener en cuenta que los derechos territoriales indígenas abarcan un concepto más amplio y diferente que está relacionado con el derecho colectivo a la supervivencia como pueblo organizado, con el control de su hábitat como una condición necesaria para la reproducción de su cultura, para su propio desarrollo y para llevar a cabo sus planes de vida. La propiedad sobre la tierra garantiza que los miembros de las comunidades indígenas conserven su patrimonio cultural.
>
> 147. Al desconocerse el derecho ancestral de los miembros de las comunidades indígenas sobre sus territorios, se podría estar afectando otros derechos básicos, como el derecho a la identidad cultural y la supervivencia misma de las comunidades indígenas y sus miembros.

---

13 Góngora-Mera, Judicialização da discriminação estrutural contra povos indígenas e afrodescendentes na América Latina: conceptualização e tipologia de um diálogo interamericano, *Quaestio Iuris*, Rio de Janeiro, v.8, n.2, p.835, 2015.

> 148. Por el contrario, la restricción que se haga al derecho a la propiedad privada de particulares pudiera ser necesaria para lograr el objetivo colectivo de preservar las identidades culturales en una sociedad democrática y pluralista en el sentido de la Convención Americana; y proporcional, si se hace el pago de una justa indemnización a los perjudicados, de conformidad con el artículo 21.2 de la Convención.

A tese do marco temporal tem uma finalidade oposta: subordina os direitos originários à posse civil e desconhece o vínculo próprio dos povos indígenas com suas terras, isto é, que dos direitos territoriais dos povos originários dependem os direitos à identidade cultural e à sobrevivência como povo organizado.

Essa leitura em prol dos direitos originários que o Sistema Interamericano faz do art. 31 da Convenção Americana sobre Direitos Humanos, que protege o direito de propriedade, parece ser a mais adequada para atender a real diversidade de modos de vida no continente americano, que não poderia ser subsumida por uma concepção ocidental da propriedade privada, sob pena de etnocentrismo.

Outro ponto em que a tese do marco temporal conflita com o direito internacional é o fato de que os povos terem sido removidos não significa que eles perderam sua relação com a terra. "O direito de recuperação de terras tradicionais permanece indefinidamente no tempo", decidiu a Corte Interamericana no Caso Comunidad Indígena Sawhoyamaxa *vs.* Paraguay (2006). Mesmo o fim de realização de atividades tradicionais, como a caça e a pesca, em razão de violências e ameaças, não impede que eles possam reivindicar seu território:

> 131. El segundo punto de análisis se refiere a si el derecho de recuperación de tierras tradicionales permanece indefinidamente en el tiempo. Para dilucidar este asunto, la Corte toma en cuenta que la base espiritual y material de la identidad de los pueblos indígenas se sustenta principalmente en su relación única con sus tierras tradicionales. Mientras esa relación exista, el derecho a la reivindicación permanecerá vigente, caso contrario, se extinguirá. Dicha relación puede expresarse de distintas maneras, según el pueblo indígena del que se trate y las circunstancias concretas en que se encuentre, y puede incluir el uso o presencia tradicional, ya sea a través de lazos espirituales o ceremoniales; asentamientos o

> cultivos esporádicos; caza, pesca o recolección estacional o nómada; uso de recursos naturales ligados a sus costumbres; y cualquier otro elemento característico de su cultura.
>
> 132. Debe considerase, además, que la relación con la tierra debe ser posible. Por ejemplo, en casos como el presente, que la relación con la tierra se manifiesta *inter alia* en las actividades tradicionales de caza, pesca y recolección, si los indígenas realizan pocas o ninguna de esas actividades tradicionales dentro de las tierras que han perdido, porque se han visto impedidos de hacerlo por causas ajenas a su voluntad que impliquen un obstáculo real de mantener dicha relación, como violencias o amenazas en su contra, se entenderá que el derecho a la recuperación persiste hasta que tales impedimentos desaparezcan.

A posição da Corte Interamericana em relação ao tempo é basicamente oposta à da Segunda Turma do Supremo Tribunal Federal: em vez de um suposto marco temporal determinado pela presença efetiva na terra no momento da edição de uma norma do Estado, são as referências e os usos dos povos indígenas que determinam a relação com a terra. O direito de retomar a terra, segundo a Corte Interamericana, permanece até que a violência desapareça, isto é, até que a retomada seja possível, o que é diametralmente oposto à posição amiga do extermínio que é a do "esbulho renitente", segundo a qual os índios deveriam ter continuado resistindo em suas terras no momento da promulgação da Constituição em outubro de 1988.

Como bem explicou Pentassuglia, a jurisprudência da Corte Interamericana sobre as terras indígenas parte da análise da conexão entre passado e presente,[14] que deve ser analisada caso a caso. Não faz sentido imaginar um suposto "marco temporal" fixo, determinado por uma norma geral.

A própria ideia de que a Constituição, seja de 1934, seja de 1988, possa ser considerada um marco para o direito desses povos fere o Direito Internacional. O Sistema Interamericano tem reiterado que a ocupação tradicional das terras é o que fundamenta o direito originário, e não o reconhecimento formal dos Estados, mesmo em um suposto marco temporal.

A Comissão Interamericana de Direitos Humanos, no Caso 12.728, do Povo Indígena Xucuru, no Relatório 44/2015, de 28 de julho de 2015, lembrou

---

14 Pentassuglia, Towards a Jurisprudential Articulation of Indigenous Land Rights, *The European Journal of International Law*, v.22, n.1, p.165-202, 2011.

o Estado brasileiro da incompatibilidade dessas noções de posse constitucional, aplicadas pelo Judiciário nacional, com a noção de direito originário:

> 06. À CIDH [Comissão Interamericana de Direitos Humanos] não lhe passa despercebido, por fim, sobre as decisões já emitidas na ação de reintegração de posse apresentada em 1992, que seu conteúdo parece ser incompatível com os parâmetros recapitulados neste relatório de mérito sobre os direitos territoriais dos povos indígenas. Com efeito, a decisão do STJ de 6 de novembro de 2007, ao fazer referência e confirmar a sentença de primeira instância a favor dos ocupantes não indígenas indica que, "no presente caso, existem documentos comprovando que, em 1885, [o antepassado do autor] adquiriu as terras do atual Sítio Caípe. [...] Portanto, em 1885 as terras guerreadas já pertenciam aos ancestrais do autor varão". Ainda, essa decisão do STJ estabeleceu que, "na realidade, [...] a proteção constitucional aos índios iniciou-se com a promulgação da Constituição Federal de 1934, e, nessa data, as terras já estavam há muito tempo sendo ocupadas pelos antepassados dos recorridos". A CIDH observa que este argumento é incompatível com a noção consolidada internacionalmente de que os direitos territoriais dos povos indígenas derivam de seu uso e ocupação históricos e não do reconhecimento formal por parte dos Estados.

Trata-se do primeiro caso de violação dos direitos dos povos indígenas que será julgado pela Corte Interamericana de Direitos Humanos. Note-se, no relatório, que a própria noção de marco temporal, seja de 1934, seja de 1988, por pressupor que os direitos indígenas dependem do reconhecimento estatal, não se coaduna com a proteção internacional das terras indígenas. O mesmo argumento serve para confirmar que aquela noção também não encontra guarida no Direito Constitucional brasileiro, uma vez que o art. 231 da Constituição da República é claro ao realizar o reconhecimento de direitos originários, e não a "criação" de direitos indígenas a suas terras, na verdade preexistentes à própria Constituição.

## 3. Justiça de transição e o Sistema Interamericano de Direitos Humanos: marco temporal ou a legitimação do genocídio

A respeito do desenvolvimento da justiça de transição, especialmente no contexto das Américas, temos também o papel da jurisprudência internacional, em razão da atuação da Comissão e da Corte Interamericana de Direitos Humanos, órgãos da Organização dos Estados Americanos (OEA) que compõem o Sistema Interamericano de Direitos Humanos. O direito à verdade se institucionalizou de forma pioneira na Corte Interamericana no caso Velázquez Rodríguez *vs.* Honduras, decidido em 1988, que foi o primeiro caso contencioso desse tribunal. A vítima, Angel Manfredo Velásquez Rodríguez, era um estudante hondurenho que desapareceu nas mãos do Exército de seu país.

Tratou-se do primeiro caso de desaparecimento forçado que foi objeto de julgamento por um tribunal internacional, e a busca da verdade foi tratada como um "dever jurídico próprio" do Estado, e não uma "simples gestão de interesses particulares":

> 77. En ciertas circunstancias puede resultar difícil la investigación de hechos que atenten contra derechos de la persona. La de investigar es, como la de prevenir, una obligación de medio o comportamiento que no es incumplida por el solo hecho de que la investigación no produzca un resultado satisfactorio. Sin embargo, debe emprenderse con seriedad y no como una simple formalidad condenada de antemano a ser infructuosa. Debe tener un sentido y ser asumida por el Estado como un deber jurídico propio y no como una simple gestión de intereses particulares, que dependa de la iniciativa procesal de la víctima o de sus familiares o de la aportación privada de elementos probatorios, sin que la autoridad pública busque efectivamente la verdad.[15]

Em 2001, a Corte Interamericana considerou pela primeira vez uma lei de anistia nacional inválida diante da Convenção Americana sobre Direitos

15 OEA, Corte Interamericana de Direitos Humanos, *Caso Velásquez Rodríguez* vs. *Honduras*, sentencia de 29 de julio de 1988. Disponível em: http://www.corteidh.or.cr/docs/casos/articulos/seriec_04_esp.pdf. Acesso em: 13 fev. 2016.

Humanos (no caso Barrios Altos *vs.* Peru). Em 2010, julgando o caso Gomes Lund e outros *vs.* Brasil, ela fez o mesmo com a lei de anistia da ditadura militar brasileira, determinando a investigação e a responsabilização dos agentes da repressão, bem como a reparação das vítimas e de seus familiares, o que ensejou, entre outras medidas, a criação da Comissão Nacional da Verdade (CNV).

A tese do marco temporal, por impedir a reparação das vítimas e perpetuar os danos na espoliação das terras indígenas, está em frontal oposição à jurisprudência do Sistema Interamericano tanto no tema dos direitos territoriais indígenas quanto no de justiça de transição. A tese culpabiliza as vítimas do regime autoritário: populações tradicionais atingidas por genocídio, etnocídio[16] e remoções forçadas deveriam perder suas terras porque foram vítimas desses crimes? As medidas de justiça restaurativa que acompanham os processos de justiça de transição, nesse caso, seriam postas de cabeça para baixo, com a legitimação judicial dos genocidas e invasores. Com isso, teríamos um dos pontos mais baixos da história do Judiciário brasileiro.

De acordo com a "Declaração contra o marco temporal: a legalização da democracia do genocídio dos povos indígenas durante a ditadura": "A remoção forçada foi, de acordo com o próprio Estado brasileiro, o produto do genocídio e de outras ações violentas da ditadura: envenenamento, fuzilamento e bombardeios de tribos pelas Forças Armadas, criação de campos de concentração para índios. Usar esses fatos contra os povos indígenas significaria culpabilizar as vítimas e beneficiar os assassinos com sua própria iniquidade, violando preceitos básicos de justiça e de dignidade".[17]

---

16 O etnocídio é o genocídio cultural, conduta que não tipificada na lei brasileira de genocídio (Lei n.2.889, de 1º de outubro de 1956). Essa lei foi aprovada em razão da obrigação internacional prevista pela Convenção para a Prevenção e a Repressão do Crime de Genocídio, de 1948, de que o Brasil participa, e que tampouco previu o etnocídio. Durante a negociação desse tratado na ONU, por sinal, o Brasil "se opôs [...] à criminalização das políticas assimilacionistas de povos indígenas, a políticas destrutivas de suas culturas e a apropriadoras de seus recursos", no que foi apoiado pelos outros Estados americanos e pelas potências coloniais europeias (Clavero, *¿Hay genocidios cotidianos? y otras perplejidades sobre América Indígena*, p.82, tradução nossa).

17 A Declaração foi assinada pelas seguintes entidades e organizações: Associação Juízes para a Democracia (AJD), Índio é Nós, Movimento de Apoio aos Povos Indígenas (MAPI), Uma Gota no Oceano, Instituto de Pesquisa, Direitos e Movimentos Sociais (IPDMS), Grupo de Estudos sobre Internacionalização do Direito e Justiça de Transição (Idejust), Comissão Guarani Yvyrupa (CGY), Tortura Nunca Mais/SP, União de Mulheres de São Paulo, Centro de Trabalho Indigenista (CTI), Instituto Socioambiental (ISA), Associação Bem Te Vi Diversidade, Instituto de Pesquisa e Formação Indígena (Iepé), Grupo Nacional dos Membros do

Documentos oficiais, levantados pelas Comissões da Verdade comprovam as graves violações de direitos humanos contra os povos indígenas, como genocídio sofrido pelo povo Waimiri-Atroari (que recebeu um relatório específico do Comitê da Verdade do Amazonas (2012)), pelos povos Avá-Canoeiro no Araguaia, Cinta Larga em Mato Grosso, Xetá no Paraná;[18] os esbulhos, remoções forçadas e incêndio de aldeias praticados pelo Incra,[19] o bombardeio de tribos pelas Forças Armadas na Amazônia com uso de napalm,[20] além da criação de campos de concentração, cadeias clandestinas, proibição de falar os idiomas indígenas etc.

O caráter criminoso da ditadura militar evidenciou-se na militarização da Funai, que nasceu como um órgão de execução de interesses anti-indígenas, especialmente a "colonização", isto é, a invasão das terras indígenas, sua exploração e destruição ambiental, com a subsequente "integração" dos povos indígenas na forma de etnocídio, ou seja, destruição de seus modos de vida e de suas identidades, ou de genocídio – a comunhão dos seus corpos com o solo que seria esmagado pelas máquinas do desenvolvimentismo.

As estradas na Amazônia foram um dos exemplos da "integração", eufemismo brutal para a mencionada série de crimes e de remoções praticadas contra os povos indígenas. Citamos o relatório da CNV:

> A ideia de integração se apoia em abertura de estradas, particularmente a Transamazônica e a BR-163, de Cuiabá a Santarém, além das BR-174, 210 e 374. A meta era assentar umas 100 mil famílias ao longo das estradas, em mais de 2 milhões de quilômetros quadrados de terras expropriadas. Na época, o ministro do Interior era o militar e político José Costa Cavalcanti, um dos signatários do AI-5, que ficaria no cargo de 1969 até 1974, apoiado por Costa e Silva (a quem ajudara a ascender a presidente) e por Médici. Costa Cavalcanti ele próprio declara que a Transamazônica cortaria terras de 29 etnias indígenas, sendo 11 grupos isolados e nove de contato intermitente – acarretando em remoções

Ministério Público (GNMP) e Movimento do Ministério Público Democrático (MPD) (Índio é Nós, *Contra o marco temporal*).

18 Brasil, Comissão Nacional da Verdade (CNV), *Relatório*, v.II, Brasília, 2014.

19 Ibid., p.671-9.

20 Comissão Estadual da Verdade – SP "Rubens Paiva", *Relatório*, capítulo: "Violações aos direitos dos povos indígenas", 2015, p.32-3. Disponível em: http://verdadeaberta.org/relatorio/tomo-i/downloads/I_Tomo_Parte_2_Violacoes-aos-direitos-dos-povos-indigenas.pdf. Acesso em: 10 jan. 2016.

forçadas. Para a consecução de tal programa, a Funai, então dirigida pelo general Bandeira de Mello, firmou um convênio com a Superintendência de Desenvolvimento da Amazônia (Sudam) para a "pacificação de 30 grupos indígenas arredios" e se tornou a executora de uma política de contato, atração e remoção de índios de seus territórios em benefício das estradas e da colonização pretendida.[21]

Por essa razão, uma das recomendações do relatório da CNV específicas para os povos indígenas foi justamente a "Regularização e desintrusão das terras indígenas como a mais fundamental forma de reparação coletiva pelas graves violações sofridas pelos povos indígenas no período investigado pela CNV, sobretudo considerando-se os casos de esbulho e subtração territorial aqui relatados, assim como o determinado na Constituição de 1988",[22] e não, o que seria escandaloso em termos de justiça restaurativa, a permanência dos invasores (isto é, o princípio de que o crime compensa) que tenham ficado nas terras invadidas até 5 de outubro de 1988.

Ainda durante a ditadura militar, ocorreu uma condenação internacional do Estado brasileiro em razão do genocídio de povos indígenas, em 1980, na quarta edição do Tribunal Bertrand Russell (instituição de caráter não governamental, hoje chamado de Tribunal dos Povos):

> Foram julgados os casos dos Nhambiquara, atingidos pela construção da BR-364 (Cuiabá-Porto Velho), financiada pelo Banco Mundial, e pelo bombardeio com napalm; dos índios do Rio Negro, explorados pelas missões dos Salesianos. Foram apresentados, mas não chegaram a ser objeto de julgamento, os casos dos Kaingang do Paraná, que haviam perdido a maior parte de sua reserva e cujo líder, Angelo Kretá, foi morto; e dos Yanomami, em Roraima, que tiveram o território invadido e estavam sendo mortos por garimpeiros.
>
> O coronel Nobre da Veiga, comentando a decisão do Tribunal, afirmou que eram "vagas e sem expressividade as acusações feitas à política indigenista brasileira", razão pela qual ele nem poderia determinar sua investigação; questionado sobre a BR-364, teve a desfaçatez de alegar que "essa estrada em nada vai alterar a vida daqueles indígenas".[23]

21 Brasil, Comissão Nacional da Verdade (CNV), *Relatório*, v.II, Brasília, 2014, p.203.

22 Ibid., p.248.

23 Comissão da Verdade do Estado de São Paulo – "Rubens Paiva", *Relatório*, capítulo "Violações aos direitos dos povos indígenas", 2015, p.32-3. Disponível em: http://verdadeaberta.

Apesar da total confirmação de que a ditadura militar foi um regime genocida, as recomendações da CNV sobre os povos indígenas continuam, na maior parte, no papel.

Trata-se de um problema decorrente da CNV ter sido tão tardia no Brasil? A não implementação das recomendações da comissão deve ser examinada caso a caso, tendo em vista as grandes diferenças no tocante às instituições envolvidas, aos grupos sociais atingidos, aos direitos concernentes e aos objetivos de cada uma dessas recomendações. No tocante aos povos indígenas, devem-se notar certas continuidades no tocante a instituições, normas jurídicas e até mesmo agentes do passado etnocida e genocida. A situação de violência continua, assim como a espoliação das terras.

Outro caso tardio de justiça de transição, mas com diferenças em relação ao Brasil no campo dos direitos dos povos indígenas, é o da Colômbia, com seus conflitos internos de décadas, que geraram uma verdadeira diáspora. A lei de criação da Comissão Nacional de Reparação e Conciliação, da Colômbia, é de 2005.

A interessante tese de Delphine Lecombe sobre a justiça de transição na Colômbia, "Somos todos vítimas",[24] sustentou que havia um "consenso ambíguo" sobre essa justiça: a caracterização de vítima tem a finalidade de desconstruir as suspeitas de proximidade com a guerrilha sobre os que sofreram ataques de paramilitares e de agentes do Estado. Tais suspeitas levariam à conclusão de que essas vítimas "mereceram" a agressão.

Para Lecombe, portanto, o caso da Colômbia é um caso de "domesticação da justiça de transição", tendo em vista a capacidade do Estado colombiano de impor suas apropriações à comunidade internacional e a institucionalizar um setor de defesa dos direitos humanos e da causa das vítimas, cooptando figuras da sociedade civil identificadas com essas causas. O debate a respeito das memórias dos conflitos teria sido capturado pelo governo nacional. No entanto, após o período analisado pela autora, veio a criação do Centro de Memória Histórica, com base na Lei de Vítimas e Restituição de Terras, de 2011.

---

org/relatorio/tomo-i/downloads/I_Tomo_Parte_2_Violacoes-aos-direitos-dos-povos-indigenas.pdf. Acesso em: 10 jan. 2016.

24 Lecombe, *"Nous sommes tous de victimes"*.

Não há nada de parecido no direito brasileiro. Há normas específicas para os povos indígenas e as comunidades afro-colombianas, que deverão ser consultadas previamente "a fin de respetar sus usos y costumbres, así como sus derechos colectivos" (art. 2º). O art. 3º, na caracterização das vítimas, inclui os casais de mesmo sexo.

A lei foi criticada; a Anistia Internacional apontou "los obstáculos que las víctimas deben superar para obtener las reparaciones, el complejo proceso para identificar las tierras apropiadas indebidamente, las disposiciones que podrían conllevar la legitimación de la tenencia de tierras despojadas y el apoyo inadecuado que se da a las víctimas que regresan a sus tierras".[25] Apesar disso, o caso é de interessante comparação ao ressaltar a *injustiça* de transição no Brasil, pois os colombianos não apenas criaram um programa para a restituição de terras, como incluíram os povos indígenas entre os beneficiários.

Nesse país, havia sido reconhecida judicialmente a eficácia das disposições da Constituição de 1991 sobre os direitos indígenas. No caso Organização Indígena de Antioquia, de 13 de setembro de 1993, a Corte Constitucional respaldou a propriedade coletiva das comunidades indígenas sobre os recursos naturais não renováveis em seus territórios como direito coletivo que deveria exercer-se para a preservação do meio ambiente.[26] A própria Constituição de 1991 havia sido o resultado de mobilizações de várias décadas: "o discurso reivindicativo dos indígenas da Colômbia já havia colhido frutos quanto ao respeito do direito à diferença cultural, como um núcleo simbólico com o qual poderiam sustentar direitos especiais".[27]

Essa batalha no nível do discurso público ainda precisa ser vencida pelos índios brasileiros, neste momento em que os discursos racistas de ódio contra esse povo não são raros no Congresso Nacional (onde, desde a eleição do único deputado federal indígena, Mário Juruna, em 1982, que não foi reeleito, continua a não haver mais nenhum representante dos povos indígenas), para não falar dos legislativos locais, e são repetidos e reforçados pelos meios de comunicação.

---

25 Anistia Internacional, *Colombia*: la Ley de Vítimas y de Restitución de Tierras: análisis de Amnistía Internacional, 2012, AMR 23/018/2012.

26 Rodríguez Pinzón; Martin; Ojeas Quintana, *La dimensión internacional de los derechos humanos*, p.456.

27 Jimeno, *Reforma constitucional na Colômbia e povos indígenas*, p.64.

## 4. Violação ao direito de consulta dos povos indígenas e do devido processo legal: o marco temporal, ou a negativa de justiça aos povos indígenas

A tese do marco temporal, por corresponder a uma forma de dispor das terras dos povos indígenas sem os consultar, também viola o direito de consulta desses povos. Por meio da interpretação judicial, ele permite desfazer demarcações ou ampliações de terras indígenas sem os consultar, sem nem ao menos ouvi-los judicialmente. Nesse sentido, trata-se de outra violação à Convenção 169 da OIT, especialmente os art. 6º e 17, que citamos:

> Artigo 6º
>
> 1. Ao aplicar as disposições da presente Convenção, os governos deverão:
>
> a) consultar os povos interessados, mediante procedimentos apropriados e, particularmente, através de suas instituições representativas, cada vez que sejam previstas medidas legislativas ou administrativas suscetíveis de afetá-los diretamente;
>
> b) estabelecer os meios através dos quais os povos interessados possam participar livremente, pelo menos na mesma medida que outros setores da população e em todos os níveis, na adoção de decisões em instituições efetivas ou organismos administrativos e de outra natureza responsáveis pelas políticas e programas que lhes sejam concernentes;
>
> c) estabelecer os meios para o pleno desenvolvimento das instituições e iniciativas dos povos e, nos casos apropriados, fornecer os recursos necessários para esse fim.
>
> 2. As consultas realizadas na aplicação desta Convenção deverão ser efetuadas com boa-fé e de maneira apropriada às circunstâncias, com o objetivo de se chegar a um acordo e conseguir o consentimento acerca das medidas propostas.

> Artigo 17
>
> 1. Deverão ser respeitadas as modalidades de transmissão dos direitos sobre a terra entre os membros dos povos interessados estabelecidas por esses povos.
>
> 2. Os povos interessados deverão ser consultados sempre que for considerada sua capacidade para alienarem suas terras ou transmitirem de outra forma os seus direitos sobre essas terras para fora de sua comunidade.

> 3. Dever-se-á impedir que pessoas alheias a esses povos possam se aproveitar dos costumes dos mesmos ou do desconhecimento das leis por parte dos seus membros para se arrogarem a propriedade, a posse ou o uso das terras a eles pertencentes.

Discutem-se muito no campo do direito internacional dos direitos humanos os limites e os efeitos da consulta prevista por essa convenção: sua resposta seria vinculativa, obrigatória para a administração pública? No Brasil, no entanto, essa questão tem sido evitada porque as consultas não têm sido realmente realizadas, nem mesmo para a aprovação de legislação que afete terras indígenas.[28]

No tocante a certos empreendimentos na Amazônia, até foram realizadas audiências públicas, porém com tratamento discriminatório contra os indígenas. Por exemplo, a que foi realizada em 15 de outubro de 2008 a propósito da Usina Hidrelétrica de Jirau, de acordo com Baraúna e Marin,

> Alguns indígenas denunciaram que nunca foram citados enquanto afetados e exigiram esclarecimentos e, ainda, que o consórcio promovesse reuniões em suas aldeias. Os indígenas também manifestaram descontentamento quanto ao fato de que não receberam o mesmo tratamento dado aos moradores de Jaci-Paraná e Mutum-Paraná, que foram levados a participar da audiência pela equipe do consórcio.[29]

---

28 Já na Colômbia, a Convenção 169 foi usada para a declaração de inconstitucionalidade, em 2008, do Código Florestal de 2006, em razão da violação do direito de consulta dos povos indígenas e dos afrodescendentes: "la demanda argumenta que todas las minorías culturales colombianas tienen derecho a tomar parte en los procesos de toma de decisiones jurídicas que los afectan directamente. La consulta previa en esta interpretación, por tanto, no promueve un interés particular. Esta promueve un interés colectivo: la consolidación de la democracia colombiana. La Constitución Multicultural también se protege al vincular los derechos de las minorías culturales con el interés que tiene el Estado colombiano en la protección de la diversidad cultural que lo caracteriza. De nuevo, la demanda y la sentencia defienden no son solo los intereses legítimos de unas comunidades culturales particulares, sino el modelo de Estado que estableció la Constitución de 1991: un Estado que reconoce y busca acomodar debidamente la diversidad cultural de sus ciudadanos" (Bonilla-Maldonado, Derecho Internacional, diversidad cultural y resistencia social: el caso de la ley general florestal em Colombia, *Revista Colombiana de Derecho Internacional*, Bogotá, n.27, p.79, jul.-dic. 2015).

29 Baraúna; Marin, O "fator participativo" nas audiências públicas das hidrelétricas de Jirau, Santo Antônio e Belo Monte, em: Zhouri, *As tensões do lugar*, p.112.

Segundo as autoras citadas, as audiências públicas para o licenciamento ambiental para as hidrelétricas de Jirau, Santo Antônio e Belo Monte, que ocorreram de 2006 a 2009, "denotam o caráter impositivo e autoritário desse tipo de projeto de intervenção que se consolida na Amazônia, e o mecanismo principal dessas ações interventoras foram os instrumentos de poder do Estado para favorecer um grupo empresarial e político", com "formas ilegais que assumem a própria normatização da audiência".[30]

A tese do marco temporal, porém, corresponde a uma violação mais radical dos direitos originais. Por meio dela, pode-se espoliar os povos indígenas de suas terras em processos em que esses povos nem mesmo foram citados, pois a representação da Funai não tem o poder de substituir a legitimidade processual dos índios e suas organizações prevista no art. 232 da Constituição da República.

Ocorre com isso a violação de mais provisões da Convenção Americana sobre Direitos Humanos. A espoliação judicial das terras indígenas por meio do marco temporal, se consolidada por meio da jurisprudência do STF, ou de normas administrativas, ou até de emenda constitucional, impedirá a defesa efetiva dos povos indígenas caso a caso, e comprometerá a garantia do devido processo legal (art. 8º, § 1) e a de contar com recursos judiciais efetivos contra violações de direitos humanos (art. 25, § 1), que citamos:

> Artigo 8º – Garantias judiciais
>
> 1. Toda pessoa tem direito a ser ouvida, com as devidas garantias e dentro de um prazo razoável, por um juiz ou tribunal competente, independente e imparcial, estabelecido anteriormente por lei, na apuração de qualquer acusação penal formulada contra ela, ou para que se determinem seus direitos ou obrigações de natureza civil, trabalhista, fiscal ou de qualquer outra natureza.
>
> Artigo 25. Proteção judicial
>
> 1. Toda pessoa tem direito a um recurso simples e rápido ou a qualquer outro recurso efetivo, perante os juízes ou tribunais competentes, que a proteja contra atos que violem seus direitos fundamentais reconhecidos pela Constituição, pela lei ou pela presente Convenção, mesmo quando tal violação seja cometida por pessoas que estejam atuando no exercício de suas funções oficiais.

30 Ibid., p.120.

Na jurisprudência da Corte Interamericana de Direitos Humanos para os povos indígenas, aplicaram-se mais de uma vez essas disposições, que também estão sendo discutidas no corrente caso do povo Xucuru, cujo processo de demarcação tem-se arrastado por dezesseis anos.

## 5. O direito de retorno e a questão dos deslocados internos: o marco temporal na contramão do direito humanitário

A Comissão Nacional da Verdade brasileira documentou vários casos de remoções forçadas que levaram a deslocamentos internos de populações indígenas. Os projetos desenvolvimentistas da ditadura militar, decididos no âmbito do Conselho de Segurança Nacional, muitas vezes implicaram a remoção forçada e o massacre de povos indígenas, à revelia completa da garantia constitucional desses povos sobre suas terras, existente mesmo sob a égide da Constituição de 1967.

A tese do marco temporal representa, sob esse aspecto, uma violação ao direito de retorno, implícito no art. 231 da Constituição da República e previsto expressamente no § 3º do art. 16 da Convenção 169 da OIT, que o Estado brasileiro ratificou em 2002.

O princípio geral, previsto no § 1º do art. 16 da Convenção, é o da não remoção; ela só poderia ocorrer como medida excepcional e sempre dependerá do consentimento dos povos indígenas:

> Artigo 16
>
> 1. Com reserva do disposto nos parágrafos a seguir do presente Artigo, os povos interessados não deverão ser transladados das terras que ocupam.
>
> 2. Quando, excepcionalmente, o translado e o reassentamento desses povos sejam considerados necessários, só poderão ser efetuados com o consentimento dos mesmos, concedido livremente e com pleno conhecimento de causa. Quando não for possível obter o seu consentimento, o translado e o reassentamento só poderão ser realizados após a conclusão de procedimentos adequados estabelecidos pela legislação nacional, inclusive enquetes públicas, quando for apropriado, nas quais os povos interessados tenham a possibilidade de estar efetivamente representados.

3. Sempre que for possível, esses povos deverão ter o direito de voltar a suas terras tradicionais assim que deixarem de existir as causas que motivaram seu translado e reassentamento.

4. Quando o retorno não for possível, conforme for determinado por acordo ou, na ausência de tais acordos, mediante procedimento adequado, esses povos deverão receber, em todos os casos em que for possível, terras cuja qualidade e cujo estatuto jurídico sejam pelo menos iguais àqueles das terras que ocupavam anteriormente, e que lhes permitam cobrir suas necessidades e garantir seu desenvolvimento futuro. Quando os povos interessados prefiram receber indenização em dinheiro ou em bens, essa indenização deverá ser concedida com as garantias apropriadas.

5. Deverão ser indenizadas plenamente as pessoas transladadas e reassentadas por qualquer perda ou dano que tenham sofrido como consequência do seu deslocamento.

O § 3º prevê o direito de retorno, que é a regra, e não a realocação com indenização pela perda da terra, tendo em vista a relação especial dos povos indígenas com seu território como local onde realizam sua cultura. Não se trata de uma mera questão de propriedade imóvel, e sim de uma posse necessária para um modo de vida que é protegido juridicamente.

No tocante aos deslocados internos, isto é, das populações que foram removidas para locais dentro do mesmo Estado em que habitavam (diferentemente da figura do refugiado), não há ainda convenção específica da ONU sobre o tema. A organização, no entanto, já criou normas de *soft law* sobre o tema, especialmente os Princípios Orientadores relativos aos Deslocados Internos, elaborados em 1998. O princípio 9 dispõe que os Estados têm uma obrigação específica na proteção de povos indígenas, minorias, camponeses, pastores e outros grupos com especial dependência ou ligação com suas terras.[31]

O princípio 28 prevê o direito de retorno dos deslocados, com a dupla face de direito dos sujeitos que foram removidos, sendo dever do Estado adotar medidas de justiça restaurativa:

31 Tradução nossa do original em inglês: "States are under a particular obligation to protect against the displacement of indigenous peoples, minorities, peasants, pastoralists and other groups with a special dependency on and attachment to their lands" (ONU, Comissão de Direitos Humanos, *Princípios orientadores relativos aos deslocados internos*, E/CN.4/1998/53/Add.2. 1998. Disponível em: http://www.acnur.org. Acesso em: 20 jan. 2016).

1. As autoridades competentes têm o dever e a responsabilidade fundamentais de estabelecer condições, bem como de prover os meios que permitam às pessoas deslocadas retornar voluntariamente, em segurança e com dignidade, para suas casas ou locais de residência habitual, ou reassentá-las voluntariamente em outra parte do país. Essas autoridades devem esforçar-se em facilitar a reintegração das pessoas deslocadas que retornaram ou foram reassentadas.

2. Devem ser feitos esforços especiais para assegurar a plena participação das pessoas deslocadas internamente no planejamento e gestão do seu retorno, reassentamento e reintegração.[32]

O § 2º diz respeito ao princípio democrático, do qual deriva o direito de consulta aos povos indígenas, que já saiu do terreno da *soft law*, e o dever do Estado de realizá-la "cada vez que sejam previstas medidas legislativas ou administrativas suscetíveis de afetá-los diretamente"; participação desses povos "na adoção de decisões em instituições efetivas ou organismos administrativos e de outra natureza responsáveis pelas políticas e programas que lhes sejam concernentes"; assim como "estabelecer os meios para o pleno desenvolvimento das instituições e iniciativas dos povos e, nos casos apropriados, fornecer os recursos necessários para esse fim" (letras *a*, *b* e *c* do § 1º do art. 6º da Convenção 169 da OIT, respectivamente).

Em 2005, a ONU lançou os Princípios para a Restituição da Moradia e da Propriedade dos Refugiados e dos Deslocados Internos, os "Princípios de Pinheiro".

Essa declaração trata de forma mais específica o direito de retorno no âmbito de um quadro de justiça restaurativa. Os povos indígenas são previstos expressamente no princípio 14, § 2º, que prevê o direito de participação nas

32 Tradução nossa do original em inglês: "1. Competent authorities have the primary duty and responsibility to establish conditions, as well as provide the means, which allow internally displaced persons to return voluntarily, in safety and with dignity, to their homes or places of habitual residence, or to resettle voluntarily in another part of the country. Such authorities shall endeavour to facilitate the reintegration of returned or resettled internally displaced persons. 2. Special efforts should be made to ensure the full participation of internally displaced persons in the planning and management of their return or resettlement and reintegration" (ONU, Comissão de Direitos Humanos, *Princípios orientadores relativos aos deslocados internos*, E/CN.4/1998/53/Add.2, 1998. Disponível em: http://www.acnur.org. Acesso em: 20 jan. 2016).

decisões sobre os temas a eles relativos.[33] No § 3º do princípio 15, o registro dos direitos dos povos tradicionais e comunidades indígenas a suas terras coletivas.[34] O princípio 3º proíbe a discriminação, mencionando expressamente raça e cor.

A Declaração da ONU sobre Direitos dos Povos Indígenas, de 2007, assinada pelo Estado brasileiro, também é contrária à tese do marco temporal. O § 1º do art. 8º prevê que "Os povos e pessoas indígenas têm direito a não sofrer assimilação forçada ou a destruição de sua cultura" (ou seja, a proibição do etnocídio). Para tanto, segundo o § 2º, "Os Estados estabelecerão mecanismos eficazes para a prevenção e a reparação de: [...] c) Toda forma de transferência forçada de população que tenha por objetivo ou consequência a violação ou a diminuição de qualquer dos seus direitos". O princípio geral é o da não remoção; se esta ocorrer, medidas de justiça restaurativa devem ser desenvolvidas:

> Artigo 10
>
> Os povos indígenas não serão removidos à força de suas terras ou territórios. Nenhum traslado se realizará sem o consentimento livre, prévio e informado dos povos indígenas interessados e sem um acordo prévio sobre uma indenização justa e equitativa e, sempre que possível, com a opção do regresso.

O Estado brasileiro, pois, passará a marchar na contramão das tendências atuais do direito humanitário, além de violar as normas aplicáveis de direito constitucional e de direito internacional dos direitos humanos, se a

---

33 Tradução nossa do original em inglês: "States and other involved international and national actors should, in particular, ensure that women, indigenous peoples, racial and ethnic minorities, the elderly, the disabled and children are adequately represented and included in restitution decision-making processes, and have the appropriate means and information to participate effectively. The needs of vulnerable individuals including the elderly, single female heads of households, separated and unaccompanied children, and the disabled should be given particular attention" (ONU, *Handbook on Housing and Property Restitution for Refugees and Displaced Persons*, March, 2007. Disponível em: http://www.ohchr.org/Documents/Publications/pinheiro_principles.pdf. Acesso em: 11 mar. 2016).

34 Tradução nossa do original em inglês: "States should ensure, where appropriate, that registration systems record and/or recognize the rights of possession of traditional and indigenous communities to collective lands" (ONU, *Handbook on Housing and Property Restitution for Refugees and Displaced Persons*, March, 2007. Disponível em: http://www.ohchr.org/Documents/Publications/pinheiro_principles.pdf. Acesso em: 11 mar. 2016).

jurisprudência da Segunda Turma do Supremo Tribunal Federal, frontalmente contrária ao direito de retorno, se firmar.

O Estado brasileiro ousaria, para defender uma jurisprudência anti-indígena (ou seja, contrária aos direitos humanos), sustentar na arena internacional o tratamento discriminatório contra os povos originários? Seria improvável, pois diversos tratados seriam violados com isso, inclusive o Pacto Internacional sobre Direitos Civis e Políticos e a Convenção Internacional sobre a Eliminação de Todas as Formas de Discriminação Racial, além de ferir o próprio direito constitucional brasileiro, que não só prevê que o racismo deve ser tipificado, como institui o repúdio ao racismo como um dos princípios das relações exteriores do Estado brasileiro (art. 4º, inciso VIII). O fato de a conduta racista ou discriminatória ser cometida ou legitimada pelo Poder Judiciário não elide, e sim confirma a responsabilidade internacional do Estado.

## À guisa de conclusão: ameaças aos direitos dos povos indígenas e provincianismo do Judiciário brasileiro

O direito internacional nasceu como instrumento de conquista do colonialismo europeu; em nome do livre comércio, da hospitalidade e da civilização cristã, ele foi usado para legitimar as invasões; Francisco de Vitoria, em 1539, ousou escrever, durante os massacres no México, que "não estando os índios em guerra com os espanhóis, visto que estes não lhe causam dano algum, não lhes é lícito impedir que residam em sua pátria".[35] Note-se a completa assimetria da situação, pois os povos americanos não tinham como retribuir a "visita". Ferrajoli mostra como os direitos "abstratamente universais"[36] do nascente direito internacional, como a liberdade dos mares, o *ius commercii*, não podiam ser exercidos pelos povos indígenas, "sob o parâmetro da desigualdade e da superioridade do homem branco".[37]

No entanto, deve-se abandonar uma visão essencialista do direito que o identifique sempre à dominação, para entender que ele não apenas se altera

35 Vitoria, *Os índios e o direito da guerra*, p.94.
36 Ferrajoli, *La sovrannità nel mondo moderno*, p.16.
37 Ibid., p.27.

no tempo, com os usos que se lhe são dados pelos agentes sociais, como, em sua inseparável ambiguidade (pois sempre dependerá de interpretação), é um campo de disputa de sentidos e poderes.

A partir da descolonização após a Segunda Guerra Mundial, surgiram outros usos do direito internacional, trazidos pelos novos Estados dos povos colonizados. Para os autores que empregam as categorias gramscianas, trata-se de usos contra-hegemônicos desse direito, como o de resistência ao imperialismo e fortalecimento de movimentos sociais de resistência, sem o que o "próprio futuro dos direitos humanos" ficaria comprometido.[38] Eles precisam ser contra-hegemônicos.

A possibilidade atual de operar institutos e mecanismos de direito internacional em favor dos povos indígenas corresponde a um desses usos contra-hegemônicos. A relatora especial sobre os Direitos dos Povos Indígenas da ONU, Victoria Tauli-Corpuz, no exercício desse mandato desde 2014, esteve em missão no Brasil em março de 2016 e soltou nota em que se preocupava, entre outras questões, com a tese do marco temporal. Os três primeiros desafios que ela elencou foram estes:

> No Brasil, os desafios enfrentados por muitos povos indígenas são enormes. Dentre eles é possível destacar:
>
> - a Proposta de Emenda à Constituição, PEC 215, e outras legislações que solapam os direitos dos povos indígenas a terras, territórios e recursos;
> - a interpretação equivocada dos artigos 231 e 232 da Constituição na decisão judicial sobre o caso Raposa Serra do Sol;
> - a introdução de um marco temporal e a imposição de restrições aos direitos dos povos indígenas de possuir e controlar suas terras e recursos naturais.[39]

A famigerada (no sentido de Guimarães Rosa...) PEC 215, um dos mais ameaçadores projetos anti-indígenas a tramitar no Congresso Nacional, é

38 Rajagopal, Counter-Hegemonic International Law: Rethinking Human Rights and Development as a Third World Strategy, em: Falk; Rajagopal; Stevens (Eds.), *International Law and the Third World*, p.71.

39 ONU-BR, *Relatora especial da ONU sobre povos indígenas divulga comunicado final após visita ao Brasil*, 17 mar. 2016. Disponível em: https://nacoesunidas.org/relatora-especial-da-onu-sobre-povos-indigenas-divulga-comunicado-final-apos-visita-ao-brasil/. Acesso em: 25 abr. 2016.

uma proposta de emenda constitucional que tem como finalidade transferir a competência da demarcação de terras indígenas do Executivo federal para o Congresso Nacional, que jamais exerceu essa função tipicamente executiva. Essa PEC tem o objetivo evidente de acabar com as demarcações no Brasil. A tese do marco temporal foi incorporada ao relatório da PEC 215, e se tornou, dessa forma, duplamente perigosa.

No mencionado julgamento, em setembro de 2014, que anulou, aplicando o marco temporal, a demarcação da TI Guyraroká, dos Guarani-Kaiowá em Mato Grosso do Sul, um dos ministros do Supremo Tribunal Federal, Ricardo Lewandowski, em discussão com Gilmar Mendes (cuja posição, anti-indígena, venceu o voto de Lewandowski), denunciou a prática do crime de genocídio contra os índios brasileiros: "Nós sabemos que o que está havendo, hoje, em todo o Brasil, lamentavelmente, é um novo genocídio de indígenas, em várias partes do país, em que os fazendeiros, criminosamente, ocupam terras que eram dos índios".

Se tivemos uma ditadura genocida, a continuidade, no regime democrático, de muitos dos crimes praticados contra os índios, associada a tentativas de sua legitimação jurídica como a tese do marco temporal, não seria mais um dos sinais da incompletude do processo de transição política? Parece-nos que sim, o que explicaria que forças que se movem contra os povos indígenas são, muitas vezes, também contrárias à justiça de transição: setores das Forças Armadas e o latifúndio, os grileiros e seus representantes políticos.

Entre essas forças, estão decerto diversos setores do Judiciário brasileiro, inclusive seu órgão mais alto, o Supremo Tribunal Federal, que tem servido de garante para a impunidade dos autores das graves violações de direitos humanos praticadas pelo Estado brasileiro durante a ditadura militar, bem como tem ameaçado os direitos indígenas – a tese do marco temporal é um dos exemplos mais sérios.

Nesses dois pontos, não é demasiado falar em colapso ético do Judiciário brasileiro, que pode ser notado até mesmo na reação dos outros ministros à mencionada denúncia de Lewandowski: praticamente nenhuma, como se o genocídio tivesse sido "naturalizado" e não fosse tema que dissesse respeito à Justiça.

Para o colapso, foi fundamental o provincianismo desse mesmo Judiciário, que afastou ou ignorou as normas internacionais pertinentes, como a Convenção 169 da OIT. Não se trata apenas do provincianismo constitucional, mas também de uma cultura jurídica infensa aos direitos humanos, pois a Constituição brasileira, que, ademais, apresenta uma abertura para o direito internacional no campo dos direitos humanos, deixou de ser aplicada em favor da lógica do saque e do extermínio, que regulou, historicamente, a relação entre os povos originários e os colonizadores. Dessa forma, as normas e instituições do direito internacional revelam-se importantes para a tentativa de contraposição a essa situação interna do Estado brasileiro.

Note-se que, em contraste com o provincianismo do Judiciário brasileiro, as organizações indígenas têm-se mostrado atentas para a questão. No I Encontro dos Povos Indígenas na Fronteira "Um olhar segundo a Convenção 169 da OIT", que ocorreu em junho de 2013 na Terra Indígena Raposa Serra do Sol, em Roraima, os povos indígenas Macuxi, Wapichana, Ingarikó, Patamona e Taurepang elaboraram documento para os presidentes dos três Estados concernentes, Brasil, Guiana e Venezuela, solicitando, entre outras ações, "a ratificação da Convenção 169 da OIT pelo Estado da Guiana, assim como a sua regulamentação pelo Brasil e Venezuela que ratificaram esse convênio em seus estados".[40]

O primeiro caso dos povos indígenas contra o Estado brasileiro no Sistema Interamericano de Direitos Humanos, antes aludido, foi proposto pelo povo Xucuru e será julgado em 2017. Pensamos que, exatamente por essa jurisprudência ser tão evidentemente contrária às políticas anti-indígenas do Estado brasileiro, que a grande ofensiva do Brasil contra o Sistema Interamericano, em 2011, deu-se exatamente em um caso de maciça violação dos direitos indígenas: a construção da Usina Hidrelétrica de Belo Monte, hoje investigada por crimes bilionários de corrupção na terceira fase de uma Operação da Polícia Federal chamada Lava Jato.[41]

Lembremos, porém, que a Comissão Interamericana de Direitos Humanos aprovou em 2011 medida cautelar para que o processo de licenciamento da usina de Belo Monte fosse paralisado. A reação do Estado brasileiro foi imediata: lançou uma ofensiva diplomática contra o Sistema

40 Conselho Indígena de Roraima (CIR), Um olhar segundo a Convenção 169 da OIT, I Encontro dos Povos Indígenas na Fronteira, Centro Indígena Lago do Caracaranã, 27 jun. 2013. Disponível em: https://t.co/3dq897oVYo. Acesso em: 13 set. 2016.

41 Filho de Lobão repassou propina, diz investigação, *O Estado de S. Paulo*, São Paulo, 17 fev. 2017. Disponível em: http://politica.estadao.com.br/noticias/geral,filho-de-lobao-repassou-propina-diz-investigacao,70001669285. Acesso em: 19 fev. 2017.

Interamericano, retirando seu embaixador da OEA, deixando de pagar suas cotas. Em 29 de julho de 2011, a comissão cedeu e desistiu da medida. O governo tentou se justificar:

> Um dos Embaixadores, Patriota [...] foi designado para justificar publicamente o governo com o artigo "Dois pesos, duas medidas". O absurdo jurídico e histórico do artigo, no entanto, era manifesto, entre outras, por esta passagem, de uma brutalidade que desafia a verossimilhança: "Não é razoável que a comissão emita medidas cautelares com o intuito, por exemplo, de suspender a construção de hidrelétricas. Ela deve se ater a questões precípuas de direitos humanos, pronunciando-se por meio de pareceres recomendatórios e deixando que a corte assuma suas responsabilidades judiciais em casos que o justifiquem".
>
> O Embaixador, em um aparente alinhamento oficial às grandes empreiteiras, acha que construção de hidrelétricas nada tem a ver com direitos humanos e, por isso, a legislação concernente não serviria para o caso. Imagino, piamente, duas explicações para a tese brutal: ou ele acha que não há pessoas na região de Belo Monte (e, assim, reedita o costumeiro – e oportuno para o Estado – esquecimento de que há indígenas no Brasil), ou ele crê que os índios não são humanos. Nos dois casos, o horizonte jurídico-político do arrazoado e da prática governista é o genocídio.[42]

Trata-se do horizonte retórico do extermínio dos povos indígenas (ou da "integração", ou outros eufemismos), que anima certas práticas do Estado brasileiro e das elites rurais, muito presentes no Congresso Nacional, e se expressa, no direito, por uma cultura jurídica infensa aos direitos humanos, que promove a ineficácia ou a efetividade paradoxal das disposições jurídicas que protegem aqueles povos. Esperemos e, mais que isso, façamos que os instrumentos de direito internacional possam contribuir para realizar uma mudança nessa cultura.

42 Fernandes, Direitos indígenas, provincianismo constitucional e o novo constitucionalismo latino-americano, em: Val; Bello (Orgs.). *O pensamento pós e descolonial no novo constitucionalismo latino-americano*, p.59-60.

## Referências bibliográficas


ANAYA, S. James. *Los pueblos indígenas en el derecho internacional*. Trad. L. Rodríguez-Piñero Royo. Madrid: Trotta, 2005.

ANISTIA INTERNACIONAL. *Colombia: la Ley de Vítimas y de Restitución de Tierras*: análisis de Amnistía Internacional. 2012. AMR 23/018/2012.

BARAÚNA, Gláucia Maria Quintino; MARIN, Rosa Elizabeth Acevedo. O "fator participativo" nas audiências públicas das hidrelétricas de Jirau, Santo Antônio e Belo Monte. In: Zhouri, Andréa. *As tensões do lugar*: hidrelétricas, sujeitos e licenciamento ambiental. Belo Horizonte: Editora da UFMG, 2011. p.93-125.

BONILLA-MALDONADO, Daniel. Derecho internacional, diversidad cultural y resistencia social: el caso de la ley general florestal em Colombia. *Revista Colombiana de Derecho Internacional*, Bogotá, n.27, p.65-107, jul.-dic. 2015.

BRASIL. Comissão Nacional da Verdade (CNV). *Relatório*. Brasília, 2014.

_____. Secretaria Nacional de Justiça, Comissão de Anistia. *Jurisprudência da Corte Interamericana de Direitos Humanos*: direitos dos povos indígenas. Brasília: Ministério da Justiça, 2014.

CARVALHO, José Murilo de. *Cidadania no Brasil*: o longo caminho. 3.ed. Rio de Janeiro: Civilização Brasileira, 2002.

CENTRO INDIGENISTA MISSIONÁRIO (Cimi). *Decisão do STF sobre Yvy Katu traz vitória aos povos indígenas contra marco temporal*. 12 maio 2016. Disponível em: www.cimi.org.br/site/pt-br/?system=news&conteudo_id=8712&action=read. Acesso em: 13 maio 2016.

CLAVERO, Bartolomé. *¿Hay genocidios cotidianos? y otras perplejidades sobre América Indígena*. Copenhage: IWGIA, 2011. Disponível em: http://www.bartolomeclavero.net/wp-content/uploads/2014/08/genocidio-cotidiano.pdf. Acesso em: 10 jan. 2016.

_____. *Ama Llunku, Abya Yala*: Constituyencia Indígena y Código Ladino por América. Madrid: Centro de Estudios Políticos y Constitucionales, 2000.

COMISSÃO ESTADUAL DA VERDADE – PR "Teresa Urban". *Relatório da Comissão Estadual da Verdade – PR Teresa Urban*. 2014. Disponível em: http://www.dedihc.pr.gov.br/modules/noticias/article.php?storyid=3276. Acesso em: 10 jan. 2016.

COMISSÃO ESTADUAL DA VERDADE – SP "Rubens Paiva". *Relatório*. Capítulo: Violações aos direitos dos povos indígenas. 2015. Disponível em: http://verdadeaberta.org/relatorio/tomo-i/downloads/I_Tomo_Parte_2_Violacoes-aos-direitos-dos-povos-indigenas.pdf. Acesso em: 10 jan. 2016.

COMITÊ ESTADUAL DA VERDADE DO AMAZONAS. *O genocídio do Povo Waimiri-Atroari*. Manaus, 2012. Disponível em: http://www.dhnet.org.br/verdade/resistencia/a_pdf/r_cv_am_waimiri_atroari.pdf. Acesso em: 11 jan. 2015.

CONSELHO INDÍGENA DE RORAIMA (CIR). Um olhar segundo a Convenção 169 da OIT. I ENCONTRO DOS POVOS INDÍGENAS NA FRONTEIRA. Centro

Indígena Lago do Caracaranã, 27 jun. 2013. Disponível em: https://t.co/3dq897oVYo. Acesso em: 13 set. 2016.

FERNANDES, Pádua. Direitos indígenas, provincianismo constitucional e o novo constitucionalismo latino-americano. In: VAL, Eduardo Manuel; BELLO, Enzo (Orgs.). *O pensamento pós e descolonial no novo constitucionalismo latino-americano*. Caxias do Sul: Educs, 2014. p.51-64.

_____. Segurança nacional e os povos indígenas, ontem e hoje: os documentos sigilosos da ditadura militar no Brasil e a jurisprudência atual do STF. III ENCONTRO NACIONAL DE ANTROPOLOGIA DO DIREITO (Enadir). GT Antropologia, direitos coletivos, sociais e culturais: questões indígenas, quilombolas e de comunidades tradicionais, na Universidade de São Paulo. São Paulo, 29 ago. 2013. Disponível em: https://t.co/uBwyu4hbzU. Acesso em: 11 jun. 2015.

FERRAJOLI, Luigi. *La sovrannità nel mondo moderno*: nascità e crisi dello Stato nazionale. 2.ed. Roma: Laterza, 2004.

Filho de Lobão repassou propina, diz investigação. *O Estado de S. Paulo*, São Paulo, 17 fev. 2017. Disponível em: http://politica.estadao.com.br/noticias/geral,filho-de-lobao-repassou-propina-diz-investigacao,70001669285. Acesso em: 19 fev. 2017.

GÓNGORA-MERA, Manuel Eduardo. Judicialização da discriminação estrutural contra povos indígenas e afrodescendentes na América Latina: conceptualização e tipologia de um diálogo interamericano. *Quaestio Iuris*, Rio de Janeiro, v.8, n.2, p.826-58, 2015.

ÍNDIO É NÓS. *Contra o marco temporal*: a legalização na democracia do genocídio dos povos indígenas durante a ditadura. 12 abr. 2015a. Disponível em: http://www.indio-eh-nos.eco.br/2015/04/12/contra-o-marco-temporal-a-legalizacao-na-democracia-do-genocidio-dos-povos-indigenas-durante-a-ditadura/. Acesso em: 5 jan. 2016.

_____. *Os direitos dos povos indígenas em disputa no STF*: após o seminário na USP. 16 nov. 2015b. Disponível em: http://www.indio-eh-nos.eco.br/2015/11/16/os-direitos-dos-povos-indigenas-em-disputa-no-stf-apos-o-seminario-na-usp/. Acesso em: 10 fev. 2016.

JIMENO, Myriam. *Reforma constitucional na Colômbia e povos indígenas*: os limites da lei. Belo Horizonte: Editora da UFMG, 2012. p.53-76.

LECOMBE, Delphine. *"Nous sommes tous de victimes"*: la diffusion de la justice transitionnelle en Colombie. Nanterre: Institut Universitaire Varenne, 2014.

ORGANIZAÇÃO DAS NAÇÕES UNIDAS (ONU). *Handbook on Housing and Property Restitution for Refugees and Displaced Persons*. March, 2007. Disponível em: http://www.ohchr.org/Documents/Publications/pinheiro_principles.pdf. Acesso em: 11 mar. 2016.

_____. Comissão de Direitos Humanos. *Princípios Orientadores relativos aos Deslocados Internos*. E/CN.4/1998/53/Add.2. 1998. Disponível em: http://www.acnur.org. Acesso em: 20 jan. 2016.

ORGANIZAÇÃO DAS NAÇÕES UNIDAS NO BRASIL (ONU-BR). *Relatora especial da ONU sobre povos indígenas divulga comunicado final após visita ao Brasil*. 17 mar. 2016. Disponível em: https://nacoesunidas.org/relatora-especial-da-onu-sobre-povos-indigenas-divulga-comunicado-final-apos-visita-ao-brasil/. Acesso em: 25 abr. 2016.

ORGANIZAÇÃO DOS ESTADOS AMERICANOS (OEA). Comissão Interamericana de Direitos Humanos. Caso 12.728, do Povo Indígena Xucuru. Relatório 44/2015, de 28 de julho de 2015. Disponível em: http://www.oas.org/es/cidh/decisiones/corte/2016/12728fondopt.pdf. Acesso em: 10 fev. 2016.

_____. Corte Interamericana de Direitos Humanos. *Caso Comunidad Indígena Sawhoyamaxa* vs. *Paraguay*. Sentencia de 29 de marzo de 2006. Disponível em: http://www.corteidh.or.cr/docs/casos/articulos/seriec_146_esp2.pdf. Acesso em: 19 fev. 2016.

_____. *Caso Comunidad indígena Yakye Axa* vs. *Paraguay*. Sentencia de 17 de junio de 2005. Disponível em: http://www.corteidh.or.cr/docs/casos/articulos/seriec_125_ing.pdf. Acesso em: 15 fev. 2016.

_____. *Caso Velásquez Rodríguez* vs. *Honduras*. Sentencia de 29 de julio de 1988. Disponível em: http://www.corteidh.or.cr/docs/casos/articulos/seriec_04_esp.pdf. Acesso em: 13 fev. 2016.

PENTASSUGLIA, Gaetano. Towards a Jurisprudential Articulation of Indigenous Land Rights. *The European Journal of International Law*, v.22, n.1, p.165-202, 2011.

RAJAGOPAL, Balakrishnan. Counter-Hegemonic International Law: Rethinking Human Rights and Development as a Third World Strategy. In: FALK, R.; RAJAGOPAL, B.; STEVENS, J. (Eds.). *International Law and the Third World*. New York: Routledge-Cavendish, 2008. p.62-79.

RODRÍGUEZ PINZÓN, Diego; MARTIN, Claudia; OJEAS QUINTANA, Tomás. *La dimensión internacional de los derechos humanos*: guia para la aplicación de normas internacionales en el derecho interno. New York: Banco Interamericano de Desarollo, 1999.

SUPREMO TRIBUNAL FEDERAL (STF). Rejeitados embargos envolvendo ampliação da Área Indígena Porto Lindo (Yvy Katu). *Notícias STF*. 11 maio 2016. Disponível em: http://www.stf.jus.br/portal/cms/verNoticiaDetalhe.asp?idConteudo=316406. Acesso em: 12 maio 2016.

VITORIA, Francisco de. *Os índios e o direito da guerra*. Trad. Ciro Mioranza. Ijuí: Editora Unijuí, 2006.

ZIBECHI, Raúl. *Brasil potência*: entre a integração regional e um novo imperialismo. Trad. Carlos Walter Porto-Gonçalves. Rio de Janeiro: Consequência, 2012.

# 7
# A Constituição de 1988 e os direitos indígenas: uma prática assimilacionista?

*Julio José Araujo Junior*[1]

## 1. Introdução

A Constituição de 1988 foi inovadora no tratamento dos povos indígenas, se comparada com os textos constitucionais anteriores. Ao consagrar o caráter plural da sociedade brasileira e afastar o paradigma assimilacionista antes vigente, a nova ordem constitucional enfatiza a autonomia desses povos, com respeito a seus modos de vida, costumes, tradições e mediante o reconhecimento das terras que tradicionalmente ocupam.[2] Nos manuais de direito constitucional, é recorrente a visão de que o Brasil assegura direitos a

1 Mestrando em Direito Público pela Universidade do Estado do Rio de Janeiro (Uerj). Graduado em Direito pela Universidade de São Paulo (USP). Procurador da República. *E-mail*: juliojaraujo@gmail.com.

2 O tratamento dos povos indígenas no Brasil é marcado por um longo período de leis esparsas durante o período colonial e o Império voltadas a uma política de miscigenação com a expressa intenção de criar uma população homogênea livre, o que acabou servindo, cem anos mais tarde, como pretexto à espoliação das terras dos aldeamentos em que os índios haviam sido instalados. Na República, o ideal positivista, agora dominante, preconizará a necessidade de que a incorporação daqueles povos à comunhão nacional se dê de forma gradual, o que repercutirá no pensamento constitucional brasileiro, a partir da Constituição de 1934. A Constituição de 1988, ao deixar de estabelecer qualquer hierarquia entre os grupos que compõem a sociedade brasileira, valoriza a autonomia desses povos. Para uma maior discussão sobre o tema: Cunha, *Índios no Brasil*; *Cultura com aspas e outros ensaios*; Pereira, O direito sob o marco da pluretnicidade/multiculturalidade, em: *Pareceres jurídicos*, p.9-21.

essas populações,[3] inaugurando uma nova forma de conceber a questão que vai além da ideia de tutela estatal e da hierarquização e homogeneização de grupos.[4] Essa bem-vinda mudança é fruto de um histórico de lutas em todo o mundo – inclusive no Brasil – pela defesa de identidades e do reconhecimento como aspectos fundamentais no exercício de direitos.

No caso brasileiro, a realidade dos povos indígenas, assim como a dos negros,[5] é marcada por uma permanente marginalização, calcada pela sistemática negação de dignidade aos indivíduos que compõem esses grupos e pela ausência de participação nos processos decisórios. Após séculos de opressão colonial, marcados por violências reais e simbólicas, pela exploração do trabalho forçado e pela negação da identidade, culminando nos efeitos deletérios à sua organização social causados pela concentração fundiária, acreditava-se que, pouco a pouco, os indígenas iriam desaparecer – enquanto grupo étnico – e estariam plenamente integrados/assimilados à cultura da sociedade envolvente.[6]

---

3 Nesse sentido: Barroso, Constituição, democracia e supremacia judicial: direito e política no Brasil contemporâneo, *Revista do Ministério Público*, Rio de Janeiro, v.49, p.187-224, 2013.

4 A percepção do senso comum acerca dos povos indígenas que habitavam as terras que viriam a ser o Brasil pode ser sintetizada em passagem de Gilberto Freyre, que aponta diferenças no tratamento de espanhóis e portugueses com relação aos povos nativos que encontraram. Os espanhóis teriam encontrado povos em fase de semicivilização, como maias, incas e astecas, por isso se apressaram em dissolver seus valores, ao passo que os portugueses teriam se surpreendido com uma espécie de "bandos de crianças grandes", "uma cultura verde e incipiente": "Sob a pressão moral e técnica da cultura adiantada, esparrama-se a do povo atrasado. Perde o indígena a capacidade de desenvolver-se autonomamente tanto quanto a de elevar-se de repente, por imitação natural ou forçada, aos padrões que lhe propõe o imperialismo colonizador. Mesmo que se salvem formas ou acessórios de cultura, perde-se o que Pitt-Rivers considera o *potencial*, isto é, a capacidade construtora da cultura, o seu elã, o seu ritmo" (Freyre, *Casa grande e senzala*, p.157).

5 Florestan Fernandes aponta que as transformações por que passou a sociedade brasileira, após o fim da escravidão, que alteraram a sua estrutura e funcionamento, praticamente não afetaram a ordenação das relações raciais. Essa situação acarretava dois dilemas sociais: um deles, a absorção dessa população às formas de vida social na ordem social competitiva; o outro, o dilema do preconceito de cor, a "velha associação entre cor e posição social ínfima", que excluía o negro da condição de "gente": "Enfim, o dilema que nascia das resistências abertas ou dissimuladas, mas todas muito fortes, em se admitir o negro e o mulato em pé de igualdade com os 'brancos'. Enquanto tal dilema subsistisse, mesmo o padrão de democracia inerente à sociedade de classe numa economia capitalista seria impraticável" (Fernandes, *A integração do negro na sociedade de classes*, p.7-8).

6 Esse processo de apropriação de territórios não se limita ao período colonial ou ao século XIX. No século XX, quando a ocupação era majoritariamente fixada no litoral e o interior do país ainda assistia a pouca exploração econômica, o governo brasileiro passou a adotar medidas

Em que pese a forte resistência às violações que sofriam, os indígenas não logravam se organizar politicamente em âmbito nacional. Um embrião de organização só ocorreu a partir dos anos 1970, puxada pela mobilização por direitos humanos da época e pela organização universitária e de antropólogos, advogados e professores, que resistiam à política do governo ditatorial de "emancipar"[7] os chamados indígenas aculturados, com o fim de negar-lhes o direito ao território.[8] A resistência se fortaleceria ao longo da déca-

---

com o fim de realizar povoamento e organização de infraestrutura, como as linhas telegráficas. O Serviço de Proteção aos Índios e Localização dos Trabalhadores Nacionais, criado em 1910 (pelo Decreto n.8.072), que em 1918 passou a se dedicar apenas aos índios (SPI), é fruto dessa expansão. Muito se discute ainda sobre o papel do SPI e da linha de atuação então adotada. A despeito da invocação de um caráter humanitário da atuação, o seu papel estava amparado na doutrina positivista de integração à comunhão nacional. Para alguns autores, no entanto, como Darcy Ribeiro, consideradas em seu contexto histórico, essas diretrizes positivistas eram o que se oferecia, então, de mais avançado (Ribeiro, *Os índios e a civilização*, p.161). Mais tarde, nos anos 1930 e 1940, desenvolve-se a chamada "marcha para o oeste", com o fim de oferecer condições para a integração – por meio da abertura de 1.500 quilômetros de picadas, construção de campos de pouso – e a ocupação do Centro-Oeste brasileiro – fundação de vilas e cidades (Villas Boas; Villas Boas, *A marcha para o oeste*, p.18). Esse processo de colonização do interior do país, apesar dos esforços de sertanistas, foi marcado pela espoliação de terras e concessão de títulos para colonização em territórios tradicionais, como ocorreu em Mato Grosso do Sul e no Paraná, com os Guarani, causando efeitos que são sentidos até hoje. As violações praticadas pelo SPI foram registradas no Relatório Figueiredo, que contribuiu para a extinção do órgão e a criação da Funai (disponível em: http://midia.pgr.mpf.mp.br/6ccr/relatorio-figueiredo/relatorio-figueiredo.pdf. Acesso em: 24 set. 2016). Na ditadura civil-militar, as violações aos direitos dos povos indígenas não só continuaram, como se intensificaram, em razão dos projetos do "Brasil Grande", que previam a construção de estradas e de empreendimentos de grande porte. Episódios como o massacre dos Waimiri-Atroari para a construção da BR-174 (entre Manaus e Boa Vista) e para a construção de uma mineradora (Mina do Pitinga, pela Mineração Taboca/Paranapanema), os impactos da construção da Rodovia Transamazônica, o deslocamento forçado do povo Krenak e a construção de um presídio indígena em Minas Gerais, bem como os impactos da construção de Itaipu sobre os Guarani são algumas das violações que geraram impactos à sobrevivência física e cultural desses povos e distorções na configuração territorial dos grupos. Sobre o tema, ver: Brasil, Comissão Nacional da Verdade, *Relatório*, v.I, parte IV, cap.14, item C. Disponível em: http://www.cnv.gov.br/images/documentos/Capitulo14/Capitulo%2014.pdf. Acesso em: 23 set. 2016.

7 O movimento contra a "falsa emancipação" culminou na criação da Comissão Pró-Índio, em São Paulo, em 1978. Essa mobilização foi o embrião para a organização dos indígenas durante toda a década de 1980, inclusive na Constituinte. Sobre o tema, ver: Comissão Pró-Índio-SP, *A questão da emancipação*, v.1.

8 O art. 9º da Lei n.6.001, de 1973 (Estatuto do Índio), previa que, se observados determinados requisitos, como o conhecimento da língua portuguesa, poderia ser declarada a emancipação da comunidade e de seus membros desde que requerida pela maioria e comprovada, em inquérito realizado pelo órgão federal competente, a sua plena integração na comunhão nacional. Note-se que a emancipação afastava o regime tutelar e colocava o indígena e a comunidade

da de 1980, culminando na participação indígena, com algum destaque, na Assembleia Constituinte de 1987-1988.[9] Como destacou a liderança Ailton Krenak, reconhecer as formas próprias de manifestação da cultura seria condição fundamental para que o povo indígena passasse a estabelecer relações harmoniosas com a sociedade envolvente e houvesse realmente uma perspectiva de futuro de vida, e não uma ameaça permanente e incessante.[10]

O resultado desse processo é um documento que efetivamente abre um novo capítulo na história das relações do Estado com os povos indígenas, ao reconhecer-lhes o direito de serem como quiserem e de terem sua organização social, seus costumes, línguas, crenças e tradições respeitados.[11] Após a Constituição de 1988, não se tolera mais falar em "paulatina integração à comunhão nacional" para ditar a capacidade civil dos indígenas. Não cabe falar, *a priori*, em inferioridade, e sim em grupos diferenciados, que têm modos próprios de vida e que devem ser respeitados como tais.

Não se pode mais, tampouco, hierarquizar os povos indígenas em integrados ou não integrados. Há o direito de viverem a prática de seus costumes, mas não se subtrai a possibilidade de o indígena buscar outros modos de vida, e isso não lhe retirará a sua condição. O que se proíbe é a tentativa de impor um modo de vida a esses grupos, vedando-se o não respeito às suas práticas tradicionais. A identidade não pode ser definida por um terceiro, e sim pelo próprio grupo (autodefinição da própria identidade), num contexto

---

indígena sob a condição de integrado e, por conseguinte, capaz. Pairava sobre essa diferenciação o afã classificatório de um indígena por parte de um sujeito externo a ele ou ao grupo (heterodefinição da identidade), a despeito do que previa o art. 3º do próprio Estatuto. Essa ânsia de dizer que um grupo que não se enquadra no estereótipo do silvícola ou do bom selvagem, embora se reconheça como indígena, serve ao discurso de que ele deixou de ser índio e, logo, não precisa de terra ou de um regime especial quanto à terra ocupada. Nesse ponto, o regime tutelar teria cumprido sua missão civilizadora, como diz Manuela Carneiro da Cunha: respeita-se o índio como homem, mas exige-se que se despoje de sua condição étnica específica (Cunha, *Índios no Brasil*, p.14).

9 Sobre os debates da Assembleia Constituinte, ver Lopes, *O movimento indígena na Assembleia Nacional Constituinte (1984-1988)*.

10 "O povo indígena tem um jeito de pensar, tem um jeito de viver, tem condições fundamentais para a sua existência e para a manifestação da sua tradição, da sua vida, da sua cultura, que não coloca em risco e nunca colocou em risco a existência, sequer, dos animais que vivem ao redor das áreas indígenas, quanto mais de outros seres humanos. Creio que nenhum dos srs. poderia jamais apontar atos, atitudes da gente indígena do Brasil que colocaram em risco, seja a vida, seja o patrimônio de qualquer pessoa, de qualquer grupo humano neste país" (Cohn (Org.), *Encontros – Ailton Krenak*, p.32-5).

11 Souza Filho, *O renascer dos povos indígenas para o direito*, p.107-8.

em que as ideias de autenticidade ou de classificação de indígenas por um terceiro devem ruir juntamente com o regime tutelar.

Após quase trinta anos da promulgação da lei fundamental, algumas conquistas são visíveis, como a demarcação de vários territórios, especialmente na Amazônia Legal, o estabelecimento formal de políticas públicas, o papel de instituições em defesa da causa no sistema de justiça, o crescimento da população indígena – impulsionado pela (re)afirmação étnica[12] – e a adoção de políticas afirmativas. Paradoxalmente, os povos indígenas do país vêm sofrendo ao mesmo tempo graves ameaças à sua própria sobrevivência, pois estão sendo considerados os principais adversários do projeto de desenvolvimento traçado para o país. De um lado, constituem um obstáculo as ações do Estado, que deseja explorar recursos hídricos e minerais em áreas menos visadas e exploradas, como comprova o empreendimento de Belo Monte, no Pará. De outro, o agronegócio vê nas terras indígenas um entrave para a exploração econômica e para a expansão da fronteira agrícola.

A insatisfação com os efeitos do comando constitucional, que é claro acerca do dever estatal de demarcar as terras, e da ausência de dever de indenizar os proprietários, salvo quanto a benfeitorias derivadas de ocupação de boa-fé, tem levado os opositores da causa indígena a se organizarem na bancada ruralista do Congresso Nacional para minar as conquistas consolidadas na Constituição de 1988. Isso se dá em várias frentes: reforma legislativa,[13] atuação contenciosa no Judiciário, inclusive no Supremo Tribunal Federal,[14] com o fim de conferir a menor densificação possível ao art.

12 Segundo dados do censo do Instituto Brasileiro de Geografia e Estatística (IBGE) de 2010, a população indígena abrange 896,9 mil indígenas, pertencentes a 305 povos, com 274 línguas distintas. Destes, cerca de 817,9 mil assim se declaram no quesito cor ou raça e 78,9 mil são pessoas que se declaram de outra cor ou raça (cerca de 67,5% se declaram pardos), porém residem em terras indígenas e se consideram indígenas em razão de tradições, costumes e antepassados. Em 1991, a população era de 294.131 indígenas, e em 2000, 734.127 indígenas. Informações disponíveis em: http://indigenas.ibge.gov.br/graficos-e-tabelas-2.html. Acesso em: 10 out. 2016.

13 A Proposta de Emenda à Constituição n.215 tem por objetivo transferir a atribuição do processo demarcatório do Poder Executivo para o Legislativo, justamente o *lócus* em que as minorias étnico-culturais possuem menos voz e estarão sujeitas a maiorias de ocasião para a regularização de seus territórios. Sobre o tema, ver: Sarmento, *Nota técnica*. Disponível em: http://www.gta.org.br/wp-content/uploads/2013/09/2013-Nota-T%C3%A9cnica-do-MPF-sobre-a-PEC-215.pdf. Acesso em: 10 jun. 2016.

14 O caso Raposa Serra do Sol e os efeitos do julgamento são exemplo disso, como se analisará mais adiante.

231 da Constituição, e atuação junto ao Poder Executivo para enfraquecer a atuação administrativa da Fundação Nacional do Índio (Funai).[15]

Paralelamente a esse processo, a violência contra os povos indígenas vem aumentando, tendo o número de mortes por assassinato saltado de 92, em 2007, para 138, em 2014.[16] Após visita ao país em 2016, a relatora especial do Conselho de Direitos Humanos da ONU sobre Direitos Indígenas apontou preocupação com o cenário, sobretudo em Mato Grosso do Sul, tendo em vista que os ataques decorrem de represálias a reocupações de terras ancestrais realizadas pelos indígenas após "longos atrasos nos processos de demarcação".[17] O documento destaca que o Brasil possui uma Constituição progressista, com "disposições exemplares para a proteção e promoção dos direitos dos povos indígenas", nas quais se reconhece a diversidade cultural do país, que já foi líder mundial em demarcações. Contudo, passados oito anos desde a visita do relator anterior, "tem havido uma inquietante ausência de avanços" na matéria. Como exemplo, cita a estagnação dos processos de demarcação, a realização de empreendimentos sem a observância de consulta prévia, o aumento da discriminação e do racismo institucional. Como conclusão, a relatora acredita que os povos indígenas enfrentam hoje riscos mais graves do que em qualquer outra época desde 1988.[18]

Considerando esse cenário, em que a efetividade das normas constitucionais é colocada em xeque, em que os indígenas enfrentam constantes dificuldades para expressar as suas cosmovisões, veicular pretensões políticas e acessar a justiça, põem-se em dúvida os limites e as possibilidades do texto de 1988. Em que pese o seu viés transformador, experiências constitucionais posteriores de outros países vêm demonstrando que o mero reconhecimento da diferença não é suficiente. É necessário criar condições para um

---

15 O mais recente esforço nesse sentido é o Parecer n.01/2017, da Advocacia Geral da União, que estabelece que a Administração Pública Federal, direta e indireta, deve observar, respeitar e dar efetivo cumprimento, em todos os processos de demarcação de terras indígenas, às condições fixadas na decisão do STF na Peti. 3.388/RR. (BRASIL. Advocacia-Geral da União. Parecer n.01, de 19 de julho de 2017. Diário Oficial da União – Seção 1, 20 jul. 2017, p.7).

16 Conforme dados do Conselho Indigenista Missionário (Cimi), *Relatório Violência contra os povos indígenas no Brasil*, p.74.

17 Organização das Nações Unidas, Conselho de Direitos Humanos, *Relatório da missão ao Brasil da relatora especial sobre os direitos dos povos indígenas*, 8 ago. 2016, p.6. Disponível em: http://unsr.vtaulicorpuz.org/site/images/docs/country/2016-brazil-a-hrc-33-42-add-1--portugues.pdf. Acesso em: 23 set. 2016.

18 Ibid., p.13.

diálogo efetivo entre culturas e assegurar formas de participação e arranjos institucionais que permitam uma relação entre povos indígenas e a sociedade envolvente em pé de igualdade, de forma a assegurar que o processo de aplicação da Constituição não seja dominado pelas visões de mundo hegemônicas, tidas como colonizantes, e seja permeado por um diálogo intercultural em que o aprendizado seja recíproco. Por isso, pergunta-se: a Constituição de 1988, a despeito do seu caráter inovador e progressista, conduz a uma efetiva proteção dos grupos culturalmente diferenciados? A essa pergunta agrega-se outra, acerca da prática constitucional: qual paradigma a vem regendo, o assimilacionista ou o da autonomia?

O presente artigo busca discutir tais questões por meio de três partes. Na primeira, examinam-se os debates em torno do multiculturalismo e do reconhecimento, buscando localizar as principais questões sobre o tema no âmbito da doutrina, sobretudo de matriz liberal. Na segunda parte, acresce-se uma perspectiva descolonizadora sobre o tema, levantando-se a necessidade de uma análise do fenômeno que parta da interculturalidade crítica, com ênfase na visão dos povos indígenas, como vêm praticando outros países do continente americano. Na terceira parte, avalia-se o estabelecimento desses direitos no Brasil, analisando-se o texto da Constituição de 1988 e a prática constitucional brasileira.

A conclusão a que se chega, em breve síntese, sustenta que a Constituição brasileira, embora progressista, deixou em aberto o tratamento de temas que poderiam ter contribuído para uma maior autonomia dos povos indígenas e pela efetividade dos seus direitos. Este, porém, está longe de ser o maior dos problemas, uma vez que a prática constitucional segue muito apegada aos parâmetros anteriores à promulgação da Constituição de 1988, marcados pelo assimilacionismo e pela distinção entre grupos de indígenas conforme o grau de integração, ou mesmo pela priorização de certos projetos nacionais, para os quais o componente indígena representa um empecilho. Esse assimilacionismo vigora em todos os poderes, mas é mais especialmente sentido no sistema de justiça, sobretudo no Poder Judiciário.

## 2. O multiculturalismo e as políticas de diferença

No fim do século XX, o debate iniciado por John Rawls e sua teoria de justiça extrapolou o universo acadêmico[19] e chegou aos movimentos sociais, passando a ser pautado também pelas discussões em torno do direito à diferença cultural e do direito de minorias.[20] As limitações do sistema político liberal clássico, cego às diferenças e pretensamente neutro, e a sua incapacidade em lidar com uma sociedade multicultural passaram a ser objeto de preocupação, principalmente no que se refere ao respeito às identidades.[21] Tais preocupações foram absorvidas inclusive por autores liberais, que incorporaram aspectos do multiculturalismo na sua teoria e tentaram construir um modelo que negasse a pretensa neutralidade estatal do liberalismo clássico e fosse mais permeável ao respeito à diferença.

O debate sobre o reconhecimento tomou grande impulso com os trabalhos de autores neo-hegelianos como Axel Honneth e Charles Taylor. O primeiro apresenta uma concepção ampla de reconhecimento, que abrange três esferas (amor, direito e solidariedade), às quais correspondem três formas

19 A obra de John Rawls provocou grande repercussão no meio acadêmico e repercutiu fortemente nas lutas por identidade ao longo dos anos 1970 e 1980, sendo emblemáticos a esse respeito os embates entre liberais e comunitaristas. A noção de "ser desenraizado" (*unencumbered self*), própria do liberalismo, que já fora objeto de preocupação em Marx (Marx, *Sobre a questão judaica*, p.40), é retomada para sublinhar a importância da vida em comunidade e da noção de pertencimento para a constituição do indivíduo. Os laços morais, para Sandel, antecedem a qualquer escolha pelo indivíduo e guiam nossos projetos de vida. O sujeito é concreto, historicamente situado, de modo que a comunidade em que se situa é constitutiva de sua personalidade (Sandel, The Procedural Republic and the Unencumbered Self, em: Goodin; Pettit (Eds.), *Contemporary Political Philosophy*, p.247-55). A força do "fato do pluralismo" e o peso da diversidade de concepções nas sociedades contemporânea levaram Rawls a reformular sua teoria de justiça em *Liberalismo político*, no qual reconhece que sua proposta não era totalmente realista, dada a pluralidade de doutrinas e visões de mundo, o que o leva a propor, diante de um pluralismo razoável, o consenso sobreposto, no qual a unidade social se baseia em um consenso sobre a concepção política de justiça, sendo a estabilidade alcançada mediante consenso quando os interesses essenciais dos cidadãos não entram em forte conflito com os requisitos de justiça (Rawls, *Liberalismo político*, p.137).

20 Sobre um panorama do debate, ver: Feres Junior; Pogrebinschi, *Teoria política contemporânea*.

21 Registre-se, porém, que há autores que são críticos ao que se convencionou chamar "multiculturalismo". No campo liberal, Brian Barry defende políticas universalistas e recusa o argumento de que as "políticas de diferença" possuem fundamento no princípio da igualdade. Para ele, o conceito de não discriminação, mediante análises concretas e dotadas de razoabilidade, é suficiente para enfrentar a realidade de minorias culturais (Barry, *Culture and Equality*).

básicas de violação (violação, privação de direitos e degradação).[22] O amor corresponde à integridade corporal, sendo que a violação recairia sobre o corpo, como ocorre no caso de tortura. Já o direito seria a expressão de interesses universalizáveis, cuja privação acarretaria rebaixamento dos indivíduos. Por fim, a estima social estaria relacionada à reputação e ao prestígio, os quais na sociedade moderna estariam desvinculados do *status* estamental e se ligariam a realizações individuais associadas a valores e objetivos compartilhados socialmente.[23]

A aproximação entre a ideia de reconhecimento e a de multiculturalismo deve-se a Charles Taylor, que enfatiza a relação entre uma identidade inferiorizada e a falta de reconhecimento. Suas preocupações decorrem de duas mudanças decorrentes da modernidade. A primeira delas corresponde ao colapso das hierarquias sociais, que formavam a base para a noção de honra, dando lugar à noção de dignidade, cuja concepção teria caráter igualitário e universalista, ao passo que a segunda consiste no ideal de autenticidade, uma identidade individualizada que o sujeito descobre em si próprio e põe em evidência a descoberta e o contato moral consigo mesmo.[24] A definição da identidade, segundo Taylor, só pode ocorrer dialogicamente, ou seja, mediante trocas intersubjetivas,[25] e é parcialmente moldada pelo reconhecimento ou pela falta de reconhecimento ou pelo reconhecimento indevido (*misrecognition*), sendo que o reconhecimento devido seria uma necessidade humana vital.

Diante disso, as políticas de reconhecimento seriam mecanismos para assegurar a dignidade em uma sociedade democrática. Com a mudança do enfoque da honra para a dignidade, surgem as políticas de universalismo, que enfatizam a igual dignidade dos cidadãos, com repercussão em direitos civis e políticos e até na esfera socioeconômica. Mas haveria também a

22 Honneth, Redistribution as Recognition, em: Fraser; Honneth, *Redistribution or Recognition?*, p.138-50.

23 Uma crítica comumente feita à teoria de Honneth consiste no fato de o autor inflar o conceito de reconhecimento, confundindo-o com a ideia de justiça, o que dificulta a tradução da concepção em uma categoria jurídica – como um direito ou um princípio. Nesse sentido, ver: Sarmento, *Dignidade da pessoa humana*, p.249.

24 Taylor, The Politics of Recognition, em: Taylor; Gutmann (Eds.), *Multiculturalism*, p.27-9.

25 "We define our identity always in dialogue with, sometimes in struggle against, the things our significant others want to see in us. Even after we outgrow some of these others – our parents, for instance – and they disappear from our lives, the conversation with them continues within us as long as we live" (Taylor, op. cit., p.33).

necessidade de políticas de diferença, de igual base universalista, em que a identidade de um indivíduo ou de um grupo e sua distinção são preservados. Segundo Taylor, esse aspecto estaria sendo ignorado pela teoria liberal, privilegiando-se a assimilação a uma identidade majoritária ou dominante.[26] O conflito entre essas duas políticas, ambas baseadas em uma noção de igual respeito, decorre da forma como a primeira se conduz, cega às diferenças, valorizando a não discriminação, em contraponto ao estímulo a particulares que é característico da segunda, contra a homogeneidade cultural.

O problema, segundo Taylor, é que mesmo o liberalismo cego às diferenças seria reflexo de culturas particulares, um particularismo mascarado como universal. Por isso, o autor defende a adoção de uma meta coletiva em favor da sobrevivência cultural de determinados grupos, sem qualquer visão particular acerca de projetos de vida, e propõe que uma sociedade com metas coletivas pode ser liberal, desde que seja capaz de respeitar a diversidade, especialmente quando lida com aqueles que não compartilham dessas metas comuns e desde que possa oferecer adequadas salvaguardas para direitos fundamentais.[27] Para o autor canadense, o Estado deve atuar em favor da preservação dessa cultura, sobretudo para grupos cujo modo de vida esteja ameaçado pelas forças desagregadoras da sociedade envolvente.

---

26 "But recognition here means something else. With the politics of equal dignity, what is established is meant to be universally the same, an identical basket of rights and immunities; with the politics of difference, what we are asked to recognize is the unique identity of this individual or group, their distinctness from everyone else. The idea is that it is precisely this distinctness that has been ignored, glossed over, assimilated to a dominant or majority identity. And this assimilation is the cardinal sin against the ideal of authenticity" (Taylor, The Politics of Recognition, em: Taylor; Gutmann (Eds.), *Multiculturalism*, p.38).

27 A teoria de Taylor possui um olhar específico para a realidade do Quebec, no Canadá, onde há uma forte demanda da comunidade francófona por medidas protetivas para a sobrevivência de sua cultura, o que gerou a adoção de medidas como a proibição de membros da comunidade francófona de matricularem seus filhos em escolas anglófonas e a previsão da utilização da língua francesa em empresas com um determinado número de empregados. A despeito da forte atuação da minoria nacional francófona, é bom ressaltar que a realidade em discussão não se assemelha à de povos indígenas, muito mais precária e sujeita a uma opressão permanente, em que a atuação estatal em sua proteção ganha contornos mais necessários. Conforme observou há 25 anos Eric Hobsbawm, "a língua francesa parece estar suficientemente segura porque é falada como língua materna por um quarto da população do Canadá; porque constitui uma comunidade com cerca de metade do tamanho da parte do Canadá que abriga os que falam inglês como língua materna; recebe o apoio oficial da federação ao seu caráter bilíngue; recebe o reforço internacional da cultura francesa, e totaliza quase 130 mil estudantes nas universidades de língua francesa" (Hobsbawm, *Nações e nacionalismo*, p.198).

O trabalho do autor canadense promoveu a reabilitação do conceito de reconhecimento e chamou a atenção para o senso moral da limitação da civilização ocidental e para o estudo do outro,[28] além de conferir destaque ao multiculturalismo. Na esteira do trabalho de Taylor, Michael Walzer descreve dois tipos de liberalismo: um liberalismo comprometido com direitos individuais, marcado pela neutralidade e ausência de objetivos coletivos além da liberdade pessoal, segurança física, bem-estar e segurança dos cidadãos, de um lado; de outro, um liberalismo comprometido com a sobrevivência e o florescimento de uma determinada nação, cultura ou religião, ou com um grupo (limitado) de nações, culturas e religiões – desde que os direitos básicos dos cidadãos com diferentes compromissos ou nenhum estejam protegidos.[29] Não haveria, para ele, incompatibilidade entre a primeira visão de liberalismo e o multiculturalismo, pelo menos em princípio, porém o reconhecimento de igual valor entre culturas poderia ser insuficiente para garantir a sobrevivência das minorias culturais, de modo que uma atuação mais incisiva, como o controle sobre recursos públicos e cotas de emprego, seria mais efetiva para protegê-las.[30]

Tanto Taylor como Walzer inserem preocupações substantivas na organização de uma sociedade liberal e preconizam que o Estado pode adotar determinadas concepções de vida boa para salvaguardar práticas culturais minoritárias. Ambos ressaltam, porém, que o patrocínio estatal a determinadas medidas deve resguardar os direitos individuais dos demais integrantes da sociedade, sem explicitar de que forma certos casos fronteiriços seriam resolvidos. Entre as críticas a essa proposta, está o pouco peso conferido às políticas universais e a inconsistência da defesa de que o Estado persiga metas coletivas em favor da sobrevivência cultural de certos grupos. Steven Rockefeller, por exemplo, critica Taylor por entender que o reconhecimento igual é intrínseco e não depende de uma identidade étnica, mas de uma identidade humana universal, de maneira que colocar a última em posição igual ou

28 Feres Junior; Pogrebinschi, *Teoria política contemporânea*.

29 Walzer, Comentário, em: Taylor et al., *Multiculturalismo*, p.118.

30 Walzer observa que qualquer forma que não seja o Estado liberal seria perigosa para comunidades e indivíduos. Seria uma empreitada estranha argumentar em nome do comunitarismo em favor de um Estado alternativo. Mas a correção comunitária requer um Estado liberal de um determinado tipo, o qual não é historicamente inusual: um Estado deliberadamente não neutro (Walzer, The Communitarian Critique of Liberalism, em: *Politics and Passion*, p.156).

superior à primeira representaria um enfraquecimento do liberalismo e uma abertura de portas à intolerância.[31] Jurgen Habermas, por sua vez, critica a teoria de Taylor por sua ambiguidade, ao não expressar claramente qual sua posição sobre Estado democrático constitucional, bem como pelo fato de se valer de uma concepção específica de vida boa. Para Habermas, a teoria dos direitos não é de todo cega às diferenças culturais, de modo que a interpretação de Taylor sobre o que seria a primeira forma de liberalismo incorre no paternalismo ao ignorar a ideia de autonomia pública, que só pode existir se aqueles a quem a lei se dirige podem compreender a si próprios como autores das leis perante as quais são sujeitos enquanto pessoas legais privadas.[32]

Atenta às demandas por reconhecimento, mas opondo-se a Honneth e Taylor, Nancy Fraser tenta, em sua teoria de justiça, uni-las com as demandas por redistribuição, por meio de uma compreensão filosófica que trata aquelas como uma questão de justiça, e não de autorrealização.[33] Para tanto, desenvolve uma concepção bidimensional de justiça que compatibiliza demandas por igualdade social e pelo reconhecimento à diferença. Seu objetivo é demonstrar que a justiça requer ambas as coisas. A redistribuição estaria ligada à concepção liberal de esquerda (Rawls, Dworkin) e a uma visão de justiça procedimental calcada na moralidade, ao passo que o reconhecimento decorreria da filosofia da consciência de Hegel, com base em uma noção de ética e de uma concepção de vida boa.[34]

Buscando articular os conceitos não de forma filosófica, mas como paradigmas populares de justiça (*folk paradigms of justice*), Fraser observa que, em casos extremos, pode até não haver uma intersecção entre redistribuição e reconhecimento, como nos casos de diferenciação de classe (problema de redistribuição) ou na condição dos homossexuais[35] (problema de

---

31 Rockefeller, Comentário, em: Taylor et al., *Multiculturalismo*, p.106.

32 Habermas, Lutas pelo reconhecimento no Estado democrático constitucional, em: Taylor et al., *Multiculturalismo*, p.130-1.

33 "For both Taylor and Honneth, being recognized by another is a necessary condition for attaining full, undistorted subjectivity. To deny someone recognition is to deprive her or him of a basic prerrequisite for human flourishing" (Fraser, Social Justice in the Age of Identity Politics: Redistribution, Recognition, and Participation, em: Fraser; Honneth, *Redistribution or Recognition?*, p.28).

34 Feres Junior; Pogrebinschi, *Teoria política contemporânea*.

35 A luta de classes estaria baseada no enfrentamento contra a exploração da força de trabalho, cuja solução seria redistribuição, abolição de classes. Já a homossexualidade seria uma diferenciação sem relação com a economia política, presente em todas as classes sociais, baseada

reconhecimento). Na maioria dos casos, porém, nenhuma das políticas é capaz de resolver a questão isoladamente. Nas questões de gênero, por exemplo, incidem tanto aspectos redistributivos, relacionados à divisão entre trabalho produtivo pago (desempenhado por homens) e trabalho doméstico não pago (desempenhado por mulheres) e diferenças de remuneração no primeiro, quanto aspectos de reconhecimento, em razão do padrão institucionalizado de valores culturais que privilegia a masculinidade e da subordinação de *status* que sofrem as mulheres. Nas questões raciais, ocorre o mesmo: certos grupos sofrem taxas altas de desemprego e de pobreza em razão dos tipos de trabalho que lhes são destinados, enquanto mão de obra supérflua. Ao mesmo tempo, quanto ao *status*, padrões eurocêntricos de valores culturais privilegiam o que estiver associado ao branco, enquanto estigmatiza aquilo que se relaciona ao preto, ao amarelo, tratando-os como inferiores.

Para enfrentar o dilema redistribuição-reconhecimento, Fraser propõe um critério normativo, a paridade de participação, que permite avaliar a legitimidade de demandas identitárias. Existiriam duas condições para a paridade de participação: a) a distribuição dos recursos materiais deve assegurar aos participantes independência e "voz"; b) os padrões institucionalizados de valor cultural devem expressar igual respeito a todos os participantes da sociedade e garantir oportunidades iguais para conquistarem a estima social.[36] Com esse critério, neutralizam-se demandas que tenham por finalidade deslegitimar o outro (como demandas da Ku Klux Klan, por exemplo) e

em padrões institucionalizados de valores culturais que constroem a heterossexualidade como natural e normativa. Nancy Fraser constrói tipos ideais a partir desses extremos, embora reconheça que mesmo nesses casos é possível identificar a confluência de demandas, como no caso da estigmatização da pobreza: "For practical purposes, then, virtually all real-world axes of subordination can be treated as two-dimensional. Virtually all implicate both maldistribution and misrecognition in forms where each of those injustices has some independent weight, whatever its ultimate roots. To be sure, not all axes of subordination are two-dimensional in the same way, nor to the same degreee. Some, such as class, tilt more heavily toward the distribution end of the spectrum; others, such as sexuality, incline more to the recognition end; while still others, such as gender and 'race', cluster close to the center. The precise proportion of economic disadvantage and status subordination must be determined empirically in every case" (Fraser, Social Justice in the Age of Identity Politics: Redistribution, Recognition, and Participation, em: Fraser; Honneth, p.25).

36 Fraser, Social Justice in the Age of Identity Politics: Redistribution, Recognition and Participation, em: Fraser; Honneth, *Redistribution or Recognition*, p.36.

busca-se garantir recursos materiais para que os grupos e indivíduos possam se expressar.

Além do critério da paridade de participação, Nancy Fraser propõe remédios "afirmativos" e remédios "transformativos". Os primeiros não promovem alterações estruturais, mas geram alguns resultados, ao passo que os segundos buscam subverter as estruturas econômicas e sociais que os engendram. Exemplo: combate à miséria (afirmativo) e socialismo (transformativo), valorizar a identidade (afirmativo) e acabar com as diferenças entre heterossexuais e homossexuais (transformativo). Fraser valoriza medidas transformativas, mas reconhece as dificuldades de implementá-las, por isso preconiza que, para cada medida, seja avaliado se a adoção de um remédio afirmativo pode ter um impacto capaz de influir, no futuro, em uma medida transformativa, o que ela caracteriza como "reformismo sem reforma".

A proposta de Nancy Fraser gera especial interesse de aplicação em uma realidade marcada pela desigualdade, como é a da sociedade brasileira. A marginalização histórica de negros, povos indígenas e outras populações tradicionais, mulheres, homossexuais e outras minorias gera repercussões tanto nos campos de distribuição como no de reconhecimento. Por muito tempo – e ainda hoje – tenta-se reduzir os problemas atinentes ao racismo e à exclusão unicamente a uma questão social, o que é constantemente desmentido pelas estatísticas.[37] Da mesma forma, no trato de povos indígenas, diante de um cenário de extrema vulnerabilidade, a adoção de políticas compensatórias por meio de programas de transferência de renda não é suficiente para lidar com as peculiaridades socioculturais de cada grupo, uma vez que o incremento de rendimentos, sem a garantia de território ou do livre desenvolvimento de sua cultura, pode gerar desagregação social e internalização de práticas não cultivadas pelo grupo.

37 Em trabalho do Instituto de Pesquisa Econômica Aplicada, apontou-se que, em 2004, as mulheres alcançavam 63% da renda masculina, e, em 2014, esse número chegou a pouco mais de 70%. Apesar da aproximação de rendimentos, não houve uma alteração efetiva da estrutura das desigualdades: os homens ganham mais que as mulheres (R$ 1.831 × R$ 1.288, em 2014), as mulheres negras estão na base da pirâmide (R$ 946) e os homens brancos, no topo (R$ 2.393) (Brasil, Ministério do Planejamento, Orçamento e Gestão, Instituto de Pesquisa Econômica Aplicada, *Nota Técnica n.24*: mulheres e trabalho: breve análise do período 2004-2014. Disponível em: http://www.ipea.gov.br/portal/images/stories/PDFs/nota_tecnica/160309_nt_24_mulher_trabalho_marco_2016.pdf. Acesso em: 23 set. 2016).

Além disso, a caracterização dos remédios como "afirmativos" ou "transformativos" possui relevância na indicação de rumos para a emancipação de uma minoria étnica oprimida. Certas medidas de caráter meramente afirmativo não contribuem com a real autonomia de povos indígenas e muitas podem reforçar uma estigmatização. Em praticamente todos os temas é possível analisar os remédios adotados (sobretudo afirmativo e afirmativo com viés transformativo) e identificar a melhor condução de uma política. Por exemplo, no âmbito da saúde, a criação de um subsistema de saúde, com atenção diferenciada aos povos indígenas, é relevante, porém tem um impacto limitado se não for acompanhada de um controle social efetivo pelos próprios indígenas, com uma diretriz efetivamente intercultural, não pautada apenas na biomedicina, mas também referendando práticas tradicionais dos grupos. Outro caso exemplar é o da consulta prévia, livre e informada, prevista na Convenção 169 da Organização Internacional do Trabalho (OIT), cuja aplicação pode representar uma mera embalagem pluralista, por meio de realização de audiências homologatórias, com direito à participação dos indígenas (logo, afirmativo), ou pode ganhar contornos de um processo de efetivo consentimento prévio, livre e informado desses povos (transformativo).[38]

A concretização da aproximação entre liberalismo e multiculturalismo e o destaque à realidade de povos indígenas são feitos por Will Kymlicka. O autor, que é canadense, considera que a teoria liberal abrange os direitos coletivos e aceita os direitos específicos de grupo, sem a necessidade de que o

---

38 Para César Rodríguez Garavito, uma adoção débil da consulta prévia, livre e informada, prevista na Convenção 169/OIT, é aquela que a trata como mecanismo meramente procedimental, em que o foco está na mera participação dos povos indígenas, e não em seu consentimento. Nesse processo, desconsideram-se as assimetrias existentes e deixam-se intocadas as relações de poder, propiciando uma atuação agressiva do agente econômico, mas sob uma roupagem que absorve o discurso do "empoderamento" das comunidades. Com o estrago feito, boa parte dos processos que vão às cortes tratam do cálculo do dano ambiental e cultural que pode causar o projeto econômico e de uma forma de compensação para o povo que sofre. O mesmo ocorreria com muitos litígios originados na omissão da consulta ou nas consultas feitas inadequadamente. Como exemplo, cita o caso do povo Embera, quando da construção da represa Urrá em área de conflito na Colômbia (Sentencia T-652/98), em que a tramitação do processo e a decisão judicial favorável não foram suficientes para impedir a exploração dos recursos. O autor observa que é possível, porém, uma visão contra-hegemônica, baseada na autodeterminação e na incorporação de estratégias jurídicas pelos povos indígenas para a sua mobilização política, que recuse uma adoção meramente conciliatória do procedimento de consulta. Esse tipo de atuação é que estaria pautando os Embera contra a expansão da represa (Garavito, *Etnicidad.gov.*).

Estado patrocine concepções específicas de vida boa – no que difere de Taylor –, por isso propõe uma complementação da teoria de direitos humanos por uma teoria de direitos de minorias, que leve em conta que a autonomia e a escolha individual dependem do acesso à cultura societária do grupo. Os direitos de minoria seriam, para Kymlicka, consistentes com a teoria liberal devido a razões baseadas na igualdade, no consenso histórico e na diversidade.[39] Para desenhar a proteção dos direitos de grupos, propõe uma diferenciação inicial entre os grupos culturais: minorias nacionais e grupos étnicos. As primeiras se caracterizam por desejarem se manter como distintas na cultura majoritária, demandando formas de autonomia e de autogoverno para garantir sua sobrevivência como sociedades distintas, o que envolveria povos indígenas e grupos como os francófonos de Quebec, no Canadá, ao passo que as segundas desejam se integrar a uma sociedade mais ampla e a serem aceitos como membros plenos dela, como é o caso de imigrantes e da população negra. Essa classificação pode conter temperamentos, como no caso de grupos de imigrantes que passam a desejar o autogoverno e almejar a condição de minoria nacional. Um Estado é multicultural se os seus membros pertencem a diferentes nações (Estado multinacional) ou se emigraram de diferentes nações (Estado poliétnico), desde que esse fato constitua um aspecto importante da identidade pessoal e da vida política. Nessa classificação não se incluiriam as mulheres, as pessoas homossexuais e outros grupos que são encontrados na maioria das culturas e nações homogêneas.

Kymlicka estabelece, ainda, dois tipos de direitos de grupo: as proteções externas e as restrições internas. As proteções externas consistiriam em mecanismos para assegurar os direitos de um determinado grupo em face da sociedade hegemônica, notadamente contra decisões externas. Um exemplo clássico é a demanda por terras, mas podem ser citados direitos próprios de

---

39 Segundo Kymlicka, a igualdade impõe garantir a retificação da desvantagem das culturas minoritárias em relação às decisões majoritárias – causada pela imposição da língua, dos currículos em escola pública, estabelecimento de feriados etc. –, por meio de autonomia territorial, poderes de veto, representação assegurada em instituições centrais, demandas por terras, direitos referentes à língua. O consenso histórico remonta à tentativa de superar as consequências das incorporações involuntárias de determinados grupos, como as decorrentes da colonização. Esse acordo teria por objetivo tornar a federação mais voluntária. Já a diversidade cultural é um valor por si só, que contribui para a riqueza de todos, mas não possui tanto peso em relação às minorias nacionais, se comparadas a medidas de integração, com menores impactos à coletividade como um todo (Kymlicka, *Multicultural Citizenship*, cap.6).

saúde e direitos de representação.[40] Tais proteções seriam, na visão do autor canadense, consistentes com a democracia liberal, por promoverem a igualdade entre grupos e não permitirem a opressão de um sobre o outro.[41] Não haveria tampouco conflito com direitos individuais. Já as restrições internas se caracterizariam pelo respeito aos indivíduos que se situam em determinado grupo e não podem ser oprimidos por decisões internas – o que geraria uma dupla opressão. Essas restrições seriam menos condizentes, na visão de Kymlicka, com o liberalismo, de modo que mereceriam maior enfrentamento. Já as proteções externas seriam plenamente condizentes com a teoria liberal.

A teoria do autor canadense oferece, assim como a de Nancy Fraser, ferramentas úteis para tratar de direitos de grupos, como as proteções externas e restrições internas, e afasta o caráter neutro do Estado liberal para realçar os direitos de certos grupos (as minorias nacionais), em especial os de autogoverno e os territoriais, como essenciais para que tenham voz e se organizem em condições minimamente adequadas para exercer a participação política. As proteções externas são fundamentais para garantir os modos de organização dos povos indígenas, enquanto grupo e individualmente. Nesse sentido, a proteção territorial ganha especial relevância, assim como todos os aspectos atinentes às suas peculiaridades socioculturais (trabalho, saúde, educação). Paralelamente, a visão fortemente negativa quanto a restrições internas, além de proteger os indivíduos do grupo, denota uma certa dificuldade da teoria de Kymlicka em lidar com culturas que não sejam pautadas por valores liberais ou ao menos reconhecer as diversas possibilidades de aprendizado recíproco entre as culturas.

Considerando os debates em torno do multiculturalismo, pode-se dizer que há um chamado multiculturalismo liberal, que reconhece a diferença e preconiza que o Estado não deve se manter neutro, impondo-lhe a adoção de medidas que protejam os direitos de certos grupos minoritários. Isso não significa, porém, que necessariamente deva patrocinar uma determinada

---

40 O autor apresenta então três formas de direitos de grupos: direitos de autogoverno, direitos poliétnicos e direitos especiais de representação. Os direitos de autogoverno buscam assegurar autonomia sobre determinado território e geralmente são invocados por minorias nacionais ou povos indígenas. Já os direitos poliétnicos podem ser invocados por todos os grupos. Por fim, os direitos de representação seriam uma consequência do autogoverno quanto a decisões federais que possam colocá-lo em risco.

41 Kymlicka, The Good, the Bad and the Intolerable: Minority Group Rights, em: Goodale (Ed.), *Human Rights*, p.60.

concepção de vida boa nem restringir a autonomia dos membros do grupo. A proteção da identidade desses grupos deve ocorrer com o fim de assegurar a igualdade perante o restante da sociedade envolvente e de maneira respeitosa às suas cosmovisões e formas de organização, por meio de direitos de autogoverno, direitos de representação e direitos culturais.

Um dos problemas desse chamado multiculturalismo liberal reside na tentativa de colocar as minorias nacionais ou outros grupos sob a órbita da concepção hegemônica, restando às formas de organização e cosmovisões não liberais seguir as regras de um jogo com as quais não possuem qualquer familiaridade e que estão previamente definidas. Nas abordagens do multiculturalismo, há uma tendência de primazia de certos valores compartilhados que são próprios de uma cultura liberal, inclusive no que se refere à presunção de racionalidade dos envolvidos, sem maior interesse nos valores que certos grupos étnicos, como os povos indígenas, podem apresentar.

Outro aspecto marcante é o risco de essencialismo no estabelecimento de exigências para classificar como minorias nacionais os povos indígenas, que se manifesta por meio da idealização da organização desses povos, reproduzindo certas exigências próprias de uma visão estigmatizante, como um território ancestral, geralmente rural, com uma natureza selvagem, práticas culturais atávicas, economia de subsistência e pleno desejo de manter-se como comunidade cultural distinta da comunidade majoritária.[42] Tal aspecto merece reflexão no caso brasileiro, em que os séculos de homogeneização e imposição de costumes, línguas e cosmovisões acarretaram fortes prejuízos às identidades de alguns grupos, a despeito de se manterem etnicamente vinculados, situação que foi historicamente utilizada para negar-lhes direitos, sobretudo à terra. No país, além de povos indígenas que se organizam como minorias nacionais (na conceituação de Kymlicka), há populações indígenas que interagem com a sociedade envolvente como grupos étnicos e que não mais vivem em seus territórios, sendo, inclusive, beneficiários de certas

---

42 Essas são as cinco características do chamado "modelo antropológico indigenista", conforme classificação de Daniel Bonilla Maldonado. Para o autor, o modelo "territorializa", "ecologiza" e essencializa a identidade indígena, que seria estável e imutável. Haveria um verdadeiro indígena, aquele que vive em território ancestral de sua comunidade (Maldonado, Indígenas urbanos y derechos culturales: los límites del multiculturalismo liberal, *Revista Direito GV*, v.7, n.2, p.569-604, 2011).

políticas públicas,[43] como as ações afirmativas, e, entre os dois grupos, há os que se organizam de forma diferenciada, em terras não tradicionalmente ocupadas ou mesmo nas cidades, porém desejam afirmar-se como grupo autônomo perante a sociedade envolvente.

## 2. As epistemologias do Sul: interculturalidade crítica e novo constitucionalismo latino-americano

Diante do cenário histórico de homogeneização e marginalização desses grupos, que se submeteram a toda a sorte de violências materiais e simbólicas na construção de uma identidade nacional artificial, não basta reconhecer o fato do pluralismo ou oferecer-lhes direitos mínimos; é necessário encarar os colonialismos[44] e dar condições para que as transformações sociais se operem com ampla liberdade a esses povos para que exerçam seus projetos de vida e possam ter suas escolhas respeitadas.

Como afirma Aníbal Quijano, o fato de o processo de independência dos Estados na América Latina ter ocorrido sem a descolonização da sociedade indica uma rearticulação da colonialidade do poder sobre novas bases institucionais. A colonialidade do poder atinge o imaginário dos dominados e

43 Ressalte-se que não há necessária oposição entre ostentar uma condição ou outra. Ao contrário, é plenamente possível que membros de determinado grupo continuem com fortes vínculos ao território e interajam com a sociedade envolvente, reivindicando direitos atinentes a ambos os grupos.

44 Há certas diferenças nas aplicações dos termos, mas a maioria dos autores concorda que o colonialismo externo se identifica com uma forma específica de dominação político-administrativa, datada historicamente, que organiza o mundo em torno de metrópoles/colônias e basicamente tem a ver com a organização da dominação em termos políticos, ao passo que o colonialismo interno se refere à manutenção de formas de dominação mesmo após os processos de independência (nesse sentido, ver: Casanova, El colonialismo interno, em *Sociología de la explotacíon*. Disponível em: <http://biblioteca.clacso.edu.ar/clacso/se/20130909101259/colonia.pdf>. Acesso em: 30 jul. 2017.). A noção de colonialidade, por sua vez, liga-se a um padrão de poder global que inclui o colonialismo e vai mais além, abrangendo o pensamento no qual seguem sendo perpetuadas diferenças, subalternidades, dominações e subordinação, identidades fixas e homogeneizadoras (índio, mestiço, negro). Paulo Thadeu Gomes da Silva (que se vale da expressão "colonialidade interna") cita como exemplos desta as práticas de exploração dos índios pelos não índios como mão de obra barata, a necessidade de comprovação de posse das terras que reivindicam como seus territórios, a presença de missões evangelizadoras nas áreas indígenas e a ausência de representatividade indígena no parlamento (Silva, *Os direitos dos índios*, p.204)

recai sobre os modos de conhecer, produzir conhecimento, produzir perspectivas, imagens e sistemas de imagens, símbolos, modos de significação,[45] em que a modernidade, a racionalidade e o eurocentrismo são, de um lado, o topo da marcha da história, ao passo que, de outro, há inferioridade, emoção e pré-modernidade.

Reconhecer as mazelas do colonialidade apresenta-se como tarefa primordial para verificar os limites da cultura política ocidental e assegurar uma emancipação social que seja construída a partir do Sul, não do Norte. Um "Sul" simbólico dos oprimidos, não geográfico. Pensa-se em epistemologias do Sul, com apelo aos novos processos de produção e de valoração de conhecimentos válidos, científicos e não científicos, e de novas relações entre diferentes tipos de conhecimento, a partir das práticas das classes e grupos sociais que sofreram de maneira sistemática as desigualdades injustas e as discriminações causadas pelo capitalismo e pelo colonialismo. Como afirma Boaventura de Sousa Santos, o Sul é uma metáfora do sofrimento humano causado pelo capitalismo e pelo colonialismo em nível global e também da resistência para superá-lo ou minimizá-lo,[46] com uma compreensão mais ampla de mundo que a ocidental, que leve em consideração a diversidade infinita dos modos distintos de ser, pensar e sentir, de conceber o tempo, a relação entre seres humanos e entre humanos e não humanos, de olhar para o passado e o futuro, de organizar coletivamente a vida, a produção de bens e serviços e o ócio. Constitui, assim, não uma alternativa, mas um pensamento alternativo de alternativas, com ênfase na *desmonumentalização* do conhecimento.

Os dois fundamentos centrais dessa epistemologia do Sul são a ecologia de saberes e a tradução intercultural. A ecologia de saberes decorre da diversidade epistemológica e pressupõe múltiplas concepções de ser e estar no mundo. Já a tradução intercultural vincula-se a um procedimento que permita criar inteligibilidade recíproca entre as experiências do mundo, tanto as disponíveis como as possíveis.[47] Nesse cenário, a expressão "interculturalidade" se mostra mais feliz que "multiculturalismo", pois não se

45 Quijano, Colonialidad del poder, eurocentrismo y America Latina, em: Lander (Org.), La colonialidad del saber: eurocentrismo y ciencias sociales, *Perspectivas latinoamericanas*, p.26.

46 Santos, Epistemologías del Sur, *Revista Utopía y Praxis Latinoamericana*, año 16, n.54, p.17-39, jul.-set. 2011.

47 Ibid., p.37.

contenta em apenas reconhecer o fato das múltiplas culturas, mas também em preconizar um diálogo que reconheça as incompletudes mútuas e permita a troca entre os diferentes saberes, por meio da chamada hermenêutica diatópica.[48] Reconhece-se a pluralidade de culturas e propõe-se uma visão intercultural que confira ênfase ao diálogo em igualdade de condições entre os grupos que compõem uma sociedade, pressupondo uma troca de cosmovisões e um aprendizado recíproco. Para isso ocorrer, conferir voz a grupos indígenas é essencial, sob pena de os paradigmas serem construídos unicamente sob uma concepção, que tolhe a possibilidade de eles efetivamente exercerem sua autonomia e contribuírem para a construção de uma sociedade plural.

A interculturalidade deve representar um efetivo projeto de descolonização ("decolonialidade") e transformação, e não apenas ser funcional ao modelo existente, olvidando-se as assimetrias e as desigualdades sociais existentes, conforme ressalta Catherine Walsh, que enfatiza o papel da educação na construção de uma interculturalidade crítica e a transformação das estruturas institucionais.[49] A chamada opção decolonial – sem o "s", para enfatizar um processo construtivo e não destrutivo – tem o fim de conferir uma possibilidade de desprendimento e abertura ao pensamento, tão encoberto pela racionalidade moderna.[50] A autora faz a distinção entre a interculturalidade crítica e a interculturalidade meramente funcional: enquanto esta parte dos interesses e necessidades das instituições sociais dominantes, aquela enfatiza o problema do poder, seu padrão de racialização e a

---

48 Daí surge a já consagrada expressão de que "temos o direito a ser iguais quando a diferença nos inferioriza; temos o direito a ser diferentes quando a igualdade nos descaracteriza". Nesse sentido, ver: Santos, *A gramática do tempo*, p.462.

49 Walsh, Interculturalidad crítica y educación intercultural, em: Viaña; Tapia; Walsh, *Interculturalidad crítica y educación intercultural*, p.75-96. Um aspecto ressaltado pela autora diz respeito às reformas no âmbito da educação que, sob o pretexto de fortalecer o caráter multicultural da sociedade, reforça estereótipos e colonialismos: "Este problema se puede observar, entre otros ámbitos, en la producción de textos escolares, la formación de maestros y los currículos usados en las escuelas. Bajo el pretexto de la 'interculturalidad', las editoriales de libros escolares asumen una política de representación que, mientras incorpora imágenes de indígenas y negros, refuerza estereotipos y procesos coloniales de racialización (Granda, 2004)".

50 Mignolo, El pensamiento decolonial: desprendimiento y apertura. Un manifesto, em: Castro-Gómez; Grosfoguel (Eds.), *El giro decolonial*, p.27.

diferença, representando uma construção a partir das pessoas que sofreram um histórico de submissão.[51]

Daniel Bonilla Maldonado propõe a construção de um modelo multicultural pluralista, que aposte no diálogo, reconhecendo as características dos diversos grupos e quebrando-se a estrutura hierarquizada que dá precedência à visão liberal. A fim de assegurar esse tratamento, estabelece cinco condições:[52] i) o Estado deve ser efetivamente imparcial em relação às comunidades culturais, acomodando-as e não impondo uma visão majoritária; ii) deve-se conferir o máximo de autogoverno às comunidades tradicionais, em especial aos povos indígenas; iii) existência de uma moralidade mínima, com pequena intervenção estatal e possibilidade de amplo diálogo entre as sociedades; iv) a possibilidade de saída da comunidade por parte de um membro, quando não concordar com suas práticas e modos de vida; v) a existência de diálogos interculturais.

O diálogo intercultural não pode prescindir do entendimento acerca das compreensões do outro. O primeiro passo para que isso seja garantido pressupõe admitir que os povos indígenas possuem cosmovisões próprias. Em muitos casos, seus conceitos e percepções da realidade partem de pressupostos totalmente distintos dos nossos. Por exemplo, enquanto a antropologia, na tradicional distinção natureza/cultura, aponta a existência de uma natureza única, tomada pela universalidade objetiva dos corpos e das substâncias, e de múltiplas culturas, Eduardo Viveiros de Castro observa que o pensamento indígena vê uma unidade no espírito e uma diversidade nos corpos, ou seja, uma única cultura e distintas naturezas. Na cosmologia ameríndia, os animais não veem a si próprios como não humanos, mas como humanos, e veem seu alimento como alimento humano (o sangue, para o jaguar, seria um cauim; os vermes de carne podre, para um urubu, seriam um

51 "Esta matriz cuatri-dimensionada de la colonialidad evidencia que la diferencia, construida e impuesta desde la colonia hasta los momentos actuales, no es una diferencia simplemente asentada sobre la cultura y tampoco es reflejo de una dominación enraizada sólo en cuestiones de clase, como ha venido argumentando gran parte de la intelectualidad latinoamericana. Más bien, la matriz de la colonialidad afirma el lugar céntrico de raza, racismo y racialización como elementos constitutivos y fundantes de las relaciones de dominación y del capitalismo mismo. Es en este sentido que hablamos de la 'diferencia colonial', sobre la cual está asentada la modernidad, y la articulación y crecimiento del capitalismo global" (Walsh, Interculturalidad crítica y educación intercultural, em: Viaña; Tapia; Walsh, *Interculturalidad crítica y educación intercultural*, p.75-96).

52 Maldonado, *La constitución multicultural*, p.271-83.

peixe assado), além de possuírem um sistema social identicamente organizado ao das instituições humanas. Os animais também seriam gente e se veriam como pessoas. Segundo o chamado perspectivismo ameríndio, não é a natureza que é única, mas a cultura. Nem mesmo a expressão "multiculturalismo" seria cabível para povos indígenas, já que haveria uma única cultura, sendo mais correta a expressão "multinaturalismo".[53]

Como afirma Davi Kopenawa, xamã e líder Yanomami, os brancos têm um pensamento "curto e obscuro", que não se expande nem se eleva, por medo da morte e porque os seus sonhos não vão tão longe quanto o do seu povo. Embora não possuam leis desenhadas em peles de papel, os Yanomami possuem a imagem de Omama – o demiurgo com quem copulou a filha do monstro aquático Tëpërësiki, dono das plantas cultivadas, e deu origem a esse povo – e a de seu filho, o primeiro xamã, que são a sua lei e governo. As palavras de Omama e dos espíritos penetraram no pensamento com a *yakoana* e o sonho, e as leis são guardadas desde o início: "O que eles (os brancos) chamam de educação, para nós são as palavras de *Omama* e dos *xapiri*, os discursos *hereamuu* de nossos grandes homens, os diálogos *wayamuu* e *yãimuu* de nossas festas. Por isso, enquanto vivermos, a lei de *Omama* permanecerá sempre no fundo de nosso pensamento", afirma.[54]

Efetivar um diálogo intercultural pressupõe uma abertura a essas cosmovisões. É necessário que o aprendizado recíproco se realize a partir de uma visão empática que se coloque no lugar do outro e permita que as normas sejam criadas e interpretadas de maneira a levar em consideração essas novas percepções da realidade e assegurar o devido espaço à sua apresentação.

Os ordenamentos do chamado ciclo do constitucionalismo pluricultural, ocorrido em vários países da América Latina, na expressão feliz de Raquel Z. Yrigoyen Fajardo,[55] acolhem uma visão que respeita o pluralismo e a

---

53 O perspectivismo ameríndio foi desenvolvido por Eduardo Viveiros de Castro para demonstrar, em breve síntese, que os povos indígenas que habitam a América possuem, em geral, cosmovisões similares quanto à caracterização da natureza e aos aspectos humanos nos seres não humanos. Sobre o tema, ver: Castro, *A inconstância da alma selvagem e outros ensaios de antropologia*.

54 Kopenawa; Bruce, *A queda do céu*, p.391.

55 O primeiro ciclo é o do constitucionalismo multicultural (1982-1988), marcado pela emergência do multiculturalismo e por novas demandas indígenas. Nesse ciclo, são introduzidos o conceito de diversidade cultural, o reconhecimento da configuração multicultural da sociedade e o direito individual e coletivo à identidade cultural, com alguns direitos indígenas

diversidade étnico-cultural, convertendo-os em princípios constitucionais. As constituições do último ciclo – Bolívia e Equador – são as que oferecem melhores nortes interpretativos para uma hermêutica diatópica com relação a esses povos. A Constituição do Equador traz direitos próprios da natureza, utilizando tanto o termo "natureza" como a palavra *Pachamama*, atrelada às cosmovisões dos povos indígenas. Entre os direitos está o respeito à sua existência e a manutenção e regeneração dos seus ciclos vitais, estrutura, funções e processos evolutivos (art. 72). Além disso, a natureza ou *Pachamama* tem direito à restauração integral (art. 73), independentemente da obrigação de indenizar. Outro conceito introduzido é o de *sumak kawsay* ou *buen vivir*, que permite o encontro dos saberes tradicionais com ideais ocidentais de qualidade de vida ou desenvolvimento humano.[56]

A Constituição da Bolívia reconhece o protagonismo da ampla maioria indígena que compõe sua população e assegura as formas de organização desses povos na formatação de conceitos próprios da sociedade envolvente. Em primeiro lugar, o Estado boliviano passa a ser plurinacional, conferindo-se peso à autonomia dos povos tradicionais. Por exemplo, é reconhecida uma forma comunitária de democracia, ao lado da participativa e da

---

específicos. São desse ciclo as constituições do Canadá, da Guatemala e do Brasil. O segundo ciclo é o do constitucionalismo pluricultural (1989-2005), no qual as constituições afirmam o direito à identidade e à diversidade cultural, além de incluir o conceito de nação multiétnica/multicultural e Estado pluricultural, qualificando a natureza da população e adotando uma redefinição do caráter do Estado. Adota-se um rol de direitos, na esteira da Convenção 169/OIT, como oficialização de idiomas indígenas, educação bilíngue intercultural, consulta prévia etc. A maior inovação diz respeito ao reconhecimento do pluralismo jurídico, mediante o reconhecimento expresso de autoridades indígenas, suas normas e procedimentos. São desse período as constituições dos seguintes países: Colômbia (1991), México (1992), Paraguai (1992), Peru (1993), Bolívia (1994), Argentina (1994), Equador (1996 e 1998) e Venezuela (1999). O terceiro ciclo é o do constitucionalismo plurinacional (2006-2009), por meio do qual se propõe uma refundação do Estado, mediante o reconhecimento de que os povos indígenas são nações originárias ou nacionalidades com autodeterminação, ou seja, sujeitos políticos coletivos com direito a definir seu destino, governar-se com autonomia e participar nos novos pactos do Estado, que se apresenta como "Estado plurinacional". Além disso, incorpora-se a cosmovisão indígena, o que se traduz no direito à água, ao "buen vivir", à segurança alimentar, entre outros. São desse ciclo as constituições da Bolívia e do Equador. Sobre os ciclos, ver: Fajardo, Pluralismo jurídico y jurisdicción indígena en el horizonte del constitucionalismo pluralista, em: Baldi (Coord.), *Aprender desde o Sul*, p.35-57.

56 Sobre as mudanças provocadas pelo chamado "giro biocêntrico" da Constituição equatoriana, ver: Gudynas, La ecología política del giro biocéntrico em la nueva Constitución de Ecuador, *Revista de Estudios Sociales*, Bogotá, n.32, p.34-47, abr. 2009.

representativa, a qual se dá por meio da eleição, designação de autoridades e representantes por normas e procedimentos próprios. Existe ainda uma possibilidade de constituição de entidades territoriais autônomas, com autonomia política fora dos municípios, que não poderá extrapolar a área dos departamentos, o que se consolida por meio de procedimentos de consulta.[57] Outro aspecto relevante diz respeito à jurisdição indígena originária campesina (art. 190), cujas normas, procedimentos, princípios e valores culturais não são impostos, mas oriundos das próprias etnias. As decisões só podem ser revistas por um Tribunal Constitucional Plurinacional, de cuja composição também fazem parte indígenas.[58]

A ideia de *vivir bien* ou *sumaj qamaña* é representativa da incorporação das cosmovisões dos povos indígenas à organização do Estado e à interpretação das normas constitucionais. *Vivir bien* é um conceito que ressalta a importância de uma relação harmônica com a natureza, recusando uma visão predatória pautada pelo egoísmo e pela concentração da riqueza. A Constituição boliviana prevê, em seu art. 313, propósitos para que se alcance o *vivir bien*, o que abrange o respeito a direitos individuais e dos povos, a distribuição justa da riqueza, a redução das desigualdades quanto ao acesso a recursos, o desenvolvimento produtivo e a participação ativa das economias pública e comunitária no aparato produtivo.

A implementação desses projetos constitucionais não é uma tarefa simples, já que conflita com interesses econômicos privados e do Estado, que desejam relativizar a aplicação de certos preceitos. Por exemplo, no Equador, pouco tempo após a vigência da nova Constituição, o governo de Rafael Correa aprovou uma lei de mineração sem a realização de consulta prévia.[59] Na Bolívia, não é incomum a tensão entre a visão desenvolvimentista e a concepção de "buen vivir", como demonstra o impasse referente à construção

57 Leonel Júnior, *O novo constitucionalismo latino-americano*, p.133-4.

58 Uma crítica diz respeito ao fato de que o juiz indígena é eleito pelo departamento onde está situado, e não no território propriamente dito. Cf. Leonel Júnior, *O novo constitucionalismo latino-americano*, p.140.

59 A questão chegou à Corte Constitucional, que não declarou a inconstitucionalidade da lei, em razão do fato de o país estar em transição institucional e de a consulta não estar regulamentada, limitando-se a estabelecer algumas regras procedimentais para a consulta. A decisão mostra que o grau avançado do texto constitucional não redunda necessariamente em uma prática constitucional efetivamente intercultural (Corte Constitucional do Equador, Sentencia 001-10-SIN-CC, de 18 de março de 2010).

de uma estrada que atravessaria o Território Indígena y Parque Nacional Isiboro-Secure (Tipnis), em que não se observou o direito à consulta prévia, com forte mobilização dos indígenas e repressão do governo de Evo Morales.[60] Ainda é cedo, pois, para avaliar os impactos das transformações promovidas por essas constituições, porém é certo que elas se debruçam sobre as bases materiais das respectivas sociedades e buscam realizar reformas que levem em conta outros arranjos institucionais e as peculiaridades de sua formação.[61] Nesse aspecto, o respeito às cosmovisões indígenas e a garantia de direitos que as leve em conta florescem, mas existe o desafio de fazer a prática constitucional acompanhar tais mudanças.

Um outro país latino-americano que merece destaque é a Colômbia. Apesar de sua Constituição, de 1991, figurar no segundo ciclo (constitucionalismo pluricultural), há um papel destacado da Corte Constitucional na defesa de direitos indígenas. O país possui uma população indígena de tamanho similar à do Brasil – cerca de um milhão e quinhentos mil habitantes –, e a Constituição, além de reconhecer a diversidade étnica e cultural e o princípio da igualdade entre as culturas (art. 70), acentua aspectos como a participação política,[62] a previsão de uma jurisdição própria[63] e autonomia política na condução do autogoverno nas entidades territoriais indígenas.[64] Além

60 Brandão, *O novo constitucionalismo pluralista latino-americano*, p.165-6.

61 Roberto Gargarella e Christian Courtis apontam que as constituições boliviana e equatoriana apresentam mudanças de organização interna e forte comprometimento com a recusa às tradições constitucionais individualistas e elitistas. Além disso, ambas incluíram referências a uma nova filosofia a conduzir o novo texto constitucional, baseado na ideia de *Pachamama* (Equador), *sumak kawsay* e *buen vivir* (Gargarella; Courtis, El nuevo constitucionalismo latinoamericano: promesas e interrogantes, em: Baldi (Coord.), *Aprender desde o Sul*, p.69).

62 A Constituição colombiana prevê a existência de dois senadores eleitos pelas comunidades indígenas (art. 171), além de um representante na Câmara (art. 176).

63 É o caso do art. 246: "Las autoridades de los pueblos indígenas podrán ejercer funciones jurisdiccionales dentro de su ámbito territorial, de conformidad con sus propias normas y procedimientos, siempre que no sean contrarios a la Constitución y leyes de la República. La ley establecerá las formas de coordinación de esta jurisdicción especial con el sistema judicial nacional".

64 "Artículo 330. De conformidad con la Constitución y las leyes, los territorios indígenas estarán gobernados por consejos conformados y reglamentados según los usos y costumbres de sus comunidades y ejercerán las siguientes funciones: 1. Velar por la aplicación de las normas legales sobre usos del suelo y poblamiento de sus territorios. 2. Diseñar las políticas y los planes y programas de desarrollo económico y social dentro de su territorio, en armonía con el Plan Nacional de Desarrollo. 3. Promover las inversiones públicas en sus territorios y velar por su debida ejecución. 4. Percibir y distribuir sus recursos. 5. Velar por la preservación de

disso, certos arranjos institucionais contribuem para uma maior efetividade na proteção dos direitos dos povos indígenas, como o acionamento do controle concentrado de constitucionalidade por qualquer cidadão e a previsão da ação de tutela para a proteção de direitos fundamentais (art. 86), que pode ser proposta mesmo sem o auxílio de advogado.

Como consequência desse desenho institucional, a Corte Constitucional tem analisado várias questões sobre os direitos dos povos indígenas e criado uma jurisprudência que densifica os princípios constitucionais citados. O tema da consulta prévia, por exemplo, já foi objeto de várias decisões do tribunal, como a declaração de inconstitucionalidade do código florestal, em sede de controle abstrato,[65] e a suspensão de projeto de exploração petrolífera em território indígena em razão do não preenchimento de certos requisitos da consulta.[66] Além disso, já se decidiu que a mera participação dos indígenas no processo de consulta é insuficiente, devendo a comunidade ser informada do projeto e dos seus efeitos, bem como ter a oportunidade de livremente convocar os seus membros e representantes para avaliar as vantagens e desvantagens e possa ser efetivamente ouvida quanto às suas preocupações e quanto à factibilidade do projeto, cabendo às autoridades apresentar alternativas que permitam chegar a um acordo, tendo o entendimento atual evoluído para exigir o consentimento do povo afetado quando há risco à sua sobrevivência física ou cultural.[67] Outros temas discutidos

---

los recursos naturales. 6. Coordinar los programas y proyectos promovidos por las diferentes comunidades en su territorio. 7. Colaborar con el mantenimiento del orden público dentro de su territorio de acuerdo con las instrucciones y disposiciones del Gobierno nacional. 8. Representar a los territorios ante el Gobierno nacional y las demás entidades a las cuales se integren; y 9. Las que les señalen la Constitución y la ley. Parágrafo. La explotación de los recursos naturales en los territorios indígenas se hará sin desmedro de la integridad cultural, social y económica de las comunidades indígenas. En las decisiones que se adopten respecto de dicha explotación, el Gobierno propiciará la participación de los representantes de las respectivas comunidades. Artículo 331. Créase la Corporación Autónoma Regional del Río Grande de la Magdalena encargada de la recuperación de la navegación, de la actividad portuaria, la adecuación y la conservación de tierras, la generación y distribución de energía y el aprovechamiento y preservación del ambiente, los recursos ictiológicos y demás recursos naturales renovables. La ley determinará su organización y fuentes de financiación, y definirá en favor de los municipios ribereños un tratamiento especial en la asignación de regalías y en la participación que les corresponda en los ingresos corrientes de la nación."

65 Corte Constitucional da Colômbia, Sentencia C-030/2008.

66 Corte Constitucional da Colômbia, Sentencia SU-039/1997.

67 Sepúlveda; Garavito, Colombia: la Corte Constitucional y su contribución a la justicia social, em: Langford (Ed.), *Teoría y jurisprudencia de los derechos sociales*, p.254.

pela corte são o uso das práticas curativas e medicamentos tradicionais[68] e o respeito à jurisdição indígena.[69] A atuação firme da corte contém um forte caráter pedagógico, pois permite a consolidação, no campo jurídico, de uma visão mais atenta às violações desses povos e a dissuasão de certos comportamentos aparentemente neutros do Estado, redirecionando sua atuação e fazendo internalizar nos movimentos sociais a gramática de direitos humanos.[70]

Outro espaço de acolhimento de múltiplas cosmovisões tem sido a Corte Interamericana de Direitos Humanos, que possui decisões importantes acerca da necessidade de respeitar as cosmovisões desses povos,[71] de

---

68 A corte reconheceu o direito de um indígena preso que estava com câncer a ser transferido a uma prisão de sua região para poder receber o tratamento médico tradicional que desejava, pois estava recusando o tratamento convencional (Corte Constitucional da Colômbia, Sentencia T-214/1997).

69 A corte considerou válida a pena de expulsão instituída pela comunidade indígena El Tambo a um membro que havia cometido uma infração, porém recusou a extensão da pena a seus familiares (Corte Constitucional da Colômbia, Sentencia T-254/1994). Em outro caso (*Embera-chamí*), a corte entendeu válido um julgamento à revelia pela comunidade e a imposição de castigos corporais, porém considerou inválida a imposição da pena de prisão junto dos brancos, pois aquela sanção não era parte das tradições jurídicas da comunidade (Corte Constitucional da Colômbia, Sentencia T-254/1994). No caso *Arhuaco*, autoridades indígenas impuseram restrições à liberdade religiosa de alguns de seus membros que professavam crenças distintas das tradicionais. A corte entendeu que a limitação da liberdade religiosas para fortalecer e garantir a sobrevivência da cultura tradicional seria admitida, podendo o grupo vetar o culto de outra religião em seu território. Não seria cabível, porém, impor pena a algum indígena por professar outra crença ou impedir sua participação em cultos fora do território (Corte Constitucional da Colômbia, Sentencia SU-510/1998).

70 Dado o histórico de conflitos armados no país, Rodrigo Uprimny Yepes observa que a debilidade do debate político colombiano fez a corte emergir como a única executora do projeto constituinte (Yepes, A judicialização política na Colômbia: casos, potencialidades e riscos, *SUR – Revista Internacional de Direitos Humanos*, v.6, p.64, 2007).

71 Em mais de uma oportunidade, a corte destacou que é indispensável que os Estados outorguem uma proteção efetiva que leve em conta as particularidades próprias dos povos indígenas, bem como suas características econômicas e sociais, assim como sua situação de especial vulnerabilidade, seu direito consuetudinário, seus valores, usos e costumes. Nesse sentido: Caso Comunidad Indígena Yakye Axa *vs.* Paraguay, Sentencia 17 de junio de 2005, pár. 63; Caso Comunidad Indígena Sawhoyamaxa *vs.* Paraguay, Sentencia de 29 de marzo de 2006, pár. 83; Caso del Pueblo Saramaka *vs.* Surinam, Sentencia de 28 de noviembre de 2007, pár. 178; Caso Tiu Tojín *vs.* Guatemala, Sentencia de 26 de noviembre de 2008, pár. 96; Caso Pueblo Indígena Kichwa de Sarayaku *vs.* Ecuador, Sentencia de 27 de junio de 2012, pár. 2645; Caso de los Pueblos Indígenas Kuna de Madungandí y Emberá de Bayano y sus Miembros *vs.* Panamá, Sentencia de 14 de octubre de 2014, pár. 167.

assegurar-lhes o acesso à justiça,[72] garantir o direito à consulta prévia, livre e informada[73] e de levar em consideração a relação diferenciada que possuem com a terra.[74, 75]

Sem idealizar as novas constituições latino-americanas ou conferir demasiada importância às decisões proferidas pela corte colombiana ou pela Corte Interamericana de Direitos Humanos, é certo que os enfoques adotados nessas cortes rompem com uma lógica de tratamento de mera importação de projetos institucionais de assimilação a uma cultura liberal de direitos e mostram maior atenção a uma prática capaz de *desmonumentalizar* o conhecimento e *descolonizar* os sentidos, pois não se apegam a certos padrões formais ocidentais e se abrem às outras culturas, com a preocupação de conferir-lhes o mesmo peso e voz nos diálogos interculturais.

---

72 A corte acolheu o pedido de uma mulher indígena e reconheceu a responsabilidade do México pela omissão na responsabilização de militares que a molestaram sexualmente. Destacou que as violações à integridade pessoal decorrentes do tratamento que a indígena recebeu das autoridades, bem como os sentimentos de "profundo temor por la presencia de militares e impotencia relacionados con la falta de justicia en su caso" (Caso Fernández Ortega y outros *vs.* México, Sentencia de 30 de agosto de 2010).

73 No Caso Comunidad Garífuna de Punta Piedra y sus Miembros *vs.* Honduras, Sentencia de 8 de octubre de 2015, a corte ressaltou que o Estado deve garantir a consulta mediante a participação em todas as fases de planejamento e desenvolvimento de um projeto que possa afetar o território de uma comunidade indígena ou tribal ou outros direitos essenciais para sua sobrevivência como povo. Nesse ponto, destacou que os processos de diálogo e de busca de acordos devem realizar-se desde as primeiras etapas da elaboração da proposta, garantindo-se aos indígenas que participem e influam no processo de adoção de decisões. A consulta deve ser prévia, de boa-fé, com a finalidade de chegar a um acordo, adequada, acessível e informada. No mesmo sentido: Caso del Pueblo Saramaka *vs.* Surinam, Sentencia de 28 de noviembre de 2007; Caso Pueblo Indígena Kichwa de Sarayaku *vs.* Ecuador, Sentencia de 27 de junio de 2012.

74 Nesse sentido: Caso de la Comunidad Mayagna (Sumo) Awas Tingni *vs.* Nicaragua, Sentencia de 31 de agosto de 2001; Caso de la Comunidad Moiwana *vs.* Surinam, Sentencia de 15 de junio de 2005; Caso Comunidad Indígena Yakye Axa *vs.* Paraguay, Sentencia de 17 de junio de 2005; Caso Comunidad Indígena Sawhoyamaxa *vs.* Paraguay, Sentencia de 29 de marzo de 2006; Caso del Pueblo Saramaka *vs.* Surinam, Sentencia de 28 de noviembre de 2007; Caso Pueblo Indígena Kichwa de Sarayaku *vs.* Ecuador, Sentencia de 27 de junio de 2012; Caso de los Pueblos Indígenas Kuna de Madungandí y Emberá de Bayano y sus Miembros *vs.* Panamá, Sentencia de 14 de octubre de 2014; Caso Pueblos Kaliña y Lokono *vs.* Surinam, Sentencia de 25 de noviembre de 2015.

75 Para uma análise mais específica dos julgados da Corte Interamericana, notadamente em relação aos avanços e recuos quanto ao reconhecimento dos povos indígenas como sujeitos coletivos de direito, ver: Loureiro, *A reconstrução da subjetividade coletiva dos povos indígenas no Direito Internacional dos Direitos Humanos*, p.156-96.

## 3. Brasil: uma prática constitucional assimilacionista?

A Constituição brasileira conferiu destaque aos povos indígenas em vários artigos, e realça a adoção de um modelo que reconhece a necessidade de proteções externas para garantir o respeito ao modo diferenciado de vida desses povos.[76] Consagrando a autodeterminação (autogoverno), o art. 231, por exemplo, reconhece sua organização social, seus costumes, línguas, crenças e tradições, bem como os direitos originários sobre as terras tradicionalmente ocupadas, que são aquelas habitadas em caráter permanente, as utilizadas para as suas atividades produtivas, as imprescindíveis à preservação dos recursos ambientais necessários a seu bem-estar e as necessárias a sua reprodução física e cultural, segundo seus usos, costumes e tradições (art. 231, § 1º).

Os direitos territoriais foram assegurados, com a estipulação de um prazo de cinco anos para a conclusão dos processos demarcatórios (art. 67 do ADCT).[77] O reconhecimento da autodeterminação é limitado, uma vez que a propriedade da terra é da União, a ser conferida no processo administrativo de demarcação, a despeito do caráter declaratório da ocupação tradicional indígena. Os índios têm direito à posse permanente e ao usufruto exclusivo das

---

76 Podem ser citados os seguintes dispositivos: art. 20, XI (terras indígenas como bens da União), art. 22, XIV (competência exclusiva da União para legislar sobre povos indígenas), art. 49, XVI (competência exclusiva do Congresso Nacional para autorizar em terras indígenas a exploração e o aproveitamento dos recursos hídricos, bem como para a pesquisa e lavra das riquezas minerais), art. 109, XI (competência da Justiça federal em caso de disputa acerca de direitos indígenas), art. 129, V (atribuição do Ministério Público de defender judicialmente os direitos e os interesses das populações indígenas), art. 210, § 2º (garantia às comunidades indígenas da utilização de suas línguas e de seus processos próprios de aprendizagem), art. 215, § 1º (proteção pela União das manifestações das culturas indígenas), art. 231, art. 232 (capítulo próprio) e art. 67 do ADCT (prazo de cinco anos para a conclusão das demarcações).

77 Para o STF, o prazo previsto no art. 67 do ADCT não é peremptório, tratando-se de "visão prognóstica sobre o término dos trabalhos de demarcação", bastando a conclusão em tempo razoável (Supremo Tribunal Federal, MS 24.566, relator: ministro Marco Aurélio, julgamento em 22 de março de 2004, Plenário, *DJ*, de 28 de maio de 2004). Segundo a Funai, atualmente existem 462 terras indígenas regularizadas, sendo 54% no Norte, 19% no Centro-Oeste, 11% no Nordeste, 10% no Sul e 6% no Sudeste (Informação disponível em: http://www.funai.gov.br/index.php/nossas-acoes/demarcacao-de-terras-indigenas?start=2#. Acesso em: 7 out. 2016). Há, no entanto, uma boa quantidade de terras que não desfrutam dessa condição, por estarem em estudo ou na fase de delimitação, declaração ou homologação. As terras ainda não regularizadas correspondem a cerca de 250, segundo dados de 2013. Ver: http://g1.globo.com/politica/noticia/2013/06/brasil-tem-672-terras-indigenas-entenda-como-funciona-demarcacao.html. Acesso em: 10 out. 2016.

riquezas do solo, dos rios e dos lagos existentes na terra (§ 2º). O aproveitamento dos recursos hídricos, incluídos os potenciais energéticos, a pesquisa e a lavra das riquezas minerais em terras indígenas só podem ser efetivados, porém, com autorização do Congresso Nacional, com prévia oitiva das comunidades afetadas, que teriam direito à participação nos resultados da lavra (§ 3º). Essa última previsão depende de lei, que ainda não foi regulamentada.[78] As terras são inalienáveis e indisponíveis, e os direitos sobre elas, imprescritíveis (§ 4º). Não há previsão sobre a relação dos territórios com os entes federativos, nem qualquer menção à representação política dos índios.

Uma previsão que revela preocupação com o reconhecimento está no art. 215, § 1º, segundo a qual o Estado protegerá as manifestações das culturas indígenas.[79] O art. 216 também ressalta a proteção a formas de expressão e modos de criar, fazer e viver. Na educação, asseguram-se às comunidades a utilização de suas línguas maternas e processos próprios de aprendizagem. Não há previsão específica sobre a saúde, porém, o ordenamento constitucional confere uma abertura para uma atenção diferenciada nesse âmbito.

Nos campos institucional e judicial, embora preveja no art. 232 que os índios, suas comunidades e organizações são partes legítimas para ingressar em juízo em defesa de seus direitos e interesses, a Constituição fez uma aposta na atuação incisiva do Ministério Público, que detém a atribuição de defender judicialmente os direitos e interesses dessas populações. Além disso, apesar de reconhecer o pluralismo, o texto constitucional não incorpora as cosmovisões indígenas nem prevê qualquer tipo de deliberação que conte com uma participação específica dos povos tradicionais. Por isso, não se vê na carta qualquer previsão diferenciada sobre as relações com a natureza ou a correta valorização dos mecanismos próprios de deliberação dos índios, ou mesmo a valorização de suas manifestações e os impactos.[80]

78 Tramita na Câmara dos Deputados o Projeto de Lei n.1.610/1996, ao qual se juntaram vários outros projetos, que tratam da mineração em terras indígenas. O tema gera forte reação dos indígenas, uma vez que, além de representar o interesse na exploração de recursos em seus territórios, o projeto autoriza uma atividade que gera fortes impactos nas terras, não só econômicos e sociais (desagregação, exploração de trabalho), mas também no meio ambiente.

79 Para Cláudio Pereira de Souza Neto e Daniel Sarmento, embora a Constituição não tenha aderido ao comunitarismo, esse dispositivo representa uma abertura a essa filosofia política, pois promove e protege a cultura nacional (Souza Neto; Sarmento, *Direito*, p.214).

80 Sobre a cosmovisão dos povos indígenas e sobre a forma como se transmite a memória entre os seus descendentes, Ailton Krenak observa que ler e escrever não são virtudes maiores que

A despeito de a Constituição não ter sido tão generosa e aprofundada quanto aos direitos dos povos indígenas na sua relação com a sociedade envolvente, boa parte das limitações do texto constitucional podem ser expandidas pela legislação infraconstitucional, tendo em vista o disposto no art. 231, que demanda o respeito às formas de organização própria e o respeito a usos, costumes e tradições, o que permite, por exemplo, a estruturação de certos tipos de representação e de medidas de respeito à jurisdição própria como medidas assecuratórias de reconhecimento aos modos de vida indígenas.

Pode-se dizer, assim, que o texto constitucional atende ao anseio multicultural liberal de assegurar proteções externas aos direitos de grupos, o que o faz em relação às suas terras, a seus modos de vida, à educação. Incorporam-se assim certos direitos especiais a esses povos, que são reconhecidos expressamente e servem de diretriz à interpretação da legislação infraconstitucional. Não há, porém, no texto, a internalização de cosmovisões indígenas – como constou em constituições posteriores que desenvolvem um diálogo mais profícuo com esses povos. Não obstante, isso não impede uma leitura intercultural, de viés decolonial, da Constituição, tendo em vista os compromissos com a autonomia dos povos indígenas e com o enfrentamento das desigualdades, de modo a assegurar políticas de reconhecimento e de redistribuição.

---

andar, nadar, subir em árvores, correr, caçar, fazer um balaio, um arco ou uma flecha: "Acredito que quando uma cultura elege essas atividades como coisas que têm valor em si mesmas está excluindo da cidadania milhares de pessoas para as quais a atividade de escrever e ler não tem nada a ver. [...] Na nossa tradição, um menino bebe o conhecimento do seu povo nas práticas de convivência, nos cantos, nas narrativas. Os cantos narram a criação do mundo, sua fundação e seus eventos. Então, a criança está ali crescendo, aprendendo os cantos e ouvindo as narrativas. Quando ela cresce mais um pouquinho, quando já está aproximadamente com seis ou oito anos, aí então ela é esperada para um processo de formação especial, orientado, em que os velhos e os guerreiros vão iniciar essa criança na tradição. Então, acontecem as cerimônias que compõem essa formação e os vários ritos, que incluem gestos e manifestações externas. Por exemplo, você fura a orelha. Fura o lábio para colocar o botoque. Dependendo de qual povo você pertence, você ganha sua pintura corporal, seu paramento, que vai identificar sua faixa etária, seu clã e seu grupo de guerreiros. Esses são os sinais externos da formação. Os sinais internos, os sinais subjetivos, são a essência mesma daquele coletivo. Então você passa a compartilhar o conhecimento, os compromissos e o sonho do seu povo" (Cohn (Org.), *Encontros – Ailton Krenak*, p.86-7). A Constituição reconhece o fato do pluralismo, mas, embora assegure (pelo art. 231) os modos de vida próprios, não oferece mecanismos para que toda essa riqueza cultural e essas manifestações diferenciadas. A legislação infraconstitucional, especialmente a processual, ignora essa diferenciação, o que acaba penalizando esses povos.

Se o texto constitucional marca uma virada na descrição do tratamento dos povos indígenas e da relação desses grupos com o Estado brasileiro, o mesmo não pode ser dito, pelo menos com a mesma assertividade, em relação à prática constitucional brasileira. Ao lado da persistência de um ranço assimilacionista na sociedade, que enxerga nos índios seres incapazes para a vida civil e que devem integrar-se, aos poucos, aos modos de vida de uma cultura hegemônica – período durante o qual devem ser objeto de medidas paternalistas, com ou sem patrocínio estatal[81] –, verifica-se que os poderes Legislativo, Executivo e Judiciário reproduzem, em diferentes graus, essas percepções.

Logo após a promulgação da Constituição, o Poder Legislativo foi um espaço profícuo para a elaboração de leis de interesse dos povos indígenas. Apesar da não aprovação até hoje do chamado Estatuto das Sociedades Indígenas,[82] que visava à atualização do Estatuto do Índio à luz da Constituição e tramita há mais de vinte anos no Congresso, e da pouca atenção aos anseios indígenas na aprovação de projetos importantes, como os que tratam de concessão de florestas (Lei n.11.284/2006), unidades de conservação (Lei n.9.985/2000), conhecimento tradicional associado (Lei n.13.123/2005) e código florestal (Lei n.12.651/2012), entre outros, esse poder havia gerado, até o fim da década passada, algumas leis importantes, como a Lei n.9.836/1999, que criou o subsistema de saúde indígena[83] e a instituição

81 Nesse sentido, pode ser citada a atuação de missões religiosas com o fim de coibir determinadas "práticas" de povos indígenas. Atuando à margem do Estado, com um fim salvacionista, promovem verdadeiras adoções "à brasileira" sem qualquer busca dos meios legais cabíveis. No âmbito estatal, um exemplo é a atuação que visa impedir a venda de bebida alcoólica, para atender a vetusto dispositivo do Estatuto do Índio (art. 58, III, da Lei n.6.001/1973) não recebido pela Constituição.

82 O projeto do Estatuto das Sociedades Indígenas foi elaborado em 1991 e até hoje não foi apreciado (PL 2.057/1991). Ele prevê uma ampla regulamentação de diversos aspectos atinentes aos povos indígenas, como direitos coletivos, acesso a recursos naturais, conhecimentos tradicionais, proteção territorial e ambiental, processos de demarcação etc.

83 O subsistema de atenção à saúde indígena foi previsto como parte integrante do SUS, com o qual deve funcionar em perfeita integração (art. 19-B), com financiamento por recursos próprios da União (art. 19-C). Permite-se a articulação com os órgãos da política indígena (art. 19-D) e faculta-se aos demais entes e instituições governamentais e não governamentais complementar o custeio e a execução das ações (art. 19-E). A lei previu a estruturação de unidades chamadas Distritos Sanitários Especiais Indígenas (DSEIs), que consistem em "um espaço etnocultural dinâmico, geográfico, populacional e administrativo bem delimitado". O modelo dos DSEIs rompe com a lógica de atendimento voltado às divisões geopolíticas e centradas

de uma secretaria específica para essa política (Lei n.12.314/2010), a aprovação da Convenção 169/OIT,[84] a inclusão obrigatória no currículo oficial da rede de ensino da temática "História e Cultura Afro-Brasileira e Indígena"[85] e a criação do programa "Diversidade na Universidade" pela Lei n.10.558/2002,[86] além da previsão de ações afirmativas em favor de indígenas nas universidades (Lei n.12.711/2012).

Nesta década, o que se verifica é um movimento mais regressivo. O Legislativo vem sendo um *lócus* em que são reiteradamente apresentados projetos ou adotadas medidas que têm por objetivo restringir direitos ou intimidar o trabalho de organizações que trabalham com os povos indígenas. Em relação às propostas de emendas constitucionais, além da PEC 215, que transfere a competência administrativa das demarcações para o Congresso, existe a PEC 76/2011, que prevê a facilitação do aproveitamento de recursos hídricos em terras indígenas. Quanto aos projetos de lei, há aqueles que tentam regulamentar o art. 231 da Constituição, com a descrição das condicionantes fixadas no julgamento do Caso Raposa Serra do Sol, a previsão de que apenas as terras indígenas demarcadas no prazo de cinco anos do art. 67 do ADCT sejam assim consideradas,[87] a previsão do marco temporal de 5 de outubro de 1988 para o reconhecimento de direitos territoriais, além do projeto de mineração em terras indígenas.[88] Todos tramitam com celeridade.

Além dos projetos contrários aos direitos indígenas, leis importantes como o novo Código de Processo Civil ou o Código Civil não incorporaram temas como a necessidade de se levar em consideração, em demandas do gênero, as formas específicas de reprodução da memória, notadamente a oral, e a valorização de meios de prova distintos dos documentais formalmente

---

nas divisões territoriais por municípios ou estados, orientando o atendimento conforme a localização e as características dos grupos étnicos.

84 A Convenção 169 foi aprovada pelo Decreto Legislativo n.143, de 20 de junho de 2002, e foi internalizada pelo Decreto n.5.051, de 19 de abril de 2004.

85 A Lei n.11.645, de 10 de março de 2008, conferiu nova redação ao art. 26-a da Lei n.9.394/1996 (Lei de Diretrizes e Bases da Educação) para prever a temática indígena no estudo de história. Antes, a Lei n.10.639/2003 já havia previsto a inclusão da história da África e dos africanos e a luta dos negros no currículo escolar.

86 O programa prevê a adoção e avaliação de estratégias para a promoção do acesso ao ensino superior de pessoas pertencentes a grupos socialmente desfavorecidos, especialmente dos afrodescendentes e indígenas.

87 PL n.1.216/2015 e PL n.1.218/2015 (Câmara dos Deputados).

88 PL n.1.610/1996 (Câmara dos Deputados).

produzidos em juízo, além da imprescindibilidade da perícia antropológica para contribuir à análise do juízo[89] e a possibilidade de um acesso à justiça diferenciado aos povos indígenas, menos formal e sem mediações, nos moldes da ação de tutela colombiana.[90] No campo do direito penal e processual penal, enquanto a tradução cultural vem sendo ignorada,[91] a criminalização de práticas indígenas vem sendo discutida a todo vapor, como demonstra o avanço do projeto que prevê a criminalização de práticas tradicionais que ensejariam o chamado infanticídio.[92]

---

89 Sobre o tema, ver: Araújo Junior, Desafios à proteção da posse constitucional de terras indígenas, em: Vitorelli (Org.), *Temas atuais do Ministério Público Federal*, p.523-42.

90 O Código Civil de 2002 afasta expressamente a previsão de relativa incapacidade dos indígenas, o que é mera explicitação de algo que já não vigora desde a nova Constituição (art. 4º, parágrafo único, da Lei n.10.406/2002). O Código de Processo Civil (Lei n.13.105/2015) não contém qualquer previsão específica sobre povos indígenas e é bastante tímido no tratamento das demandas de reintegração de posse, que muitas vezes afetam esses povos, cabendo registrar que foi prevista a citação pessoal dos ocupantes ou, se não for possível, a citação por edital (art. 554, § 1º), bem como a necessidade de realização de audiências conciliatórias em litígios coletivos (art. 565).

91 Ao analisarem o projeto de Código de Processo Penal, Ela Wiecko Volkmer de Castilho e Paula Bajer Fernandes Martins da Costa ressaltam a importância da previsão de um tradutor cultural para auxiliar o juízo na compreensão do contexto cultural do depoente ou da demanda, que conheça a organização sociopolítica e cultural do grupo étnico, a fim de garantir elementos que permitam um melhor entendimento sobre a cosmovisão indígena no caso, permitindo identificar o chamado erro culturalmente condicionado. Castilho; Costa, O Projeto de Lei do Senado n.156, de 2009, que institui novo Código de Processo Penal e os crimes praticados contra indígenas ou por indígenas, *Revista de Informação Legislativa*, Brasília, ano 46, n.183, jul.-set. 2009. Disponível em: https://www2.senado.leg.br/bdsf/bitstream/handle/id/194931/000871242.pdf?sequence=3. Acesso em: 8 out. 2016.

92 PL n.1.057/2007, conhecido como "Lei Muwaji", em homenagem a uma indígena da etnia Suruwaha que retirou sua filha da aldeia com o apoio de entidades religiosas. Esse projeto dispõe sobre o "combate a práticas tradicionais nocivas e a proteção dos direitos fundamentais de crianças indígenas". A forma como um tema como este, dotado de enorme complexidade, com posições defensáveis de ambos os lados, é conduzida demonstra a precariedade do diálogo intercultural no país. Não há no projeto qualquer tentativa de diálogo ou de entender as práticas, mas tão somente de assegurar o combate a tais práticas tidas como nocivas. O projeto trata como homicídio aquilo que, para a cosmovisão de certas etnias, não pode ser assim considerado. Além disso, para certos grupos, a ideia de início da vida só surge em determinadas circunstâncias, como no caso dos Yanomami, relatada por Deborah Duprat: "A mulher Yanomami, quando sente que é chegada a hora do parto, vai sozinha para local ermo na floresta, fica de cócoras, e a criança cai ao chão. Nessa hora, ela decide se a pega ao colo ou se a deixa ali. Se a coloca nos braços, dá-se, nesse momento, o nascimento. Se a abandona, não houve, na concepção do grupo, infanticídio, pela singela razão de que a vida não se iniciou". Por outro lado, deve ser seriamente considerada a proteção das minorias dentro das minorias, de modo que é legítima a preocupação com mecanismos que afastem a opressão no grupo, como observa

O Poder Executivo tem se notabilizado por uma atuação ambivalente que, por um lado, busca dar concretização a certos comandos constitucionais, e, por outro, age de maneira unilateral, fazendo valer certos projetos governamentais e empreendimentos. De um determinado ponto de vista, é o campo em que há mais avanços e em que os indígenas possuem mais canais de acesso; sob outro olhar, é o poder mais capaz de causar estragos imediatos às vidas das comunidades. A adesão à declaração das Nações Unidas sobre os direitos dos povos indígenas, a Política Nacional de Gestão Territorial e Ambiental de Terras Indígenas (PNGATI),[93] a previsão de territórios etnoeducacionais[94] e o estabelecimento de diretrizes para o funcionamento de escolas indígenas[95] e para o currículo escolar indígena,[96] o reconhecimento do indígena como segurado especial na Previdência Social,[97] a criação da Política Nacional de Atenção à Saúde dos Povos Indígenas,[98] a instituição do Conselho Nacional de Política Indigenista (CNPI)[99] e da política nacional de desenvolvimento sustentável dos povos e comunidades tradicionais,[100]

---

Daniel Sarmento, porém a intervenção pelo direito penal certamente seria um desastre (Sarmento, *Dignidade da pessoa humana*, p.295-6).

93 O Decreto n.7.747/2012 institui essa política com o objetivo de "garantir e promover a proteção, a recuperação, a conservação e o uso sustentável dos recursos naturais dos territórios". Busca-se assegurar uma gestão territorial autossustentável e que observe a autonomia dos grupos.

94 O Decreto n.6.861/2009 prevê a criação de territórios etnoeducacionais, que contarão com plano de ação para a educação escolar indígena, elaborado em conjunto com as comunidades, cabendo à União prestar apoio técnico e financeiro à construção de escolas, à formação de profissionais, à produção de material didático e ao ensino médio integrado à atividade profissional (art. 5º).

95 Resolução CNE/CEB n.3/1999, do Conselho Nacional de Educação.

96 Resolução CNE/CEB n.5/2012, do Conselho Nacional de Educação.

97 Foi prevista na Instrução Normativa n.61/2012 (art. 39, § 4º), do Instituto Nacional do Seguro Social (INSS) e mantida pelas subsequentes: "Enquadra-se como segurado especial o indígena reconhecido pela Fundação Nacional do Índio (Funai), inclusive o artesão que utilize matéria-prima proveniente de extrativismo vegetal, desde que atendidos os demais requisitos constantes no inciso V do art. 42, independentemente do local onde resida ou exerça suas atividades, sendo irrelevante a definição de indígena aldeado, não aldeado, em via de integração, isolado ou integrado, desde que exerça a atividade rural individualmente ou em regime de economia familiar e faça dessas atividades o principal meio de vida e de sustento".

98 Instituída pela Portaria n.254/2002, do Ministério da Saúde.

99 Criado pelo Decreto n.8.593/2015 e instalado em 27 de abril de 2016, no apagar das luzes do governo Dilma Rousseff, o CNPI é um órgão colegiado de caráter consultivo, vinculado ao Ministério da Justiça, com vistas a elaborar, acompanhar e implementar políticas públicas voltadas aos povos indígenas.

100 Decreto n.6.040/2007.

entre outras medidas, são pontos que demonstram a intensa atividade em prol da introdução de certos direitos, com viés não meramente afirmativo, na linguagem de Nancy Fraser. Além disso, há um histórico de tentativa de diálogo, como demonstra a realização das conferências de saúde indígena (já foram cinco, desde 1986) e da primeira conferência indigenista.[101]

A despeito das constantes restrições orçamentárias, a atuação administrativa da Funai vinha, até 2016, promovendo uma interlocução razoável com o movimento indígena – pelo menos nas estruturas mais centralizadas da autarquia, em Brasília – e empreendendo esforços para garantir o andamento dos processos de demarcação[102] e o respeito aos povos indígenas no curso de licenciamentos ambientais,[103] bem como para oferecer assistência material e social. Não obstante, o sucateamento da autarquia vem sendo a tônica nos últimos governos, que não conferem a devida prioridade à pauta nem dão seguimento a processos de demarcação,[104] sobretudo os que geram maior controvérsia, contribuindo para o agravamento de conflitos, como os de Mato Grosso do Sul (com os Guarani Kaiowá) e do sul da Bahia (com os Tupinambá de Olivença). Com a derrubada da presidente Dilma por um golpe parlamentar em 2016, a implosão da autarquia é viabilizada como

101 A primeira conferência nacional de política indigenista, ocorrida em 2015, foi convocada com a finalidade de avaliar a ação indigenista do Estado brasileiro, reafirmar as garantias reconhecidas aos povos indígenas no país e propor diretrizes para a consolidação da política nacional indigenista (Decreto s.n., de 24 de julho de 2014).

102 Há de se registrar que essa interlocução não ocorre uniformemente em todo o país. Há Coordenações Técnicas Locais (CTLs) em que a relação dos indígenas com os funcionários da Funai é conflituosa, onde há um desrespeito à autonomia dos grupos e tentativa de instrumentalizá-los ou mesmo subjugá-los na relação com a sociedade envolvente.

103 Em 2015, apresentou-se no Senado proposta de emenda constitucional para afastar a atuação crítica de órgãos como a Funai e o Ibama no licenciamento ambiental, por meio da inclusão de um parágrafo (§ 7º) no art. 225 com a previsão de que a apresentação do estudo prévio de impacto ambiental importa autorização para a execução da obra, que não poderá ser suspensa ou cancelada pelas mesmas razões a não ser em face de fato superveniente. O objetivo assumido da proposta é conferir celeridade à aprovação de projetos e à realização de obras, que não poderiam ser contestadas sequer no âmbito judicial. A proposta tramitava de forma célere, porém forte pressão da sociedade civil provocou um recuo, e agora a PEC tramita na Comissão de Constituição e Justiça. Sobre o tema, ver a nota técnica do Ministério Público Federal contra o projeto (Nota Técnica – A PEC 65/2012 e as Cláusulas Pétreas. Disponível em: http://www.mpf.mp.br/pgr/documentos/nota-tecnica-pec-65-2012/. Acesso em: 8 out. 2016).

104 Nos termos do Decreto n.1.775/1996, a demarcação de terras indígenas é composta de fases de responsabilidade da Funai, que culminam na publicação de um relatório de identificação e delimitação, cabendo na sequência ao Ministério da Justiça fazer a declaração dos limites da terra e à Presidência da República homologar a demarcação.

projeto, e os adversários da causa indígena vão ao centro da cena, passando a dirigi-la. Por conseguinte, a interlocução torna-se praticamente inexistente.

Há, também, uma face do Poder Executivo que não oferece concessões e atropela direitos básicos das comunidades. Em nome de uma concepção meramente econômica de desenvolvimento, os sucessivos governos, independentemente de coloração partidária, não medem esforços para realizar empreendimentos em áreas ocupadas por territórios indígenas e fingem que essas populações não existem ou não têm direito a apresentar qualquer contestação. Nas terras indígenas, há recursos naturais que nunca foram explorados, o que, num contexto de saturação e de busca por matérias-primas e de concorrência transnacional da indústria extrativa, as torna objeto de desejo.[105] É por isso que não apenas grandes empreendimentos são gestados, mas também é realizado o mapeamento da Amazônia para a extração de petróleo, xisto e gás, além da identificação e concessão para a extração de minerais em áreas indígenas, a realização de obras de infraestrutura que comportam a construção e duplicação de estradas em territórios indígenas, a construção de linhas de transmissão e outros empreendimentos. Na grande maioria dos casos, o governo federal nem se dispõe a realizar o procedimento de consulta prévia e, quando pretende fazê-lo, defende um modelo de consulta que seja meramente homologatório.

Os problemas na interpretação constitucional pelo Executivo e pelo Legislativo são muitos. Se, porém, for considerado todo o período constitucional, é no Poder Judiciário que se identifica o cenário mais crítico. A previsão de direitos indígenas gerou uma inevitável judicialização dos processos demarcatórios, tendo em vista o papel mais destacado desse poder na concretização dos valores e direitos constitucionais após 1988.[106] Ao longo desse período constitucional, além de não se preocupar com a participação desses povos, a atuação judicial tem sido a mais refratária a uma abertura às cosmovisões indígenas, resistindo a uma aplicação do direito que leve em conta uma pluralidade de organizações sociais e fatores étnicos.

O Supremo Tribunal Federal (STF), por ter competência originária para a análise de alguns processos, especialmente mandados de segurança que contestam o andamento das decisões do Poder Executivo sobre demarcações

105 Garavito, *Etnicidad.gov*, p.13.

106 Sobre o tema, ver: Barroso, *O novo direito constitucional brasileiro*, p.29.

e as discussões acerca dos interesses dos Estados em face de demarcações levadas a cabo pela União (conflitos federativos), e em razão de recursos extraordinários, já enfrentou uma boa variedade de temas, como o caráter não decadencial do prazo previsto no art. 67 do ADCT,[107] a necessidade de observância do contraditório nos processos demarcatórios[108] e questões como a vedação da convocação de indígena para prestar depoimento a Comissão Parlamentar de Inquérito em local diverso de suas terras.[109]

Um dos entendimentos consolidados pelo STF deu origem à Súmula n.650, segundo a qual os incisos I e XI do art. 20[110] da Constituição não alcançam terras de aldeamentos extintos, ainda que ocupadas por indígenas em passado remoto. Os precedentes[111] que embasaram a formulação do enunciado se referiam à viabilidade de demanda de usucapião extraordinária em imóvel urbano localizado em municípios da grande São Paulo. Entendera-se que não cabia à União alegar que se tratava de aldeamentos, já que são áreas densamente povoadas que não se confundem com a tradicionalidade prevista no art. 231,[112] de modo que não se poderia reconhecer como terra indígena uma área em houvesse ocorrido uma ocupação imemorial.

O aldeamento extinto, nos precedentes, correspondia a situações em que a comunidade indígena deixou de existir – por razões como epidemias, extermínio etc. – e a discussão cingia-se ao direito a usucapião da área e cabimento (ou não) da alegação da União de propriedade do imóvel. Atualmente, no

---

107 Brasil, Supremo Tribunal Federal, MS 24.566/DF, relator: ministro Marco Aurélio, *DJ*, 28 de maio de 2004.

108 Brasil, Supremo Tribunal Federal, MS 21.649, relator: ministro Moreira Alves, Primeira Turma, *DJ*, 15 de dezembro de 2000; MS 24.045-8, relator: ministro Joaquim Barbosa, *DJU*, 5 de agosto de 2005.

109 Brasil, Supremo Tribunal Federal, HC 80.240, relator: ministro Sepúlveda Pertence, Primeira Turma, *DJ*, 14 de outubro de 2005.

110 Os incisos possuem o seguinte teor: "Art. 20. São bens da União: I – os que atualmente lhe pertencem e os que lhe vierem a ser atribuídos; [...] XI – as terras tradicionalmente ocupadas pelos índios".

111 São eles: Brasil, Supremo Tribunal Federal, RE 219.983-3/SP; RE 249.705-3/SP, relator: ministro Moreira Alves, Primeira Turma, *DJ*, 24 de agosto de 1999; RE 285.098-5/SP, relator: ministro Moreira Alves, *DJ*, 10 de agosto de 2001; RE 330.849-1/SP, relator: ministro Moreira Alves, Primeira Turma, *DJ*, 15 de outubro de 2002; RE 335.887-1/SP, relator: ministro Moreira Alves, Primeira Turma, *DJ*, 12 de março de 2002.

112 Conforme observa Luiz Fernando Villares, a preocupação do STF é correta nesse caso, tendo em vista que a União se vale do argumento da existência de aldeias na área por um mero anseio patrimonial, sem qualquer relação com a interpretação do art. 231 (Villares, *Direito e povos indígenas*, p.142-3).

entanto, a súmula vem sendo invocada, por outros tribunais e mesmo pelo STF, para afastar o direito aos indígenas que reivindicam territórios que não estão ocupando, mas que estão em disputa. São situações em que os índios não estão mais na terra, por razões diversas – expulsões, violências, deslocamento forçado –, mas seguem a ela vinculados – habitando áreas contíguas, em alguns casos. A aplicação da súmula deve limitar-se a situações semelhantes às dos precendentes,[113] e não aos casos de reivindicação concreta e atual, em que o processo histórico de apropriação e supressão da terra é posto em discussão.

Outro julgamento importante foi o do caso da Terra Indígena Raposa Serra do Sol, no qual o STF reconheceu a constitucionalidade e a legitimidade do processo demarcatório. O julgamento realça aspectos relevantes para a conformação constitucional do tema, como o reconhecimento da proteção de indígenas independente de "processos de aculturação", os limites políticos da atuação dos Estados quanto à definição de direitos territoriais indígenas, o falso antagonismo entre esses direitos e o desenvolvimento, o caráter originário dos direitos sobre a terra,[114] a legitimidade do modelo contínuo de demarcação e a compatibilidade desta com a proteção ambiental. Feitas essas ressalvas, a decisão representa um grave retrocesso aos direitos indígenas em razão da fixação de um marco temporal para o reconhecimento da ocupação para fins de demarcação e da estipulação de salvaguardas institucionais que contêm condicionantes para os processos demarcatórios.[115]

---

113 Nesse sentido: Brasil, Supremo Tribunal Federal, RMS 29087/DF, relator: para o acórdão ministro Gilmar Mendes, Segunda Turma, julgamento em 16 de setembro de 2014, *DJU*, 14 de outubro de 2014.

114 Cabe citar um trecho da ementa, que também consta do voto do relator: "Direitos 'Originários'. Os direitos dos índios sobre as terras que tradicionalmente ocupam foram constitucionalmente 'reconhecidos', e não simplesmente outorgados, com o que o ato de demarcação se torna de natureza declaratória, e não propriamente constitutiva. Ato declaratório de uma situação jurídica ativa preexistente. Essa a razão de a Carta Magna havê-los chamado de 'originários', a traduzir um direito mais antigo do que qualquer outro, de maneira a preponderar sobre pretensos direitos adquiridos, mesmo os materializados em escrituras públicas ou títulos de legitimação de posse em favor de não índios" (Supremo Tribunal Federal, Pet 3.338, relator: ministro Ayres Britto, julgamento em 19 de março de 2009, Plenário, *DJE*, de 1º de julho de 2010).

115 As chamadas condicionantes foram fixadas sem qualquer discussão prévia no processo e tratam de objeto totalmente estranho a ele, porém o Supremo as manteve, quando provocado em embargos de declaração. Afastou-se, apenas, o caráter vinculante da decisão proferida em ação popular, ressaltando-se, porém, que "o acórdão embargado ostenta a força moral e persuasiva de uma decisão da mais alta Corte do País, do que decorre um elevado ônus argumentativo nos

O STF fixou a data de promulgação da Constituição (5 de outubro de 1988) como um referencial para averiguar a ocupação tradicional indígena. A esse marco temporal somou-se o marco da tradicionalidade, consistente na ocupação da terra de forma perene, salvo em caso de esbulho renitente.[116] Tais teses foram fixadas por meio do acolhimento da teoria do "fato indígena", proposta pelo ministro Menezes Direito, que propõe afastar a teoria do indigenato para prestigiar a segurança jurídica e afastar dificuldades práticas decorrentes de uma investigação imemorial da ocupação indígena. O fato indígena partiria de duas premissas básicas: i) a ocupação como um fato a ser verificado em 5 de outubro de 1988, em caráter permanente,[117] ii) o modo tradicional de ocupação deve assegurar um determinado modo de vida, quanto a fatores econômicos, ecológicos, culturais e demográficos.

A fixação de um marco temporal não tem respaldo na concepção constitucional sobre os direitos indígenas. O texto da Constituição reconhece os direitos originários sobre as terras que os índios tradicionalmente ocupam, algo que é avalizado por todas as constituições anteriores, desde 1934.[118] Além disso, a teoria do fato indígena exige requisitos da posse civil[119] – como o da habitação permanente – e desconsidera as formas peculiares de relação que os povos indígenas têm com a terra e a forma como se mantêm ligados a ela mesmo em condições adversas, o que exigiria uma compreensão do tema sob um olhar constitucional sistemático, que tenha o art. 231 como

casos em que se cogite da superação de suas razões" (Brasil, Supremo Tribunal Federal, Pet. 3.388 ED/RR, relator: ministo Luis Roberto Barroso, Plenário, Julgamento em 23 de outubro de 2013, *DJU*, de 4 de fevereiro de 2014).

116 Segundo a ementa, o marco da tradicionalidade consiste em estar coletivamente situado em determinado espaço fundiário em caráter de perdurabilidade, salvo em caso de renitente esbulho. A ementa reflete o voto do relator, mas a grande maioria dos votos fez menção à tradicionalidade como o "modo de ocupar", na esteira da doutrina majoritária, à qual fez referência o ministro Menezes Direito.

117 Para sustentar essa premissa, o ministro se valeu da Súmula 650, argumentando que "terras eventualmente abandonadas não se prestam à qualificação de terras indígenas".

118 A Constituição de 1934 é a primeira a tratar de direitos indígenas, em seu art. 129, que prevê o respeito à posse de "silvícolas que nelas se achem permanentemente localizados, sendo-lhes, no entanto, vedado aliená-las".

119 Essa visão é perceptível no voto do ministro Cezar Peluso, para quem a única explicação jurídica para o critério de delimitação das áreas indígenas seria o chamado fato indígena, sendo que a posse jurídica na data de início da vigência da Constituição, em 5 de outubro de 1988, corresponderia praticamente ao conceito jurídico-civil de posse, enquanto possibilidade fática de aproveitamento econômico da coisa.

norte interpretativo. A leitura feita pelo STF aponta, em verdade, para uma perspectiva assimilacionista, que desconsidera a penosa trajetória de diversos povos despojados de suas terras – ao longo dos séculos e até pouco antes da Constituição de 1988 (durante a ditadura civil-militar) para exigir, à luz de uma concepção própria da sociedade envolvente, critérios de ocupação que não se ajustam às cosmovisões e à maneira diferenciada como se relacionam com o território. Como afirma José Afonso da Silva, o objetivo do marco temporal não é a proteção dos direitos dos índios, mas dar fim às disputas sobre terras não pelo cumprimento da regra constitucional, mediante coibição e repressão aos usurpadores, mas pela cassação dos direitos dos índios sobre elas.[120]

A defesa de uma data certa para o reconhecimento das terras tradicionalmente ocupadas pelos indígenas baseia-se, segundo o ministro Ayres Britto, na análise gramatical do texto: a escolha constitucional pelo termo "ocupam", em vez da expressão "venham a ocupar" ou "ocupadas em outras épocas" refletiria a intenção constitucional de dar fim a "intermináveis discussões"[121] sobre qualquer outra referência temporal de ocupação de área indígena. Com isso, o ministro pretende prevenir expulsões dos índios de suas aldeias após 1988 e evitar a suposta fraude decorrente da proliferação de aldeias, a qual estaria ocorrendo mediante o recrutamento de índios de outras regiões do Brasil, quando não de outros países vizinhos, sob a única finalidade de "artificializar" a expansão dos lindes da demarcação.

É verdade que os indígenas buscavam, na Constituinte, garantias para a proteção das terras que já ocupavam, mas seus anseios não se limitavam a isso, como provam as denúncias de privações e de falta de acesso às terras reivindicadas apresentadas à época. Além disso, a ênfase na argumentação sobre "fraudes" na proliferação de aldeias parece desconhecer a realidade de grupos cujos territórios envolvem mais de um Estado nacional e, ao mesmo tempo, incorre na tentativa genérica de desqualificar os processos

120 A manifestação do professor José Afonso da Silva foi feita em parecer que responde a consulta formulada por Manuela Carneiro da Cunha, Samuel Rodrigues Barbosa, Associação Juízes pela Democracia, Centro de Trabalho Indigenista, Instituto Socioambiental, Organização Índio é Nós e Centro de Estudos Ameríndios da USP. Disponível em: https://mobilizacaonacionalindigena.files.wordpress.com/2016/05/parecer-josc3a9-afonso-marco-temporal_.pdf. Acesso em: 9 out. 2016.

121 BRASIL. Supremo Tribunal Federal. Pet. 3.388/RR. Tribunal Pleno, Rel. Min. Ayres Britto, julg. 19 mar. 2009, p. 295.

de emergência étnica ocorridos após 1988, os quais foram fruto justamente do "constitucionalismo fraternal" e da "igualdade de minorias" que o julgamento tenciona reconhecer.

Outrossim, a fundamentação apresentada induz a pensar que a afirmação do pertencimento étnico após 1988 só poderia representar uma tentativa artificial de ampliar terras, como se a assunção da identidade indígena só trouxesse bônus a quem reivindicasse as demarcações. Ademais, com base nesse raciocínio, apenas as 220 mil pessoas contabilizadas à época da Constituinte de 1988 e seus descendentes poderiam ser os indígenas "verdadeiros", aptos a pleitear o reconhecimento garantido na Constituição.

Cabe observar, ainda, que a interpretação gramatical, além de não prevalecer sobre outras técnicas de interpretação, não se sustenta. Primeiro, porque a Constituição não tratou, como fez em 1967/1969, do tema em suas disposições finais e transitórias, mas em um capítulo próprio das disposições gerais. Segundo, porque quando o texto quis fazer menção a situações contemporâneas à data de promulgação, utilizou o advérbio "atualmente", como nos artigos 20, I,[122] e 244.[123]

Mostra-se compreensível a preocupação dos ministros quanto à segurança jurídica ante as crescentes reivindicações por demarcações após 1988. Trata-se, contudo, de uma segurança jurídica seletiva, que teme os impactos apenas sobre os detentores de títulos de propriedade privada em terras indígenas, naturalizando a opressão sobre esses grupos. A "chapa radiográfica", a que se refere o voto do ministro Ayres Britto, combate as supostas fraudes, mas silencia sobre os efeitos das políticas assimilacionistas e do genocídio. Diferentemente do compromisso assumido na ACO 323 (Caso Krenak), pede-se agora o esquecimento das violências do passado e recorre-se à acomodação das reivindicações ao estágio em que as ocupações estavam em 1988.

Nesse ponto, o voto do ministro Marco Aurélio é elucidativo, pois sustenta que a Constituição não poderia provocar qualquer revolução na matéria, sob pena de fulminar situações "de há muito constituídas sob o pálio de

122 "Art. 20 – São bens da União: I – os que atualmente lhe pertencem e os que lhe vierem a ser atribuídos."

123 "Art. 244 – A lei disporá sobre a adaptação dos logradouros, dos edifícios de uso público e dos veículos de transporte coletivo atualmente existentes a fim de garantir acesso adequado às pessoas portadoras de deficiência, conforme o disposto no art. 227, § 2o."

ordens constitucionais precedentes".[124] A Constituição não poderia, assim, invalidar títulos de propriedade compreendidos em cadeia iniciada há mais de cinquenta anos, sob pena de "abrir-se campo propício a um sem número de reivindicações em tal sentido".[125]

A teoria do "fato indígena", proposta pelo ministro Menezes Direito, aprofundou o "marco temporal", com a clara intenção de prestigiar a segurança jurídica em favor do título de propriedade privada daqueles que viviam, em 5 de outubro de 1988, em área que viesse a ser declarada terra indígena. O ministro sustentou que o marco temporal seria uma decorrência do próprio sistema constitucional de proteção aos direitos dos índios, pois impediria o desapossamento por não índios após a promulgação da Constituição.

Citando Ferraz Júnior,[126] o ministro Menezes Direito suscitou que o "caráter permanente" da habitação não poderia ser reconhecido se os índios estivessem na área porque foram trazidos ou atraídos por motivações do "civilizado". Mencionou, ainda, o sentido etimológico de "habitar", sem refletir ou fazer qualquer consideração sobre a compreensão dos indígenas sobre o termo. Alegando vantagens da teoria do fato indígena por afastar a investigação imemorial da ocupação, o ministro sustentou que a teoria do indigenato, embora importante, ficou superada pelo art. 231, § 6o, que teria suplantado "todas as pretensões e os supostos direitos sobre as terras indígenas identificadas a partir de 1988".[127]

Estranhamente, o voto do ministro Menezes Direito não contém uma análise da cadeia legislativa (constitucional e infraconsticuional) sobre os direitos dos índios desde o século XIX, uma prática comum nos votos mais

124 Brasil, Supremo Tribunal Federal, Pet. 3.388/RR. Tribunal Pleno, Rel. Min. Ayres Britto, julg. 19 mar. 2009, p.685.

125 O conceito de "terras tradicionalmente ocupadas pelos índios" mereceria, na visão do ministro, ser delineado no "campo da razoabilidade, da segurança da vida em Estado Democrático de Direito", sendo necessário pressupor uma situação de fato definida. Ele afirma que a Constituição não visou em momento algum corrigir as imensas injustiças "praticadas contra aqueles que já habitavam o Brasil à época da descoberta, porquanto isto acabaria por ocorrer com o sacrifício de quem não vivenciou as práticas de outrora e de valores tão caros quando em jogo a segurança na vida em uma sociedade". Note-se, no caso, a regressão em relação ao entendimento adotado na ACO 323. Ibid., p. 686.

126 Ferraz Júnior, A demarcação de terras indígenas e seu fundamento constitucional, *Revista Brasileira de Direito Constitucional*, n.3, jan./jun. 2004, p.694.

127 Ibid., p.384.

extensos sobre essa matéria no tribunal. A análise do ministro é centrada quase por completo na Constituição de 1988, como se todo o debate sobre direitos indígenas tivesse começado naquele momento,[128] deixando de lado a historicidade sobre o tema, o indigenismo brasileiro e seus percalços, a trajetória estatal de restrição desses direitos e o cenário de marginalização e desigualdade durante quase todo o século XX.[129]

A segurança jurídica, na prática, não contempla os índios, pois estes seguem espectadores das definições que os brancos fazem em favor da verdade registral, restando-lhes agir proativamente e demonstrar que aquela terra lhes foi tomada. O "renitente esbulho" a que alude a ementa até excepciona o marco temporal, ao permitir a justificação da ausência de ocupação tradicional em 5 de outubro de 1988, porém o adjetivo utilizado, em posição precedente ao substantivo, denota uma certa precedência do "renitente" sobre o "esbulho", impondo aos índios um ônus de comprovar, sob a ótica do direito privado, a existência do conflito fundiário.

Para a caracterização das terras indígenas, fazendo menção a Luiz Armando Badin,[130] Menezes Direito exigiu a presença dos quatro fatores (temporal, econômico, ecológico, cultural ou demográfico), porém conceituou o primeiro de forma distinta da preconizada pelo autor citado. Com relação aos demais fatores, defendeu a participação de vários atores na análise das terras indígenas, inclusive do governo, retomando uma proposta que já era defendida pelo CSN na Constituinte. Em sentido próximo, o ministro

128 O parágrafo a seguir é ilustrativo, pois trata a Constituição de 1946 como um fato isolado, preso no passado, incomunicável com o presente: "O marco para a determinação da ocupação indígena (5/10/1988) decorre do próprio sistema constitucional de proteção aos direitos dos índios, que não poderia deixar de abranger todas as terras indígenas existentes quando da promulgação da Constituição, sob pena de ensejar um desapossamento ilícito dos índios por não índios após sua entrada em vigor. Isso chegou a ocorrer após a Constituição de 1946, mesmo tendo ela assegurado o direito deles sobre suas terras. A mesma razão pode ser extraída do voto do ministro Victor Nunes Leal no julgamento do RE n.44.585 (DJ de 11/10/1961)" (Brasil, Supremo Tribunal Federal. Pet. 3.388/RR. Tribunal Pleno, Rel. Min. Ayres Britto, julg. 19 mar. 2009, p.378).

129 Yamada; Villares, Julgamento da Terra Indígena Raposa Serra do Sol: todo dia era dia de índio, *Revista Direito GV*, v.6, n.1, São Paulo, jan./jun., 2010, p.147.

130 Badin era secretário de assuntos legislativos do Ministério da Justiça. O voto do ministro Menezes Direito contém citações a diversos autores que defendem a causa indígena, com a aparente utilização de seus pressupostos. Cf. Badin, Sobre o conceito constitucional de terra indígena. *Arquivos do Ministério da Justiça*, Brasília, ano 51, n.190, jul./dez. 2006, p.133-4.

Gilmar Mendes flexibilizou sua concepção doutrinária sobre o tema[131] para aderir à teoria do fato indígena e sustentou a ideia de "estágios de aculturação", derrotada na Constituinte, para verificar as formas de incidência desses elementos.[132]

Com o marco temporal, o STF promoveu uma leitura limitadora da Constituição e pensou nos povos indígenas como descendentes diretos dos grupos sobreviventes que remanesciam em 1988, olvidando-se do fato de que o texto viabilizou a afirmação das identidades, as etnogêneses e apropriação de territórios para o desenvolvimento de seus interesses. Nesse contexto, considerando os direitos fundamentais dos índios e a máxima da proporcionalidade, o tribunal incorreu em uma proteção deficiente, já que minimizou a efetividade das normas constitucionais e causou riscos ao núcleo essencial desses direitos territoriais.

Além do marco temporal, o STF fixou dezenove salvaguardas institucionais, as chamadas condicionantes, consistentes em regras sobre o usufruto de terras indígenas e sobre a atuação governamental sobre o tema. Além de restringir severamente a autonomia dos povos indígenas, as condicionantes conferem clara prioridade a outros bens jurídicos, como o meio ambiente e a defesa nacional. Algumas limitam-se a repetir o texto da Constituição, mas outras conferem interpretação que esvazia o comando contido no art. 231,

---

131 Em outros julgamentos, o Min. Gilmar Mendes chegou a defender que a expulsão ou afastamento de índios não descaracterizava a propriedade da União sobre a área, como no RE 416.144/MT: "É certo, também, isto é algo pacífico, que eventual afastamento ou expulsão dos índios das terras a eles destinadas, ou por eles ocupadas, não constituía *modus operandi* ou *faciendi* para a eliminação da propriedade – isso, parece-me, implícito, inclusive, na discussão. De modo que a União continuava a ser proprietária dessas terras. Também não me parece suficiente, para afastar a discussão que aqui se enceta e se coloca, a invocação daquelas famosas certidões da Funai sobre a não ocupação dessas terras pelos índios. [...] Era uma certidão negativa, em termos, porque, ao mesmo tempo que atendia aos desígnios dos projetos de desenvolvimento, não se comprometia, integralmente, com a tese, ao dizer que não havia conhecimento da existência de aldeamento indígena nas terras referidas. Mas essas considerações são apenas para colocar o tema no devido contexto" (STF, RE 416.144-3/MT, Tribunal Pleno, Rel. Min. Ellen Gracie, DJ 1o out. 2004, p.510-2).

132 "Assim, o nível de aculturamento de um determinado grupo indígena determinará a adoção de diferentes critérios para a identificação dos fatores temporal, econômico, ecológico e cultural que nortearão a demarcação de uma área como terra indígena. Por certo que grupos indígenas pouco integrados praticam suas atividades produtivas de forma mais rudimentar, necessitando de maior espaço físico para desempenhá-las, ao contrário de etnias mais sedentarizadas" (Brasil, Supremo Tribunal Federal. Pet. 3.388/RR. Tribunal Pleno, Rel. Min. Ayres Britto, julg. 19 mar. 2009, p.817).

como a que prevê que o usufruto será sempre relativizado quando houver "relevante interesse público da União". Uma delas estabelece que o usufruto não deverá se sobrepor à defesa nacional, podendo ser instaladas bases, unidades e postos militares, bem como ser realizada a expansão da malha viária e a exploração de alternativas energéticas de cunho estratégico, independentemente de consulta a comunidades indígenas envolvidas e à Funai. Além disso, independentemente de diálogo com a comunidade, há uma condicionante que autoriza a União a instalar equipamentos públicos, redes de comunicação, estradas e vias de transporte, além de construções necessárias à prestação de serviços públicos. Em caso de área afetada por unidade de conservação, o STF confere clara prioridade ao Instituto Chico Mendes de Conservação da Biodiversidade (autarquia ambiental), que será responsável pela gestão da área. Além disso, há a vedação de cobrança de tarifas pela passagem de não índios pela área ou como contrapartida em troca da utilização das estradas, equipamentos públicos, linhas de transmissão de energia ou de quaisquer outros equipamentos. As terras indígenas não poderão ser objeto de arrendamento ou de qualquer ato ou negócio jurídico. Por fim, veda-se a ampliação da terra indígena que já tenha sido demarcada.

As condicionantes extrapolaram o âmbito de incidência das sentenças aditivas, tendo em vista que a complementação normativa ocorreu a despeito de não haver prévia existência de omissão legislativa. A decisão de perfil aditivo geralmente é adotada em caso de omissão legislativa inconstitucional que demande uma atividade interpretativa integradora ou corretiva, porém foi utilizada no caso como mero complemento à norma.[133] Além de restringir severamente a autonomia dos povos indígenas, sem prévio contraditório, as condicionantes conferiram clara prioridade a outros bens jurídicos, como o meio ambiente e a defesa nacional. Como observam Erica Yamada e Luiz Fernando Villares,[134] as dezenove ressalvas buscam, em tese, conciliar interesses indígenas, defesa nacional e preservação do meio ambiente, mas três contrariam a Convenção n.169 (5, 6 e 7), três se contrapõem a disposições

133 Souza Neto; Sousa Filho, Raposa Serra do Sol expõe limites às sentenças aditivas, *Revista Consultor Jurídico*, 2013. Disponível em: <https://www.conjur.com.br/2013-mar-07/raposa-serra-sol-expoe-limites-producao-sentencas-aditivas> Acesso em: 13 out. 2017.

134 Yamada; Villares, op. cit., p.147.

infralegais (8, 9 e 10) e cinco são enunciados normativos originais (11, 12, 13, 17 e 19).[135]

Acresça-se que o entendimento firmado pelo STF caminha em sentido contrário à compreensão intercultural da relação entre os povos indígenas e a sociedade envolvente.[136] A Corte brasileira procurou frisar que, em caso de medidas que afetem as terras dos índios, estes, principais interessados, até poderão ser ouvidos – em alguns casos –, porém a oitiva não é um requisito de validade da medida nem há obrigação de levar em consideração os seus anseios. Paradoxalmente, no mesmo julgamento, a falta de participação de estados e municípios no processo demarcatório foi tratada como um vício causador de nulidade do procedimento demarcatório.

No julgamento do caso Raposa, algumas premissas que os ministros utilizaram são reveladoras de uma visão eurocêntrica e avessa a uma compreensão ampla sobre a autonomia dos índios. Depreende-se dos votos uma naturalização da trajetória de espoliações e remoções a que os índios estiveram submetidos, oferecendo-se pouca ou nenhuma consideração quanto aos impactos do regime tutelar na privação de territórios em período anterior a 1988.

Nesse sentido, podem ser citados os seguintes pontos: i) a adoção da ideia de brasilidade como uma característica redutora do direito à diferença para justificar uma interpretação restritiva dos direitos territoriais; ii) a combinação das teorias do indigenato e do fato indígena para legitimar a fixação do marco temporal, com vistas a prestigiar uma seletiva segurança jurídica em favor da propriedade privada; iii) a quase total desconsideração da legislação e da jurisprudência internacionais e a indisposição para um diálogo de

---

135 Note-se que a maioria das condicionantes vai de encontro à trajetória de lutas e conquistas dos povos tradicionais pelo respeito a sua cultura e seus modos de vida, pois privilegiam um projeto estatal específico, baseado na segurança nacional e em uma visão preservacionista e acrítica de proteção ao meio ambiente, e impõem aos indígenas um status de cidadãos de segunda classe, sem paridade de participação e sem proteção externa. Há uma indevida hierarquização que coloca em primeiro plano a posição estatal sobre a já limitada autonomia desses povos, que não são tidos como partícipes dos processos decisórios, mas como mero empecilho. Na prática, o posicionamento da Corte não se diferenciou das soluções adotadas no passado: ao mesmo tempo que os direitos foram formalmente reconhecidos, esse reconhecimento se deu de forma limitada, servindo basicamente como fator legitimador da apropriação de terras e recursos por não indígenas.

136 Para uma crítica mais aprofundada das salvaguardas, veja-se: Silveira, Raposa Serra do Sol: análise crítica dos novos (des)caminhos do STF sobre o direito indígena, em Gediel et al (Orgs.), *Direitos em conflito*, v.1, p.29-47.

Cortes; e iv) a prevalência em abstrato de certos bens jurídicos, como defesa nacional e meio ambiente, de forma absoluta.

A maioria das condicionantes vai de encontro à trajetória de lutas e conquistas dos povos tradicionais para o respeito à sua cultura e seus modos de vida, pois privilegiam um determinado projeto estatal, baseado na segurança nacional e na proteção ao meio ambiente, e impõem aos indígenas um *status* de cidadãos de segunda classe, sem paridade de participação e sem proteção externa, para utilizar os conceitos do multiculturalismo liberal. Há uma indevida hierarquização da posição estatal sobre a já limitada autonomia desses povos, que não são tidos como partícipes dos processos decisórios, mas como empecilho.

Se não há proteções externas nem paridade de participação, muito menos há a construção de uma perspectiva descolonizadora. Nota-se, pela leitura das condicionantes já destacadas, que o entendimento firmado pelo STF caminha em sentido oposto à compreensão intercultural da relação entre os povos indígenas e a sociedade envolvente, contrariamente aos posicionamentos da Corte Constitucional da Colômbia e da Corte Interamericana de Direitos Humanos, que exigem do Estado um comportamento que procure o consentimento prévio das comunidades, por meio da realização do procedimento de consulta previsto na Convenção 169/OIT, e do respeito à autonomia territorial e política desses povos.[137]

Embora o STF tenha afastado a força vinculante da decisão, esta vem provocando repercussão nos juízos inferiores e na Segunda Turma do Supremo. A Advocacia Geral da União (AGU) chegou a editar portaria com o fim de orientar a atuação desse ente nos termos esposados pelo STF no caso, a qual foi suspensa após forte pressão do movimento indígena.[138] Essa repercussão da decisão é mais uma etapa no processo de esvaziamento e interpretação restritiva do art. 231.

Não bastassem os impactos negativos dos julgamentos do Supremo, a prática constitucional dos demais órgãos do Judiciário e do sistema de justiça como um todo é ainda mais controversa. Denega aos indígenas direitos básicos, como a citação e a participação no processo – com resquícios de

137 Para uma crítica mais aprofundada das salvaguardas, ver: Silveira, Raposa Serra do Sol: análise crítica dos novos (des)caminhos do STF sobre o direito indígena, em: Gediel et al. (Orgs.), *Direitos em conflito*, p.29-47.

138 Ver nota 17.

aplicação do regime da tutela –, e mostra-se indiferente ao pluralismo que a Constituição expressamente assegurou, ao tratar esses povos com um olhar colonizado, superior, indiferente. É marcante a utilização de uma visão essencialista para recusar a aplicação de direitos indígenas, imputando-se-lhes a necessidade de demonstrar um comportamento idealizado para que possam se enquadrar no preceito constitucional. Fora dessa imagem de bom selvagem, há uma constante desconsideração do componente étnico, com graves consequências na aplicação do direito constitucional.

O acesso à justiça emerge como um dos primeiros problemas. O processo judicial não é aberto à participação dos índios, que só podem se fazer representar por advogado e dificilmente são atendidos por um juiz – às vezes, nem é autorizada sua entrada no fórum, ou, quando admitida, são feitas exigências, como a retirada de pinturas ou a colocação de camiseta. Da mesma forma, são raras as vezes em que um julgador se dispõe a realizar uma reunião com a comunidade ou a realizar uma inspeção judicial na terra indígena nos casos de conflitos de terras. Apesar do art. 232 da Constituição, predominam as mediações – via Funai, MPF ou Defensoria – e a discussão em torno dos papéis, dos registros e das leis dos brancos.

Mesmo os órgãos de mediação estabelecem uma relação distanciada com as comunidades. No MPF, embora tenha se consolidado uma cultura institucional de respeito a esses povos e de atuação combativa, por conta da existência da Sexta Câmara de Coordenação e Revisão, em muitas unidades prevalece uma relação meramente burocrática com as lideranças, de apoio em situações emergenciais e de pouca interação com as demandas apresentadas, sem falar nos casos em que a atuação do órgão acaba contribuindo para a própria desagregação da comunidade.[139]

O processo judicial que trata de direitos indígenas tem sido um palco no qual geralmente só podem atuar os órgãos que realizam a mediação. O próprio papel da Funai é incompreendido por boa parte dos julgadores, que entendem que a presença dela no processo supre a da comunidade, como se a autarquia devesse representar os índios.[140] É comum que demandas de

---

139 Sobre o tema, ver: Gombata, Indígenas de São Paulo são acossados por todos os lados, publicação *on-line*, 30 de agosto de 2016. Disponível em: http://www.cartacapital.com.br/revista/916/indigenas-de-sao-paulo-acossados-por-todos-os-lados. Acesso em: 10 out. 2016.

140 Tal compreensão ficou clara no julgamento dos embargos de declaração no MS 29.087/MS, no STF. A comunidade indígena Guyraroká, que não havia participado do processo, pediu o

reintegração de posse sejam levadas a cabo sem a presença dos indígenas no polo passivo, mas apenas com a autarquia e – às vezes – a União. A citação não é realizada, não há regularização da relação processual, mas medidas de desocupação são levadas a efeito mesmo assim.

Esse distanciamento ressalta não só o fato de que a ultrapassada ideia de incapacidade civil paira sobre as pré-compreensões dos juízes, com a sobreposição do Estatuto do Índio à Constituição, mas também um distanciamento regulamentar por parte do Judiciário quanto a essa pauta, preferindo colocar a responsabilidade pelo encaminhamento de soluções à Funai,[141]

---

ingresso nos autos, porém este foi rejeitado pelo ministro Gilmar Mendes, sob o argumento de que "a Funai é o órgão federal do Estado brasileiro responsável pela proteção dos índios e de seus bens, ao qual cabem todos os estudos e levantamentos que precedem a demarcação, nos termos do art. 231 da Constituição Federal, bem como da Lei n.5.371, de 5 dez. 1967". Os índios foram privados de participar do processo que decidiria a demarcação de suas terras, sob o fundamento de que a Funai era sua representante. Esse entendimento denota que a ultrapassada ideia de incapacidade civil dos índios continua fortemente presente, com a sobreposição da visão tutelar à própria Constituição (Brasil, Supremo Tribunal Federal. Emb. Decl. Nos Emb. Decl. No RMS 29.087/DF. Segunda Turma. Rel. Min. Gilmar Mendes, julg. 8 mar. 2016).

141 Há uma tendência do Judiciário em entender que cabe à Funai a representação dos indígenas aculturados, nos termos do art. 63 do Estatuto do Índio. Quando aculturados, os indígenas exerceriam a representação livremente. Em 2016, 28 anos após a promulgação da Constituição, esse entendimento segue sendo apresentado, sem qualquer filtragem constitucional: "ADMINISTRATIVO. AÇÃO DE REINTEGRAÇÃO DE POSSE. AGRAVO DE INSTRUMENTO. TUTELA DE DIREITOS INDÍGENAS. COMUNIDADE INDÍGENA DE PILAD REBUÁ ALDEIA MOREIRA. LIMINAR DEFERIDA. PRÉVIA AUDIÊNCIA DA FUNAI E UNIÃO FEDERAL. ART. 63 DA LEI N.6.001/1973. ART. 928, PARÁGRAFO ÚNICO, CPC. NULIDADE. AUSENTE. AGRAVO DESPROVIDO. 1. O art. 63 do Estatuto do Índio ordena a prévia ouvida da União e do 'órgão de proteção ao índio' ou seja, da Funai. Todavia, não está o juiz, evidentemente, vinculado ao conteúdo das manifestações dessas entidades. No presente caso, ambas foram de fato intimadas a se manifestar, assim como o Ministério Público Federal. Percorrendo os autos, seguem-se as manifestações da Funai, da União Federal e do Ministério Público Federal. 2. Não há, no conteúdo do art. 63 do Estatuto do Índio, a obrigação de citação da União Federal ou da Funai, para ingressarem como partes no feito. O que há é a exigência de sua prévia oitiva, ou seja, que o magistrado dê a elas ciência do feito e delas requeira um posicionamento (ou, ao menos, uma manifestação quanto ao conteúdo dos autos). Foi exatamente o que se deu no presente caso. Precedente do C. STJ. 3. O termo 'oitiva', repisado nos precedentes citados, bem mostra em que termos deve ser entendida a expressão 'prévia audiência', contida no art. 63 da Lei 6.001/1973. 'Prévia audiência' deve ser compreendida como 'prévia oitiva', ou seja, manifestação prévia, não revestida das formalidades do ato de citação. Diga-se que, se fosse necessária a citação da União para responder à ação, ingressaria ela como litisconsorte passiva em demanda na qual não é ré. Não é a União quem pode estar esbulhando a posse dos agravados, mas sim os indígenas. Pode o ente político federal, sem dúvidas, ser assistente, se entender oportuno para a proteção dos silvícolas. Contudo, a representação indígena não é feita pela União,

enquanto parte, deixando de fora do processo os principais interessados. Muitas vezes, os índios são privados da possibilidade de estar no processo, e, quando isso acontece, lhes é relegado um papel menor, obscurecido pela atuação do MPF e da Funai. O mesmo vale para o processo penal.[142]

É necessário compreender melhor o papel da autarquia. O seu papel não é de representação, mas de articulação e condução da política indigenista. Isso significa que os indígenas devem ser representados por eles próprios, com o possível assessoramento da Defensoria Pública ou de outra entidade, mas quer dizer também que a Funai deve participar do processo, a fim de promover esses direitos. Da mesma forma, deve-se reconhecer que, enquanto essa possibilidade de participação estiver prejudicada – por dificuldades da comunidade ou de estruturação da Defensoria –, a Funai, via Procuradoria-Geral Federal, deve assegurar essa representação, sob pena de a conquista existente no art. 232 ser utilizada em desfavor dos próprios índios. Já o MPF deve ser mais um órgão responsável pela defesa dos direitos indígenas, o que não significa pleno alinhamento com os interesses da comunidade, mas que o papel dessa instituição é promover a máxima efetividade das normas constitucionais nessa temática.

---

mas sim pela Funai, tutora legal dos índios não aculturados (Lei n.6.001/1973, art. 7º, § 2º). Preenchida a exigência de prévia manifestação da União e da Funai no feito. Precedente desta Corte. 4. Ausente ferimento ao direito de defesa dos índios por não ter havido citação prévia da comunidade. As entidades a serem ouvidas previamente estão previstas, taxativamente, nos regramentos legal e constitucional. A União e a Funai se manifestaram, nos termos do art. 63 do Estatuto do Índio. Além disso, interveio no feito o Ministério Público Federal, em atenção ao art. 232 da Constituição da República, bem como devido ao interesse público envolvido (art. 82, III, do Código de Processo Civil). 5. Inaplicabilidade do art. 928, par. único, do CPC, mas apenas a regra específica do art. 63 do Estatuto do Índio – o qual, diga-se, traz exatamente a mesma proteção da regra processual, mas para o caso especial de conflitos com silvícolas. 6. Agravo de instrumento conhecido e desprovido" (TRF3, Décima Primeira Turma, relator: desembargador federal José Lunardelli, julgado em 24 de maio de 2016, *e-DJF3*, 7 de junho de 2016).

142 O Supremo Tribunal Federal, ao analisar a legitimidade em ação penal privada de uma entidade indígena, acolhendo parecer da Procuradoria-Geral da República, consignou que, se houvesse legitimidade extraordinária para o ajuizamento de ação penal em razão de lesão transindividual à honra da comunidade indígena, caberia à Funai fazê-lo, por força do art. 1º, parágrafo único, da Lei n.5.371/1967. A decisão traz o chamado ranço do regime de tutela à baila, pois confere à Funai um papel de representação que não mais possui e afasta, *a priori*, a possibilidade de associações que atuam em defesa dos povos indígenas fazerem essa atuação (Supremo Tribunal Federal, Inquérito 3.862/DF, relator: ministro Luís Roberto Barroso, *DJE*, 15 de abril de 2015).

Outra questão é a carga discriminatória contida nas peças processuais e em decisões judiciais. Alheio à falta de acesso à justiça pelos indígenas e indiferente à necessidade de diálogo com outras áreas do conhecimento, como a antropologia, e ao maior contato com a realidade desses povos, o Judiciário comumente externaliza concepções que já foram superadas pela Constituição de 1988 e que resgatam um certo desprezo pelos modos de vida dos indígenas ou o afã classificatório entre integrados e não integrados para garantir ou negar direitos. Na seara penal, vigora até hoje, por força da Súmula n.140 do STJ, o entendimento jurisprudencial de que não há competência da Justiça Federal quando estão envolvidos os chamados "índios integrados".[143] Tal classificação não mais perdura por força da Constituição, de modo que qualquer fato que envolva indígenas deverá ser analisado e compreendido à luz de suas cosmovisões, o que não significa obviamente que redundará em absolvição, mas que não cabe ao juízo cravar a condição de "aculturado" e "integrado", a partir de suas pré-compreensões, para definir a competência e, por conseguinte, indicar, de imediato, o grau de conhecimento acerca do caráter ilícito da conduta.

---

143 Nesse sentido: "EMENTA: HABEAS CORPUS SUBSTITUTIVO. FALTA DE CABIMENTO. ROUBO CIRCUNSTANCIADO COMETIDO POR INDÍGENAS. COMPETÊNCIA DA JUSTIÇA ESTADUAL. SÚMULA 140/STJ. QUESTÃO DESVINCULADA DA DISPUTA DE COMUNIDADES SILVÍCOLAS PELO DIREITO ORIGINÁRIO ÀS SUAS TERRAS DE OCUPAÇÃO TRADICIONAL. DENUNCIAÇÃO CALUNIOSA. FALTA DE SUBSTRATO FÁTICO-PROBATÓRIO A AMPARAR A ALEGAÇÃO. PROFUNDO REVOLVIMENTO DE FATOS E DE PROVAS. ART. 56, PARÁGRAFO ÚNICO, DA LEI N.6.001/1973. CUMPRIMENTO DA PENA EM ÓRGÃO FEDERAL DE ASSISTÊNCIA AO ÍNDIO. IMPOSSIBILIDADE. ÍNDIOS INTEGRADOS. INEVIDENTE CONSTRANGIMENTO ILEGAL. 1. É inadmissível o emprego do *writ* em substituição ao meio processual cabível. 2. Em habeas corpus, incumbe ao impetrante instruir o feito com todas as peças necessárias à comprovação do alegado constrangimento ilegal e não é possível o profundo revolvimento de fatos e de provas. 3. O roubo circunstanciado pelo qual foram os pacientes condenados, de acordo com as instâncias ordinárias, não está ligado intimamente com a luta do grupo de indígenas Guarani-Kaiowá pelo direito originário às suas terras de ocupação tradicional. Injustificável a declaração da competência da Justiça Federal. Incidência da Súmula 140/STJ. 4. A aplicação do parágrafo único do art. 56 da Lei n.6.001/1973 (Estatuto do Índio) é limitada aos indígenas em fase de aculturação. 5. Evidenciado, conforme os documentos acostados aos autos, que os pacientes estão integrados à sociedade, não há falar na concessão do regime especial de semiliberdade. 6. Habeas corpus não conhecido" (Superior Tribunal de Justiça, HC 201300218316, Sexta Turma, relator: Sebastião Reis Junior, julgado em 25 de novembro de 2015, *DJ*, 16 de dezembro de 2014).

No processo civil, a máxima da aculturação é muitas vezes invocada para negar o direito a terras[144] ou desvincular a proteção do art. 231 ao grupo que pleiteia a tutela de direitos. O julgado a seguir é elucidativo desse posicionamento:

> PROCESSUAL CIVIL. AGRAVO DE INSTRUMENTO. AGRAVO LEGAL. ART. 557, § 1º, CPC. USUCAPIÃO. IMÓVEL SITUADO EM ANTIGO ALDEAMENTO INDÍGENA QUE NÃO SE CONSTITUI BEM DA UNIÃO FEDERAL. ARTIGOS 20, XI E 231, § 1º, AMBOS DA CF. SÚMULA 650, DO SUPREMO TRIBUNAL FEDERAL. HIPÓTES PREVISTAS NO ART. 17, DA MP 2180-35/2001. AUSÊNCIA DE COMPROVAÇÃO. BEM LOCALIZADO EM LOTE URBANO E

144 "DIREITO ADMINISTRATIVO. RESERVA INDÍGENA OCUPADA PELOS KARIRI-XOCÓS. AQUISIÇÃO DE NOVA ÁREA A SER DESTINADA EXCLUSIVAMENTE AOS KAXAGÓS. GRUPO ÉTNICO FORMADO PELA UNIÃO DE DIVERSOS REMANESCENTES INDÍGENAS. INTEGRAÇÃO À COMUNHÃO NACIONAL. TERRAS TRADICIONALMENTE OCUPADAS PELOS ÍNDIOS. PROCESSO DEMARCATÓRIO REGULADO EM LEI E DECRETO FEDERAL. INTERVENÇÃO JUDICIAL. SITUAÇÕES EXCEPCIONAIS. 1. Ação civil pública movida com o fim de compelir a União e a Funai a adquirir terras de terceiros com a finalidade de alocar os índios da etnia Xocó desaldeados em área que viabilize a sua sobrevivência física e cultural. 2. A Constituição Federal de 1988 inclui, dentre os bens da União, as terras tradicionalmente ocupadas pelos índios, reconhecendo-lhes a posse permanente sobre as terras tradicionalmente ocupadas e o usufruto exclusivo das riquezas do solo, dos rios e lagos nelas existentes. 3. Considera-se índio ou silvícola como 'o indivíduo de origem e ascendência pré-colombiana que se identifica e é identificado como pertencente a um grupo étnico cujas características culturais o distinguem da sociedade nacional'. Art. 3º, I, da Lei n.6.001/1973. 4. O regime protetivo instituído pela Lei n.6.001/1973 aplica-se aos indígenas ainda não integrados à comunhão nacional, os quais ficam sujeitos ao regime tutelar diferenciado nela estabelecido. Assim, havendo a integração dos indígenas à comunhão nacional, haverá a liberação do regime tutelar estabelecido pelo Estatuto do Índio. 5. No caso dos autos, percebe-se a segurança e o domínio do vernáculo, bem como que os índios 'desaldeados' não nasceram na aldeia, e, como se sabe, as tribos consideram índios aqueles nascidos na aldeia, pouco importando seu biótipo, se ameríndio, branco ou negro. 6. Os índios 'desaldeados' da etnia Xocó-Guará encontram-se perfeitamente inseridos na comunhão nacional, pois, nasceram e sempre viveram na cidade, sendo descendentes (um deles filho e os demais netos sobrinhos-netos ou bisnetos ou sobrinhos-bisnetos) de uma índia nascida na aldeia da Ilha de São Pedro. 7. Considerando que não preservaram os costumes e hábitos indígenas bem como não participaram do processo de retomada das terras, não há como enquadrá-los como beneficiários das normas diferenciadas e protetivas previstas no Estatuto do Índio. 8. O art. 231, § 1º, da Constituição Federal define terras tradicionalmente ocupadas pelos índios como 'as por eles habitadas em caráter permanente, as utilizadas para suas atividades produtivas, as imprescindíveis à preservação dos recursos ambientais

CONFINANTE A ÁREAS OCUPADAS POR PARTICULARES. ART. 942, CPC. INAPLICABILIDADE. AUSÊNCIA DE INTERESSE DA UNIÃO FEDERAL NA LIDE. COMPETÊNCIA DA JUSTIÇA ESTADUAL. AGRAVO A QUE SE NEGA PROVIMENTO. NULIDADE PARCIAL DA SENTENÇA. 1. Apenas as terras tradicional e atualmente (ao tempo da CF/1988) ocupadas pelos índios constituem bens da União (artigos 20, XI, e 231, § 1º, CF). Embora localizado nas proximidades da Terra Indígena Piaçaguera, o imóvel não constitui bem da União, vez que situado em aldeamento indígena extinto em 1804. 2. Não há parte alguma do território nacional que não tenha sido em alguma época ocupada por indígenas, nem que não lhe tenham sido tomadas "artificialmente", visto que a colonização portuguesa não decorreu de forças naturais, mas da ação humana. 3. O que a Constituição da República garantiu aos indígenas foi a continuação das terras que tradicionalmente ocupavam ao tempo de sua promulgação, não as que habitavam antes mesmo de o Brasil proclamar sua independência. 4. Por outro lado, somente se podem considerar TRADICIONALMENTE ocupadas aquelas terras em que os atuais habitantes silvícolas sejam os descendentes consanguíneos dos que ali se achavam desde tempos imemoriais: havendo memória recente de que outra tribo

necessários a seu bem-estar e as necessárias a sua reprodução física e cultural, segundo os seus usos, costumes e tradições'. 9. O processo demarcatório de terras indígenas encontra-se regulado na Lei n.6.001/1973 – Estatuto do Índio e no Decreto n.1.775/1996, cujas regras foram declaradas, pelo Pretório Excelso STF, compatíveis com a CF/1988. Precedentes do STF. 10. Em que pese a Constituição Federal assegurar aos indígenas a prerrogativa de ingressarem em juízo para a defesa de seus direitos e interesses (art. 232) bem assim de atribuir ao Ministério Público a função institucional de defender os direitos e interesses das populações indígenas (art. 129, V) e aos juízes federais a competência para processar e julgar a disputa sobre direitos indígenas (art. 109, XI), a intervenção judicial para condenar a União a demarcar terras somente se afiguraria possível de modo excepcional quando inexistente solução alternativa ou houver omissão do Poder Executivo quando configurada alguma das situações elencadas no § 1º, do art. 20, da Lei n.6.001/1973. 11. A demarcação de terras indígenas é um procedimento a cargo do Poder Executivo, cabível, contudo, a tutela jurisdicional, caso o Poder Executivo demonstre-se inerte diante de determinadas situações estabelecidas em lei, mormente, àquelas arroladas no art. 20, § 1º, da Lei n.6.001/1973, o que não se revela, no caso dos autos. 12. No caso dos autos, ainda que existam diferenciações internas, de acordo com os usos e costumes que lhes são próprios, não se revela clarividente, a ponto de justificar a intervenção jurisdicional, a existência de animosidade bem como de luta entre os grupos tribais, haja vista que apenas um índio recebeu ameaças de morte. 13. Nos termos da legislação pertinente a remoção de grupo tribal somente caberá quando impossível ou não aconselhável a permanência conjunta das tribos. 14. Apelações da União e da Funai providas" (TRF5, Quarta Turma, relator: desembargador federal Ivan Lira de Carvalho, julgado em 13 de maio de 2014, *DJ*, 5 de junho de 2014).

veio instalar-se em área abandonada por seus habitantes tradicionais, esse local não pode ser considerado terra indígena. 5. Da mesma forma, é evidente no texto constitucional que somente se pode considerar haver ocupação indígena se os habitantes se organizam minimamente em tribos: não haveria como nem por que "preservar" coletivamente cultura, usos e tradições de indivíduos que, a par de aculturados, encontram-se isolados. Com efeito, o que se protege no § 5º do artigo 231 da CF são os GRUPOS e, da mesma forma, todo o restante do dispositivo refere-se sempre ao plural, às comunidades, não a indivíduos isolados. 6. Não foi comprovada pela agravante a existência de qualquer das hipóteses previstas no artigo 17, da Medida Provisória n.2.180-35/0201. 7. Para demonstrar seu interesse no feito, a União deve apontar ser o imóvel de sua propriedade ou quando menos confinante, sendo insuficiente alegar que talvez reveja seu entendimento administrativo e talvez venha a demarcar área que não indica e não sabe se virá sequer a confinar com o imóvel usucapiendo. Muito menos cabe a órgão do Poder Executivo julgar a própria ação de usucapião. 8. O imóvel usucapiendo não é confinante à Terra Indígena Piaçaguera, situando-se em lote urbano e confrontando-se com áreas ocupadas por particulares, não sendo aplicável, ao caso, o artigo 942, do Código de Processo Civil. 9. Ausente interesse da União Federal na lide, não se justifica a competência da Justiça Federal para processar e julgar o pedido de usucapião (art. 109, CF), sendo parcialmente nula a sentença. 10. Entrementes, a sentença, embora afastando o interesse da União, apreciou o pedido de usucapião, sendo nula nesta parte. 11. Agravo a que se nega provimento. Sentença parcialmente anulada, *ex officio*, determinando-se a remessa dos autos à Justiça Estadual.[145]

Os equívocos do julgado são muitos. Afora as discussões sobre os marcos temporais e os requisitos de ocupação da terra para o reconhecimento de direitos, é digno de nota que a decisão parte de premissas estigmatizantes para diminuir o alcance do art. 231, pois estabelece, sem a explicitação dos fundamentos, que a tradicionalidade pressupõe que os indígenas sejam descendentes consanguíneos daqueles que ocupavam a terra em tempos imemoriais e faz exigências quanto à forma de organização social ("tribos" ×

145 Brasil, Tribunal Regional Federal da 3ª Região, AI 00830450420054030000, relator: desembargador federal Henrique Herkenhoff, julgado em 23 de fevereiro de 2010, *e-DJF3*, 4 de março de 2010.

"aculturados" e "isolados"), sem qualquer fundamento teórico ou empírico para tanto, essencializando as relações entre indígenas e minimizando o histórico de privações e violações a que foram submetidos. A identidade não pode ser definida por um terceiro, e sim pelo próprio grupo (autodefinição da própria identidade, conforme dispositivo da própria Convenção 169).[146] A propósito, os índios não perdem sua condição étnica pelo fato de se dirigirem à cidade, falarem português ou usarem vestimentas semelhantes às dos demais integrantes da sociedade envolvente. É a etnicidade que os distingue dos demais grupos, por meio da qual entendem a si mesmos como pertencentes a determinadas origens e tradições.[147]

O tratamento da prova também carece de uma abordagem plural. Os indígenas são instados a comprovar documentalmente aquilo que para eles se desenvolve de outra forma, por meio das memórias, das festas, dos cantos, das tradições. Cobram-se, no entanto, versões dos fatos, papéis. É por conta desse viés que deslocamentos são confundidos com nomadismo, que práticas e rituais são tratados com curiosidade zoológica e que certas cosmovisões são tidas como descartáveis, mas não se depreende que essas manifestações são a resistência desses povos e a forma que eles adotam para contar e construir sua história.[148]

Em suma, o assimilacionismo segue impregnado na prática constitucional dos três poderes. Agora mais do que nunca, já que o Executivo e o Legislativo têm adotado uma linha conscientemente contrária à concretização dos direitos fundamentais dos povos indígenas. No Poder Judiciário, a sensação é a de que o tratamento da matéria nunca esteve em alta e, afora soluções esporádicas, as decisões contêm forte viés etnocêntrico, ou, na melhor das hipóteses, carregam muita incompreensão sobre a matéria.

---

146 A Convenção 169/OIT confere ampla proteção à autonomia e à autoidentificação desses grupos (art. 3º).

147 Cunha, *Cultura com aspas e outros ensaios*, p.253.

148 Deve-se reconhecer que também podem ser encontradas algumas decisões relevantes e sensíveis à interculturalidade. Como exemplo, pode ser citado o entendimento de que cabe a concessão do benefício de salário-maternidade a mulheres indígenas menores de 16 anos, em razão das peculiaridades socioculturais do grupo étnico, firmado pelo Superior Tribunal de Justiça (Brasil, Superior Tribunal de Justiça, REsp n.1.439.894, relator: ministro Napoleão Nunes Maia Filho, Primeira Turma, julgado em 18 de dezembro de 2014).

## 4. Considerações finais

O Brasil está em mora na concretização dos direitos indígenas. E a culpa não é da Constituição. O seu texto é uma conquista, um avanço em nosso processo civilizatório que estanca a avassaladora destruição da identidade de diversos grupos e garante, ao menos no papel, que os índios são cidadãos de igual *status* e merecedores de respeito e consideração.

A Constituição absorveu todos os anseios do multiculturalismo liberal de reconhecer a importância de certas culturas e oferecer-lhes proteção e dedicou-se a essa tarefa. É prazeroso falar que a nossa lei fundamental tem um capítulo especial para os direitos indígenas. É certo, porém, que o multiculturalismo liberal que ela alberga necessita de um olhar atento à realidade brasileira e aos destinatários dessa proteção, de forma a carregar uma visão intercultural crítica *desmonumentalizadora* e *descolonizadora* que compreenda melhor o histórico de violências a que foram submetidos os povos indígenas e a perpetuação de um sistema que nunca lhes reconheceu dignidade e segue reproduzindo essa lógica.

O grande problema brasileiro é a prática constitucional assimilacionista, que se manifesta nos três poderes da República. No Legislativo, houve, desde 1988, momentos relevantes para o avanço de direitos indígenas. Hoje, porém, ele abriga a mais feroz oposição a qualquer escopo de concretização do art. 231 na legislação infraconstitucional, tendo em vista os interesses econômicos dos chamados ruralistas nas terras que os indígenas tradicionalmente ocupam, havendo um fluxo acelerado de projetos que denegam direitos ou criminalizam condutas, ao mesmo tempo em que o Estatuto das Sociedades Indígenas não avança.

No Executivo, a postura ambivalente do Estado apresenta-se com mais força. De um lado, estão medidas positivas de diálogo intercultural e de forte participação dos grupos étnicos, cada vez mais rasas após 2016, com uma atuação da Funai preocupada com o andamento de projetos de grandes empreendimentos e com o andamento, dentro das possibilidades, dos processos de demarcação. De outro, o interesse nos recursos naturais situados em terras indígenas gera uma atuação com efeitos mais imediatos do que a de qualquer outro poder, mediante a realização de obras de infraestrutura e grandes projetos sem consulta prévia ou diálogo.

No Judiciário, a pauta indígena ainda não emplacou. Ressalvadas algumas decisões relevantes e mais sensíveis ao comando constitucional, predomina uma visão depreciativa sobre os índios e um relativo desprezo a seus anseios de autonomia. Tal percepção é refletida no julgamento do caso Raposa Serra do Sol, com a estipulação de condicionantes que privilegiam outros bens jurídicos, e na forma de atuação do sistema de justiça em primeira instância, totalmente cerrado a uma maior participação e às cosmovisões indígenas.

Reconhecer esse cenário pode ser um passo importante para deixar de pressupor uma harmonia entre o texto e a prática constitucionais, decantada nos manuais, e olhar o invisível, escutar o silêncio dos povos indígenas e impulsionar o projeto de 1988 rumo à interculturalidade.

## Referências bibliográficas

ARAÚJO JUNIOR, Julio José. Desafios à proteção da posse constitucional de terras indígenas. In: VITORELLI, Edilson (Org.). *Temas atuais do Ministério Público Federal.* 3.ed. rev. e atual. Salvador: JusPODIVM, 2015. p.523-42.

BARROSO, Luís Roberto. Constituição, democracia e supremacia judicial: direito e política no Brasil contemporâneo. *Revista do Ministério Público,* Rio de Janeiro, v.49, p.187-224, 2013.

_____. *O novo direito constitucional brasileiro*: contribuições para a construção teórica e prática da jurisdição constitucional no Brasil. 2.reimp. Belo Horizonte: Fórum, 2013.

BARRY, Brian. *Culture and Equality*: an Egalitarian Critique of Multiculturalism. Cambridge: Polity Press, 2001. *e-book*: Kindle Edition.

BRANDÃO, Pedro. *O novo constitucionalismo pluralista latino-americano.* Rio de Janeiro: Lumen Juris, 2015.

BRASIL. Comissão Nacional da Verdade. *Relatório.* v.I. Parte IV. cap.14. Item C. Disponível em: http://www.cnv.gov.br/images/documentos/Capitulo14/Capitulo%2014.pdf. Acesso em: 23 set. 2016.

COHN, Sergio (Org.). *Encontros – Ailton Krenak.* Rio de Janeiro: Azougue, 2015.

COMISSÃO PRÓ-ÍNDIO-SP. A questão da emancipação. *Cadernos da Comissão Pró-Índio,* São Paulo, v.1, ago. 1979.

CUNHA, Manuela Carneiro da. *Cultura com aspas e outros ensaios.* São Paulo: Cosac Naify, 2009.

_____. *Índios no Brasil*: história, direitos e cidadania. São Paulo: Claro Enigma, 2012.

FERES JUNIOR, João; POGREBINSCHI, Thamy. *Teoria política contemporânea*: uma introdução. Rio de Janeiro: Elsevier, 2010. *e-book*: Kindle Edition.

FERNANDES, Florestan. *A integração do negro na sociedade de classes*. v.2: No limiar de uma nova era. São Paulo: Globo, 2008.

FRASER, Nancy. Social Justice in the Age of Identity Politics: Redistribution, Recognition, and Participation. In: FRASER, Nancy; HONNETH, Axel. *Redistribution or Recognition?* A Political-Philosophical Exchange. Trad. Joel Golb, James Ingram e Christiane Wilke. New York; London: Verso, 2003.

FREYRE, Gilberto. *Casa grande e senzala*. 51.ed. rev. São Paulo: Global, 2006.

GARAVITO, César Rodríguez. *Etnicidad.gov*: los recursos naturales, los pueblos indígenas y el derecho a la consulta previa en los campos sociales minados. Bogotá: Centro de Estudios de Derecho, Justicia y Sociedad, De Justicia, 2012.

GARGARELLA, Roberto. *As teorias da justiça depois de Rawls*: um breve manual de filosofia política. Trad. Alonso Reis Freire. São Paulo: Martins Fontes, 2008.

_____; COURTIS, Christian. El nuevo constitucionalismo latinoamericano: promesas e interrogantes. In: BALDI, César Augusto (Coord.). *Aprender desde o Sul*: novas constitucionalidades, pluralismo jurídico e plurinacionalidade. Aprendendo desde o Sul. Belo Horizonte: Fórum, 2015.

GUDYNAS, Eduardo. La ecología política del giro biocéntrico en la nueva Constitución de Ecuador. *Revista de Estudios Sociales*, Bogotá, n.32, p.34-47, abr. 2009.

HABERMAS, Jürgen. Lutas pelo reconhecimento no Estado Democrático Constitucional. In: TAYLOR, Charles et al. *Multiculturalismo*. Trad. Shierry Weber Nicholsen. Lisboa: Piaget, 1994.

HOBSBAWM, Eric J. *Nações e nacionalismo*: desde 1780. Trad. Maria Celia Paoli e Anna Maria Quirino. Rio de Janeiro: Paz e Terra, 1990.

HONNETH, Axel. Redistribution as Recognition: a Response to Nancy Fraser. In: FRASER, Nancy; HONNETH, Axel. *Redistribution or Recognition?* A Political-Philosophical Exchange. Trad. Joel Golb, James Ingram e Christiane Wilke. New York; London: Verso, 2003.

KYMLICKA, Will. *Multicultural Citizenship*. Oxford: Clarendon Press, 1995. *e-book*.

_____. The Good, the Bad and the Intolerable: Minority Group Rights. In: GOODALE, Mark (Ed.). *Human Rights*: an Anthropological Reader. Malden: Wiley-Blackwell, 2009.

LEONEL JÚNIOR, Gladstone. *O novo constitucionalismo latino-americano*: um estudo sobre a Bolívia. Rio de Janeiro: Lumen Juris, 2015.

LOPES, Danielle Bastos. *O movimento indígena na Assembleia Nacional Constituinte (1984-1988)*. Rio de Janeiro, 2011. 184f. Dissertação (Mestrado em História Social), Faculdade de Formação de Professores – Universidade do Estado do Rio de Janeiro.

LOUREIRO, Silvia Maria da Silveira. *A reconstrução da subjetividade coletiva dos povos indígenas no direito internacional dos Direitos Humanos*: o resgate do pensamento da Escola Ibérica da Paz (séculos XVI e XVII) em prol de um novo *jus gentium* para o século XXI. Rio de Janeiro, 2015. 325f. Tese (Doutorado), Faculdade de Direito – Pontifícia Universidade Católica do Rio de Janeiro.

MALDONADO, Daniel Bonilla. Indígenas urbanos y derechos culturales: los límites del multiculturalismo liberal. *Revista Direito GV*, v.7, n.2, p.569-604, 2011.

_____. *La constitución multicultural*. Bogotá: Siglo del Hombre Editores, 2006.

MARX, Karl. *Sobre a questão judaica*. Trad. Nélio Schneider e Wanda Caldeira Brant. São Paulo: Boitempo, 2010.

MIGNOLO, Walter D. El pensamiento decolonial: desprendimiento y apertura. Un manifesto. In: CASTRO-GÓMEZ, Santiago; GROSFOGUEL, Ramón (Eds.). *El giro decolonial*: reflexiones para una diversidad epistémica más allá del capitalismo global. Bogotá: Siglo del Hombre Editores, 2007.

ORGANIZAÇÃO DAS NAÇÕES UNIDAS (ONU). Conselho de Direitos Humanos. *Relatório da missão ao Brasil da relatora especial sobre os direitos dos povos indígenas*. 8 ago. 2016. Disponível em: http://unsr.vtaulicorpuz.org/site/images/docs/country/2016-brazil-a-hrc-33-42-add-1-portugues.pdf. Acesso em: 23 set. 2016.

PEREIRA, Deborah Macedo Duprat de Brito. O direito sob o marco da plurietnicidade/multiculturalidade. In: _____ (Org.). *Pareceres jurídicos*: direitos dos povos e comunidades tradicionais. Manaus: UE, 2007. p.9-21.

QUIJANO, Aníbal. Colonialidad del poder, eurocentrismo y America Latina. In: LANDER, Edgardo (Org.). *La colonialidad del saber*: eurocentrismo y ciencias sociales. Perspectivas latinoamericanas. Buenos Aires: Clacso, 2000. p.26.

RAWLS, John. *Liberalismo político*. Trad. Sergio René Madero Báez. México, DF: Fondo de Cultura Económica, 1995.

RIBEIRO, Darcy. *Os índios e a civilização*: a integração das populações indígenas no Brasil moderno. São Paulo: Companhia das Letras, 1996.

ROCKEFELLER, Steven C. Comentário. In: TAYLOR, Charles et al. *Multiculturalismo*. Trad. Marta Machado. Lisboa: Piaget, 1994.

SANDEL, Michael J. The Procedural Republic and the Unencumbered Self. In: GOODIN, E.; PETTIT, P. (Eds.). *Contemporary Political Philosophy*: an Anthology. Massachusetts: Blackwell Publishers, 1997.

SANTOS, Boaventura de Sousa. Epistemologías del Sur. *Revista Utopía y Praxis Latinoamericana*, año 16, n.54, p.17-39, jul.-set. 2011.

SARMENTO, Daniel. *Nota técnica*: a PEC 215/2000 e as cláusulas pétreas. Disponível em: http://www.gta.org.br/wp-content/uploads/2013/09/2013-Nota-T%C3%A9cnica-do-MPF-sobre-a-PEC-215.pdf. Acesso em: 10 jun. 2016.

_____. *Dignidade da pessoa humana*: conteúdo, trajetórias e metodologia. Belo Horizonte: Fórum, 2016.

SEPÚLVEDA, Magdalena; GARAVITO, César Rodríguez. Colombia: la Corte Constitucional y su contribución a la justicia social. In: LANGFORD, Malcolm (Ed.). *Teoría y jurisprudencia de los derechos sociales*: tendencias emergentes en el derecho internacional y comparado. Bogotá: Siglo del Hombre Editores, 2013.

SILVA, Paulo Thadeu Gomes da. *Os direitos dos índios*: fundamentalidade, paradoxos e colonialidades internas. São Paulo: Café com Lei, 2015.

SILVEIRA, Domingos Sávio Dresch da. Raposa Serra do Sol: análise crítica dos novos (des)caminhos do STF sobre o direito indígena. In: GEDIEL, José Antônio Peres et al.

(Orgs.). *Direitos em conflito*: movimentos sociais, resistência e casos judicializados. v.1. Curitiba: Kairós, 2015.

SOUZA, Jessé. Uma teoria crítica do reconhecimento. *Lua Nova*, n.50, p.133-58, 2000.

SOUZA FILHO, Carlos Frederico Marés. *O renascer dos povos indígenas para o direito*. 1.ed. 8.reimpr. Curitiba: Juruá, 2012.

SOUZA NETO, Cláudio Pereira; SARMENTO, Daniel. *Direito constitucional*: teoria, história e métodos de trabalho. 2.ed. Belo Horizonte: Fórum, 2014. p.214.

TAYLOR, Charles. The Politics of Recognition. In: TAYLOR, Charles; GUTMANN, Amy (Eds.). *Multiculturalism*: Examining the Politics of Recognition. Princeton, NJ: University Press, 1994.

VILLARES, Luiz Fernando. *Direito e povos indígenas*. 1.ed. 2.reimp. Curitiba: Juruá, 2013.

VILLAS BOAS, Orlando; VILLAS BOAS, Cláudio. *A marcha para o oeste*: a epopeia da Expedição Roncador-Xingu. 1.reimp. São Paulo: Companhia das Letras, 2012.

WALSH, Catherine. Interculturalidad crítica y educación intercultural. In: VIAÑA, Jorge; TAPIA, Luis; WALSH, Catherine. *Interculturalidad crítica y educación intercultural*. La Paz: Convenio Andres Bello, 2010. p.75-96.

WALZER, Michael. Comentário. In: TAYLOR, Charles et al. *Multiculturalismo*. Trad. Marta Machado. Lisboa: Piaget, 1994.

YEPES, Rodrigo Uprimny. A judicialização política na Colômbia: casos, potencialidades e riscos. Trad. Pedro Soares. *SUR – Revista Internacional de Direitos Humanos*, v.6, 2007.

# 8

# A JUDICIALIZAÇÃO DAS DEMARCAÇÕES DE TERRAS INDÍGENAS: O CASO DE MORRO DOS CAVALOS

*Juliana de Paula Batista*[1]
*Mauricio Guetta*[2]

## 1. Introdução

Os arts. 231 e 232 da Constituição da República Federativa do Brasil de 1988 inauguraram um novo arcabouço legal para os direitos dos povos indígenas. Isso porque a legislação anterior concebia os direitos a partir de um viés integracionista, o que, na maior parte das vezes, de forma direta ou oblíqua, orientava políticas que visavam assimilar os índios à "comunhão nacional".

A nova ordem constitucional rompeu definitivamente com tais paradigmas ao reconhecer aos índios "sua organização social, costumes, línguas, crenças e tradições, e os direitos originários sobre as terras que tradicionalmente ocupam, competindo à União demarcá-las, proteger e fazer respeitar todos os seus bens" (art. 231). Do dispositivo depreende-se que os índios, em sua singularidade individual e coletiva, são portadores de identidades

---

1 Mestre em Cidadania, Democracia e Direitos Humanos pela Universidade Federal de Santa Catarina (UFSC). Lecionou em diversas faculdades de Direito no estado de Mato Grosso e trabalhou com povos indígenas atingidos por grandes obras na Amazônia meridional. Atualmente é advogada do Programa de Política e Direito do Instituto Socioambiental (ISA).

2 Mestre em Direito Ambiental pela Pontifícia Universidade Católica de São Paulo (PUC-SP). Foi pesquisador na Université Paris 1 Pantheon-Sorbonne/Paris 2 Pantheon-Assas (Paris, França) e também na University of Cape Town (Cidade do Cabo, África do Sul). Atualmente é advogado do Programa de Política e Direito do Instituto Socioambiental (ISA) e professor assistente do curso de Especialização em Direito Ambiental da Cogeae – PUC-SP.

étnicas específicas, que não mais podem ser objeto de medidas que visem a sua desconstituição, integração ou assimilação. Além disso, são detentores de direitos territoriais qualificados como originários, competindo à União a demarcação das terras indígenas (TIs).

Para que a União cumprisse seu mister constitucional, foram editados decretos com a finalidade de parametrizar e definir prazos para os atos do processo administrativo de demarcação de TIs. Na prática, entretanto, os processos são marcados por grande morosidade e, não raro, influenciados por inúmeras pressões políticas. Como consequência, diversas TIs ainda não estão demarcadas, o que constitui verdadeira ameaça à segurança física e cultural dos povos indígenas, bem como permite que áreas sejam ilegalmente invadidas e seus recursos naturais degradados, o que compromete o usufruto exclusivo dos índios às suas terras.

As demarcações das TIs também vêm sendo paralisadas em razão da concessão de liminares em processos judiciais. Há casos emblemáticos[3] em que os processos ficaram suspensos por mais de dez anos e, ao final, a sentença de primeira instância reconheceu a tradicionalidade da ocupação dos indígenas e seus direitos territoriais. Enquanto isso, as incertezas jurídicas quanto aos rumos da demarcação impedem a desintrusão das TIs e tornam vulneráveis os direitos territoriais indígenas.

Mas não é apenas a paralisação de demarcações por meio de liminares que ameaça os direitos territoriais dos povos indígenas no Judiciário. Em 2009, no julgamento do paradigmático caso sobre a demarcação da TI Raposa Serra do Sol (RR),[4] o Supremo Tribunal Federal (STF) apresentou nova interpretação ao art. 231 da Constituição, enunciando que a expressão "terra que tradicionalmente ocupam" deveria ser lida como "terras que tradicionalmente ocupam na data de 5 de outubro de 1988". Essa interpretação foi nominada de "teoria do marco temporal de ocupação", que consiste, em síntese, na exigência da presença física dos índios na área objeto da demarcação no dia 5 de outubro de 1988, para que sejam reconhecidos seus direitos originários.

3 Como exemplo, ver: Autos n.2006.36.00.014901-3, que trata da demarcação da TI Batelão, na 3ª Vara Federal da Seção Judiciária do estado de Mato Grosso.

4 Supremo Tribunal Federal, Tribunal Pleno, Pet. n.3.388 – RR, relator: ministro Carlos Ayres Britto, *DJe*, 1º de julho de 2010.

Como exceção a essa orientação, constou do mesmo acórdão que "a tradicionalidade da posse nativa, no entanto, não se perde onde, ao tempo da promulgação da Lei Maior de 1988, a reocupação apenas não ocorreu por efeito de renitente esbulho por parte de não índios. Caso das 'fazendas' situadas na Terra Indígena Raposa Serra do Sol". Sobre esse ponto, a fundamentação da referida decisão foi clara no sentido de que, nos casos "ali onde a reocupação das terras indígenas, ao tempo da promulgação da Lei Maior de 1988, somente não ocorreu por efeito de renitente esbulho por parte dos não índios, é claro que o caso já não será de perda da tradicionalidade da posse nativa. Será de violação aos direitos originários que assistem aos índios, reparável tanto pela via administrativa quanto jurisdicional".[5]

Muito embora a decisão não tenha efeitos vinculantes, a partir dela outras ações começaram a ser propostas no Judiciário, questionando demarcações finalizadas ou em curso sob a alegação de que os indígenas não estariam nas terras em 5 de outubro de 1988. Um exemplo emblemático é a Ação Cível Originária (ACO) n.2.323, proposta pelo estado de Santa Catarina no STF, com o objetivo de declarar a nulidade do processo administrativo de demarcação da TI Morro dos Cavalos, bem como obter declaração de inexistência de direito originário dos indígenas Guarani Nhandeva e Mbyá.

Tendo em vista que essa ação judicial repete argumentos que vêm sendo utilizados em outras demandas judiciais que, de igual modo, visam ceifar os direitos territoriais dos povos indígenas, garantidos na Constituição Federal de 1988, passaremos a analisar os meandros fáticos que envolveram o processo administrativo de demarcação da TI Morro dos Cavalos, até a propositura da ação judicial, em 24 de janeiro de 2014.

Em seguida, problematizaremos a inadequação da "teoria do marco temporal de ocupação" como paradigma que constitui verdadeira linha de corte aos direitos territoriais indígenas, o que reelabora as antigas e atuais formas de inviabilizá-los. Com isso, esperamos aportar contribuições teóricas para a defesa das comunidades indígenas e para a plena efetividade dos direitos fundamentais garantidos aos índios pelo constituinte originário de 1988.

---

5 Ibid.

## 2. A demarcação da TI Morro dos Cavalos e a ACO n.2.323

O processo administrativo de demarcação da TI Morro dos Cavalos foi iniciado em 1993, na Fundação Nacional do Índio (Funai). Na época, a demarcação de TIs era regulamentada pelo Decreto n.22, de 4 de fevereiro de 1991. Assim, com fundamento na normativa aplicável à época, foi editada a Portaria n.973, de 1º de outubro de 1993, que constituiu Grupo Técnico Interinstitucional, sob a coordenação de um antropólogo, que posteriormente apresentou o primeiro *Estudo de Definição da Área Indígena*.

Entrementes, no curso do processo, sobreveio o Decreto n.1.775, de 8 de janeiro de 1996, cujas regras alteraram o procedimento administrativo de demarcação de TIs, notadamente em relação às diversas disposições relacionadas à ampliação da participação de todos os interessados no processo de demarcação, por exemplo, os estados, municípios, proprietários de áreas incidentes sobre TIs e também os indígenas envolvidos.

Ao dispor sobre as regras de transição para os processos administrativos que se encontravam em curso, o Decreto n.1.775/1996 determinou que "os trabalhos de identificação e delimitação de terras indígenas realizados anteriormente poderão ser considerados pelo órgão federal de assistência ao índio para efeito de demarcação, desde que compatíveis com os princípios estabelecidos neste Decreto" (art. 3º).

À vista disso, a Comunidade Indígena Guarani de Morro dos Cavalos informou à Funai que não participou do processo de demarcação, em contrariedade ao que determina o art. 2º, § 3º, do Decreto n.1.775/1996, bem como advertiu que áreas fundamentais à sua sobrevivência física e cultural haviam ficado fora dos limites propostos pelo estudo de reconhecimento da área indígena.

Considerando o aludido art. 3º do Decreto n.1.775/1996, houve, então, a necessidade de adequar o processo de demarcação da TI Morro dos Cavalos, pendente de conclusão, aos ditames do novo decreto. Para isso, a Funai editou a Portaria n.838, de 16 de outubro de 2001, para constituir

> Grupo Técnico para realizar novos estudos e levantamentos de identificação e delimitação da Terra Indígena Morro dos Cavalos, de ocupação dos índios Guarani Mbyá, composto por: 1) Maria Inês Ladeira, antropóloga-coordenadora,

consultora; 2) Dafran Gomes Macário, biólogo, consultor; 3) Flávio Luiz Corne, engenheiro agrimensor, Funai/ERA/Bauru; 4) Antônio Alves de Santana Sobrinho, técnico em agronomia, consultor; 5) Luiz Omar Correia, administrador de empresas, Funai/ERA/Curitiba; 6) Técnico do estado de Santa Catarina, Seagri/SC, a designar; 7) Técnico do Incra, a designar.

Em atendimento à Portaria n.838/2001, o Instituto Nacional de Colonização e Reforma Agrária indicou servidor para participar do processo – que foi posteriormente substituído pela Portaria n.961, de 26 de novembro de 2001 – e a Funai oficiou diretamente o estado de Santa Catarina para indicar técnico para compor o referido grupo técnico. Apesar disso, o secretário de Estado do Desenvolvimento Rural e da Agricultura informou que não dispunha de servidor para esse desiderato, conforme se depreende do Ofício n.2.425/2001/GABS, de 30 de agosto de 2002:

> Fazemos referência aos ofícios n.470 e 471, de 8 de agosto de 2001, em que Vossa Senhoria solicita a indicação de técnicos desta secretaria para compor grupos técnicos que realizarão levantamento cadastral de ocupantes não índios em campo nas terras indígenas Xapecó, em Ipuaçu, Marema e Xanxerê, e Morro dos Cavalos, em Palhoça.
>
> Infelizmente, não há como designarmos os profissionais solicitados, pois esta pasta não conta com técnicos para a finalidade em pauta, razão pela qual fica prejudicado o atendimento do pedido.
>
> Atenciosamente,
>
> Deputado Odacir Zonta
>
> Secretário de Estado[6]

Concluídos os estudos multidisciplinares para identificação e delimitação da terra indígena, o grupo técnico, em conformidade com o art. 2º, § 6º, do Decreto n.1.775/1996, apresentou *Relatório Circunstanciado* à Funai, no qual constaram as características e a identificação da terra indígena a ser demarcada.

6 Cf. teor do Processo Administrativo Funai/DSD n.0546/2003, fls.103-4, anexado à Petição Inicial da ACO n.2.323.

O *Relatório*, assinado pela antropóloga-coordenadora, foi aprovado pelo presidente da Funai, pelo Despacho n.201, de 7 de dezembro de 2002, publicado no *Diário Oficial da União*, n.244, de 18 de dezembro de 2002, acompanhado de memorial descritivo e mapa da área.

Houve, também, a publicação no *Diário Oficial de Santa Catarina*, n.17.088, de 4 de fevereiro de 2003, assim como afixação da publicação na sede da Prefeitura do Município de Palhoça, conforme Ofício n.875/DAF, de 18 de dezembro de 2002, tudo em atendimento ao Decreto n.1.775/1996, notadamente o art. 2º, § 7º.

Superada a fase de publicação do Relatório de Identificação e Delimitação da Terra Indígena, houve a abertura do prazo de noventa dias para que estado, município e todos os interessados que ainda não tivessem se habilitado no processo administrativo pudessem fazê-lo, conforme o art. 2º, § 8º, do Decreto n.1.775/1996.

Nesse período, a Fundação de Meio Ambiente do Estado de Santa Catarina (Fatma) se habilitou no processo e apresentou sua manifestação. Os demais órgãos do estado de Santa Catarina, por sua vez, quedaram-se inertes e silentes. É de se observar, destarte, que a participação do Estado no processo administrativo de demarcação da Terra Indígena Morro dos Cavalos jamais foi obstada.

Apresentadas as contestações pelos despertos interessados, inclusive pelo município de Palhoça, e encerrado o prazo de noventa dias, o presidente da Funai, no Despacho n.092/PRES/2003, de 3 de setembro de 2003, decidiu por

> I – acolher os termos do Despacho n.650/PGF/PFE-Funai/2003, manifestando-se pelo prosseguimento do procedimento administrativo, vez que observadas as regras impostas pelo Decreto n.1.775/1996.
>
> II – O relatório de identificação e delimitação não deixa dúvida quanto à tradicionalidade da ocupação pelos índios Mbyá e Nhandevá.
>
> III – Isto posto, remeta-se o processo ao Exmo. Senhor Ministro de Estado da Justiça, com fulcro na alínea I, § 10, do art. 2º do Decreto n.1.775/1996, com vistas a expedição da Portaria Declaratória da Terra Indígena Morro dos Cavalos.

Ato contínuo, a Consultoria Jurídica do Ministério da Justiça emitiu a Informação CEP/CJ/n.610/2004, datada de 21 de julho de 2004, concluindo que o processo administrativo cumpriu a legislação de regência, de modo a autorizar a expedição da Portaria Declaratória.

Houve, então, *pedido de reconsideração* da decisão apresentado por particulares, motivo pelo qual o Ministério da Justiça devolveu o processo para manifestação da Funai, a qual, na Informação n.029/PGF/PFE-CAF--Funai/2005, decidiu:

> O Contestante [...] formula um pedido de Reconsideração, fls.704-5, alegando em síntese os mesmos argumentos produzidos nas Contestações: a) que o procedimento é confisco de terras privadas que ocorre de maneira sigilosa e secreta impossibilitando o acesso à justiça; b) falta do devido processo legal e c) fraudes e irregularidades do procedimento.
>
> Os referidos argumentos são os mesmos apresentados por: Hélio Freitas, Amilcar Scherer e cônjuges – Processo n.08620.486/03, Parecer n.004/PGF--Funai/03, fls.110-23; Auréa Maria Dutra e outros – Processo n.08620.546/03, Parecer n.001/PGF/PFE-Funai/03, fls.117-31; Prefeitura Municipal de Palhoça/SC – Processo n.08620.624/03, Parecer n.003/PGF/PFE--Funai/03, fls.18-32; Fundação do Meio Ambiente – Fatima/SC [*sic*] Processo n.08620.588/03, Parecer n.002/PGF/PFE-Funai/03, fls.21-35; Walter Alberto Sá Bensousan e outros – Processo n.08620.588/03, Parecer n.005/PGF/PFE-Funai/03, fls.569-86.
>
> Os referidos processos foram analisados e receberam seus respectivos pareceres jurídicos. Inclusive movimentam em conjunto com este processo de identificação e delimitação.
>
> Na oportunidade ratifico as manifestações jurídicas, de minha lavra, nos respectivos processos mencionados.
>
> [...]
>
> Ante o exposto, sugiro a remessa dos autos à Presidência para devolver ao Ministério da Justiça, uma vez atendida a solicitação.[7]

Em prosseguimento, o processo foi novamente remetido ao Ministério da Justiça (Despacho n.36/PRES/2005, de 24 de maio de 2005) e, no dia 27 de setembro de 2005, a Consultoria Jurídica opinou pelo seu encaminhamento ao ministro da Justiça para decisão.

7 Cf. teor do Processo Administrativo Funai/DSD n.0546/2003, fls.103-4, anexado à Petição Inicial da ACO n.2.323.

Em 20 de outubro de 2005, quando o prazo previsto no art. 2º, § 8º, do Decreto n.1.775/1996 para manifestação dos interessados já havia se esgotado havia dois anos e cinco meses – configurada, portanto, a preclusão administrativa –, o estado de Santa Catarina apresentou *Memoriais* ao ministro da Justiça.

Não obstante a sua intempestividade, bem como a absoluta ausência de previsão legal ou normativa para o oferecimento de *Memoriais*, a Consultoria Jurídica do Ministério da Justiça, no Despacho GAB/CJ n.175/2005, de 2 de fevereiro de 2006, novamente devolveu o processo à Funai, *in verbis*:

> Face ao acima exposto, e considerando a necessidade de propiciar a necessária segurança ministerial, por ocasião da expedição da portaria declaratória, encaminhem-se estes autos e seus anexos à Fundação Nacional do Índio (Funai), sugerindo àquela Fundação que seja reavaliado o relatório de identificação da referida terra indígena, com observância do contido no Memorial apresentado pelo estado de Santa Catarina e acórdão do TCU, precedendo a manifestação conclusiva desta Consultoria Jurídica-MJ.[8]

Em atendimento a tal determinação, a Funai ordenou a realização de diligências (segundo a Instrução Técnica Executiva n.435/PRES, de 18 de junho de 2006), que foram efetuadas pela antropóloga Blanca Guilhermina Rojas e registradas no Parecer n.002/CGID-2007, de 31 de maio de 2007, oportunidade em que se ponderou: "ciente de estar perante uma controvérsia de longa data, onde não se visualiza possibilidades de consenso entre as partes em desacordo, a conduta em campo da Técnica responsável, que abaixo subscreve, pautou-se pela necessidade de ouvir criteriosamente todas essas partes, isto é, tanto as contrárias como as favoráveis à demarcação".

Assim, além de ouvir as partes interessadas quando esteve em campo, a servidora da Funai também procedeu a acurada e minuciosa análise de todos os argumentos expendidos pelo estado de Santa Catarina em seus *Memoriais*. O conteúdo desse parecer foi analisado no Memo n.034/DAF/2008, de 11 de fevereiro de 2008, segundo o qual:

> Conclui-se pela inexistência de argumentos e fatos, nas referidas petições, que justifiquem a reavaliação do Relatório Circunstanciado de Identificação e

8 Ibid.

Delimitação. Em verdade, o Parecer n.002/CGID não poderia ter outra conclusão senão confirmar a validade do Relatório Circunstanciado de Identificação e Delimitação da Terra Indígena Morro dos Cavalos, posto que não há no memorial de Santa Cataria e no acórdão do TCU n.0533/2005 qualquer fato novo que justifique a reavaliação do referido relatório, limitando-se a reproduzir os mesmos argumentos ventilados por outros interessados na fase do contraditório que foram exaustivamente analisadas, devidamente respondidos e julgados improcedentes pela Funai, conforme Parecer n.84/CDA/CGID/DAF/03, Parecer n.85/CGID/03, Parecer n.86/CDA/CGID/DAF/03, Parecer n.87/CGID/03.

Neste sentido, a consulta aos supracitados expedientes técnicos produzidos pela Comissão de Análise, da Coordenação Geral de Identificação e Delimitação (CDA/CGID), revela-se pertinente por comprovar de plano a repetição dos argumentos e alegações contidas no Memorial de Santa Catarina e no Acórdão do TCU, quando cotejado com o conteúdo das contestações apresentadas na etapa do contraditório, tornando desnecessária e redundante proceder mais uma vez a análise dos pontos e considerações aventadas nas referidas petições protocoladas no Ministério da Justiça, em 28 de outubro de 2005, inclusive, sob pena de contrariar disposto no art. 2º, § 8º do Decreto n.1775/1996, abrindo novamente a etapa do contraditório, cuja preclusão ocorreu em 28 de abril de 2003, com o encerramento do prazo para oferecimento das contestações.

Não obstante, o fato do Parecer n.002/CGID-2007 ter analisado o inteiro teor do Memorial de Santa Catarina e do acórdão do TCU, manifestando-se pontualmente sobre todos os fatos e argumentos contidos nestas petições, inclusive aqueles que já tinham sido devidamente respondidos e afastados pela Funai no âmbito do contraditório, somente vem atestar a consistência técnica do Relatório Circunstanciado de Identificação e Delimitação da Terra Indígena Morro dos Cavalos e confirmar a regularidade do procedimento administrativo que resultou no reconhecimento oficial pela Funai da área de Morro dos Cavalos como terra tradicionalmente ocupada pelos Guarani.

Assim sendo, não existem fatos novos a motivar invalidação ou reavaliação do Relatório Circunstanciado de Identificação e Delimitação da Terra Indígena Morro dos Cavalos.[9]

---

9 Cf. teor do Processo Administrativo Funai/DSD n.0546/2003, fls.103-4, anexado à Petição Inicial da ACO n.2.323.

O supracitado memorando foi ratificado pela Procuradoria-Geral Especializada da Funai, por intermédio da Informação n.008/PGF/PFE--Funai-CAF/2008, de 20 de fevereiro de 2008, manifestando-se pelo encaminhamento do processo administrativo ao presidente da Funai e, posteriormente, ao Ministério da Justiça.

Assim, dois anos e quatro meses depois da apresentação dos intempestivos *Memoriais* do estado de Santa Catarina, no dia 22 de fevereiro de 2008, o presidente da Funai remeteu novamente o processo administrativo ao Ministério da Justiça (Despacho n.003/PRES/2008).

Sublinhe-se que, nesses mais de catorze anos em que tramitou o processo administrativo de demarcação da TI Morro dos Cavalos, foram realizadas diversas análises técnicas e jurídicas, tanto da Funai, como do Ministério da Justiça, as quais foram devidamente ratificadas pelos presidentes do órgão indigenista que se sucederam e demais autoridades.

Por fim, depois da longa tramitação do processo administrativo, no dia 18 de abril de 2008, o ministro da Justiça assinou a Portaria Declaratória n.771, de 18 de abril de 2008, publicada no *Diário Oficial da União*, em 22 de abril de 2008, que declarou "de posse permanente dos grupos indígenas Guarani Mbya e Nhandeva a Terra Indígena Morro dos Cavalos".

Inconformado com o processo administrativo de demarcação da TI Morro dos Cavalos, o estado de Santa Catarina, mais de cinco anos depois, propôs a ACO n.2.323, no STF, cuja petição inicial é datada de 24 de janeiro de 2014. Em sua argumentação, o Estado/Autor alega:

> (i) A inconstitucionalidade do Decreto n.1.775/1996 e de alguns artigos da Lei n.6.001/1973 (Estatuto do Índio), pois a Funai seria o órgão exclusivamente responsável pelo processo demarcatório, o que enfraqueceria o pacto federativo; tais normas não permitiriam a ampla e efetiva participação dos estados e municípios diretamente afetados pela demarcação de Terras Indígenas; o antropólogo seria o responsável por, exclusivamente, identificar determinada terra como tradicionalmente ocupada pelos indígenas, "poder" que seria excessivo;
>
> (ii) o Relatório de Identificação e Delimitação da Terra Indígena teria sido conduzido por antropóloga parcial, sem garantia da participação efetiva do Autor, que não teria sido intimado para se manifestar e nem teria tido acesso às contestações administrativas. Ainda sobre o relatório, afirma que ele deixou de ser uma "chapa radiográfica" da situação da Terra Indígena em 1988;

(iii) em 5 de outubro de 1988, viveria apenas uma família de "índios paraguaios Guarani Nhandeva que ocuparam a região desde 1960" e que "a ocupação posterior a 1988 foi efetivada no início dos anos 90 do século passado por outro grupo indígena, os Guarani Mbyá, o que descaracteriza de plano qualquer ocupação tradicional com caráter de perdurabilidade", portanto, não haveria comunidade indígena na aldeia Morro dos Cavalos em 5 de outubro de 1988;

(iv) a Terra Indígena seria ocupada por "índios paraguaios" que "não tinham uma relação anímica com a Terra", o que afastaria a aplicação do artigo 231 da Constituição Federal de 1988, que não tem o objetivo de "garantir direitos originários a índios estrangeiros, mas sim busca tutelar os índios brasileiros";

(v) não seria possível demarcar Terra Indígena para etnias diferentes – no caso, indígenas Guarani Nhandeva e Mbyá –, até porque os Mbyá teriam chegado na região apenas no ano de 1988;

(vi) a Terra Indígena Morro dos Cavalos estaria inserida no Parque Estadual da Serra do Tabuleiro, Unidade de Conservação do Estado de Santa Catarina, criada pelo Decreto n.1.260/1975, fato que ensejaria nulidade do processo de demarcação;

(vii) a demarcação da Terra Indígena Morro dos Cavalos impediria a duplicação da Rodovia Federal BR-101;

(viii) os indígenas de Morro dos Cavalos já teriam sido beneficiados com a aquisição de terras para sua alocação em razão da compensação de impactos ambientais decorrente da duplicação da rodovia BR-101, trecho Florianópolis/SC-Osório/RS, de modo que os indígenas podem ser transferidos para essas áreas, o que, além de tudo, evidencia que "teriam para onde ir" na eventualidade de se "reverter a demarcação";

(ix) dever-se-ia respeitar o direito de propriedade dos moradores que residem na área, situação consolidada pelo decurso do tempo, uma vez que seriam obrigados a deixar suas casas, em afronta à dignidade da pessoa humana e do direito social à moradia;

(x) a área demarcada seria "muita terra para pouco índio", devendo ser readequada para extensão menor;

(xi) mesmo com a Terra demarcada, "o que fica claro é a criação de verdadeiro bolsão de pobreza indígena, por ausência de qualquer política pública em favor dos índios daquela região" e que "é inadmissível que se crie tal situação no estado de Santa Catarina, sendo necessária a anulação da demarcação da Terra Indígena Morro dos Cavalos"; e

(xii) a Terra Indígena estaria em região densamente povoada e, por conseguinte, seria "um perigo para os próprios índios, pois pode gerar conflitos de proporções incontroláveis, transformando a região metropolitana de Florianópolis em verdadeiro campo de batalha entre índios e não índios".

Com base nessas alegações, o estado de Santa Catarina requereu a declaração de nulidade do processo administrativo de demarcação da Terra Indígena Morro dos Cavalos e, sucessivamente, a declaração de inexistência de direito originário dos indígenas Guarani Nhandeva e Mbyá. Pugnou, também, pela exibição das contestações administrativas e levantamento fundiário que integram o processo administrativo de demarcação da sobredita terra indígena.

Alternativamente, requereu: a) a redução dos limites da terra indígena para apenas 121,8 hectares, área constante do primeiro estudo apresentado no processo administrativo demarcatório – cujo teor foi recusado pela Funai, por não atender aos requisitos mínimos do Decreto n.1.775, de 8 de janeiro 1996, conforme explicitado anteriormente; b) no caso de manutenção da demarcação, a exclusão do leito da BR-101 Sul dos limites da TI, sua faixa de servidão administrativa e a área dos túneis.

A comunidade indígena não foi intimada para integrar a lide, o que tem sido comum em processos judiciais, a despeito do art. 232 da Constituição Federal.[10] Contudo, constituiu advogado e apresentou sua defesa, oportunidade em que solicitou sua inclusão no processo na qualidade de litisconsorte passiva necessária. O pedido, até a presente data, não foi analisado pelo relator do processo, inicialmente o ministro Teori Zawascki e, atualmente, o ministro Alexandre de Moraes.

No presente artigo, em razão da limitação de espaço, analisaremos dois pontos fundamentais a partir dos quais o estado de Santa Catarina busca invalidar o processo de demarcação da TI Morro dos Cavalos: a ilegalidade do processo administrativo de demarcação e a alegação sobre a necessidade de se aplicar a "teoria do marco temporal de ocupação".

10 "Art. 232 – Os índios, suas comunidades e organizações são partes legítimas para ingressar em juízo em defesa de seus direitos e interesses, intervindo o Ministério Público em todos os atos do processo."

## 3. A legalidade do processo administrativo de demarcação de terras indígenas

A tentativa de desconstituir os processos administrativos de demarcação de terras indígenas tem se tornado lugar-comum em processos judiciais. No caso da ACO n.2.323, o estado de Santa Catarina insiste que deveria ter sido intimado pessoalmente para participar do processo administrativo; que a Funai é órgão exclusivamente responsável pelo processo demarcatório, o que enfraqueceria o pacto federativo; que a antropóloga que assinou o Relatório de Identificação e Delimitação era parcial. Para tornar críveis as suas alegações, sustenta que o Decreto n.1.775/1996 seria inconstitucional, bem como o art. 25 da Lei n.6.001/1973 (Estatuto do Índio).

Na verdade, em muitas ações judiciais que visam anular processos de demarcação, os autores buscam uma aplicação seletiva da jurisprudência do STF, visto que a constitucionalidade e legalidade das citadas normas já foram, por diversas vezes, proclamadas pelo STF, que reiteradamente considera ser o rito de publicização e participação nos procedimentos administrativos aquele previsto no Decreto n.1.775/1996, e não em outras leis, como os autores tentam fazer crer nos processos judiciais.

Inclusive, uma das justificativas para a revogação do Decreto n.22, de 4 de fevereiro de 1991, e do Decreto n.608, de 20 de julho de 1992, bem como edição do Decreto n.1.775/1996, foi justamente permitir a participação de todo e qualquer interessado no processo administrativo. Sobre o tema, o STF assentou: "O processo administrativo visando à demarcação de terras indígenas é regulamentado por legislação própria – Lei n.6.001/1973 e Decreto n.1.775/1996 –, cujas regras já foram declaradas constitucionais pelo Supremo Tribunal Federal".[11]

Como visto, os ritos do Decreto n.1.775/1996 foram seguidos durante todo o processo administrativo de demarcação e o estado teve sua

---

11 Supremo Tribunal Federal, Tribunal Pleno, Mandado de Segurança n.31.100 AgR – DF, relator: ministro Ricardo Lewandowski, *DJe*, 2 de setembro de 2014. Nesse sentido, confira-se os seguintes precedentes: Supremo Tribunal Federal, Segunda Turma, Recurso Ordinário em Mandado de Segurança n.27.828 – DF, relator: ministro Ricardo Lewandowski, *DJe*, 14 de outubro de 2014; Supremo Tribunal Federal, Tribunal Pleno, Mandado de Segurança n.31.100 AgR – DF, relator: ministro Ricardo Lewandowski, *DJe*, 2 de setembro de 2014; Supremo Tribunal Federal, Segunda Turma, Recurso Ordinário em Mandado de Segurança n.26.212 – DF, relator: ministro Ricardo Lewandowski, *DJe*, 19 de maio de 2011.

participação garantida, inclusive seus memoriais, em que pese intempestivos e não previstos na legislação, foram analisados pela Funai e pelo Ministério da Justiça. Assim, "não há qualquer ofensa aos princípios do contraditório e da ampla defesa, pois, conforme se verifica nos autos, o recorrente teve oportunidade de se manifestar no processo administrativo e apresentar suas razões, que foram devidamente refutadas pela Funai".[12]

No julgamento do caso da demarcação da Terra Indígena Raposa Serra do Sol, o ministro Ayres Britto, em trecho do voto condutor do acórdão, encerrou idêntica celeuma sobre a participação de estados da federação em processos administrativos de demarcação, com as seguintes palavras:

> 105. Chego à derradeira parte deste voto, que outra não pode ser senão o exame do caso concreto. Fazendo-o, enfrento, como de estilo, as questões formais. Isso para de logo me contrapor às alegações de nulidade do processo demarcatório, por suposta agressão às garantias constitucionais do contraditório e da ampla defesa, pois as duas situações jurídicas ativas foram plenamente exercitadas tanto pelo estado de Roraima quanto pelos demais atores processuais.
>
> 106. No ponto, anoto que os trabalhos de demarcação da área indígena Raposa/Serra do Sol começaram em 1977, data a partir da qual o tema ganhou todas as tintas dos chamados "fatos públicos e notórios". Daí por que, em acréscimo a essa publicidade natural, o estudo de 1991-1992 foi sinteticamente publicado no *Diário Oficial da União* já em abril de 1993, tudo conforme os dizeres do § 7º do art. 2º do Decreto n.22/91 e como decorrência do aforismo do *tempus regit actus* e do princípio processual da instrumentalidade das formas. Tempo mais que suficiente para que todas as partes e demais interessados se habilitassem no procedimento e ofertassem eventuais contraditas, porquanto o primeiro despacho do Ministro da Justiça Nelson Jobim somente se deu em 1996 (Despacho n.80/96, excluindo da área a demarcar parte das terras atualmente reivindicadas por arrozeiros). *Noutros termos, nulidade haveria tão somente se os interessados requeressem e lhes fossem negados pela Administração Federal seus ingressos no feito, o que jamais ocorreu.*[13]

---

12 Supremo Tribunal Federal, Segunda Turma, RMS n.27.828 – DF, relator: ministro Ricardo Lewandowski, *DJe*, 14 de outubro de 2014. No mesmo sentido, Supremo Tribunal Federal, Tribunal Pleno, Mandado de Segurança n.25.483 – DF, relator: ministro Carlos Ayres Britto, *DJe*, 15 de setembro de 2007.

13 Supremo Tribunal Federal, Tribunal Pleno, Petição n.3.388 – RR. Trecho do voto do relator: ministro Carlos Ayres Britto, *DJe*, 1º de julho de 2010.

No ponto, o acórdão ficou assim ementado:

> 3. INEXISTÊNCIA DE VÍCIOS NO PROCESSO ADMINISTRATIVO DEMARCATÓRIO.
>
> 3.1 Processo que observou as regras do Decreto n.1.775/1996, já declaradas constitucionais pelo Supremo Tribunal Federal no Mandado de Segurança n.24.045, da relatoria do ministro Joaquim Barbosa. Os interessados tiveram a oportunidade de se habilitar no processo administrativo de demarcação das terras indígenas, como de fato assim procederam o estado de Roraima, o município de Normandia, os pretensos posseiros e comunidades indígenas, estas por meio de petições, cartas e prestação de informações. Observância das garantias constitucionais do contraditório e da ampla defesa.[14]

No tocante à demarcação administrativa da TI Morro dos Cavalos, recentemente o ministro Dias Toffoli, em decisão monocrática no MS n.32.709/DF, decidiu pela sua legalidade:

> Quanto às demais irregularidades apontadas pelos impetrantes no processo administrativo que resultou na Portaria n.771/2008 (doc. eletrônico n.36), tenho que estas não merecem acolhida, porquanto as informações prestadas pela autoridade coatora revelam que o processo administrativo ora impugnado transcorreu em conformidade com a legislação aplicável à espécie.
>
> [...]
>
> Ressalte-se que a garantia do contraditório e da ampla defesa, no âmbito do processo administrativo destinado à demarcação, se dá pela publicação de todos os atos administrativos na imprensa oficial.
>
> [...]
>
> Ora, tendo em vista tal informação, bem como os termos da Portaria n.771/2008 da Funai (doc. eletrônico n.36), na qual consta que as contestações opostas foram julgadas improcedentes, e, ainda, o pedido de reconsideração apresentado por um dos proprietários de terras inclusas na TI Morro dos Cavalos (doc. eletrônico n.25), mostra-se descabida a alegação dos impetrantes de que não foram oportunizados aos interessados o contraditório e a ampla defesa.

---

14 Supremo Tribunal Federal, Tribunal Pleno, Petição n.3.388 – RR, relator: ministro Carlos Ayres Britto, *DJe*, 1º de julho de 2010.

> A análise dos demais documentos e informações carreados aos autos revelam que o contraditório e a ampla defesa foram assegurados no curso no Processo Administrativo Funai n.08620.002359/93-62, em observância ao disposto no art. 5º, LV, da Constituição Federal e no art. 2º, §§ 7º e 8º, do Decreto n.1.775/1996.
>
> Relativamente à alegada nulidade por ausência de participação efetiva dos entes federados no processo administrativo em comento, cumpre observar que o Município de Palhoça/SC, no qual se localiza a Terra Indígena Morro dos Cavalos, ofereceu impugnação à identificação da referida terra indígena, demonstrando seu total conhecimento sobre os estudos conduzidos na localidade, segundo informações da Diretoria de Proteção Territorial da Funai.
>
> [...]
>
> Outrossim, verifico que, após a publicação do Despacho n.201/2002 do presidente da Funai, a Procuradoria-Geral do Estado de Santa Catarina apresentou, em 20 de outubro de 2005, memoriais de impugnação (doc. eletrônico n.29), pugnando pela improcedência da pretensão de declaração da Terra Indígena Morro dos Cavalos formulada pelo órgão federal indigenista, o que demonstra que o Estado Catarinense não ficou alijado do processo administrativo de demarcação.[15]

De igual modo, o STF já declarou a constitucionalidade do art. 25 da Lei n.6.001/1973, questionado pelo estado de Santa Catarina, *in verbis*:

> Por oportuno, mencione-se que o ato de demarcação de terras indígenas constitui ato meramente declaratório, que apenas reconhece um direito preexistente e assegurado constitucionalmente. O Decreto n.1.775/1996 prevê que tanto a portaria de Ministro da Justiça (art. 2º, § 10, inc. I) quanto o decreto presidencial (art. 5º) não possuem caráter constitutivo, não criando, extinguindo ou modificando nova relação jurídica. A demarcação, que é declaratória, visa trazer o reconhecimento e a regularização das terras tradicionalmente ocupadas pelos índios.
>
> Corroborando esse entendimento, o art. 25 da Lei n.6.001/1973 (Estatuto do Índio), recepcionado pela atual Constituição, dispõe que: "O reconhecimento do direito dos índios e grupos tribais à posse permanente das terras por eles habitadas, nos termos do artigo 198, da Constituição Federal, independerá

15 Supremo Tribunal Federal, Segunda Turma, MS n.32.709 – DF, Decisão Monocrática, relator: ministro Dias Toffoli, *DJe*, 24 de maio de 2016.

de sua demarcação, e será assegurado pelo órgão federal de assistência aos silvícolas, atendendo à situação atual e ao consenso histórico sobre a antiguidade da ocupação, sem prejuízo das medidas cabíveis que, na omissão ou erro do referido órgão, tomar qualquer dos Poderes da República".[16]

No que concerne à atribuição da Funai para iniciar os processos de demarcação de TIs, nada mais coerente. O órgão possui competência técnica e legal para tanto. Assim, suas atribuições são mero cumprimento da legislação aplicável a todo e qualquer órgão público que tem suas funções definidas em lei. Bom esclarecer que, nos termos do art. 11 da Lei n.9.784, de 29 de janeiro de 1999, "a competência é irrenunciável e se exerce pelos órgãos administrativos a que foi atribuída como própria, salvo os casos de delegação e avocação legalmente admitidos".

Ademais, não se pode dizer que a Funai é o órgão exclusivamente responsável, pois a demarcação de terras indígenas é ato administrativo complexo, que necessita da conjugação de análises da Funai, do ministro da Justiça e do presidente da República para se tornar perfeito e acabado, além do que passa pela análise e controle de incontáveis técnicos vinculados a cada uma dessas instâncias, sendo permitidos o contraditório e a ampla defesa de qualquer dos eventuais interessados, conforme disposto no Decreto n.1.775/1996.

À vista disso, não há que se falar, como o estado de Santa Catarina aventa, que o exercício regular das competências constitucionalmente atribuídas a cada um dos poderes da federação ensejaria situação de conflito capaz de desequilibrar o pacto federativo.

Ora, é isento de dúvidas que a demarcação de terras indígenas não abala o pacto federativo, embora o estado de Santa Catarina expresse embaraçoso dissabor com os conteúdos marcadamente imperativos da Constituição da República Federativa do Brasil, mormente aqueles vinculados às competências federativas e aos direitos fundamentais, preferindo desferir, em sua petição inicial, um tratamento acintoso e violento aos índios Guarani, também cidadãos do estado catarinense, da nação brasileira e, portanto, titulares de direitos e liberdades fundamentais.

---

16 Supremo Tribunal Federal, Tribunal Pleno, Agravo Regimental em Suspensão de Liminar n.610/SC, relator: ministro Ricardo Lewandowski, *DJe*, 4 de março de 2015.

Assim, a demarcação da Terra Indígena Morro dos Cavalos tanto não abala o pacto federativo como realizou-se em consonância com as normas aplicáveis, inclusive quanto à forma, conteúdo, competência, motivação, ampla defesa, contraditório, participação, imparcialidade, finalidade, entre outros, sendo manifesta a sua legalidade.

## 4. A não aplicabilidade da "teoria do marco temporal de ocupação" e sua premente inconstitucionalidade

Durante o processo administrativo de demarcação da TI Morro dos Cavalos, restou inconteste que os indígenas jamais abandonaram a área. O estudo de identificação e delimitação da área é corroborado por diversos estudos antropológicos. Nesse sentido, o *Relatório de eleição de área a ser destinada pela TBG aos índios Mbya Guarani do litoral do estado de Santa Catarina*, de 6 de maio de 1999, assinado pelo antropólogo Aldo Litaiff (Museu Universitário da Universidade Federal de Santa Catarina), pelo agrônomo do Incra Carlaceu Alencar da Mota, pelo técnico da Funai Sérgio de Campos e pela socióloga Maria Dorothea Post Darella (Museu Universitário da Universidade Federal de Santa Catarina), concluiu:

> De todo o litoral de Santa Catarina, é da área de Morro dos Cavalos que há mais dados disponíveis sobre a ocupação dos índios Guarani neste século: através de registros acadêmicos, institucionais e dos relatos dos descendentes/moradores. Isso ocorre talvez por ter sido *uma área de ocupação antiga e ininterrupta*; por ter sido uma importante área de referência para os grupos Guarani de passagem pelo litoral do Estado (entre Paraguai – Misiones – Rio Grande do Sul – Paraná – São Paulo – Rio de Janeiro – Espírito Santo), e ainda por sua localização: os Guarani são "descobertos" nessa área quando da construção do traçado original da BR-101, na década de 1960 (vários locais do Morro dos Cavalos foram ocupados: da cabeceira do rio Massiambu às proximidades onde atualmente está identificada a Terra Indígena).[17]

17 Litaiff (Coord.). Relatório de eleição de área a ser destinada pela TBG aos índios Mbya Guarani do litoral do estado de Santa Catarina, 30 de julho de 1999, Anexo I – Petição Inicial da ACO n.2.323.

Outro não é o sentido do Estudo do Componente Indígena do EIA/Rima referente à duplicação da rodovia BR-101-Transposição do Morro dos Cavalos,[18] de setembro de 2010, elaborado por extensa equipe multidisciplinar e coordenado pela antropóloga e bióloga Isabelle Vidal Giannini, que novamente confirma a tradicionalidade da ocupação da TI Morro dos Cavalos.

Portanto, diversos estudos técnicos são unânimes em assinalar que Morro dos Cavalos é terra tradicionalmente ocupada pelos Guarani nos termos da Constituição Federal, a comprovar o consenso científico sobre o assunto.

Essa conclusão também é reforçada e sedimentada pelo Levantamento Fundiário, constante no processo administrativo de demarcação da Terra Indígena Morro dos Cavalos, realizado em janeiro de 2002. No estudo, os ocupantes não indígenas que se encontravam na referida terra indígena, ao responderem à pergunta do levantamento fundiário sobre "quando soube da existência dos índios no local?", afirmaram que "sempre souberam" da ocupação indígena, ou que souberam "ao se instalar", incluídos aí aqueles não indígenas que passaram a residir na região em meados do ano de 1988 – pouco tempo antes ou depois.

Ainda assim, o estado de Santa Catarina, a exemplo de muitos outros autores de ações judiciais propostas no STF e em todo o Judiciário nacional, insiste na aplicação da "teoria do marco temporal de ocupação", não obstante ser inequívoca a presença indígena na TI Morro dos Cavalos.

A tese do "marco temporal de ocupação", no entanto, é juridicamente questionável em diversos aspectos. Primeiramente, há que se ponderar acerca da correção ou não de se apontar a Constituição Federal de 1988 como o "marco temporal" dos direitos constitucionais dos índios às suas terras tradicionais. Sobre o tema, José Afonso da Silva em seus recentes escritos, bem anotou: "o termo 'marco' tem sentido preciso. [...] Em sentido temporal, marca limites históricos, ou seja, marca quando se inicia situação nova na evolução de algo".[19]

Então, cabe perguntar: seria a Constituição Federal de 1988 o limite histórico responsável por conferir, *pela primeira vez*, o direito dos índios às terras que tradicionalmente ocupam? A resposta é negativa.

---

18 Anexo II – Petição Inicial da ACO n.2.323.

19 Parecer de José Afonso da Silva presente no Capítulo 1 deste livro.

Em verdade, como aduz o eminente constitucionalista, o primeiro reconhecimento constitucional acerca dos direitos dos índios sobre suas terras tradicionais "se deu com a *Constituição de 1934*, cujo art. 129 os acolheu numa síntese expressiva essencial: 'Será respeitada a posse de terras de silvícolas que nelas se achem permanentemente localizados, sendo-lhes, no entanto, vedado aliená-las'. As demais Constituições deram continuidade a essa consagração formal até à Constituição de 1988 que acrescentou o reconhecimento de outros direitos, como se pode ver do seu art. 231. Mas, no que tange aos direitos originários sobre as terras indígenas, a Constituição de 1988 não inovou, porque, no essencial, já constavam das Constituições anteriores, desde a de 1934".[20]

Ainda segundo o referido autor, "a Constituição de 1988 é o último elo do reconhecimento jurídico-constitucional dessa continuidade histórica dos direitos originários dos índios sobre suas terras e, assim, não é o marco temporal desses direitos, como estabeleceu o acórdão da Pet. 3.388".[21]

Portanto, a Constituição Federal de 1988 não constitui qualquer marco temporal em relação ao reconhecimento do direito territorial dos índios, uma vez que apenas deu continuidade aos textos constitucionais que, desde 1934, sempre lhes garantiu tal direito.

Ademais, prossegue José Afonso da Silva, "se são '*reconhecidos*... os direitos originários sobre as terras que tradicionalmente ocupam', é porque já existiam antes da promulgação da Constituição. Se ela dissesse: 'são conferidos etc.', então, sim, estaria fixando o momento de sua promulgação como marco temporal desses direitos. Mas não foi isso que a Constituição estabeleceu".[22]

Ainda sobre o tema, para investigar o espírito do constituinte originário, importa remontar o histórico da construção do texto constitucional. Conforme enfatiza Márcio Santilli, que participou dos debates constituintes, "a expressão 'tradicionalmente' resultou de um acordo político no âmbito da Assembleia Constituinte, a partir do embate entre os conceitos de 'terras ocupadas' e de 'terras permanentemente ocupadas'. O primeiro, proposto por organizações de apoio aos índios, ensejava aos adversários dos direitos

20 Id.
21 Id.
22 Id.

destes a perspectiva de ocupações por índios de terras não indígenas. O segundo, proposto pelos adversários, pressupunha a intenção de só reconhecer direitos territoriais indígenas por critérios de antiguidade, prejudicando os índios que foram expulsos de suas terras imemoriais. 'Tradicionalmente', ou segundo a tradição indígena, introduziu critério antropológico como referência, em lugar do critério cronológico".[23]

José Afonso da Silva confirma tais observações, ao afirmar que o termo "terras que tradicionalmente ocupam", contido no art. 231 da Constituição Federal, não se reveste de um sentido temporal, "mas ao *modo tradicional* de os índios ocuparem e utilizarem as terras e ao modo tradicional de produção, enfim, ao modo tradicional de como eles se relacionam com a terra, já que há comunidades mais estáveis, outras menos estáveis, e as que têm espaços mais amplos pelo qual se deslocam etc. Daí dizer que tudo se realize segundo seus usos, costumes e tradições".[24]

A colocar uma "pá de cal" sobre o tema, é preciso observar que todas as constituições brasileiras, nas hipóteses em que pretenderam trabalhar com "data certa", o fizeram de forma expressa e inequívoca,[25] a não deixar margem a dúvidas sobre a aplicação do referencial temporal da data exata da promulgação da Constituição. Não é o que se dá com o art. 231 da Constituição de 1988, que nada estabeleceu acerca de referencial temporal para os direitos fundamentais dos índios às suas terras tradicionais.

Como bem assevera José Afonso da Silva: "Onde está isso na Constituição? Como pode ela ter trabalhado com essa data se ela nada diz a esse respeito, nem explícita, nem implicitamente? Nenhuma cláusula, nenhuma palavra do art. 231 sobre os direitos dos índios autoriza essa conclusão. Ao contrário se se ler com a devida atenção o *caput* do art. 231, ver-se-á que dele se extrai coisa muito diversa".[26]

Nesse sentido, a adoção da tese do "marco temporal" como "linha de corte" aos direitos territoriais indígenas viola o próprio texto da Constituição

23 Santilli, Natureza e situação da demarcação das terras indígenas no Brasil, em: Kasburg; Gramkow (Orgs.), *Demarcando terras indígenas*, p.26.

24 Silva, *Curso de Direito Constitucional Positivo*, p.875.

25 Nesse sentido, vide os arts. 119, § 6º, e 133, da Constituição da República dos Estados Unidos do Brasil de 1934; o art. 242, da Constituição Federal de 1988; os arts. 1º, 19, 21, 29, § 3º, 45, parágrafo único, 58 caput e parágrafo único e 69, do Ato das Disposições Constitucionais Transitórias (ADCT).

26 Ver Capítulo 1 deste livro.

Federal de 1988. Nas palavras do multicitado José Afonso da Silva, "o objetivo do marco estabelecido não é a proteção dos direitos dos índios, ainda que essa proteção seja uma exigência da Constituição, que até determina competir à União demarcar as terras, proteger e fazer respeitar todos os seus bens. A Constituição o diz no *caput* do art. 231, mas o Supremo Tribunal Federal diz o contrário em última instância. Fica claro também que o objetivo enunciado é o de dar fim a disputas infindáveis sobre as terras não pelo cumprimento da regra constitucional que manda proteger e fazer respeitar todos os bens dos índios, ou seja, não pela coibição e repressão aos usurpadores, mas pela cassação dos direitos dos índios sobre elas. Fica claro ainda, segundo esse voto, que os conflitos entre índios e fazendeiros devem ser resolvidos em detrimento dos direitos dos índios, sem se levar em conta as normas constitucionais que os protegem!".[27]

E arremata o referido autor: "deslocar esse marco para ela (a Constituição de 1988) é fazer um corte na continuidade da proteção constitucional dos direitos indígenas, deixando ao desamparo milhares de índios e suas comunidades, o que, no fundo, é um desrespeito às próprias regras e princípios constitucionais que dão proteção aos direitos indígenas. Vale dizer: é contrariar o próprio sistema constitucional, que deu essa proteção continuadamente. Romper essa continuidade significa abrir brechas para a usurpação dos direitos dos índios sobre as terras que tradicionalmente ocupam, como provam decisões como a que foi prolatada no RMS 29.087, como já deixei consignado antes".[28]

Além de todo o exposto, é preciso que a interpretação à expressão "terras que tradicionalmente ocupam" guarde congruência com o restante do texto constitucional, que assegura aos índios seus "usos, costumes e tradições". Nesse sentido, condicionar a demarcação de terras indígenas à presença dos índios na terra em uma data certa pode equivaler a solapar "usos, costumes e tradições", porquanto o "tempo cronológico" é categoria culturalmente construída, que não traduz significado universal: muitas culturas indígenas estruturam suas vidas em torno de outros paradigmas existenciais, ou, ainda, não significam a categoria "tempo" da mesma maneira que o não indígena, de modo que a aplicação seca do "marco temporal" equivaleria à exigência

---

27 Id.
28 Id.

de atendimento, por parte dos indígenas, de paradigmas alheios a suas estruturas culturais ("usos, costumes e tradições") e, muitas vezes, deveras abstratos e/ou incompreensíveis.

Não bastasse tudo isso, o debate em questão ainda impõe outra reflexão: sendo certo que a sobrevivência física e cultural dos indígenas depende necessariamente de estarem na posse de suas terras tradicionais, anular atos de reconhecimento de uma determinada terra indígena com base no "marco temporal", além de se mostrar juridicamente questionável, tem como efeito direto e inexorável condenar a etnia indígena à sua morte cultural, ao relento da assimilação forçada, paradigma que, este sim, a Constituição quis estancar. Sobre o tema, é preciso indagar muito seriamente o que os poderes da República farão com os índios e com seus direitos.

A teoria do "marco temporal", tal como está posta, configura mais uma das sub-reptícias formas de legitimar as seculares "guerras justas" empreendidas contra os índios, inclusive durante o período recente da ditadura militar, legitimando sua exclusão para fora do âmbito normativo do real, a negar-lhes seus direitos territoriais, desqualificar suas identidades e, mais uma vez, condená-los a processos de assimilação forçada. Ou seja, manter-se-ia o histórico e secular processo de violência e negação de direitos territoriais dos indígenas, agora por intermédio de uma interpretação constitucional restritiva e legitimadora dessas mesmas violências.

## 5. O "renitente esbulho" como excludente de aplicabilidade do "marco temporal" e seu conceito

No julgamento da Pet. n.3.388, o STF estabeleceu, no item 11.2 do acórdão, que "a tradicionalidade da posse nativa, no entanto, não se perde onde, ao tempo da promulgação da Lei Maior de 1988, a reocupação apenas não ocorreu por efeito de renitente esbulho por parte de não índios". Aliás, a própria demarcação da Terra Indígena Raposa Serra do Sol foi mantida justamente pela constatação da ocorrência de renitente esbulho possessório.

Interessante observar, ainda, que o Excelso Pretório já decidiu, em outras oportunidades, que "a remoção dos índios de suas terras por atos de violência não tem o condão de afastar-lhes o reconhecimento da tradicionalidade de sua posse. *In casu*, vislumbra-se a persistência necessária da comunidade indígena para configurar a continuidade suficiente da posse tida por esbulhada. A posse obtida por meio violento ou clandestino não pode opor-se à posse justa e constitucionalmente consagrada".[29]

Nada obstante tal orientação, a colenda Segunda Turma do STF acabou por inovar e estabelecer, no caso específico do ARE n.803.462-AgR – MS, concepção altamente restritiva do conceito de "renitente esbulho", limitando gravemente e até impossibilitando a sua configuração.

Segundo a ementa do referido julgado, "Há de haver, para configuração de esbulho, situação de efetivo conflito possessório que, mesmo iniciado no passado, ainda persista até o marco demarcatório temporal atual (vale dizer, na data da promulgação da Constituição de 1988), conflito que se materializa por circunstâncias de fato ou, pelo menos, por uma controvérsia possessória judicializada".[30]

Assim, segundo a interpretação adotada naquele caso pela colenda Segunda Turma, de duas uma: ou os índios estariam em confronto com os não índios causadores do esbulho; ou deveria haver ação judicial de natureza possessória acerca do conflito – tudo isso na data exata da promulgação da Constituição Federal.

Além de poder produzir efeitos "em cascata", a gerar grave insegurança jurídica a índios e a não índios sobre praticamente todas as terras indígenas eventualmente judicializadas, os referidos "requisitos" estabelecidos para que se configure uma situação de renitente esbulho possessório são *impossíveis* de serem preenchidos. Explicamos.

O primeiro "pressuposto" para a configuração do renitente esbulho, segundo a referida decisão, seriam "circunstâncias de fato". Aqui cabem dois questionamentos:

(i) se, no Estado Democrático de Direito, não se pode "fazer justiça com as próprias mãos", como poderia se exigir, para a configuração de renitente esbulho possessório, que se comprove a ocorrência de "circunstâncias de fato"? Por certo, no caso específico dos índios, a única "circunstância de fato" que lhes era possível – em muitos casos, nem seria possível – na tentativa de retomar as terras

29 Supremo Tribunal Federal, Tribunal Pleno, ACO n.312 – BA, relator: ministro Eros Grau, *DJ*, 20 de março de 2013.

30 Supremo Tribunal Federal, Segunda Turma, ARE n.803462 AgR – MS, relator: ministro Teori Zawascki, *DJe*, 12 de fevereiro de 2015.

que foram ilegalmente retiradas de sua posse permanente por não índios seria mediante o emprego de violência. O entrave, contudo, é que tal situação, caso ocorrida, afrontaria os mais básicos princípios do Estado democrático de direito, já que o ordenamento jurídico veda a prática de atos de violência, inclusive em relação à retomada de terras, ainda que ilegalmente expurgadas do patrimônio ou posse de qualquer cidadão, tal como se infere, por exemplo, do tipo penal previsto pelo art. 345 do Código Penal. Aliás, lembre-se que, para os indígenas, se mostraria ainda mais difícil eventual tentativa de retomar, por meio de atos de violência, terras que lhes foram esbulhadas, visto que, em geral, eles não dispõem de meios suficientes para isso, como as armas de fogo utilizadas por não índios para expulsá-los; e

(ii) como poderia haver efetiva comprovação acerca de determinado conflito fundiário que tenha ocorrido exatamente no dia 5 de outubro de 1988, data de promulgação da Constituição? Como poderiam os indígenas, o Ministério Público Federal ou os órgãos que atuam na defesa de atos administrativos de demarcação de terras comprovar tal "circunstância de fato" se, ao tempo da promulgação da Constituição Federal de 1988, absolutamente nenhum julgado ou qualquer outra orientação estatal havia no sentido de se exigir a comprovação de renitente esbulho possessório no caso de terras indígenas expurgadas do domínio (*lato sensu*) dos indígenas? É evidente que se trata de prova impossível, já que, salvo raras exceções, esses conflitos não foram documentados. Além disso, a comprovação das "circunstâncias de fato" com os requintes que se passa a exigir é totalmente alheia aos "usos, costumes e tradições" dos povos indígenas, os quais, inclusive, estavam em situação de contato recente ou total desconhecimento do sistema jurídico estatal à época da prática do renitente esbulho.

O segundo "pressuposto" para a configuração de renitente esbulho possessório, de acordo com a referida decisão adotada no caso do ARE n.803.462-AgR – MS, seria a existência de ação judicial versando sobre conflito possessório entre índios e não índios.

Sobre o tema, ainda com mais clareza se verifica a patente impossibilidade de se preencher o "requisito". É que, até a Constituição Federal de 1988, aos índios não era conferido o direito de ação, o acesso à justiça e muito menos a possibilidade de ver reconhecida sua legitimidade *ad processum*. Noutros termos, os indígenas não podiam ajuizar demandas de qualquer natureza, inclusive ações possessórias.

Ora, se aos índios era absolutamente vedado ingressar com ações judiciais, como se exigir a comprovação sobre a existência de "controvérsia possessória judicializada" na data exata da promulgação da Constituição da República de 1988 para a configuração de renitente esbulho possessório? Impossível.

Ademais, até o advento da Lei n.6.001/1973, o Ministério Público nem tinha atribuição para propor, sem a provocação da União, "medidas judiciais adequadas à proteção da posse dos silvícolas sobre as terras que habitem" (art. 36), de modo que a sua estruturação para a defesa dos direitos e interesses coletivos dos indígenas se efetivou apenas com o advento da Constituição Federal de 1988.

Quanto à possibilidade de demandas judiciais ajuizadas pelo Estado ou pela Funai, os registros históricos, em especial o Relatório Figueiredo, nos mostram que o mesmo Estado que tutelava os indígenas era o maior responsável pelas ações ou omissões de violação de seus direitos. Por óbvio, tal demonstração exigida no caso do ARE n.803.462-AgR – MS é flagrantemente impossível de ser realizada.

A decisão restringe, ainda, a amplitude probatória estabelecida pela legislação processual, dado que existem muitas outras formas legítimas de se comprovar a ocorrência do renitente esbulho – documentos, registros históricos, jornalísticos, cartas das comunidades aos órgãos públicos competentes, entre outros documentos, a ser considerados conforme as peculiaridades de cada caso concreto.

A valer a conclusão da Segunda Turma para o caso da TI Limão Verde, as provas disponíveis e a forma encontrada por cada comunidade para documentar as violências das quais foram vítimas não serão consideradas pela mais alta corte do país. Temos que lembrar que a tradição jurídica que privilegia a escrita, a documentação e a judicialização dos conflitos é "natural" para a nossa "metafísica dos costumes", entretanto, pouco familiar para os povos indígenas, minorias étnicas de tradição eminentemente oral.

Ademais, ao requerer prova que nem sequer era exigível no tempo da ocorrência dos esbulhos, a Segunda Turma se vale da "flecha lançada" e da "oportunidade perdida" para engendrar um alto requinte burocrático na comprovação de violências, transferindo para os violentados o ônus da prova.

Sobre o renitente esbulho, o professor José Afonso da Silva, destacou:

O que mais choca, nessa concepção civilista, é que nem ela é aplicada convenientemente, porque só é utilizada naquilo que favorece o usurpador das terras indígenas. Por exemplo, não se aplica o conceito de posse justa do art. 1.200 do Código Civil, ou seja, aquela "que não for violenta, clandestina" [...].

25. Por último, cabe destacar três pontos metodológicos que mostram os desvios semânticos dessa concepção de renitente esbulho que distorcem o sentido das normas constitucionais protetivas dos direitos originários dos índios sobre as terras que ocupam.

25.1. *Primeiro*. Essa concepção desvia o foco dos direitos indígenas, interpretando as normas jurídico-constitucionais como se fossem destinadas a comunidades de não índios, por isso quer que os índios e suas comunidades ajam como se vivessem no mundo dito civilizado; é isso que quer dizer aquela exigência de que para caracterizar o esbulho de suas terras pelos não índios o conflito tem que materializar-se "por uma controvérsia possessória ajuizada". Ora, as regras da Constituição sobre os direitos indígenas têm a natureza de direito protetivo de minorias e, portanto, devem ser compreendidas na conformidade do contexto de vivência dessa minoria. "A Constituição é um texto, um texto normativo, um texto jurídico, por isso, sua interpretação – ou seja, a captação de seu sentido, a descoberta das normas que esse contexto veicula – também se submete às relações de contexto". Ora, o contexto da vivência confere às normas jurídicas destinadas à proteção indígena um sentido compatível com essa vivência. É isso que se extrai do enunciado do art. 231 da Constituição, quando reconhece aos índios sua organização social, costumes, línguas, crenças e tradições juntamente com o reconhecimento de seus direitos originários sobre as terras ocupadas por eles e suas comunidades.

25.2. *Segundo* desvio metodológico é a compreensão dos conflitos sobre as terras indígenas como "um conflito possessório de direito civil", como se se tratasse de um conflito entre dois indivíduos sobre a posse de um bem, como se fosse uma disputa entre dois fazendeiros, uma disputa individualista. Não é isso que se dá; não é uma disputa de natureza possessória, porque os índios, como observado, não têm uma posse nesse sentido do direito privado. Os direitos dos índios não são de natureza individualista, porque os direitos originários sobre as terras é um direito comunitário no sentido de que as comunidades indígenas é que são primariamente titulares desses direitos; os índios gozam desses direitos como integrantes das respectivas comunidades. É um fenômeno já observado por Jhering ao discorrer sobre as comunidades gentílicas, onde "os bens da *gens* pertenciam conjuntamente a todos os gentílicos. E este direito se distinguia do de cada um em particular, por não ser exclusivo, mas indiviso e inalienável e indissoluvelmente ligado à qualidade de membro da coletividade". É por causa dessa dupla dimensão, ao mesmo tempo, individual e comunitária, que inclui os direitos dos índios entre os direitos fundamentais de solidariedade.

25.3. *Terceiro*. Não se compadece com a Constituição essa concepção de que o esbulho não se refere ao passado, pois enquanto a comunidade usurpada existir os direitos às suas terras perduram, porque a Constituição, art. 231, § 4º, declara que *são terras inalienáveis e indisponíveis, e os direitos sobre elas, imprescritíveis*. Aquela concepção constitui, pois, uma forma de extinção pretoriana de direitos imprescritíveis, em afronta à Constituição. Vale dizer, pois, que a comunidade despojada de suas terras pelos não índios tem direito a elas retornar a qualquer tempo e isso deve ser garantido pelo Poder Público, inclusive o Poder Judiciário, que tem o dever de proteger e fazer respeitar todos os bens dos índios, nos termos do *caput* do art. 231 da Constituição.[31]

Não bastassem essas reflexões, diante da interpretação altamente restritiva sobre o conceito de "renitente esbulho possessório" em matéria de direitos territoriais indígenas, não se pode deixar de considerar a orientação da jurisprudência[32] e da doutrina[33] sobre a necessidade de ser adotada interpretação ampliativa dos direitos fundamentais; principalmente no caso de minorias étnicas desprovidas de poder econômico/político/jurídico e marcadas por grave histórico de violações de direitos, perseguição, tentativas de dizimação, obliteração de sua condição humana e tantas outras violências, como é o caso dos índios no Brasil.

31 Ver Capítulo 1 deste livro.

32 Na linha da jurisprudência, "prevalece a regra de hermenêutica segundo a qual Constituição se interpreta sempre para ampliar os direitos fundamentais, não para restringi-los" (Tribunal Superior do Trabalho, Sexta Turma, Agravo de Instrumento em Recurso de Revista n.171700-85.2008.5.04.0403, relatora: ministra Kátia Magalhães Arruda, *DJe*, 7 de junho de 2013).

33 No escólio de Walter Claudius Rothemburg, "são também, os direitos fundamentais, dotados de abertura, no sentido de que têm possibilidade de expandir-se (expansibilidade dos direitos fundamentais). A interpretação dos direitos fundamentais deve ser ampliativa, buscando a leitura mais favorável que deles se possa fazer. Essa propriedade também é dita eficácia irradiante dos direitos fundamentais" (Rothenburg, Direitos fundamentais e suas características, *Revista dos Tribunais*, São Paulo, n.29, out.-dez. 1999 [Cadernos de Direito Tributário e Finanças Públicas]).

Por todas essas razões, é preciso abandonar qualquer conceituação de "renitente esbulho" que tenha o condão de limitar os direitos fundamentais dos índios sobre suas terras tradicionais, sob pena de violação e absoluta inefetividade do próprio texto da Constituição Federal de 1988.

## 6. Conclusões

Como visto ao longo deste artigo, a judicialização da demarcação da TI Morro dos Cavalos foi mais uma das maneiras encontradas pelo estado de Santa Catarina para tentar procrastinar a sua regularização fundiária. Além do processo administrativo de demarcação ter transcorrido na mais absoluta legalidade, de acordo com as normas aplicáveis, os indígenas jamais abandonaram a TI Morro dos Cavalos, motivo pelo qual a "teoria do marco temporal de ocupação" é totalmente inaplicável ao caso.

Todavia, é fundamental que se reflita sobre a possibilidade de anulação de demarcações de TIs com fundamento no "marco temporal" ou, ainda, na desconsideração à ocorrência do "renitente esbulho". Em ambos os casos, é necessário perguntar: anuladas as demarcações, para onde irão os indígenas? Essa é uma questão que o Poder Judiciário ainda não respondeu.

Afinal, a aceitar a teoria do "marco temporal", então é fundamental que se investigue: se não estavam os índios nas terras que hoje reivindicam, onde estariam em 5 de outubro de 1988? E por que não estavam a exercer seu direito territorial e a ocupar suas terras tradicionais? As decisões judiciais que consideram o "marco temporal" determinarão providências específicas ao Poder Executivo, tal como a abertura de novos processos de demarcação de terras, para que se possa aferir onde estavam os índios em 5 de outubro de 1988, e, assim, proceder à demarcação? Farão perícias para identificar esses lugares? Assegurarão que os indígenas continuem em suas terras até que se encontre uma alternativa ou solução para os graves conflitos fundiários que envolvem a demarcação? Ou continuarão apenas a condenar os indígenas ao degredo de sua condição étnica e à manutenção, *ad eternum*, de direitos válidos e jamais eficazes?

Caso seja sedimentada a teoria do "marco temporal" para todas as TIs, a desconsiderar que os índios constituem coletividades reais, vulneráveis, portadoras de identidade étnica minoritária e que dependem de segurança territorial para continuar existindo, estaria a se validar a assimilação forçada que a Constituição Federal quis estancar e, também, todas as violações de direitos fundamentais, notadamente de direitos territoriais, perpetradas historicamente contra os índios no Brasil.

Compreendemos que todo o conjunto de princípios que rege a tradição republicana e democrática, (re)inaugurada a partir de 5 de outubro de 1988, aponta na direção de uma justiça de transição efetiva, que contemple os povos indígenas no âmbito da reparação e da efetividade de seus direitos civis, econômicos, sociais, culturais, tão atrozmente violentados antes e durante a ditadura militar. A prosperar a "linha de corte" imposta pelo "marco temporal", o direito fundamental de ocupar uma terra segundo usos, costumes e tradições indígenas, reconhecido pela Constituição Federal de 1988, terá tido validade por apenas um dia, não traduzindo garantia permanente de direitos.

Dessa forma, espera-se que, nos próximos anos, o STF pondere as graves consequências e violações de direitos fundamentais que vêm sendo legitimadas pela teoria do "marco temporal de ocupação" e adote técnica de decisão que possa melhor traduzir o real sentido dos direitos fundamentais garantidos aos índios pelo constituinte originário de 1988.

## Referências bibliográficas

ROTHENBURG, Walter Claudius. Direitos fundamentais e suas características. *Revista dos Tribunais*, São Paulo, n.29, out.-dez. 1999. [Cadernos de Direito Tributário e Finanças Públicas.]

SANTILLI, Márcio. Natureza e situação da demarcação das terras indígenas no Brasil. In: KASBURG, Carola; GRAMKOW, Márcia Maria (Orgs.). *Demarcando terras indígenas*: experiências e desafios de um projeto de parceria. Brasília: Funai; PPTAL; GTZ, 1999.

SILVA, José Afonso da. *Curso de Direito Constitucional Positivo*. 38.ed. São Paulo: Malheiros, 2015.

# 9
# Seminário *Direitos dos povos indígenas em disputa no STF*

*Dalmo Dallari*

Muito boa tarde!

Antes de tudo, quero cumprimentar os caríssimos membros da mesa, inclusive a magnífica exposição do Eliseu, e dizer que é motivo de muita alegria estar aqui participando deste evento. Com enorme prazer, cumprimento os organizadores deste seminário e para dar início à minha fala peço licença para acrescentar algumas considerações ao que foi dito pela eminente defensora da causa indígena que é a Manuela Carneiro da Cunha.

Em 1986, assumi o cargo de diretor desta faculdade e promovi aqui um seminário sobre a questão indígena, com a presença de índios. Índios falaram aqui, desta tribuna, neste salão que se chama Salão Nobre. E eu disse na abertura do seminário: "este salão nunca foi tão nobre como neste dia", porque os índios falaram e foi o começo da conscientização dos estudantes sobre os direitos dos índios. E quero que saibam que agora nós já temos grupos de estudantes muito interessados na questão indígena, nesta e em outras escolas. Ainda há bem pouco tempo, estive em Florianópolis, no estado de Santa Catarina, participando de uma reunião das lideranças indígenas da região Sul do Brasil. E, para minha grande satisfação, estavam lá muitos estudantes universitários querendo aprender e querendo participar. "Quais são os problemas dos índios e o que nós podemos fazer para dar apoio a eles?"

O que eu quero dizer é que tem havido avanços consideráveis. Há problemas a enfrentar, problemas sérios, muito graves, mas graças à persistência no apoio aos índios muita coisa foi conquistada. Também me permitam dizer que estou envolvido na questão indígena há mais ou menos cinquenta anos. Um grupo de antropólogos me procurou, merecendo especial referência uma eminente antropóloga da USP, Lux Vidal, que trabalhava com os Karipuna. Ela me procurou dizendo: "está havendo um problema muito sério com os índios na região, você pode nos dar uma mão, nos ajudar?". E eu entrei na luta para enfrentamento do problema e busca de proteção dos índios e de seus direitos. Acho importante lembrar isso porque às vezes pode haver o risco do desânimo, de alguém dizer que não adianta tentar ajudar os índios e eu respondo que adianta sim, com base na minha experiência nessa área. A resistência, a luta persistente pelos direitos, a utilização dos meios judiciais, tudo isso produz efeitos.

O primeiro caso em que vi que a persistência pode levar a bons resultados foi exatamente o caso da Tucuruí, que é uma grande usina hidrelétrica no estado do Pará, construída em local que incluía uma parte do território tradicionalmente ocupado pelos índios Gaviões da Montanha. A usina hidrelétrica invadiu parte do território indígena e incorporou essas terras ao seu próprio patrimônio, sem qualquer discussão que pudesse levar à redução da área a ser invadida. Mas houve ainda um agravamento. Tinham feito o projeto de construção da usina e depois, para a distribuição da energia, para a linha de distribuição, o linhão, tinham feito, maliciosamente, um projeto que passava por dentro da área indígena. Não havia nenhuma necessidade disso, mas era o pretexto para tomar a terra dos índios. E nós, então, entramos na briga e conseguimos uma expressiva indenização alguns anos depois.

Um outro caso ocorreu no Amazonas, quando ainda tínhamos um governo ditatorial e ele tinha autorizado um grupo francês a pesquisar petróleo dentro da área Sateré-Mawé. Veio então para aquela área a grande empresa petrolífera francesa, a Elf Aquitaine, e sem que avisasse os índios, sem qualquer cuidado prévio, desembarcou lá e penetrou na aldeia com equipamentos enormes, com uma porção de trabalhadores e com uma particularidade, que foi muito grave. Eles estavam começando a usar uma forma nova de pesquisar petróleo, de procurar saber se tinha petróleo embaixo da terra: enterravam explosivos, faziam uma explosão subterrânea, e o registro em cima ia dizer se tinha petróleo. Mas, para fazer isso, levaram para lá muita pólvora, muitos explosivos. E houve acidentes e consequências danosas e vários índios morreram. Além disso, eles deixavam próximo do lugar em que iriam provocar as explosões algumas vasilhas descobertas contendo pó explosivo.

As índias que cuidavam da alimentação e colhiam alimentos naquela área colocaram aquele pó nas folhas da plantação de vegetais comestíveis que estavam infestados por insetos, acreditando que assim se livrariam dos insetos. Algumas crianças, curiosas, puseram na boca e engoliram aquele pó que estava sobre as folhas e várias crianças morreram. E foi então que entrei na briga dos índios contra os invasores.

Tenho uma lembrança boa, muito simpática, ligada a essa luta. Para solucionar o problema, buscando a proteção dos índios e de seus direitos, nós tivemos uma reunião em Manaus, com a presença de grande número dos índios Sateré-Mawé, de representantes dos franceses e de representantes do governo brasileiro. Mas o que quero lembrar aqui, e é essa a minha lembrança muito boa dessa luta, é que estava sentado ao meu lado na mesa de discussão o Mário Juruna, o índio Xavante Juruna. Ele participou diretamente da discussão e ao final nós conseguimos expulsar os franceses, com base nesta afirmação: "esta é área indígena, área da comunidade indígena". O governo não podia dar essa autorização, prejudicando direitos dos índios. Ouvindo esse argumento, o representante francês disse isto: "Eu nunca poderia imaginar que o governo autorizasse a fazer alguma coisa ilegal". E eu lhe disse: "Não se esqueça de que, além de tudo, esse governo é uma ditadura". Depois disso, chamei a atenção para os males que eles já tinham feito, incluindo a morte de índios, dizendo que os dirigentes dos trabalhos da petroleira naquele local poderiam, inclusive, ser condenados à prisão pela morte dos índios. Mas, além disso, cobrei o pagamento de uma indenização por todos os danos que eles tinham causado, inclusive destruindo casas da aldeia e parte das plantações e de instrumentos de trabalho. O resultado foi que os franceses se retiraram do local imediatamente e pagaram uma indenização aos índios.

Esses são alguns fatos que queria relembrar para dizer que estou há bastante tempo nesta luta e sei que há problemas sérios a serem enfrentados. Em parte, como já foi observado, a dificuldade é maior porque não temos o apoio que deveríamos ter, que constitucionalmente deveríamos ter, que legalmente deveríamos ter, do governo da União, do governo federal. De fato, há essa omissão, e uma omissão grave, que tem muito a ver com o problema da ocupação. Uma das causas do problema é o grande atraso na demarcação. E, para quem ainda não está informado, ou não se lembra, quero informar e lembrar que a Constituição dispõe que as terras indígenas são patrimônio da União e mais adiante diz, numa disposição transitória, que a União, o governo federal, está obrigado a fazer a demarcação das terras indígenas. Mas o que diz exatamente a Constituição? Para pleno esclarecimento, vou ler o que consta expressamente no artigo 67 das Disposições Transitórias: "*A União concluirá a demarcação das terras indígenas no prazo de cinco anos a partir da promulgação da Constituição*".

"Promulgação" é quando se declara que está encerrado o trabalho, a Constituição está feita e já vai entrar em vigor. Quando foi feita essa promulgação? Em 5 de outubro de 1988. E a Constituição diz também que o governo dentro de cinco anos concluiria, terminaria, faria toda a demarcação, a contar do dia da promulgação. Isso quer dizer que, em 5 de outubro de 1993, deveria estar terminada a demarcação das terras indígenas, de todas as terras indígenas, e até agora não fizeram nem a metade das demarcações. Então, realmente, há uma falha tremenda e essa falha tem sido utilizada muitas e muitas vezes como pretexto para a invasão de terras indígenas por grupos maliciosos, grupos que querem tirar proveito econômico sem nenhum respeito pela Constituição, pelo direito, pela pessoa humana, nenhum respeito pelos índios. Esses grupos invadem a terra e dizem, quando denunciada a ilegalidade: "como ela não está demarcada, eu não sabia que era terra indígena". É muita safadeza, é muito cinismo! Eles estão cansados de saber que se trata de área indígena e se valem do fato de não haver a demarcação para simular desconhecimento.

Passo, em seguida, a dar um enfoque básico a respeito da questão do marco temporal, que é uma novidade inventada bem recentemente, que está sendo usada no Supremo Tribunal Federal, e que se refere exatamente à ocupação das áreas indígenas. Em linguagem direta, o que querem dizer quando se referem ao marco temporal é que, para decidir sobre a legalidade da ocupação de uma área indígena, o que se deve verificar é quem estava naquele pedaço de terra no dia em que a Constituição entrou em vigor, em 5 de outubro de 1988. E concluem, tomando por base o marco temporal: "quem não estava naquela terra no dia em que a Constituição foi promulgada não tem nenhum direito sobre ela". É o marco temporal: o que importa é aquele dia, quem estava ocupando a área no dia 5 de outubro de 1988. Esse argumento, essa tese, tem sido sustentada até por alguns ministros do Supremo Tribunal Federal. Mas, aqui, com toda a franqueza, vou dizer que há ministros que pertencem a famílias que são invasoras de áreas indígenas, especialmente em Mato Grosso e Mato Grosso do Sul.

Acho oportuno relembrar aqui o caso da Raposa Serra do Sol, dos índios Yanomami, no território de Roraima. Apesar das fortes resistências que levaram à demora na demarcação e assim não se sustentassem os direitos dos índios, houve um avanço que é interessante lembrar aqui, um resultado que pode ser considerado uma vitória. Por quê? Porque o que os invasores sustentavam era que os índios só tinham direitos às áreas em que moravam, as aldeias. A partir desse argumento pretendiam que fossem reconhecidas e demarcadas como área Yanomami apenas as aldeias. E acabou prevalecendo o que está na Constituição, ou seja, os índios têm direitos exclusivos sobre as terras que tradicionalmente ocupam e não somente sobre o lugar em que moram. A ocupação é muito mais ampla, pois inclui toda a área na qual os índios habitualmente circulam, obtendo aí o material para suas moradias, suas roupas, seus instrumentos de trabalho, suas armas, seus rituais religiosos e o que mais necessitarem, colhendo, caçando e pescando.

Aqui volto um pouco atrás na história, para dizer que a primeira Lei de Terras do Brasil, a primeira lei dizendo quem é dono do quê, a quem pertencem as terras, é uma lei de 1850. Um pormenor muito importante dessa lei é que ela já previa que as áreas indígenas pertenciam ao patrimônio público, ao patrimônio do Estado brasileiro, devendo-se lembrar que ainda não se tinha adotado a organização federativa, quando surgiu a União, por isso, quando se referia ao patrimônio do governo central, a lei dizia que era do Estado brasileiro. Mas esse ponto contém um dado importante, que continuou a existir, existe até agora, com a atual Constituição: o índio não é proprietário da terra em que vive, mas ele é ocupante tradicional e permanente, com direitos exclusivos sobre todas as riquezas que existirem nessa terra.

Outra situação em que participei defendendo os direitos dos índios foi no período da Assembleia Nacional Constituinte, que elaborou a Constituição de 1988. Efetivamente, atuei bastante na Constituinte. Não era um constituinte eleito, era um cidadão constituinte. Precisamente naquela ocasião, eu era diretor desta faculdade. Lançada a proposta de uma Constituinte, foi criado, por iniciativa do arquiteto e ativista social Francisco Whitaker e com o apoio de militantes, entre os quais eu me incluía, o Movimento Popular pela Constituinte. Juntando-nos a outros movimentos, começamos a circular pelo Brasil conscientizando o povo e conseguimos, na realidade, o povo brasileiro conseguiu, a convocação da Assembleia Nacional Constituinte.

Criei, então, aqui na faculdade, a "Sala da Constituinte", que tinha funcionários o tempo todo à disposição dos interessados. A sala ficava aberta o dia inteiro até à noite e diariamente nós fazíamos reuniões para levantar propostas para a Constituinte e discutir o que se propunha lá. E foi aqui que nasceu a proposta de "iniciativa popular", a ideia de dar ao povo, por disposição constitucional, o direito de propor projetos de lei. Havia na Constituinte uma Comissão Especial sobre Emendas Populares e seu presidente, o senador Afonso Arinos, pediu que o Movimento, que havia feito o encaminhamento, indicasse alguém para expor e defender a proposta perante a Constituinte. Por designação dos companheiros, eu tive o privilégio de ir a Brasília e falar na Constituinte defendendo aquela proposta, que acabou sendo aprovada.

Quanto à questão indígena, quero ressaltar um pormenor sobre um ponto, que eu considerava então e que a prática tem comprovado que é fundamental. O ponto, que poderia parecer apenas uma escolha entre palavras, era este: os que queriam ficar com áreas indígenas diziam: "vamos colocar, então, na Constituição, já que vocês insistem que a Constituição fale sobre as terras indígenas, que os índios têm direito às áreas em que *habitam*", aquelas casas em que eles moram, e nada mais... Ora, a história e as informações transmitidas pelos antropólogos revelam que a área onde o índio dorme é um pormenor na vida do índio. Na verdade, ele circula constantemente, ele tem necessidade de circular pelo espaço que, a partir da linguagem dos antropólogos, chamávamos de "área de perambulação", que é onde ele obtém alimento, medicamentos, material para suas casas, suas roupas, suas armas e para seus rituais religiosos: é a *ocupação*. E essa foi uma discussão muito forte na Constituinte. Sustentávamos que tinha de constar que os índios têm direito "sobre áreas que *ocupam*" e os outros queriam que constasse "sobre as áreas que *habitam*". E nesse ponto, que é de grande importância, apesar das fortes resistências nós fomos vencedores e o que consta expressamente na Constituição é que os índios têm direitos exclusivos sobre as áreas que tradicionalmente ocupam. Considero que esse é mais um exemplo para demonstrar que vale a pena lutar, vale a pena insistir, persistir, denunciar, exigir, porque vamos conseguindo resultados.

Há outro ponto que também considero importante e que passo a expor. Tenho aqui comigo um livrinho que publiquei em 1984, na vigência da Constituição anterior à Constituinte, e cujo título é o seguinte: *O que são direitos da pessoa*,[1] e nele há um trecho, em que afirmo textualmente, com base na Constituição então vigente, o seguinte:

> ninguém pode tornar-se dono de uma terra ocupada por índios. Todas as terras ocupadas por indígenas pertencem à União, mas os índios têm direito à posse permanente dessas terras e a usar e consumir com exclusividade todas as riquezas que existem nelas.

E depois concluo:

> Quem tiver adquirido, a qualquer tempo, mediante compra, herança, doação ou algum outro título, uma terra ocupada por índios, na realidade não adquiriu coisa alguma, pois estas terras pertencem à União e não podem ser negociadas. Os títulos antigos perderam todo o valor, dispondo a Constituição que os antigos titulares ou seus sucessores não terão direito a qualquer indenização.

Esse é um ponto muito importante para chamar a atenção para algumas tremendas contradições de ministros do Supremo Tribunal Federal, como a tese do marco temporal. Onde é que está o absurdo, a contradição, da afirmação do marco temporal? É que, na verdade, se isso prevalecesse, os invasores de qualquer terra pública se tornariam donos, desde que a tivessem invadido antes da vigência da atual Constituição. Pelo argumento do marco temporal, isso deveria ter aplicação à terra indígena ou não indígena, porque o que essa tese absurda pretende dizer é isto: "importa quem é que estava na terra no dia em que entrou em vigor a Constituição". Ora, em muitos lugares, eram invasores que estavam nas terras, e isso ocorria não só em terras indígenas, mas em terras particulares também. Então, por que aplicar isso só à terra indígena? Aplique-se para os outros também! Isso acabaria com muitas ações de reintegração de posse, porque quem estava na posse naquele dia é dono! Acabou, não é mais ilegal a posse do invasor. Como fica evidente, é um absurdo completo essa tese do marco temporal, pois, em termos jurídicos, desde 1850 as áreas indígenas são do patrimônio público e as Constituições que vieram depois asseguraram aos índios a ocupação permanente dessas áreas. Isso é legal, isso é constitucional. Qualquer outra pessoa que ocupar

1 Dallari, *O que são direitos da pessoa*. (São Paulo: Brasiliense, 1981.) (N. E.)

essas terras está invadindo, pois, além de tudo, é área pertencente ao patrimônio público.

Então, insisto nisso, o governo federal é obrigado a entrar com ação para expulsar os invasores de áreas indígenas, porque são invasores de terras públicas federais. As terras são do patrimônio da União e os índios, por força da Constituição, têm direito à ocupação permanente. Então, é absolutamente contra a Constituição essa pretensa tese do marco temporal. A Constituição em nenhum lugar disse isso, que os índios só têm direito se estivessem efetivamente e permanentemente em toda aquela terra, naquele lugar que estão ocupando hoje. Não é nada disso. O que dá o direito aos índios é a *ocupação tradicional*, a ocupação que vem de muito longe. Então, comprovada essa ocupação tradicional, é terra indígena e é propriedade pública, propriedade da União. Por esse motivo, o governo federal é obrigado a agir no sentido de expulsar os invasores, porque, na verdade, estão invadindo terras que pertencem à União, ao patrimônio público federal.

Por tudo isso que foi dito em relação ao marco temporal, acho fora de dúvida, e não é difícil demonstrar, e já tenho escrito e falado sobre isso apontando os fundamentos jurídicos, que é um absurdo essa tese sustentada por alguns ministros do Supremo Tribunal, ministros que têm ligação com invasores de terra, pois, realmente, alguns deles são de famílias de invasores de terras, especialmente na área dos estados de Mato Grosso e Mato Grosso do Sul, onde são tradicionais os invasores. Então, o que eles estão defendendo é o patrimônio de suas famílias, contra os direitos constitucionais dos índios, e isso é um absurdo completo! Por isso é preciso falar, é preciso escrever, mostrando a realidade, e tenho falado sobre isso em minha circulação pelo Brasil inteiro.

Passo agora a considerar outro absurdo, outra linha de argumentação: inventaram a expressão "esbulho renitente" para negar os direitos constitucionais dos índios. O que querem dizer com isso, com essa expressão maliciosa? O que eles querem dizer é que é preciso que o índio esteja lutando, esteja brigando, esteja lá até de arco e flecha na mão, para resistir ao esbulho, que é a invasão, que a tomada é o roubo de uma terra indígena. Em relação a esse "esbulho renitente" há também vários aspectos que acho importante ressaltar para deixar bem evidente o absurdo jurídico dessa tese.

Até poucas décadas atrás, o índio era considerado "relativamente capaz", ou "incapaz". O índio não tinha o direito de entrar com ação judicial. Esse direito do índio é muito novo entre nós. Aliás, esse foi um dos pontos pelos quais também briguei na Constituinte, para que acabassem com aquele absurdo de dizer que o índio era incapaz, ou relativamente incapaz. O índio era tratado, para efeitos jurídicos, como se fosse uma criança, incapaz de pensar e de agir com vontade própria. E isso ficou para trás com a Constituição de 1988, isso não existe mais: o índio é cidadão brasileiro, com todas as características e todos os direitos que a Constituição assegura a todos os cidadãos brasileiros.

No tocante a esse esbulho renitente há, sobretudo, um aspecto que é preciso ressaltar: a possibilidade que o índio tem de, com meios próprios, se opor ao invasor é, em muitos casos, bem pequena. Isso porque – e aqui, mais uma vez, Mato Grosso e Mato Grosso do Sul são bem exemplos disso – os invasores de terras usam capangas, usam homens armados para matar índios. E quando o índio tenta recuperar a sua terra, expulsar o invasor, ele tem que enfrentar esses capangas dos grandes invasores. Pode-se dizer que são grandes invasores que, habitualmente, fazem pose de grandes fazendeiros, que vão produzir riqueza para o Brasil, mas são invasores de terras. E invasores de terras indígenas porque eles acharam muito conveniente, pois fica muito barato invadir uma terra sem pagar nada por ela e sem encontrar grande resistência. E, além de tudo, aproveitam-se da associação política com governantes para obter apoio, usando instituições da segurança pública contra os índios, como se estes fossem os criminosos. E assim procuram fazer os seus avanços com resistência muito restrita. E isso é o que tem ocorrido em muitos casos. A Polícia Federal deveria agir contra os invasores, porque – mais uma vez, ligando as coisas – a área indígena é área pública, é patrimônio da União, então a Polícia Federal tem obrigação de agir para expulsar os invasores dessas áreas, em defesa do patrimônio público, em defesa do patrimônio da União. E muitas vezes tem agido como se os índios fossem os invasores.

Assim, pois, a argumentação do "esbulho renitente" é absolutamente cínica! Na realidade, houve vários casos em que os índios resistiram, ou tentaram resistir, e muitos foram mortos! Eles foram mortos porque estavam enfrentando capangas – capangas pagos pelos invasores de terras indígenas. Basta um pouco de bom-senso e de boa-fé para perceber que não é preciso que a pessoa esteja brigando, que esteja de armas na mão, para mostrar que ela quer recuperar a terra que é dela, ou sobre a qual tem direito. Esse é um argumento completamente absurdo, não tem consistência jurídica, não tem lógica sequer. Então, este também é um ponto sobre o qual nós temos que insistir, falar, denunciar, denunciando, inclusive, o absurdo dessa argumentação que é também sustentada e desenvolvida, inclusive, por alguns ministros do Supremo Tribunal Federal.

Já chegando à conclusão, quero dizer que, felizmente, os defensores dos invasores de áreas indígenas são minoria no Supremo Tribunal Federal, havendo ministros que se têm posicionado claramente, firmemente, em defesa dos direitos dos índios consagrados na Constituição. E, com muita satisfação, quero lembrar que o atual presidente do Supremo Tribunal Federal é professor titular desta faculdade, o professor Enrique Lewandowski. E o professor Lewandowski já tem falado, já tem tomado posições abertas em defesa dos direitos dos índios consagrados na Constituição brasileira, e com ele, seguindo sua argumentação, existem vários ministros. Claro que existem também os que estão do lado de lá, conforme mencionei. Alguns que são, inclusive, ligados a famílias de invasores de áreas indígenas. E foi assim que surgiu aquela famigerada decisão, no caso da Raposa Serra do Sol, estabelecendo dezenove condicionantes limitadoras dos direitos que a Constituição confere aos índios. Nós obtivemos uma importante vitória, porque eles queriam que os índios só tivessem direito sobre as aldeias, e conseguimos o direito sobre a ocupação, sobre a área extensa muito mais ampla. Mas aí fixaram condicionantes – "desde que verificadas estas condições..." –, incluindo, entre outras condições, a proibição de revisão de demarcação errada, de demarcação propositadamente malfeita para diminuir a área indígena e favorecer os invasores. Mas, além disso, sob pretexto de condicionantes reduziram os direitos constitucionais dos índios, o que torna inconstitucional essa parte da decisão do Supremo Tribunal Federal.

Mas o que é fundamental é que os índios não estão sozinhos, pois nós estamos juntos e continuaremos lutando por seus direitos consagrados na Constituição e em tratados internacionais aos quais o Brasil aderiu. Apesar das resistências e das dificuldades, estamos aí e estamos juntos! Antes de concluir, quero, uma vez mais, cumprimentar os organizadores deste evento, que é uma forma de transmissão de informações, transmissão de conhecimentos, eu diria até que é um meio de encorajamento para que nós todos lutemos, por meios pacíficos, pelos meios institucionais. Foi esse um dos pontos em relação aos quais lutei: o direito dos índios de mover ação judicial, de serem autores em processos judiciais, para defesa de seus direitos. Então, eles têm, sim, a plenitude da capacidade jurídica, o que inclui o direito de agir, de acionar o Poder Judiciário. Mas, além disso, consta expressamente na Constituição que é dever do Ministério Público defender os direitos indígenas. Esse foi também um avanço conseguido pelos defensores dos direitos indígenas na Constituinte. Essa competência está incluída nas medidas de modernização do Ministério Público, mas, colocando expressamente a obrigação do Ministério Público de defender os direitos dos índios e das comunidades indígenas, a cidadania brasileira saiu ganhando.

Para concluir, ressalto os dois pontos básicos que acho que neste momento merecem maior reflexão: a tese do absurdo marco temporal, que não tem nenhuma base constitucional e, além desse, outro absurdo que é o esbulho renitente, exigir que o índio fique brigando o tempo todo para mostrar que tem direito, inclusive expondo-se a ser morto, a ser assassinado por capangas de invasores de terras. São esses os pontos que eu queria ressaltar, tendo em conta a supremacia da Constituição e as resistências, inclusive em meios jurídicos. Como conclusão final, quero dizer que estamos juntos, estamos juntos nesta briga pelos direitos dos índios e das comunidades indígenas. Vale a pena brigar, vale a pena resistir, pois, apesar das poderosas resistências, avanços importantes foram conquistados. E nós temos hoje a nosso favor a Constituição feita pelo povo brasileiro.

Muito obrigado!

# Anexos

# 10
# Terra Indígena: história da doutrina e da legislação[1]

*Manuela Carneiro da Cunha*

## *Doutrina*

A soberania dos povos indígenas da América foi questão fundamental na discussão da legitimidade dos títulos espanhóis e portugueses sobre o Novo Mundo. Certas teses teriam tido, para os reis ibéricos, uma conveniência imediata. O Ostiense (Henrique de Susa, cardeal-arcebispo de Ostia, canonista do século XIII e autor da *Summa Aurea*), por exemplo, sustentava que os povos gentios só haviam gozado de soberania até o advento de Cristo, que, tendo vindo ao mundo, havia desde então sido investido de todos os poderes espirituais e temporais. Por delegação de Cristo, tanto o império quanto o sacerdócio cabiam ao papa. Assim, os infiéis podiam ser despojados de seus reinos e bens pela autoridade papal.

Apesar de sua conveniência evidente para justificar os títulos que o papa distribuíra a leste e a oeste de Tordesilhas, as teses do Ostiense e as que sobre elas se apoiaram *não prevaleceram*. Ao longo do século XVI, firmou-se, ao contrário, na Espanha e em Portugal, a doutrina que negava o poder temporal do papa sobre os infiéis e a jurisdição europeia nas terras recém-descobertas. Afirmava a plena soberania original das nações indígenas.

Essa posição baseava-se em teses tão antigas quanto as do Ostiense: o papa e canonista Inocêncio IV, no século XIII, sustentara que o papado não

---

1 Este capítulo é um excerto de um livro datado de 1987, intitulado *Os Direitos do Índio. Ensaios e documentos*, da Editora Brasiliense.

podia despojar os infiéis de seus domínios e jurisdições.[2] E São Tomás de Aquino, distinguindo entre direito divino e direito humano, afirmava, contra o Ostiense, que a vinda de Cristo não havia anulado os bens e a soberania dos povos gentílicos.[3] Quanto à Inglaterra, como seria de esperar a rainha Elizabeth I não entrou em considerações jurídicas para contestar o direito com que o "bispo de Roma" distribuía as terras recém-descobertas.

Contra as ideias de Richard Fitzralph (expressas em *De Pauperie Salvatoris*, de 1350) e as de John Wycliffe e de Armagh, condenadas como heréticas no Concílio de Constança, e que sustentavam que o domínio era fundado na graça divina (e supunha, portanto, a fé e a caridade), levantaram-se os nominalistas e conciliaristas franceses Pierre d'Ailly e Gerson. Em 1381, d'Ailly dissociava a questão do domínio da questão da fé e da caridade: tal como um sacerdote indigno podia administrar sacramentos válidos, assim também pecadores e infiéis podiam ter domínio.[4]

Gerson, que sucedeu a d'Ailly como chanceler da Universidade de Paris, argumentava na mesma linha que, da mesma forma que Deus não retira ao pecador suas faculdades naturais, tampouco lhe retira o domínio das coisas.[5]

Assim, no início do século XVI, o superior da Ordem dos Dominicanos de Roma, o cardeal Cayetano, sustentou, nos seus *Comentários à Secunda Secundae* de São Tomás (questão 66, art. 8º), que os infiéis podiam gozar de direitos e soberania. Introduziu também a distinção entre infiéis inimigos dos cristãos (tais como os mouros) e os que não os hostilizavam, como era o caso dos índios.

João Maior, famoso nominalista da Universidade de Paris, em 1510 reforçou as teses de Gerson. O reino de Cristo, diz ele, não é deste mundo e o papa só detém o primado espiritual, sem deter o temporal. Tampouco o imperador é senhor do orbe. Enfim, o domínio não se fundamenta no direito divino, não depende da fé e da caridade, e sim no direito natural: os índios tinham, portanto, propriedade, liberdade e jurisdição. Como Cayetano, Maior distinguiu os índios dos sarracenos com dois critérios: o de possuírem ou não terras "originalmente cristãs" (como a Terra Santa) e o de se oporem ou não à pregação da fé.[6]

---

2 Inocêncio IV, *Apparatus ad quinque libros Decretaliumi*, III, 34,8.

3 Aquino, *Secunda Secundae*, 10, 10.

4 Oakley, *The Political Thought of Pierre d'Ailly*, p.74-92.

5 Gerson, De Vita Spirituali Animae, em Tuck, *Natural Rights Theories*, p.25-7.

6 Zavala, *Las instituciones jurídicas en la conquista de America*, p.4-5.

Frei Francisco de Vitória, fundador do direito internacional, jurista a quem Carlos V consultava, foi quem com maior autoridade estabeleceu a soberania original dos povos indígenas da América. Em suas duas *Relecciones*, que se intitulavam "Dos índios recém-descobertos e dos títulos não legítimos, pelos quais os bárbaros do Novo Mundo puderam passar para o poder dos espanhóis" e "Dos índios ou do direito de guerra dos espanhóis contra os bárbaros", datadas provavelmente de 1539, Vitória contesta um a um os argumentos que negavam aos índios domínio e jurisdição original. Afirma, assim, que "a infidelidade (a heresia) ou qualquer outro pecado mortal não impede que os bárbaros sejam verdadeiros donos e senhores, tanto pública quanto privadamente, e não podem os cristãos tomar-lhes seus bens por esse motivo". Refuta também que se possa, a pretexto de ausência de razão ou demência, impedir os bárbaros de serem verdadeiros senhores, porque, escreve, as instituições indígenas "em realidade não são dementes já que a seu modo têm uso da razão". Vitória refuta ainda que o imperador seja senhor do mundo e, ainda que o fosse, "não poderia ocupar as províncias dos bárbaros, estabelecer novos senhores, depor os antigos e cobrar tributos". Tampouco o papa é senhor civil ou temporal de todo o orbe e, se o fosse, não poderia transmitir seu poder temporal aos príncipes seculares. Sendo, pois, os índios "verdadeiros senhores de suas terras", tornava-se absurdo pretender, como se havia feito no tempo de Colombo, que *o direito de descoberta* fosse título válido sobre o Novo Mundo. "Sobre este título, não é preciso gastar muitas palavras, posto que já provei que os bárbaros eram verdadeiros donos, pública e privadamente. É do *direito das gentes* que se conceda ao ocupante o que não é de ninguém, como se diz no parágrafo 'Ferae bestiae'...[7] (mas) estas terras já têm dono, não podem cair sob este título". E Vitória acrescenta com ironia: "por si mesmo (o direito de descoberta) não justifica a posse (espanhola) desses bárbaros mais do que se eles nos houvessem descoberto a nós.[8]

A mesma posição é sustentada por Grócio no seu *Mare Liberum*, capítulos 2 e 3. Afirma que os portugueses não têm direito algum de domínio sobre as Índias pelo descobrimento nem por doação pontifícia. Mesmo frei Serafim

7 Instituições de Justiniano, *De Rerum divisione*, § *Ferae Bestiae*.

8 Vitória, *Relecciones*, p.176.

de Freitas, apologeta dos portugueses, na sua *Contestação a Grócio*, reconhece que o descobrimento não atribui de per si o direito de domínio e posse.[9]

Com Vitória fica, portanto, estabelecida a questão da soberania original dos índios que Domingos de Soto[10] se encarregara de desenvolver.

O papa, por seu lado, pronuncia-se, em 1537, na bula *Veritas ipsa*, afirmando:

> Os índios e todas as demais nações que daqui por diante forem descobertas pelos cristãos, por mais que careçam do benefício da fé, não estão nem podem ser privados de sua liberdade e do domínio de seus bens; ao contrário, podem livre e licitamente usar, desfrutar e gozar desta liberdade e domínio [...].

Até o fim do século XVIII, ainda se contestava em Portugal o fundamento do domínio sobre a América. Um documento dessa época, de autoria provável de Philippe Jorge, lente da Universidade de Coimbra, declara que o direito de ocupação é um erro:

> não se encontra esse direito na Jurisprudência Romana nem nos novos Estatutos de Coimbra. À aquisição da América procedendo da ocupação se opõe a história primitiva. Pedro Álvares Cabral encontra povoadores em Porto Seguro. O mesmo sucedeu a Cristóvão Colombo nas primeiras ilhas que aportou. A Lei de 6 de junho de 1755 chama primitivos senhores aos índios. Na Origem de Causa do domínio da América pelos europeus dançam os instruídos como gatos por brasas.[11]

O direito internacional parece unânime – ao longo dos séculos – em desqualificar o título que provém de descoberta e que supõe a inexistência de qualquer povoamento: "título imperfeito", chama-lhe sir Traver Twiss, que se apoia em Vattel.[12]

9 Freitas, *Do justo império asiático dos portugueses*, cap.III, n.13, cap.IV, n.5.

10 *De Fide*, disp.18, sectio I, n.2 e 9; e *De legibus*, lib.III, cap.VI.

11 *Memórias dos erros e contradiçoens que servem na deducção e reflexoens afim de não se atenderem*, Arquivo Nacional da Torre do Tombo, Lisboa, Fundo Cadaval – Brasil – Avulsos 3-18, art.2.

12 Twiss, *The Oregon Question Examined, in Respect to Facts and the Law of Nations*, p.156.

## *Legislação colonial*

Nas leis portuguesas para o Brasil, a soberania indígena e o direito dos índios aos territórios que ocupam é frequentemente reconhecida: trata-se, como se sabe, de um reconhecimento *de jure* que mil estratagemas tentam contornar na prática; mas tal reconhecimento legal mostra pelo menos a consciência e a má consciência da Coroa acerca dos direitos indígenas.

Assim, as cartas régias de julho de 1609 e de 10 de setembro de 1611, promulgadas por Filipe III, afirmam o *pleno domínio dos índios sobre seus territórios e sobre as terras que lhes são alocadas nos aldeamentos*:

> os gentios são senhores de suas fazendas nas povoações, como o são na Serra, sem lhes poderem ser tomadas, nem sobre elas se lhes fazer moléstia ou injustiça alguma; nem poderão ser mudados contra suas vontades das capitanias e lugares que lhes forem ordenados, salvo quando eles livremente o quiserem fazer [...].[13]

Assim também, o Regimento das Missões do estado do Maranhão e Pará, de 1º de dezembro de 1686, declara que "a justiça não permite, que estes homens sejam obrigados a deixarem todo, e por todo as terras que habitam".

Ainda mais explícito é o Alvará de 1º de abril de 1680, que declara que as sesmarias concedidas pela Coroa portuguesa não podiam afetar os direitos originais dos índios sobre suas terras. "Primários e naturais senhores" de suas terras, eram enquanto tais isentos de qualquer foro ou tributo sobre elas.

> E para que os ditos gentios, que assim descerem, e os mais, que há de presente, melhor se conservem nas aldeias: hei por bem que senhores de suas fazendas, como o são no sertão, sem lhe poderem ser tomadas, nem sobre elas se lhes fazer moléstia. E o governador com parecer dos ditos religiosos assinará aos que descerem do sertão, lugares convenientes para neles lavrarem, e cultivarem, e não poderão ser mudados dos ditos lugares contra sua vontade, *nem serão obrigados a pagar foro, ou tributo algum das ditas terras*, que ainda estejam dadas em sesmarias e pessoas particulares, porque na concessão destas se reserva sempre o

13 Carta Régia, 10 de setembro de 1611.

prejuízo de terceiro, e muito mais se entende, e quero se entenda ser reservado o prejuízo, e direito dos índios, *primários e naturais senhores delas* [...].[14]

Paradoxalmente, a soberania das nações indígenas foi reconhecida no contexto das discussões sobre escravização dos índios. Um dos títulos legítimos para escravizá-los era aprisioná-los em guerra justa. Ora, a guerra supunha em presença nações soberanas. A Carta Régia de 9 de abril de 1655 declarava que seriam escravos os prisioneiros tomados em guerra defensiva:

> entendo em guerra defensiva a que fizer qualquer cabeça ou comunidade, por que tem *cabeça e soberania para vir fazer e cometer guerra ao Estado*, por que faltando esta qualidade a quem faz guerra, ainda que seja feita com ajuntamento de pessoas, os que se tomarem não serão captivos [...].[15]

O Alvará de 28 de abril de 1688 para o Maranhão e Grão-Pará estipula, usando quase os mesmos termos, que seriam escravos os prisioneiros tomados em guerra defensiva: "que se entenderá somente no ato da invasão que os índios inimigos e infiéis fizerem nas aldeias e terras do estado do Maranhão, *com cabeça, ou comunidade, que tiver soberania ou jurisdição*".[16]

Assim, indagado sobre a justiça do cativeiro de índios no Maranhão, o padre Antônio Vieira declara:

> é que não são escravos, nem ainda vassalos. Escravos não, porque não são tomados em guerra justa; e vassalos também não, porque assim como o espanhol ou o genovês em Argel é contudo vassalo do seu rei ou da sua república, assim o não deixa de ser o índio, posto que forçado e cativo, *como membro que é do corpo, e cabeça política da sua nação*, importando igualmente para a soberania da liberdade, tanto a coroa de penas, como a de oiro e tanto o arco como o cetro [...].[17]

A legislação sanciona esse parecer de Vieira, já que a Lei de 1º de abril de 1680 ordena que os índios aprisionados em guerra sejam tratados como "prisioneiros, como ficam as pessoas que se tomam nas guerras da Europa".

---

14 Alvará, 1º de abril de 1680, § 4, grifos nossos.
15 Carta Régia, 9 de abril de 1655, grifos nossos.
16 Alvará, 28 de abril de 1688, grifos nossos.
17 Voto do padre Vieira, em: Leite, *História da Companhia de Jesus no Brasil*, t.VI, p.330-41.

Soberanas, as nações indígenas são, em muitos textos legais, consideradas externas ao âmbito da jurisdição régia. Em algumas leis se declara que, mesmo nos aldeamentos dos religiosos, o governo temporal dos índios cabe aos chefes indígenas (Provisão de 12 de setembro de 1663, por exemplo). Com as nações indígenas que concordarem em "descer" para os aldeamentos, devem-se celebrar pactos que terão de ser escrupulosamente respeitados: é o que ordena o Regimento das Missões do Maranhão e Pará, de 21 de dezembro de 1686, § 23:

> tanto para com as aldeias, que se descerem para servirem aos moradores, como para aquelas que sem esta condição quiserem descer se observarão inviolavelmente *os pactos* que com eles se fizerem por ser assim conforme à fé pública, fundada no direito natural, civil e das gentes.

Enfim, em 1718, a Coroa declara explicitamente: "(os índios) são livres, *e isentos de minha jurisdição*, que os não pode obrigar a saírem das suas terras, para tomarem um modo de vida de que eles se não agradam".[18]

Entretanto, o esbulho das terras indígenas, tanto nos seus territórios originais quanto nos aldeamentos para onde haviam sido "descidas", continuava, a tal ponto que, a 20 de dezembro de 1741, o breve *Immensa Pastorum Principis*, do papa Bento XIV aos arcebispos e bispos do Brasil, renovando os famosos Breves de 1537 e 1639, proibiu, sob pena de excomunhão – que se escravizassem os índios, se os despojassem de seus bens e propriedades e se os levassem para fora de suas terras.

A Lei pombalina de 6 de julho de 1755 sustenta "os índios no inteiro domínio e pacífica posse das terras [...] para gozarem delas per si e todos seus herdeiros". Essa lei renova e cita por extenso o Alvará de 1º de abril de 1680, supracitado, que expressamente reserva na concessão de sesmarias o direito anterior dos índios sobre suas terras, por serem "primários e naturais senhores delas".

O Diretório dos Índios de 1758 expressamente aplica o mesmo Alvará de 1680 para o caso das povoações indígenas, inclusive as que foram então elevadas a lugares e vilas, onde prevaleceria o direito dos índios sobre o dos brancos porventura residentes:

---

18 Carta Régia, 9 de março de 1718, grifos nossos.

poderão os moradores deste estado [...] assistir nas referidas povoações, logrando todas as honras e privilégios, que Sua Majestade foi servido conceder aos moradores delas. Para o que apresentando licença do governador do estado, não só os admitirão os diretores, mas lhe darão todo o auxílio [...] e lhes distribuirão aquela porção de terra que eles possam cultivar, *sem prejuízo do* direito *dos índios*, que na conformidade das Reais Ordens do dito Senhor são os primários, e naturais senhores das mesmas terras [...]".[19]

Até dom João VI, o mais anti-indígena dos legisladores, reconhece, implícita e explicitamente, os títulos dos índios sobre seus territórios e as terras das aldeias. Implicitamente, quando declara que as terras conquistadas por guerra justa aos índios são devolutas,[20] o que significa ao mesmo tempo reconhecer os direitos anteriores dos índios sobre seus territórios e a permanência de tais direitos para os índios com quem não se guerreava. Explicitamente, quando afirma que as terras das aldeias são inalienáveis e nulas as concessões de sesmarias que pudessem ter sido feitas nessas terras, as quais não podiam ser consideradas devolutas.[21]

Existe, portanto, além do reconhecimento da primazia dos índios sobre as terras dos aldeamentos, o reconhecimento da primazia do direito dos índios sobre suas terras originais. Em vários textos legais (por exemplo, 26 de março de 1819 e 8 de julho de 1819) declara-se que se devem demarcar terras de novos aldeamentos de índios "nos lugares em que se acham arranchados, pela preferência que devem ter nas sobreditas terras" (8 de julho de 1819).

Temos, assim, amplas provas de que a Colônia reconheceu, tanto na sua doutrina quanto na legislação, a soberania e os direitos territoriais dos índios no Brasil.

## *Legislação do Império*

O Brasil independente marca um retrocesso no reconhecimento dos direitos indígenas: no mesmo período em que o índio se torna o símbolo da

19 Diretório que se deve observar nas povoações dos índios do Pará..., 1758, § 80.
20 Carta Régia, 2 de dezembro de 1808.
21 Carta Régia, 26 de março de 1819, e duas provisões de 8 de julho de 1819.

nova nação, nega-se-lhe tanto a soberania quanto a cidadania. "Os índios", declara o deputado Montesuma ecoando a opinião geral dos constituintes de 1823, "não são brasileiros no sentido político em que se toma; eles não entram conosco na família que constitui o império".[22]

A negação da soberania não deve surpreender: no Brasil, o Estado precedeu a nação. Todos os estadistas, desde a Independência, colocaram o problema da construção desta nação. Fizeram-no, no entanto, a partir das premissas da Revolução Francesa: a cada Estado devia corresponder uma única nação. A soberania das nações anteriores passa a ser escamoteada. Não se admite, nesse início do século XIX, que os índios possam constituir sequer sociedades dignas desse nome.

Perduravam, no entanto, os direitos dos índios sobre suas terras. Dois projetos apresentados às Cortes Gerais de Lisboa por deputados que depois fizeram parte da Constituinte de 1823, o do pernambucano Moniz Tavares e o do paulista José Bonifácio, reconhecem os títulos originais dos índios sobre seus territórios. Moniz Tavares recomenda que se conservem "ilesas todas as terras que possuem, servindo de exemplo o que praticou Guilherme Penn e praticam hoje mesmo os americanos do Norte".[23] Quanto a José Bonifácio, que no prólogo ao seu projeto "Apontamentos para civilização dos índios bravos do Império do Brasil" caracteriza os neobrasileiros como "usurpadores", propõe: "*Justiça*, não esbulhando mais os índios pela força, das terras que ainda lhe restam, e de que são legítimos senhores, pois Deus lhas deu; mas antes comprando-lhas como praticaram, e ainda praticam os Estados Unidos da América".

Se se recomenda comprar as terras aos índios, é porque se lhes reconhece títulos legítimos para vendê-las.

Na Constituição portuguesa de 1822, apesar da existência de cinco projetos sobre civilização dos índios, encaminhados por deputados brasileiros,[24] apenas se mencionam índios aos recomendar o apoio das Cortes do governo a instituições caridosas entre as quais se incluem as que se dedicam à sua civilização (título VI, capítulo IV).

22 *Diário da Constituinte*, sessão de 25 de setembro de 1823.

23 *Diário do Governo*, 4 out. 1821, n.235, p.517.

24 Boeher, Some Indian Problem, em: *Actas do III Colóquio Internacional de Estudos Luso-Brasileiros*, Lisboa, v.II, p.201-9, 1960.

O projeto da Constituinte brasileira de 1823 pouco difere desse resultado decepcionante. A única menção explícita a índios se dá no título XIII, art. 254: "A Assembleia terá igualmente cuidado de criar estabelecimentos para a catequese e civilização dos índios, emancipação lenta dos negros, e sua educação religiosa, e industrial". Quanto à Carta Outorgada de 1824, não contém qualquer referência a índios.

No entanto, fora formada na Constituinte de 1823 uma Comissão de Colonização e Catequização que, em 17 de junho, receberia o projeto de José Bonifácio – "Apontamentos para civilização dos índios bárbaros do Império do Brasil" –, o mesmo projeto que fora enviado às Cortes Gerais Portuguesas do ano anterior, com apenas pequenas modificações, e decidiria que o publicassem para discussão na Assembleia e para instrução da nação, e que "se remetessem exemplares às respectivas províncias, e exigindo delas as necessárias notícias, informem sobre os meios mais eficazes de se realizar em toda sua extensão tão importante projeto".[25] É esta provavelmente a origem de consulta ampla às províncias, realizada em 1826, para a elaboração do Plano Geral de Civilização dos Índios.

Em 1850, o governo imperial promulgou uma lei fundamental que pretendia disciplinar o regime fundiário. Era a Lei das Terras (Lei n.601, de 18 de setembro de 1850), regulamentada em 1854 pelo Decreto n.1.318, de 30 de janeiro de 1854.

A Lei das Terras, no seu art. 3º, define o que se deve entender por terras devolutas:

1) as que não se acharem aplicadas a algum uso público nacional, provincial ou municipal;
2) as que não se acharem sob o domínio particular por qualquer título legítimo, nem forem havidas por sesmarias e outras concessões do governo geral ou provincial, não incurso em comisso, por falta das condições de medição, confirmação e cultura;
3) as que não se acharem dadas por sesmaria ou outras concessões do governo, que, apesar de incursas em comisso, forem revalidadas;
4) as que não se acharem ocupadas por posses que, apesar de não se fundarem em título legal, forem legitimadas.

25 *Anaes do Parlamento Brazileiro*, t.II, p.97.

Como bem entende João Mendes Jr., a Lei das Terras preserva o reconhecimento da propriedade indígena dos territórios ocupados que não necessitam de legitimação de posse, já que seu título legítimo é o *indigenato*.

> Quer da letra, quer do espírito da Lei de 1850, se verifica que essa lei nem mesmo considera devolutas as terras *possuídas* por hordas selvagens *estáveis*: essas terras são tão particulares como as possuídas por ocupação legitimável, isto é, *originariamente reservadas de devolução*, nos expressos termos do Alvará de 1º de abril de 1680, que as reserva até na concessão das sesmarias; não há (neste caso) posse a legitimar, há domínio a reconhecer [...].[26]

Têm a mesma compreensão Alípio Bandeira e Manoel Tavares da Costa Miranda, que em seu "Memorial acerca da antiga e moderna legislação indígena", escrevem:

> Certo é que a denominação de *devolutas* aplicada às terras que eles (índios) habitam é de todo o ponto imprópria, já porque, conforme as palavras do Alvará, de 1º de abril de 1680, são os índios "os naturais senhores delas", já porque a semelhante classificação opõe-se formalmente a própria significação gramatical do termo.[27]

Como nos séculos anteriores, o Estado continua fomentando o aldeamento dos índios. A Lei das Terras (Lei n.601, de 1850, art. 12) estipula que sejam reservadas, das terras devolutas, terras "para a colonização dos indígenas".

As terras dos aldeamentos coincidiam frequentemente com o território originário do grupo: o Regimento das Missões de 1686 claramente formaliza a opção que tinham os índios de, aceitando a doutrina, recusaram-se à transferência de local, quando então deveriam *ser aldeados em seu próprio território*. No Diretório Pombalino, embora não se mencionasse explicitamente o preceito, este foi na prática utilizado.

E, como vimos anteriormente, no primeiro quartel do século XIX, se declara repetidas vezes que as terras dos novos aldeamentos de índios devem

26 Mendes Jr., *Os indígenas do Brasil, seus direitos individuais e políticos*, p.59-60, grifos do original.

27 Bandeira; Miranda, Memorial acerca da antiga e moderna legislação indígena, contendo considerações sobre a situação jurídica do índio brasileiro, em: Oliveira (Ed.), *Coletânea de leis, atos e memórias referentes ao indígena brasileiro*, Ministério da Agricultura, CNPI, Rio de Janeiro: Imprensa Nacional, n.94, p.55-86.

ser demarcadas "nos lugares em que se acham arranchados, pela preferência que devem ter nas sobreditas terras" (Provisões de 8 de julho de 1819, Decreto de 26 de março de 1819). Quando, já no período imperial, a Câmara de Vila de Barbacena é chamada a dar seus subsídios para o Plano de Civilização dos Índios, declarará que a escolha das terras para novos aldeamentos "deve ser a arbítrio e escolha dos mesmos Índios: parece injustiça que ao dono da casa se determine lugar para sua estada".[28]

No Decreto n.1.318, de 1854, que regulamenta a Lei das Terras, a mesma sobreposição das terras de aldeamentos às imemoriais continua se verificando: "Art. 72 – Serão reservadas terras devolutas para colonização e aldeamento de indígenas nos distritos onde existem hordas selvagens".

Essas terras deveriam ser inalienáveis, de usufruto exclusivo dos índios e destinadas a ser sua propriedade quando "o permitisse seu estado de civilização".

> Art. 75 – As terras reservadas para colonização de indígenas, e por eles distribuídas, são destinadas ao seu usufruto; e não poderão ser alienadas, enquanto o governo imperial, por ato especial, não lhes conceder o pleno gozo delas, por assim o permitir o seu estado de civilização. (Decreto n.1.318, de 30 de janeiro de 1854)

A legislação do Império, a partir do Ato Adicional de 1834, permitia às assembleias provinciais legislarem, cumulativamente com o governo geral e a Assembleia sobre matéria indígena. Mais próximas do poder local, não é de admirar que as assembleias provinciais tenham legislado em detrimento dos direitos indígenas, em particular extinguindo sumariamente aldeias para se apropriarem de suas terras.

Reconhecidas juridicamente, as terras indígenas sofreram um marcado processo de esbulho no século XIX, processo que se deu através de vários mecanismos. Houve casos de deslocamento e concentração de grupos indígenas, já que o Regulamento das Missões de 1845 (Decreto n.426, de 24 de julho de 1845) permitia remoção e reunião de aldeias, porém, com o assentimento dos índios (art. 1º, §§ 2º e 4º).

---

28 Naud, Documentos sobre o índio brasileiro, *Revista de Informação Legislativa*, p.307, jan.-mar. 1971.

Outra forma de esbulho se dava em várias etapas: começava-se por aldear "hordas selvagens", no mais das vezes dentro de seu território original, mas reduzindo assim sua ocupação desse território. Aos poucos, porém, tentava-se fazer passar essas terras originais por terras de aldeamentos, como se fossem distintas das terras imemoriais e apenas reservadas nos termos da Lei das Terras (art. 12) e do Regulamento de 1854 (arts. 72 a 74). Ao mesmo tempo, arrendavam-se ou aforavam-se terras dentro dos aldeamentos, o que era permitido pelo Regulamento das Missões de 1845 (Decreto n.428, de 24 de julho de 1845, art. 1º, §§ 12 a 14), embora se soubesse, à época, dos efeitos nefastos dessa prática e que um membro do Conselho de Estado houvesse protestado publicamente contra essa possibilidade. Aos poucos, os foreiros e arrendatários começavam a pressionar as câmaras municipais e os próprios governos provinciais para obter os terrenos dos índios. Sob pretexto de que eles haviam abandonado o local ou se achavam "confundidos com a massa da população" – essa população que havia sido introduzida pelo próprio sistema de aforamento e arrendamento –, muitos aldeamentos das províncias de São Paulo, Rio de Janeiro, Espírito Santo, Sergipe, Ceará, Alagoas, Bahia, Pernambuco e Paraíba são declarados extintos. O Regulamento de 1854, no seu art. 75, expressamente declarava, como vimos, que, assim que o permitisse o "estado de civilização" dos índios, às terras dos aldeamentos deviam-lhes ser dadas em pleno domínio; coerentemente, o Aviso de 20 de novembro de 1855 afirmava que aos índios que habitassem aldeamentos extintos "pertencem os terrenos de que têm estado de posse, sem que lhes seja preciso obter carta de aforamento", o que foi corroborado posteriormente em 21 e 30 de abril de 1857 e 26 de setembro de 1870.

Não obstante, em 1875, na Bahia e em Pernambuco, e em 1862 e 1878, em São Paulo, distribuem-se lotes de terra aos índios. Apesar de muitos deles nelas permanecerem, as terras dos aldeamentos extintos (após hesitações na legislação, que fazem delas próprios nacionais ou terras devolutas passíveis de ser vendidas ou aforadas pelo Império), acabam sendo repassadas em 1887 às províncias, tendo as câmaras municipais direito de aforá-las. Esse escandaloso estado de coisas não encontra nenhum fundamento jurídico. Como bem estabelecem José Maria de Paula[29] e João Mendes Jr.,[30] as

29 Paula, Terras dos índios, *Boletim SPI*, Rio de Janeiro, n.1, 109p., 1944.

30 Mendes Jr., *Os indígenas do Brasil, seus direitos individuais e políticos*, p.6.

terras dos índios aldeados jamais poderiam ter sido consideradas devolutas: ou coincidiam com o território originário do grupo e nesse caso eram de seu domínio pelo título do indigenato, ou estavam garantidas pela tutela que o poder público exercia, estando os bens dos índios sob a responsabilidade em primeiro lugar dos ouvidores e posteriormente dos juízes de órfãos (Lei de 3 de junho de 1833 e Ordenações L.I., título 88, § 26) e dos diretores de índios (Regulamento n.426, de 24 de julho de 1845). Sendo

> imprescritíveis os diretores e inalienáveis os bens dos índios aldeados, na sua qualidade de órfãos e beneficiários das cautelas outorgadas pela lei a essa espécie de tutelados [...] não importa que, por motivos independentes da sua vontade, os índios, seus possuidores, nem sempre tenham estado na sua posse; o domínio sobre as mesmas, como expressão de um direito imperecível, sempre se conservou íntegro e capaz de produzir os seus efeitos em qualquer tempo [...].[31]

Há, resumindo, duas expropriações sucessivas que parecem operar: embora desde o fim do século XVII os aldeamentos coincidissem frequentemente com os territórios originais dos índios (e fossem, portanto, de sua propriedade pelo título do indigenato), as terras dos aldeamentos acabam sendo tratadas a partir da Lei das Terras como apenas reservadas e destinadas a uma ulterior doação aos índios. É uma primeira expropriação à qual se segue a extinção das aldeias e a liquidação de suas terras, sem que a doação se efetive.

Em 1890, o Apostolado Positivista apresenta à Constituinte uma proposta que contém o mais explícito reconhecimento da soberania indígena.

> Art. 1º – A República dos Estados Unidos do Brasil é constituída pela livre federação dos povos circunscritos dentro dos limites do extinto Império do Brasil. Compõe-se de duas sortes de estados confederados, cujas autonomias são igualmente reconhecidas e respeitadas segundo as fórmulas convenientes a cada caso, a saber:
>
> I. Os Estados Ocidentais Brasileiros sistematicamente confederados e que provêm da fusão do elemento europeu com o elemento africano e o americano aborígine.

31 Paula, op. cit., p.42-5.

> II. Os Estados Americanos Brasileiros empiricamente confederados, constituídos pelas hordas fetichistas esparsas pelo território de toda a República. A federação deles limita-se à manutenção das relações amistosas hoje reconhecidas como um dever entre nações distintas e simpáticas, por um lado; e, por outro lado, em garantir-lhes a proteção do governo federal contra qualquer violência, quer em suas pessoas, quer em seus territórios. Estes não poderão jamais ser atravessados sem o seu prévio consentimento pacificamente solicitado e só pacificamente obtido.[32]

Nações soberanas e livres, era como os positivistas entendiam os povos indígenas do Brasil:

> Urge, segundo os ditames da moral e da razão, ver nos povos selvagens *nações independentes*, que devem ser tratadas com as atenções com que tratamos os povos mais fortes [...] Perante os brasileiros, as tribos selvagens devem, pois, constituir *nações livres*, cujos territórios cumpre-nos escrupulosamente respeitar e cuja *amizade* devemos procurar com *lealdade*.[33]

Quanto aos títulos sobre os territórios que ocupavam os índios, a posição do Apostolado é também inequívoca:

> Nenhum homem de coração pode contestar que os selvagens são os senhores das terras que habitam, com títulos tão válidos como os que qualquer nação ocidental pode invocar, para justificar a posse do território que ocupa.[34]

A demarcação das terras indígenas é reclamada pelos positivistas pelo menos desde 1894.[35]

> A primeira medida consiste em demarcar honestamente as terras ocupadas pelos selvagens e doravante respeitar as nações selvagens como a quaisquer outras independentes, isto que o são perante a moral e a razão. Os povos

32 Lemos; Teixeira Mendes, *Bazes de uma Constituição política ditatorial federativa para a República Brazileira*.

33 Teixeira Mendes, *Ainda os indígenas do Brasil e a política moderna*, p.8, grifos no original.

34 Id., *Em defeza dos selvagens brazileiros*, p.11.

35 Oliveira, *Pelos indígenas brazileiros*, p.10.

americanos são meros *usurpadores*, conforme nobremente proclamou o velho José Bonifácio.[36]

Quando se colocou a questão da construção de estradas de ferro passando por território indígena, Teixeira Mendes escreveu: "Não é lícito ao governo federal mandar tropas para obrigar os selvagens a cederem seu território. Modifique-se o traçado da estrada de ferro de modo a respeitar o território dos selvagens...".[37]

## A Constituição de 1891

A Constituição de 1891 não acolheu as propostas do Apostolado Positivista. Na verdade, nem mencionou os índios em seu texto. Por outro lado, em seu art. 64 transferiu para os estados federados as terras devolutas, reservando à União apenas as terras necessárias para a defesa das fronteiras, fortificações e construções militares e para a construção de estradas de ferro federais. Houve, de maneira geral, uma confusão que se disseminou a partir de 1891, e, durante algum tempo, pensou-se que as terras indígenas como um todo houvessem passado ao domínio dos estados. Na realidade, o que passou aos estados foram as terras devolutas (art. 64 da Constituição de 1891), entre as quais, como vimos, se contavam, desde 1887, *as terras dos aldeamentos extintos*. Mas nem as terras dos aldeamentos não extintos nem as terras imemoriais podiam ser consideradas devolutas, como bem lembra João Mendes Jr.:

> Aos estados ficaram as terras devolutas; ora, as terras do *indigenato*, sendo terras congenitamente possuídas, não são devolutas, isto é, são originariamente reservadas, na forma do Alvará de 1º de abril de 1680 e por dedução da própria Lei de 1850 e do art. 24, § 1º, do Decreto de 1854; as terras reservadas para o *colonato de indígenas* passaram a ser sujeitas às mesmas regras que as *concedidas* para o *colonato de imigrantes*, salvo as cautelas de orfanato em que se acham os índios;

---

36 Teixeira Mendes, *Em defeza dos selvagens brazileiros*, p.13-4, grifos do original.

37 Id., *Ainda os indígenas do Brazil e a política moderna*, p.12-3.

as leis estaduais não tiveram, pois, necessidade de reproduzir as regras dos arts. 72 a 75 do Decreto n.1.318, de 30 de janeiro de 1854.[38]

É o que fica claro por exemplo no Decreto n.734, de 5 de janeiro de 1900, do estado de São Paulo, que distingue as terras dos aldeamentos extintos – que são devolutas e pertencem ao Estado pelo art. 64 da Constituição de 1891 – das terras dos aldeamentos de índios, que são reservadas das terras devolutas, como já mandava a Lei das Terras:

> Título I, Cap. I, Art. 1º – Pertencem ao Estado de São Paulo, *ex-vi* do artigo 64 da Constituição Federal, todas as terras devolutas situadas em seu território. Art. 2º – São consideradas terras devolutas: [...] § 10: As dos extintos aldeamentos dos índios não remidos nos termos da Lei n.2.672, de 20 de outubro de 1875, nem aforadas nos estritos termos do artigo 8º, n.3, da Lei n.3.348, de 20 de outubro de 1887, ou qualquer outra disposição anterior. [...] Cap. II, Art. 3º – Das terras devolutas consideram-se reservadas: [...] § 7º: As terras dos aldeamentos dos índios [...].

Não se quebrou, portanto, apesar da omissão da Constituição de 1891, a tradição do reconhecimento dos direitos territoriais indígenas. O que aconteceu é que, como os aldeamentos extintos o foram, na maioria dos casos, de forma fraudulenta e abusiva, os índios que permaneciam nessas terras foram espoliados. Isto explica por que, ao se criar o SPI, se prevê um entendimento com os estados, quando fosse necessário, para garantir a posse aos índios dos seus territórios (Decreto n.8.072, de 20 de junho de 1910, art. 3º, 2, e Decreto n.9.214, de 15 de dezembro de 1911, art. 2º, 2).[39]

---

38 Mendes Jr., *Os indígenas do Brasil, seus direitos individuais e políticos*, p.62.

39 Que são apenas as terras de aldeamentos extintos que passaram aos estados é o que fica claro nos dois decretos citados. Ambos rezam: "O governo federal, por intermédio do Ministério da Agricultura, Indústria e Comércio, e sempre que for necessário, entrará em acordo com os governos dos estados ou dos municípios [...] para que sejam cedidas ao Ministério da Agricultura as terras devolutas que forem julgadas necessárias às povoações indígenas ou à instalação de centros agrícolas" (Decreto n.8.072, de 20 de junho de 1910, art. 3º, e Decreto n.9.214, de 15 de dezembro de 1911, art. 3º). As povoações indígenas são definidas nesses mesmos decretos como os aldeamentos extintos: "Art. 15 – Cada um dos antigos aldeamentos, reconstituídos de acordo com as prescrições do presente regulamento, passará a denominar-se 'Povoação Indígena'". Quanto aos centros agrícolas, destinavam-se aos "trabalhadores nacionais", compostos basicamente dos antigos escravos, cuja "localização", de 1910 até 1918, competia ao

Embora sem amparo legal, em muitos casos começam-se a tratar nesse período as terras indígenas como terras devolutas, prática que será reprovada com todas as letras no Decreto n.736, de 6 de abril de 1936, que incumbe o Serviço de Proteção aos Índios de "impedir que as terras habitadas pelos silvícolas sejam tratadas como se devolutas fossem" (art. 3º, a). "A Constituição republicana de 1891", escreve José Maria de Paula, em conclusão a uma longa demonstração, afirma:

> passando ao domínio privado dos estados as terras devolutas que recebera do governo imperial, é claro, que somente transferiu a esse domínio as terras que realmente eram devolutas; subsistindo em toda a sua plenitude os direitos legalmente definidos ou adquiridos sobre a propriedade territorial, nos regimes anteriores. A incorporação, por parte dos estados, ao seu domínio privado, como terras devolutas, das terras dos índios, que indiscriminadamente tinham recebido da União, *ex-vi* da Constituição Federal de 1891, constituiu clamoroso esbulho do patrimônio indígena, sendo que deveriam tais estados, desde logo, definir a situação dessas terras dos índios, a fim de as extremarem daquelas que, como devolutas, lhes tinham sido cedidas pela União, ao invés de, sem nenhum exame, passarem, como fizeram, desde logo, a considerá-las como suas e delas irem dispondo, mediante processos administrativos estabelecidos pelas respectivas legislações.[40]

Embora não fosse, como escreve João Mendes Jr., necessário, alguns estados reconheceram explicitamente a vigência dos títulos indígenas. Assim, o estado do Amazonas promulgou em seu Regulamento de 21 de maio de 1892 (que se refere ao Decreto n.4, de 16 de março de 1892) o exato texto do Decreto n.1.318, de 30 de janeiro de 1854, no seu art. 75:

---

mesmo órgão que cuidava da questão indígena, aliás chamado originalmente de Serviço de Proteção aos Índios e de Localização dos Trabalhadores Nacionais.

As povoações indígenas eram, portanto, distintas dos aldeamentos em vigência (art. 10) para os quais não se mencionavam acordos com os estados ou municípios: "Art. 10 – Se os índios, que estiverem atualmente aldeados quiserem fixar-se nas terras que ocupam, o governo providenciará de modo a lhes ser mantida a efetividade da posse adquirida" (Decretos n.8.072, de 20 de junho de 1910, e n.9.214, de 15 de dezembro de 1911).

A espoliação das terras dos aldeamentos, abusivamente extintos será explicitamente denunciada no Decreto n.736, de 6 de abril de 1936: "o fato dos governos terem deixado de administrar esses aldeamentos (extintos) ou estabelecimentos, não justifica que os índios ou seus descendentes, sejam espoliados de suas terras" (art. 3º, c).

40 Paula, Terras dos índios, *Boletim SPI*, Rio de Janeiro, n.1, p.73, 1944.

Art. 110 – Quando se trata de colonização de indígenas as terras reservadas e por eles distribuídas serão destinadas ao seu usufruto e não poderão ser alienadas enquanto o governo por ato especial não lhes conceder o pleno gozo delas, por assim o permitir o seu estado de civilização.[41]

No Rio Grande do Sul, também, um decreto estadual reconhece os títulos indígenas nos termos que viriam a ser consagrados na Constituição de 1934: "O Estado as considera tais (terras indígenas) independente de qualquer título de domínio, como consequência da propriedade de ocupação por eles (índios)".[42]

Eram, portanto, títulos originários de propriedade, afirma João Mendes Jr.:

o das terras *possuídas por hordas selvagens* coletivamente organizadas, cujas posses não estavam sujeitas à *legitimação*, visto que o seu título não era a *ocupação* mas o *indigenato* (Alvará de 1º de abril de 1680); [...] o das terras *reservadas*, quer para a colonização de indígenas, quer para fundação de povoações, estradas e outras servidões e estabelecimentos públicos, quer para a conservação naval (Lei n.601, de 1850, art. 12).[43]

## A criação do SPI

Aos governos dos estados competiu, de 1889 a 1906, "promover a catequese e civilização dos índios" (Decreto n.7, § 12, de 20 de novembro de 1889). Pela Lei n.1.606, de 29 de dezembro de 1906, criava-se o Ministério da Agricultura, a quem ficou atribuída a política indigenista.

Um movimento de opinião pública sem precedentes sobre a questão indígena agitou o Brasil nos primeiros anos do século XX. Culminou com uma polêmica acirrada em 1907-1908, entre Von Ihering, então diretor do Museu Paulista, que defendera o extermínio dos índios que resistissem ao avanço da civilização, e vários grupos da sociedade civil, notadamente acadêmicas e positivistas. Em 1908, pela primeira vez, o Brasil foi publicamente acusado de

41 Regulamento, 21 de maio de 1892.

42 Decreto Estadual n.3.004, de 10 de agosto de 1922, art. 21.

43 Mendes Jr., *Os indígenas do Brasil, seus direitos individuais e politicos*, p.64-5, *grifos do original*.

massacrar os índios: a denúncia foi feita em Viena, diante do XVI Congresso dos Americanistas. Na esteira desse movimento de opinião, foi criado pelo governo Nilo Peçanha, em 1910, o Serviço de Proteção ao Índio, órgão do Ministério da Agricultura, Indústria e Comércio, cuja direção foi confiada ao general Rondon, herói nacional desde sua atuação à frente das Linhas Telegráficas de Mato Grosso e de Mato Grosso ao Amazonas.

Com a criação do SPI, o reconhecimento dos títulos dos índios sobre suas terras recebeu novo amparo legal. Na exposição de motivos do Decreto n.8.072, de 20 de junho de 1910, que criava o SPI, o ministro Rodolpho Miranda citava e adotava a fórmula de Couto de Magalhães: "Não aldear, nem pretender governar as tribos; deixá-las com seus costumes, sua alimentação, seu modo de vida". O objeto da assistência aos índios seria, entre outros, o de:

> Art. 2º, § 3 – Pôr em prática os meios mais eficazes para evitar que os civilizados invadam terras dos índios e reciprocamente.
>
> Art. 2º, § 4 – Fazer respeitar a organização interna das diversas tribos, sua independência, seus hábitos e instituições, não intervindo para alterá-los senão com brandura e consultando sempre a vontade dos respectivos chefes.
>
> Art. 2º, § 12 – Promover, sempre que for possível, e pelos meios permitidos em direito, a restituição dos terrenos que lhes tenham sido usurpados.[44]

Previa-se no decreto a demarcação das terras ocupadas pelos índios, que delas teriam usufruto exclusivo. Seriam nulos de pleno direito o arrendamento ou a alienação dessas terras (arts. 4º, 6º, 7º, 8º e 9º).

Seis anos após a criação do SPI, mas no fundo gestado no mesmo período, é aprovado o Código Civil que declara os índios relativamente incapazes (art. 6º, IV). Lembremos aqui que essa tutela orfanológica foi passada ao Estado a partir de 1928.[45]

O Serviço de Proteção ao Índio passou sucessivamente do Ministério da Agricultura, onde havia sido fundado em 1910, para o do Trabalho, Indústria e Comércio em 1930, para o da Guerra em 1934, para enfim voltar ao da Agricultura em 1939, onde ficaria até sua extinção em 1966, em meio a uma

---

44 Decreto n.8.072, de 20 de junho de 1910, e Decreto n.9.214, de 15 de dezembro de 1911.

45 Sobre a origem histórica da tutela, remeto ao texto "Caráter da tutela dos índios", em coautoria com Nádia Farage, presente no livro *Os direitos do índio – Ensaios e documentos* (São Paulo: Brasiliense, 1987).

série de escândalos de corrupção. Ao longo do período, firmou-se uma legislação sobre terras indígenas que tentava resgatar alguns erros do século XIX.

No Decreto n.5.484, de 27 de junho de 1928 (arts. 8º ao 10º), tomaram-se providências para garantir aos índios a posse de suas terras. No Decreto n.736, de 6 de abril de 1936, elaborado quando o SPI se encontrava na alçada do Ministério da Guerra, e após a Constituição de 1934, que consagrava a garantia das terras indígenas, elimina-se a possibilidade de remoção dos grupos indígenas e estabelecem-se princípios que estarão na origem do art. 198 da Constituição de 1969 e do Estatuto do Índio:

> Cap. I, Art. 2º – A proteção, assistência, defesa ou amparo de que trata o art. 1º deverão ser dadas na própria terra habitada pelos selvícolas, salvo os casos de afastamento por motivos de enchentes, secas, epidemias ou outras calamidades e motivos justificáveis, e terá por fim: [...]
>
> *b)* garantir a efetividade da posse das terras habitadas pelos índios, como condição indispensável e básica de sua tranquilidade e de seu desenvolvimento futuro; [...]
>
> *g)* impedir, pelos meios legais, que os funcionários do Serviço de Proteção aos Índios ou quaisquer particulares, leigos ou religiosos, que se proponham a beneficiar os índios, se tornem, sob quaisquer pretextos, parceiros ou possuidores dos bens ou das terras dos índios, mesmo que aí tenham escolas ou quaisquer outros estabelecimentos; entendendo-se por "terras dos índios": 1) aquelas em que presentemente vivem e que já primariamente habitavam; 2) aquelas em que habitam e são necessárias ao meio de vida compatível com o seu estado social: caça e pesca, indústria extrativa, lavoura ou criação; 3) as que já lhes tenham sido ou venham a ser reservadas para seu uso, ou reconhecidas como de sua propriedade a título qualquer. [...]
>
> Art. 3º – O Serviço de Proteção aos Índios promoverá os atos mais convenientes: *a)* para impedir que as terras habitadas pelos selvícolas sejam tratadas como se devolutas fossem, demarcando-as, fazendo respeitar, garantir, reconhecer e legalizar a posse dos índios, já pelos governos estaduais ou municipais, já pelos particulares; [...] *c)* para que igualmente sejam respeitadas as posses dos índios já reconhecidas em virtude da lei de 18 de setembro de 1850 e outras posteriores, provando que o fato dos governos terem deixado de administrar esses aldeamentos ou estabelecimentos, ou de superintendê-los, não justifica que os índios, ou seus descendentes, sejam espoliados de suas terras;

> [...]
>
> Art. 41 – Nas terras reservadas para os índios ou por eles habitadas, nas de sua propriedade ou nas terras a que se refere o art. 129 da Constituição da República, ninguém poderá construir ou fazer benfeitorias para gozo ou lucro próprio, sob pena de incorrer nas cominações da última parte do art. 547 do Código Civil e mais disposições legais que resguardam as propriedades dos índios.
>
> Art. 42 – Todos os imóveis construídos em terras dos índios, bens imóveis e semoventes aí existentes ou introduzidos serão considerados de propriedade da comunidade indígena habitante das terras respectivas.[46]

## *A questão indígena na Constituição de 1934*

É na Assembleia Constituinte de 1934 que, pela primeira vez, a questão da terra indígena passa a ser matéria constitucional. Não constava dispositivo algum sobre índios nem no projeto do governo, o chamado Projeto do Itamaraty, nem no substitutivo da Comissão dos 26, composto de um membro da bancada de cada estado, do Distrito Federal, do Acre, além dos representantes dos empregados, empregadores, funcionários e das profissões liberais. A primeira emenda apresentada tem origem na bancada amazonense, e foi apresentada a 21 de dezembro de 1933, pelo deputado Álvaro Maia e mais três deputados, sob o número 1.193. Vinha assim redigida: "A União, os Estados, ou os municípios respeitarão a posse dos indígenas sobre as terras onde estiverem localizados, tudo nos termos da legislação federal sobre o assunto".

A justificação da emenda "provava que ela se fundamentava nas leis referentes aos indígenas, consubstanciadas desde o Império à República"[47] e acrescentava:

> Temos regiões habitadas por centenas de tribos, a que pertencem milhares de indivíduos. Não é admissível que sejam concedidos, retalhados os lotes, às vezes cultivados e expulsos para o interior das selvas. Dessas atitudes desumanas surgem lutas que redundam em dificuldade à catequese. A emenda consubstancia a

46 Decreto n.736, de 6 de abril de 1936.

47 Brasil, *Annaes da Assembleia Nacional Constituinte*, 1933-1934, v.XIV, p.395.

legislação federal sobre o assunto, colocando-a, porém, sob a segurança maior de um dispositivo constitucional.[48]

O fundamento, portanto, do dispositivo constitucional era o reconhecimento dos direitos originais dos índios sobre suas terras, como "seus primitivos donos".[49]

A iniciativa de Álvaro Maia fora suscitada por manifestações do Instituto Geográfico e Histórico do Amazonas. Manifestação semelhante viria do Instituto Histórico e Geográfico de São Paulo, e o projeto teria também o apoio de deputados do Rio Grande do Sul. Como ressaltava Álvaro Maia, a bancada amazonense não estava apresentando a emenda,

> Se prendendo a um ponto regionalista, porque exatamente no Amazonas existe a maior quantidade de ameríndios. Ela supõe interpretar o pensamento dos srs. constituintes do Brasil inteiro [...] Penso, assim, que, vitoriosa essa emenda, teremos prestado a maior das homenagens ao Brasil do passado, para podermos ser dignos do Brasil do futuro.[50]

Levi Carneiro, autor do decreto que organizava o Governo Provisório da República Nova, presidente da OAB em 1933 e eleito pelos advogados como um dos três representantes das profissões liberais para a Assembleia Constituinte – lembremos que essa Constituinte contava com quarenta deputados classistas –, propôs uma nova redação a essa emenda (n.60), introduzindo a proibição de alienação das terras dos índios, para protegê-los de abusos. A nova formulação foi aceita pela bancada amazonense, que a representou sob o n.644: "Será respeitada a posse de terra por indígenas que nelas se achem permanentemente localizados, sendo-lhes, no entanto, vedado aliená-las".

Essa emenda, aprovada, tornou-se o art. 129 da Constituição de 1934. Estavam consagrados na Constituição os títulos indígenas sobre suas terras que, conforme mostramos, remontavam à Colônia e ao Império.

Pontes de Miranda assim comenta esse artigo fundamental:

48 Brasil, *Annaes da Assembleia Nacional Constituinte*, v.II, p.22-8, sessão de 21 de dezembro de 1933.

49 Id., v.XVII, p.227.

50 Discurso de Álvaro Maia, 119ª sessão em 12 de abril de 1934, em: Brasil, *Annaes da Assembleia Nacional Constituinte*, v.XIV, p.395-403.

> No art. 129, [...] respeita-se a "posse" do silvícola, posse a que ainda se exige a localização permanente. O juiz que conhecer de alguma questão de terras deve aplicar o art. 129, desde que os pressupostos estejam provados pelo silvícola, ou conste dos autos, ainda que alguma das partes ou terceiro exiba título de domínio. Desde que há a posse e a localização permanente, a terra é do nativo, porque assim o quis a Constituição, e qualquer alienação de terras por parte dos silvícolas ou em que se achem, permanentemente localizados e com posse, os silvícolas, é nula. Aquelas mesmas que forem em virtude do art. 129 reconhecidas como de posse de tais gentes não podem ser alienadas. Os juízes não podem expedir mandados contra silvícolas que tenham posse e nas terras, de que se trata, se localizaram com permanência.
>
> A proibição de alienação tem como consequência: *a)* nulidade absoluta de qualquer ato de disposição, incluídos os que só se referem a elementos do direito de propriedade ou da posse (usufruto, garantia real, locação); *b)* não há prescrição contra o silvícola ainda que trintenal; *c)* as sentenças que adjudiquem tais terras a outrem são susceptíveis de rescisão, por infringirem texto constitucional.[51]

Outro progresso registrado na Constituição de 1934 foi a aprovação da competência exclusiva da União para legislar sobre questões indígenas.

Como vimos anteriormente, o Ato Adicional de 1834 permitia às assembleias provinciais legislar cumulativamente com o Império sobre catequese e civilização dos índios, levando às espoliações que descrevemos. Em 20 de novembro de 1889 (Decreto n.7 do Governo Provisório, § 12) a competência para legislar sobre questões indígenas passava aos estados da federação, situação que durou dezessete anos, até que, em 1906, a Lei n.1.606, que criava o Ministério da Agricultura, Indústria e Comércio, transferisse definitivamente para a União a responsabilidade da questão indígena.

Para tornar essa competência exclusiva preceito constitucional, o deputado Pereira Lima, em nome da Subcomissão Constitucional, propôs a Emenda n.1.417, que, ligeiramente modificada e aprovada, veio a ser o art. 5º, item XIX, m, com a seguinte redação:

> Compete privativamente à União:
>
> XIX – Legislar sobre [...]
>
> *m)* incorporação dos silvícolas à comunhão nacional.

51 Pontes de Miranda, *Comentários à Constituição da República dos E.U. do Brasil*, t.II, p.348-9.

O assunto era de tamanha importância que o general Rondon escrevia ao deputado Pereira Lira, a 18 de maio de 1834, nos seguintes termos:

> Antes que seja tarde permitireis que vos manifeste meus aplausos e calorosos cumprimentos cívicos pela vossa patriótica atitude perante a Assembleia dos senhores representantes, levantando do esquecimento a causa que há 110 anos constituiu objeto de fervorosa defesa ante a primeira Constituinte Brasileira por parte do glorioso Patriarca de nossa independência política, José Bonifácio.
>
> Considerar na Carta Magna a declaração terminante de que é da competência privativa da União o legislar sobre a incorporação do selvícola à comunhão nacional, já é vencer, presentemente, boa parte do caminho a transpor para se colocar a grande causa a salvo dos assaltos de que se encontra ameaçada [...].[52]

Apesar da oposição de boa parte dos deputados, e em particular do líder da maioria, Medeiros Neto, a emenda foi aprovada graças a um pedido de verificação de voto feito em boa hora pelo deputado Pereira Lira.

Não teve a mesma sorte a Emenda n.1.273, de Morais Leme, que, reconhecendo a personalidade jurídica das comunidades indígenas, teria sido da maior importância: "São reconhecidas as comunidades de indígenas e a lei declarará os direitos que lhes pertencem".

O debate que levou à rejeição dessa emenda merece ser transcrito pela alta qualidade da justificação de Morais Leme e pela confusão intencional causada pelos seus opositores, novamente encabeçados pelo líder da maioria, Medeiros Neto.

> O sr. Morais Leme (para encaminhar a votação) – Sr. Presidente, apresentei a Emenda n.1.273, que se encontra à página 167 do avulso.
>
> Diz essa emenda:
>
> "São reconhecidas as comunidades de indígenas e a lei declarará os direitos que lhes pertencem". O parecer da ilustre Subcomissão foi, em parte, favorável à emenda, reconhecendo que ela estava parcialmente atendida no dispositivo que diz competir à União estabelecer escolas primárias nos aglomerados indígenas.
>
> Mas, entende a ilustrada Subcomissão que essa emenda não deve figurar na Constituição, porque a matéria da mesma deve ser afeta à legislação, ordinária.

52 Candido Rondon, em: Brasil, *Annaes da Assembleia Nacional Constituinte*, v.XXI, p.341.

*Data venia*, não tem razão o parecer. Hoje se considera ser do âmbito constitucional tudo quanto se refira ao direito social. Com fundamento nessa premissa, vemos que regras de Direito Privado são encartadas na Constituição, com o temor de que uma legislatura ordinária possa alterá-la ou não tenha a coragem precisa para estabelecê-la!

Mas o reconhecimento da comunidade de indígenas é matéria eminentemente constitucional, pois diz de perto com o direito de propriedade e com o princípio da humanidade.

Não se reconhecendo essas comunidades, nós permitiremos que os grupos audaciosos vão recalcando, vão oprimindo cada vez mais os indígenas, eliminando-os pelo desbarato quando a política deve ser a de chamá-los à civilização.

Constituições há que consagram providências em favor dos indígenas. Entre elas sobressai a do Peru, que determina serem imprescritíveis os bens das comunidades de indígenas, estabelece que o Estado protegerá a raça indígena e proverá para o seu desenvolvimento e cultura em harmonia com as suas necessidades. Na Argentina igualmente as concessões de terras foram feitas a algumas tribos.

Ainda há poucos dias a Assembleia aprovou uma emenda restringindo o prazo do usucapião em certos casos, providência essa que foi estigmatizada por um ilustre Sr. Deputado que classificou a providência como a legalização do "grilo".

Depois dessa emenda, terá coragem a Assembleia de negar o reconhecimento das comunidades de indígenas, medida que se impõe não apenas pelo princípio da solidariedade, mas igualmente pelo de humanidade? (Muito bem.)

*O Sr. Medeiros Neto* – Peço a palavra, para encaminhar a votação.

*O Sr. Presidente* – Tem a palavra, para encaminhar a votação, o Sr. Deputado Medeiros Neto.

*O Sr. Medeiros Neto* (para encaminhar a votação) – Sr. Presidente, parece-me que esta é uma das emendas genuinamente prejudicadas, porque a matéria já está regulada, aliás no sentido da emenda, na parte da discriminação dos poderes privativos da União, quando lhe concedemos o de regular o comércio.

Cumpre notar, entretanto, que neste particular não inovamos, porque já faz parte da Constituição de 1891 essa faculdade, concedida à União.

Era, Sr. Presidente, o que eu tinha a dizer a V. Ex., para que decida, no seu alto entendimento, considerando prejudicada a emenda, ou, se julgar conveniente, consultando a Casa a respeito. (Muito bem.)

*O Sr. Presidente* – Em verdade, a situação dos indígenas já está, de modo claro, regulada em dispositivo anterior. À vista disso, prejudicada a emenda.

*O Sr. Morais Leme* – Peço a palavra, pela ordem.

*O Sr. Presidente* – Tem a palavra, pela ordem, o Sr. Morais Leme.

*O Sr. Morais Leme* (pela ordem) – Sr. Presidente, não tem razão o nobre *leader* da maioria. O dispositivo que existe a respeito declara competir à União a fundação de escolas primárias nos aglomerados de indígenas, ao passo que a emenda reconhece a comunidade de indígenas.

São assuntos inteiramente diversos. Nestas condições, parece-me que a emenda não está prejudicada. (Muito bem.)

*O Sr. Presidente* – Em todo caso, vou ouvir a Assembleia a respeito.

Em seguida, é rejeitada a propositura do Sr. Morais Leme.[53]

## A Constituição de 1937

A Carta Outorgada de 1937, a "Polaca" de Francisco Campos, ou seja, a Constituição do Estado Novo, conserva o reconhecimento dos direitos indígenas às terras, modificando levemente os termos da de 1934: "Art. 154 – Será respeitada aos silvícolas a posse das terras em que se achem localizados em caráter permanente, sendo-lhes, no entanto, vedado aliená-las".

Sobre esse dispositivo, comenta Antonio Figueira Almeida:

> Os silvícolas *são os primeiros ocupantes das terras* em que se acham localizados em caráter permanente: não se poderia turbar essa posse mansa e pacífica, tradicionalmente mantida. Reconhece-se-lhes, pois, esse direito, como que em usufruto, desde que eles não possam alienar suas terras. Essa *proibição*, porém, *visa somente protegê-los*, porque impede que eles possam vir a ser lesados pelos compradores.[54]

Em consequência do art. 154, as constituições estaduais do Pará, Amazonas, Maranhão e Mato Grosso passaram a assegurar aos índios, elas também, a posse de suas terras.

---

53 Brasil, *Annaes da Assembleia Nacional Constituinte*, v.XXII, p.120-2.

54 Almeida, *A Constituição de 10 de novembro explicada ao povo*, p.122, grifos nossos.

## A Constituição de 1946

A Constituição de 1946 conservou os dois artigos da de 1934:

> Art. 5 – Compete à União:
>
> XV – Legislar sobre [...]
>
> *r)* a incorporação dos silvícolas à comunhão nacional.
>
> Art. 216 – Será respeitada aos silvícolas a posse das terras onde se acham permanentemente localizados, com a condição de não a transferirem.

O art. 216 proveio da emenda apresentada por Artur Bernardes na Comissão Constitucional. Era fruto de memorial do SPI ao Ministério da Agricultura, e endossada, com outras palavras, pelo anteprojeto do Instituto de Advogados, de março de 1946. Vinha assim redigida:

> Será respeitada aos selvícolas a posse de terras que lhes tenham sido reservadas e também aquelas em que se acham localizados, e sejam necessárias à sua manutenção, de acordo com as respectivas condições do estado social, sendo-lhes, porém, vedado, em qualquer caso, a alienação das mesmas.

E Artur Bernardes lembrava, em sua justificação, que os índios, "donos primitivos das terras, já vão recuando do litoral e de todos os pontos em que a civilização penetra".[55]

Em defesa da emenda, dizia Álvaro Maia, o mesmo deputado amazonense que introduzira o dispositivo na Constituição de 1934:

> O artigo, que pleiteamos seja incluído na Carta Magna, é um resumo da legislação sobre o assunto, desde as doações ou sesmarias, desde as posses, desde as leis de terras e desde as leis que vigoram no regime republicano. [...] Acontece, entretanto, que, na execução dessas leis, em anos que se sucederam e principalmente depois do regime republicano, coube aos estados a distribuição ou a demarcação das suas terras devolutas. Nessas terras devolutas eram envolvidas muitas vezes as terras dos índios. Começou a grande tragédia no regime republicano, entre o civilizado e o índio, entre aquele que trazia alfabetização e

55 Duarte, *A Constituição Brasileira de 1946*, v.III, p.431.

aquele que necessitava de todas as leis protecionistas a terras para si e seus herdeiros; e que a distribuição dessas terras devolutas, requeridas naturalmente pelos latifundiários, por aqueles que desejavam e desejam a exploração natural dos seringais, dos castanhais, dos balatais e, enfim, das reservas de madeiras, impossibilitava os engenheiros que se ocupavam dessas demarcações de separar uma linha clara entre as terras devolutas e as terras dos índios, ou porque realmente não tinham elementos de consulta, elementos científicos para essas demarcações ou por má-fé, ambição e desrespeito às leis que asseguravam as terras dos selvícolas.[56]

A redação original da emenda, aprovada em primeiro turno, foi alterada em vista da simplificação do texto, sendo aprovado o artigo em segundo turno.[57]

Carlos Maximiliano comenta o artigo nos seguintes termos:

> Governos estaduais concederam título de domínio de terras públicas ocupadas por indígenas; espertalhões compraram-nas por irrisórias quantias e expulsaram os ingênuos silvícolas. Providencialmente, portanto, o estatuto de 1946 assegurou a permanência da posse, apenas, e assim mesmo com a vedação da transferência.[58]

"O artigo", escreve Alcino Pinto Falcão, "tem uma finalidade maior: a de impedir que entre nós ocorra o conflito constitucional de que já foram palco os Estados Unidos, por causa das cobiçadas terras de índios".[59]

E Pontes de Miranda acrescenta aos comentários que já fizera sobre o dispositivo na Constituição de 1934:

> A Constituição fala de "condição de não a transferirem". Entenda-se: sendo, porém, inalienáveis por atos "intervivos" tais terras. "Condição" esta, aí, em sentido não técnico. A posse dos silvícolas é transmissível hereditariamente segundo a regra jurídica do direito das coisas, entre os membros da tribo, se de

56 *Diário da Assembleia Constituinte de 1946*, 1º maio 1946, p.1843-4.

57 Duarte, *A Constituição Brasileira de 1946*, v.III, p.432.

58 Maximiliano, *Comentários à Constituição Brasileira*, v.III, p.301.

59 Falcão, *A Constituição anotada*, v.III, p.227.

tribo ainda se trata. A propriedade coletiva é respeitada, e não se considera transferência a substituição automática dos membros da comunidade.[60]

O ponto importante nos textos que precedem e que deve ser aqui salientado é que se trata do reconhecimento da posse imemorial dos índios, de seus títulos anteriores aos de quaisquer outros ocupantes, *e não uma proteção transitória*, apenas assegurada aos índios enquanto o exigisse seu estado de vulnerabilidade. Ou seja, pela facilidade com que podem ser lesados, os índios são protegidos pela tutela. Mas seus direitos à terra independem claramente dessa tutela, na medida em que são fundamentados na sua condição de primeiros donos. É o que fica claro no comentário que Themístocles Cavalcanti, o futuro autor do Estatuto do Índio (Lei n.6.001, de 19 de dezembro de 1973), faz sobre o art. 216 da Constituição de 1946:

> A Constituição assegura aqui o *uti possidetis* das terras ocupadas pelos índios, com a condição de que não a transfiram. *É o reconhecimento da posse imemorial dos donos da terra, dos sucessores daqueles que primeiro a povoaram* [...] O princípio é autoexecutável, reconhece um direito cuja medida e extensão dependem apenas da prova quando contestada judicialmente.[61]

## A Convenção 107 e a Constituição de 1967

Em 1966, o Brasil promulga com o Decreto n.58.824, de 14 de julho de 1966, após aprovação pelo Decreto Legislativo n.20, de 30 de abril de 1965, a Convenção 107 sobre a Proteção e Integração das Populações Indígenas e outras Populações Tribais e Semitribais de Países Independentes, da Organização Internacional do Trabalho, adotada em Genebra em 26 de junho de 1957, e da qual era signatário. O art. 11 da Convenção 107 estipula: "O direito de propriedade, coletivo ou individual, será reconhecido aos membros das populações interessadas sobre as terras que ocupam tradicionalmente".

Na Constituição de 24 de janeiro de 1967, apesar desse instrumento internacional, a propriedade das terras indígenas é atribuída à União (art. 14).

60 Pontes de Miranda, *Comentários à Constituição de 1946*, v.IV, p.217-8.
61 Cavalcanti, *A Constituição Federal comentada*, *grifos nossos*.

Trata-se, é verdade, de uma medida de proteção adicional que visa "impedir que os estados disponham dessas terras, alienando-as a civilizados em detrimento dos indígenas".[62]

Declaradas patrimônio da União, as terras indígenas ficavam *ipso facto* inalienáveis, a não ser por autorização legislativa.[63] O projeto inicial mantinha apenas a competência da União para legislar sobre questões indígenas (art. 8º, XVII, o), e nenhum dispositivo sobre terras. O então ministro da Agricultura, Severo Gomes, por instâncias da profª Heloísa Alberto Torres, antropóloga que havia sucedido Rondon na presidência do Conselho Nacional de Proteção ao Índio (CNPI), enviou texto de emenda apresentada pelo senador Wilson Gonçalves:

> Emenda 826. Constituem o patrimônio da União: [...] V – As terras que integram o "Patrimônio Indígena", com o texto seguinte:
>
> "Art. 14 – Integram o Patrimônio da União: [...] – as terras ocupadas pelos silvícolas".

Da justificação constavam as seguintes considerações:

> 1. A exclusão, do Projeto de Constituição ora em estudo, do art. 216, que assegura aos índios a posse das terras que ocupam sem, todavia, poder aliená-las, disposição essa já existente nas Constituições de 1934 e 1937, vem abalar ainda mais a segurança indígena.
>
> 2. Não foi tampouco incluído, no Projeto de Constituição, o artigo elaborado pelo Conselho Nacional de Proteção aos Índios, no intuito de aprimorar o art. 216, que vinha sendo frequentemente burlado. [...]
>
> 4. O que é certo é que a eliminação do art. 216 ensejará o recrudescimento imediato e violento do movimento esbulhador contra o Patrimônio Indígena, levado a efeito pelas correntes pioneiras de penetração, ávidas de ganho e inescrupulosas, que campeiam no interior do país.
>
> 5. A repressão desse esbulho será tanto mais dificultada e financeiramente onerosa quanto mais distantes ou dispersos os centros administrativos estaduais, cuja ação jurídica deverá ser requerida em cada caso de esbulho. [...]

62 Ferreira Filho, *Comentários à Constituição Brasileira*, v.I, p.65.

63 Ver intervenção do senador Oliveira Brito, em: Brasil, Constituição de 1967, *Anais da Câmara dos Deputados*, v.IV, p.686.

8. A medida proposta através dessa emenda terá a vantagem de assegurar, pelas autoridades federais componentes, a proteção efetiva dessas terras, ampliando ao mesmo tempo a área efetiva de atuação do governo federal nas diferentes unidades federadas. [...]

9. Se a Constituição considera como de propriedade da União as riquezas do subsolo e as regiões particulares dotadas pela natureza, para efeito da proteção de sua flora e fauna, com muito maior razão terá de ceder a sua proteção às áreas ocupadas pelos índios, que têm nelas a sua condição única de sobrevivência.[64]

O art. 14 da Constituição de 1967 teve, portanto, origem no Ministério da Agricultura. Além disso, funcionários do SPI procuraram o senador Aurélio Vianna, pedindo-lhe que apresentasse emenda com o seguinte texto:

> Emenda 436. É assegurada aos silvícolas a posse permanente das terras que habitam, e reconhecido o seu direito ao usufruto exclusivo dos recursos naturais e de todas as utilidades nelas existentes, sendo considerados nulos de pleno direito os atos que impliquem alienação, ônus ou gravames de qualquer natureza, incidindo sobre essas mesmas terras destinadas à subsistência de seus legítimos possuidores.

Várias manobras foram tentadas, em particular pelo senador Oliveira Brito, para impedir a aprovação da Emenda Aurélio Vianna: pretextou-se que era redundante, já que havia sido aprovada a emenda que transferia ao patrimônio da União as terras indígenas. Ora, era evidente, como defendeu o senador Eurico Rezende, que a Emenda Aurélio Vianna tratava da posse e não da propriedade (já então passada à União). E Aurélio Vianna, encaminhando a votação, salientou que a emenda tratava de assegurar aos índios, além da posse, o direito exclusivo aos recursos naturais e às utilidades nelas existentes.

A emenda conseguiu ser aprovada, mas amputada de sua segunda parte. Veio a ser o art. 186, com a seguinte redação: "É assegurada aos silvícolas a posse permanente das terras que habitam, e reconhecido o seu direito ao usufruto exclusivo dos recursos naturais e de todas as utilidades neles existentes".[65]

64 Brasil, *Anais da Constituição de 1967*, t.II, v.6, p.876-7.

65 Brasil, Constituição de 1967, *Anais da Câmara dos Deputados*, v.IV, p.678-87; *Anais da Constituição de 1967*, t.II, v.VI, p.477-8, 876-977.

## *A Emenda Constitucional de 1969*

Uma formulação semelhante à da Emenda Aurélio Vianna original aparece, afinal, na Emenda Constitucional de 1969 (art. 198). A propriedade das terras continua sendo da União (art. 4º), a quem cabe legislar sobre a questão indígena (art. 8º, XVIII, o):

> Art. 4º – Incluem-se entre os bens da União: iv – as terras ocupadas pelos silvícolas.
>
> Art. 8º – Compete à União:
>
> XVII – Legislar sobre:
>
> *o)* nacionalidade, cidadania e naturalização; incorporação dos silvícolas à comunhão nacional.
>
> Art. 198 – As terras habitadas pelos silvícolas são inalienáveis nos termos que a lei federal determinar, a eles cabendo a sua posse permanente e ficando reconhecido o seu direito ao usufruto exclusivo das riquezas naturais e de todas as utilidades nelas existentes.
>
> § 1º – Ficam declaradas a nulidade e a extinção dos efeitos jurídicos de qualquer natureza que tenham por objetivo o domínio, a posse ou a ocupação de terras habitadas pelos silvícolas.
>
> § 2º – A nulidade e extinção de que trata o parágrafo anterior não dão aos ocupantes direitos a qualquer ação ou indenização contra a União e a Fundação Nacional do Índio.

O art. 198 é poderoso, mas contraria interesses igualmente poderosos. Não faltou quem o criticasse e o tentasse deturpar. Assim, o Decreto do Executivo n.88.985/1983, que permite a mineração em terras indígenas, assinado pelo presidente Figueiredo, nos últimos dias de seu governo, é de nefastas consequências. Pontes de Miranda afirma, no entanto, claramente: "O usufruto (do silvícola) é pleno, compreendendo o uso e a fruição, quer se trate de *minerais*, de vegetais ou de animais".[66]

Outros arguiram que títulos anteriores à Constituição de 1934, incidentes sobre terras de posse de índios, manter-se-iam válidos. É novamente Pontes de Miranda quem afirma: "São nenhuns quaisquer títulos, mesmo

66 Pontes de Miranda, *Comentários à Constituição de 1967*, t.VI, p.457, grifo nosso.

registrados, contra a posse dos silvícolas, ainda que anteriores à Constituição de 1934, se à data da promulgação havia tal posse".[67]

Outros quiseram restringir o entendimento do termo "silvícola", que no Estatuto do Índio é inequivocamente definido como sinônimo de "índio", tentando assim descaracterizar os sujeitos dos direitos assegurados na Constituição.

Outros ainda quiseram entender as terras habitadas pelos indígenas em um sentido restrito, e não no sentido antropológico de *habitat*,[68] ou seja, o território necessário à reprodução física e cultural da comunidade indígena, sentido que é aquele adotado pelo ministro Vítor Nunes Leal: "Não está em jogo, propriamente, o conceito de posse, nem de domínio, no sentido civilista dos vocábulos: trata-se do *habitat* de um povo".[69]

Em outro voto sobre o assunto, diz Vítor Nunes Leal:

> Não está envolvida, no caso, uma simples questão de direito patrimonial, mas também um problema de ordem cultural, no sentido antropológico, porque essas terras são o *habitat* dos remanescentes das populações indígenas do país. A permanência dessas terras em sua posse é condição de vida e de sobrevivência desses grupos, já tão dizimados pelo tratamento recebido dos civilizados e pelo abandono em que ficaram.
>
> A Constituição atual foi além da anterior, que só protegia a posse, porque ela também protege o usufruto exclusivo, pelos índios, dos recursos naturais e de todas as utilidades existentes nas terras. Pela Constituição, mesmo a alienação de certos frutos dessas áreas pode ficar dependendo de condições que não sejam normalmente exigidas para a alienação dos bens públicos em geral. No caso, trata-se da venda de pinheiros. Não posso saber em que medida a permanência dos pinheirais, como árvores vivas, deva ser considerada como elemento essencial ao *habitat* dos silvícolas.
>
> A ressalva do meu voto é no sentido de não ficarem esses bens públicos – as terras ocupadas pelos índios –, bem como os seus frutos, sujeitos à mesma disciplina jurídica dos demais bens públicos.[70]

---

67 Ibid., p.457; vide também *Comentários à Constituição de 1946*, v.IV, p.217-8.

68 Ver Seeger; Viveiros de Castro, Terras e territórios indígenas no Brasil, *Revista Civilização Brasileira*, n.12, jun. 1979.

69 Voto do ministro Nunes Leal, Recurso Extraordinário n.44.585, Mato Grosso, STF, 1961.

70 Voto, Mandado de Segurança n.16.433-DF, Supremo Tribunal Federal, *Revista Trimestral de Jurispridência*, n.49, p.295-6, 1967.

Manifesta-se do mesmo modo Themístocles Cavalcanti, na sua Justificação do Projeto do Estatuto do Índio (p.7):

> Para que se possa dar ao texto constitucional o seu sentido próprio e uma aplicação prática, é indispensável ajustar ao conceito de habitação e ao sistema de vida dos silvícolas e à sua natureza mais ou menos nômade.
>
> Assim a sua posse estaria vinculada não à ideia de habitação como a entendemos, mas de acordo com os costumes indígenas e as necessidades de sua subsistência, levando em consideração a importância da caça e da pesca na vida do indígena.
>
> Evitei, portanto, o conceito que considera a posse o exercício de algum dos direitos inerentes à propriedade, que levaria a um terreno polêmico pois o domínio é da União, preferindo subordinar a posse aos costumes e hábitos dos próprios índios e à sua vinculação à terra.

Se se evocaram aqui essas tentativas de distorção do texto constitucional e se descreveram as manobras usadas nas assembleias constituintes é porque elas apontam para a necessidade de se inscreverem na Constituição de 1987 artigos que mantenham o respeito às terras indígenas, mas redigidos sem nenhuma ambiguidade, nem ressalvas que abram a possibilidade de exceções. Neste capítulo, é melhor se pecar por excesso.

## Referências bibliográficas


ALMEIDA, A. F. *A Constituição de 10 de novembro explicada ao povo.* Rio de Janeiro: DIP, 1940.

AQUINO, Tomás de. *Secunda Secundae.* 10, 10.

BANDEIRA Alípio; MIRANDA, Manoel Tavares da Costa. Memorial acerca da antiga e moderna legislação indígena, contendo considerações sobre a situação jurídica do índio brasileiro. In: OLIVEIRA, Humberto de (Ed.). *Coletânea de leis, atos e memórias referentes ao indígena brasileiro,* Ministério da Agricultura, CNPI, Rio de Janeiro: Imprensa Nacional, n.94, p.55-86, 1947 (1912).

BOEHER, G. Some Indian Problem. COLÓQUIO INTERNACIONAL DE ESTUDOS LUSO-BRASILEIROS, 3. *Actas do...* v.II. Lisboa: Biblioteca Nacional, 1960. p.201-9.

BRASIL. Sessão de 21 de dezembro de 1933. *Annaes da Assembleia Nacional Constituinte, 1933-1934.* v.II. Rio de Janeiro: Typ. do Jornal do Commercio, 1935. p.22-8.

BRASIL. *Annaes da Assembleia Nacional Constituinte, 1933-1934*. v.XIV. Rio de Janeiro: Imprensa Nacional, 1936.

_____. *Annaes da Assembleia Nacional Constituinte, 1933-1934*. v.XVII. Rio de Janeiro: Imprensa Nacional, 1936.

_____. *Annaes da Assembleia Nacional Constituinte, 1933-1934*. v.XXI. Rio de Janeiro: Imprensa Nacional, 1937.

_____. *Annaes da Assembleia Nacional Constituinte, 1933-1934*. v.XXII. Rio de Janeiro: Imprensa Nacional, 1937.

_____. Assembleia Constituinte. *Annaes do Parlamento Brazileiro*. t.II. Rio de Janeiro: Tipographia Imperial e Constitucional, 1823.

_____. Câmara dos Deputados. *Anais da Constituição de 1967*. v.IV. Brasília: Diretoria de Informação Legislativa, 1968.

_____. *Diário da Assembleia Constituinte de 1946*, 1º maio 1946.

_____. Senado. *Anais da Constituição de 1967*. v.6. t.II. Brasília: Diretoria de Informação Legislativa, 1970.

_____. Supremo Tribunal Federal. *Revista Trimestral de Jurisprudência*, n.49, p.295-6, 1967.

CAVALCANTI, T. *A Constituição Federal comentada*. Rio de Janeiro: José Konfino, 1951.

DUARTE, José. *A Constituição Brasileira de 1946*. v.III. Rio de Janeiro: Imprensa Nacional, 1947.

FALCÃO, A. P. *A Constituição anotada*. v.III. *Rio de Janeiro*: José Konfino, 1957.

FERREIRA FILHO, Manoel G. *Comentários à Constituição Brasileira*. v.I. São Paulo: Saraiva, 1972.

FREITAS, frei Serafim de. *Do justo império asiático dos portugueses*. 2v. Lisboa: Instituto Nacional de Investigação Científica, 1983 (1625). [cap.III, n.13; cap.IV, n.5.]

GERSON, J. *De Vita Spirituali Animae*. In: TUCK, R. *Natural Rights Theories*: their Origin and Development. Cambridge: Cambridge University Press, 1981. p.25-7.

INOCÊNCIO IV, papa. *Apparatus ad quinque libros Decretaliumi*. v.III. 34,8. [s.l.: s.n.], 1578.

LEITE, S. *História da Companhia de Jesus no Brasil*. t.VI. Rio de Janeiro: Instituto Nacional do Livro, 1945. p.330-41.

LEMOS, Miguel; TEIXEIRA MENDES, R. *Bazes de uma constituição política ditatorial federativa para a República Brazileira*. Rio de Janeiro: Apostolado Pozitivista do Brazil, 1890.

MAXIMILIANO, C. *Comentários à Constituição Brasileira*. v.III. São Paulo: Freitas Bastos, 1948.

MENDES JR., J. *Os indígenas do Brazil, seus direitos individuaes e políticos*. São Paulo: Hennies Irmãos, 1912.

NAUD, L. Documentos sobre o índio brasileiro. *Revista de Informação Legislativa*, p.307, jan./mar. 1971.

OAKLEY, F. *The Political Thought of Pierre d'Ailly*: the Voluntarist Tradition. New Haven: Yale University Press, 1964. p.74-92.

OLIVEIRA, J. Mariano de. *Pelos indígenas brazileiros.* Rio de Janeiro: Igreja Positivista do Brazil, 1894.

PAULA, José Maria de. Terras dos índios. *Boletim SPI,* Rio de Janeiro, n.1, 1944.

PONTES DE MIRANDA, F. C. *Comentários à Constituição da República dos E. U. do Brasil.* t.II. Rio de Janeiro: Ed. Guanabara, 1937.

PONTES DE MIRANDA, F. C. *Comentários à Constituição de 1946.* v.IV. Rio de Janeiro: Henrique Cahem, 1946.

_____. *Comentários à Constituição de 1967.* t.VI. São Paulo: RT, 1972.

SEEGER, Anthony; VIVEIROS DE CASTRO, Eduardo. Terras e territórios indígenas no Brasil. *Revista Civilização Brasileira,* ano 00, n.12, p.101-15, jun. 1979.

TEIXEIRA MENDES, R. *Ainda os indígenas do Brasil e a política moderna.* Rio de Janeiro: Igreja Positivista do Brazil, 1908.

_____. *Em defeza dos selvagens brazileiros.* Rio de Janeiro: Igreja Positivista do Brazil, 1910.

TWISS, *sir* Traver. *The Oregon Question Examined, in Respect to Facts and the Law of Nations.* Londres: Longman, Brown, Green, and Longmans, 1846. p.156. [digit.]

VITÓRIA, Francisco de. *Relecciones.* De indis. 3.ed. Madrid: Espasa-Calpe, 1975.

ZAVALA, S. *Las instituciones jurídicas en la conquista de America.* Madrid: Imprenta Helénica, 1935.

# 11
# Os indígenas do Brasil, seus direitos individuais e políticos[1]

*João Mendes Junior*

## Segunda conferência

**SUMÁRIO**: Os indígenas do Brasil em paralelo com os da América do Norte:

I – Os portugueses como colonizadores.

II – A dispersão dos indígenas – O ataque de Piratininga em 10 de julho de 1572 – A organização política dos índios e o seu direito privado.

III – Lei de 20 de março de 1570, proibindo o cativeiro dos índios – Leis, alvarás, cartas régias e provisões, afirmando não só a liberdade, como a autonomia dos índios.

IV – As *administrações*, os índios aldeados e os índios não aldeados – Remessa de índios aldeados para o sertão.

V – A Lei de 26 de junho de 1755, firmando os direitos individuais dos índios.

VI – Os *emboavas* e os índios – O caráter dos índios – Os *bandeirantes* e suas divergências quanto ao modo de proceder em relação aos índios.

VII – Os *paulistas*, até a última metade do século XVIII, não eram somente os dos atuais estados de São Paulo e Paraná: a capitania de São Paulo

1 João Mendes Junior (1856-1923) foi eminente jurista e ministro do Supremo Tribunal Federal. Em 1902, apresentou três conferências à Sociedade de Ethnographia e Civilisação dos Índios. Tais conferências foram publicadas em 1912, no livro *Os indígenas do Brazil, seus direitos individuaes e políticos*. Reproduzimos aqui a segunda e a terceira conferências.

# OS INDIGENAS DO BRAZIL, ○○○ SEUS DIREITOS ○○○ INDIVIDUAES E POLITICOS

POR

JOÃO MENDES JUNIOR

SÃO PAULO
Typ. Hennies Irmãos — Rua Riachuelo, 14 e 16
1912

abrangia o território desde Macaé até o extremo Sul, isto é, Santa Catarina e Rio Grande do Sul, e os sertões de Minas Gerais, Mato Grosso e Goiás – Descendentes de *paulistas* eram quase todos os sertanejos da Bahia, Pernambuco, Ceará, Piauí e Maranhão.

VIII – As cartas régias, de 13 de maio, 5 de novembro e 2 de dezembro de 1808, autorizando a guerra aos índios e a *servidão* dos prisioneiros – Causa aparente e causa real dessa guerra, desmascarada no próprio texto dessas cartas régias.

## *Ilustres consócios,*

Na minha primeira conferência tratei de demonstrar a situação autonômica das tribos indianas dos Estados Unidos da América do Norte; a subordinação delas não aos estados particulares mas à União, no tocante à determinação de direitos; as atribuições cumulativas da União e dos estados no desenvolvimento da catequese e civilização dos índios; a organização administrativa dos negócios indianos; e os resultados dos esforços combinados de todos os poderes, inclusive o Judiciário, para a liberdade, instrução, educação e civilização das tribos.

Assinalei que os índios da América do Norte tiveram, sobre os da América do Sul, especialmente do Brasil, a vantagem da concorrência eficaz das potências europeias e da intervenção da política inglesa, interessada no reconhecimento do domínio e posse dos índios. Notei que, desse concurso das potências e desse interesse da política inglesa, resultou que ali, se houve lutas e crueldades, os índios puderam reagir mais eficazmente; e se, na reação, quando vencidos, eram vítimas de perseguições e crueldades, a verdade é que propriamente a escravização dos índios jamais constituiu ali uma regra.

Aqui, no Brasil, porém, o caso foi outro: "O que mais espanta os índios", diz o padre Anchieta nas *Informações* –, "e os faz fugir dos portugueses e, por consequência, das igrejas, são as tiranias que com eles usam, obrigando-os a servir toda a sua vida como escravos, apartando mulheres de maridos, pais de filhos, ferrando-os, vendendo-os etc.; e, por isso, os índios, para não tornarem ao seu poder, fogem para os matos".

Os índios do Brasil, se não tiveram a vantagem eficaz da concorrência das potências europeias (porque os franceses e holandeses foram logo vencidos), tiveram, em compensação, circunstâncias (entre as quais a mesma escravidão) que os amalgamaram na massa nacional brasileira e facilitaram os cruzamentos aqui muito mais de que nos Estados Unidos.

Os reis de Portugal e os padres da Companhia de Jesus foram as potências que contiveram os colonos; mas aqueles nem sempre se mantiveram firmes e estes (que muitas vezes fizeram papel semelhante ao da política inglesa nos Estados Unidos), tiveram de entrar em lutas terríveis e de contemporizar.

Desde os primeiros ensaios da nossa colonização, os nossos avós europeus, Deus os perdoe, queriam a servidão dos indígenas; para isso, conseguiram, não raras vezes, vencer a resistência do governo da metrópole e, por altos desígnios de Deus, isso abundantemente fez entrar no sangue nacional o plasma indígena.

## I

Lógica e naturalmente devemos considerar os fatos na capitania de São Vicente, na província de São Paulo, hoje estado de São Paulo. Foi aqui que se iniciou o regime administrativo da colonização.

Com Martim Afonso vieram, para São Vicente, em 1531, muitos europeus, não para regressarem, mas para aqui se estabelecerem e ficarem, sendo alguns pertencentes à nobreza. Que razões tiveram eles para vir e ficar, não vem ao caso indagar; mas, contam-se entre eles homens tais como Cristóvão de Aguiar, Brás Cubas, Luís de Góes, Cipião de Góes, Pedro de Góes, Gabriel de Góes, Domingos Leitão, Antão Leme, Pedro Leme, José Adorno e Antônio Adorno (genoveses), Jerônimo Leitão, Rui Pinto, Francisco Pinto e Antônio Pinto, Antônio de Siqueira, Antônio de Oliveira, Jorge Pires, Pedro Colaço, Antônio de Proença, Jorge Ferreira e Antônio Rodrigues de Almeida. Plebeus havia-os em grande número, tais como Pascoal Fernandes, o meirinho João Gonçalves e outros que se tornaram conhecidos nas crônicas e que fixaram residência e se entregaram à agricultura e comércio.

A todos, o donatário concedeu sesmarias, para morada e cultura; o mesmo fez a muitos que chegaram depois.

Com estes vieram poucas mulheres e poucos eram casados: aqui alguns casaram-se com as filhas dos seus compatriotas e a maior parte casou-se ou com indígenas, ou com filhas de seus compatriotas com indígenas.

Que Martim Afonso aqui encontrou João Ramalho e Antônio Rodrigues, consta da escritura pública da sesmaria de Pedro de Góes, de 15 de outubro de 1531, *ibi*: "e levei comigo a João Ramalho e Antônio Rodrigues, *línguas destas terras, já de quinze a vinte anos estantes nesta terra*".

Antônio Rodrigues e João Ramalho foram de muito auxílio a Martim Afonso de Sousa: "o respeito de João Ramalho e os bons ofícios de Antônio Rodrigues", diz frei Gaspar da Madre de Deus.[2] Nesta frase, diz João Mendes, nas *Notas genealógicas*,

> denuncia-se a diferença de temperamento e do caráter destes dois primeiros povoadores da capitania de São Vicente. João Ramalho foi sempre enérgico e violento; Antônio Rodrigues, brando e prudente.
>
> A verdade é que, ao passo que João Ramalho andou sempre em conflito, ora com as autoridades em São Vicente, ora com os padres da Companhia de Jesus em São Paulo de Piratininga, Antônio Rodrigues mantinha-se em sua pacífica obscuridade, em sua pequena casa à margem do rio *Yryripiranga*, em frente ao porto de *Tumiarú*.
>
> A prole de Antônio Rodrigues alcançou a bem-aventurança da multiplicação e, mais ainda, a de sucessivas nobilitações pelo cruzamento com várias famílias fidalgas. A multiplicação é tão extensa que abrange as atuais províncias do Rio Grande do Sul, Paraná, Santa Catarina, Minas Gerais, Goiás, Mato Grosso e Rio de Janeiro, além da de São Paulo, seu berço. Na vila de São Vicente, Antônio Rodrigues exerceu os empregos de juiz, vereador e almotacé; e, sem dúvida, não poderia ter sido escolhido para tais cargos, se não tivera mérito, em concorrência com tantos nobres que tinham vindo com Martim Afonso.[3]

O cruzamento foi em tantas direções, que bem dirá quem afirmar que a *Nobiliarchia paulistana* não é senão a história dessa vastíssima prole: Antônio Rodrigues teve da filha de Piquerobi, uma filha, a quem deu o nome de Antônia; esta casou-se com Antônio Fernandes; desse casal nasceu Mecia Fernandes, geralmente conhecida por Mecia-Assu, na língua tupi, a qual casou-se com Salvador Pires; o casal de Mecia-Assu com Salvador Pires teve oito filhos, dos quais procedem as principais famílias paulistas, rio-grandenses, paranaenses, catarinenses, mineiras, goianas, cuiabanas e fluminenses.

---

2 Madre de Deus, *Memórias para a história da capitania de São Vicente*, I, 42.

3 Almeida, *Algumas notas genealógicas*, p.354.

João Ramalho não era de vida regular como Antônio Rodrigues; ao contrário, vivia amancebado com diversas índias, tinha muitos filhos bastardos, e da sua vida com a filha de Tibiriçá só se conta uma sua filha que se casou com Jorge Ferreira, ramo único em que sua geração se nobilitou, desaparecendo na obscuridade desde o século XVII. João Ramalho assinava com o sinal semelhante a um C, como se pode ver das atas da Câmara de Santo André, existentes no arquivo da Câmara desta capital. Se não era analfabeto, mal sabia ler e escrever.

Dizia-se que a gente de João Ramalho não prosperou por causa do gênio irascível e turbulento de que era dotada: outros atribuíam essa fama às continuas lutas que Ramalho teve de manter contra os jesuítas. Parece mais provável que, tendo João Ramalho vida marital com a filha de Tibiriçá, sobressaiu e adquiriu posição mais saliente a descendência desse casal; os outros filhos de João Ramalho com outras índias, como bastardos seriam considerados, e trataram de viver e multiplicar sem apurar genealogia, desde que nisso não viam vantagem.

Outros europeus foram chegando posteriormente, quase ano por ano, tais como Pedro Taques Pompeu, Fernando de Camargo, dom Simão de Toledo Piza, dom Diogo de Lara, Estêvão Ribeiro Baião, Baltazar de Morais d'Antas, Fernando Dias Pais, e outros mais ou menos notáveis, dos quais talvez nem metade trazia família. Em suma, pode-se afirmar, sem perigo de erro, que muitos casaram-se aqui, com filhas de europeus, porém mais de duas terças partes se aliaram, por consórcios e por concubinatos, às indígenas, e daí a geração dos que depois foram chamados *mamelucos*.

É verdade que, nos últimos anos do século XVI, já principiaram a entrar africanos; mas, a grande massa deles só entrou em meados do século XVIII, isto é, depois de 1755. Os mamelucos não eram fáceis em cruzar com africanos; ao contrário, os europeus é que foram mais propensos a isso, formando mulatos que, quando cruzavam com indígenas, constituíam o chamado – *cariboca*, e a que alguns estendiam o nome de *caboclos*, primitivamente dado somente aos filhos de branco e de índia, nos quais prevalecesse o tipo indígena.

Martim Afonso, pois, fundou São Vicente em 1531 e deixou tudo disposto para elevarem-se como elevaram-se a vilas as povoações de Santos e Conceição e Itanhaém; depois, sob o governo de Tomé de Sousa, em 1553, foi elevada a vila, sob a invocação de Santo André, a povoação de Borda do Campo, tendo sido João Ramalho nomeado alcaide-mor.

Mas, nos primeiros dias de janeiro de 1554, vieram os jesuítas, fundaram casa de residência e colégio em Piratininga, procurando estabelecer aí outra povoação. Estabeleceu-se uma rivalidade entre Ramalho e os jesuítas, conseguindo estes que Mem de Sá, então passando em São Vicente, ordenasse a extinção da vila de Santo André, transferindo-se assim o foral para a povoação junto ao colégio, a qual desde então tomou o nome de São Paulo de Piratininga.

Os jesuítas atraíram a si os indígenas; e, como consta das crônicas, tinham ao redor da povoação, as tribos de Tibiriçá, maioral de Piratininga, Caiubi, maioral de Jeribatiba, e Piquerobi, maioral de Ururaí. O primeiro aliou-se logo aos europeus e disciplinou-se completamente com os jesuítas; o segundo era muito velho, ficou em Piratininga, mas os da sua tribo não se sujeitaram facilmente e derramaram-se pelo litoral; o terceiro sempre reclamou a sua autonomia, levantou o brado de guerra e, vencido, preferiu a dispersão a arriscar-se às desgraças da servidão. Desse último grupo saíram, em geral, os índios não aldeados; e os que recusam aldear-se ainda guardam as tradições dessa luta, as queixas e as desconfianças contra os colonizadores. Tudo isto resulta de atos e documentos públicos e vem narrado nas crônicas, por frei Gaspar da Madre de Deus, por Pedro Taques, por Machado de Oliveira e outros.

## II

Mas, voltemos ao princípio, isto é, aos anos de 1531 e seguintes.

Que os índios tratavam com Martim Afonso, em 1531, como de potência a potência, a história nos confirma; e o assalto de Piratininga, em 10 de julho de 1562, se teve por causa ocasional as intrigas entre João Ramalho e os jesuítas, teve por causa principal o rompimento do tratado pelo qual Martim Afonso se obrigara a não permitir, sem licença prévia, a subida de europeus. Martim Afonso havia prometido que os portugueses não se estabeleceriam em serra acima, nem mesmo poderiam lá ir a *resgatar* ou negociar com indígenas sem sua licença ou a dos capitães-mores seus locotenentes, a qual não se daria senão com muita circunspecção e unicamente a sujeitos bem morigerados.

Com os padres da Companhia de Jesus subiram alguns portugueses, que se estabeleceram em *Piratininga*, infringindo assim aquele tratado; e, sem se mostrarem morigerados, ao contrário mostraram logo tendências para escravizar os índios.

Daí surgiu a desconfiança e o plano que se revelou pelo ataque e assalto de 10 de julho de 1562, contra o qual os europeus só puderam resistir com o auxílio de Tibiriçá.

O padre Anchieta na carta de 16 de abril de 1563 ao padre Diogo Laynez, geral da Companhia, assim narra o assalto:

> Tibiriçá, logo que soube do assalto planejado contra a nascente vila de São Paulo, juntou logo toda a sua gente, que estava repartida por três aldeias *pequenas*, desmanchando suas casas e deixando todas as suas lavouras para serem destruídas pelos inimigos; e ainda que alguns de seus irmãos e sobrinhos ficaram em uma aldeia sem o querer seguir, e *um deles vinha juntamente com os inimigos*, e lhe mandou incutir grande medo – que eram muitos e haviam de destruir a vila.
>
> Chegando, pois, o dia, que foi o oitavo da visitação de Nossa Senhora, deram de manhã sobre o rio Piratininga com grande corpo de inimigos pintados e emplumados e com grandes alaridos... sendo coisa maravilhosa que achavam as flechadas irmãos com irmãos, primos com primos, sobrinhos com tios, e, o que é mais, dois filhos, que eram cristãos, detestavam conosco contra seu pai, que era contra nós.

A derrota dos índios foi a causa da dispersão; uns ficaram na região habitada por Tibiriçá, que permaneceu aliado; outros foram levados e aldeados em Itaberaba, na Conceição dos Guarulhos; outros aldearam-se em outros pontos, a maior parte, porém, preferindo a vida nômade, tomaram a direção sudoeste e estabeleceram-se não só em Apucarana, onde em 1661 foram encontrados por Fernão Dias Pais, como em todo o litoral e nas margens do Tietê e do Paranapanema.

Desses índios dispersos, uns viviam em aldeias, outros viviam em cabanas esparsas, mas sempre ligados e associados. Em todo caso, os que voltavam à proximidade dos vencedores exigiam sempre que lhes deixassem o regime dos seus; e somente cediam ao influxo da catequese.

Os nossos índios tinham a sua organização política; e, para prova disso, basta ver a narração que Pedro Taques, na *Nobiliarchia paulistana*,[4] faz da viagem de Fernão Dias Pais para o sertão do Sul até a serra do Apucarana,

4 Taques, Nobiliarchia paulistana, *Revista do Instituto Histórico, Geográfico e Etnográfico do Brasil*, XXXIV,1871.

onde foram encontrados os caciques Tombú, Sondá e Gravitaí, com cerimoniais, audiências etc., chegando a São Paulo, em 1661, cinco mil almas, de um e outro sexo, comandados pelo cacique Tombú, que mais tarde se converteu ao cristianismo, sob a influência dos religiosos de São Francisco. Se todos os *bandeirantes* fossem como Fernão Dias Pais, certamente a civilização dos índios estaria muito adiantada.

O direito civil dos indígenas, nas relações de família, está bem descrito pelo padre Ivo d'Evreux e pelo dr. João Mendes;[5] e quanto a propriedade e obrigações, as cartas dos padres Nóbrega e Anchieta revelam o respeito que eles tinham à fé dos contratos e às solenidades de que os revestiam, e os padres Montoya e Figueira revelam as denominações que eles davam a títulos de direito, correspondentes a compra e venda, a doação e a outros.

## III

Em 20 de março de 1570 tinha sido promulgada em Évora uma lei proibindo o cativeiro dos índios; mas, *com exceção dos que fossem tomados em justa guerra, os quais seriam inscritos nos livros das provedorias para se saber a todo tempo quais eram os legitimamente cativos*. Era, já meu pai o disse e repito eu, a *hipocrisia do legislador* em toda a sua ostentação: – com a exceção derrogava a regra.

Felizmente, essa exceção foi abolida pelas leis de novembro de 1505 e pela de 30 de julho de 1609, as quais declararam que, *em caso algum*, era permitido o cativeiro dos índios.

Entretanto, de boas intenções estava o inferno calçado: pois, ao passo que essas leis, assim como a de 10 de setembro de 1611, o Alvará de 10 de novembro de 1647, a Lei de 17 de outubro de 1653, a Carta Régia de 29 de abril de 1677, a Lei de 1º de abril de 1680, não cessavam de afirmar a liberdade dos índios, ainda veio a Carta Régia de 20 de abril de 1708 declarar que os índios *podiam ser vendidos em praça pública para indenização das despesas que a Fazenda Real fizesse*.

Ainda depois do Alvará de 4 de abril de 1755, declarando isentos de infâmias e *até nobilitados* os filhos de portugueses e índios, e da áurea Lei de 6 de

5 Almeida, *Algumas notas genealógicas*, p.312 seg.

junho desse ano, só mais tarde, pelo Alvará de 8 de maio de 1758, foram mandadas aplicar aos índios de todo o Brasil, *em tudo e por tudo*, as leis publicadas a favor dos do Pará e Maranhão, *tanto a respeito das pessoas, como dos bens*.

Da legislação anterior a esse alvará, sempre acentuando a autonomia das tribos, destacaremos:

a) a Provisão de 13 de setembro de 1663, na qual el-rei declarava que "os índios, no *temporal*, poderão ser governados pelos seus *principais*, que houverem em cada aldeia, e, quando haja queixa deles, causadas dos mesmos índios, as poderão fazer aos meus governadores e ministros de Justiça, como o fazem os mais vassalos"; b) a Carta Régia de 9 de novembro de 1690, permitindo a entrada de *bandeiras* no sertão, com a restrição de não irem "senão em auxílio dos padres que forem pregar a fé *e de só ser permitido trazer os índios que voluntariamente quisessem vir*"; c) a Provisão de 9 de março de 1718, na qual el-rei reconhece que "estes homens (os índios) são livres e ISENTOS DE MINHA JURISDIÇÃO, que os não pode obrigar a saírem de suas terras para tomarem um modo de vida de que eles se não agradam, o que, se não é rigoroso cativeiro, em certo modo o parece pelo que ofende a liberdade; contudo, se são bravos, que andam nus, que não reconhecem rei, nem governador, não vivem com modo e forma de república, atropelam as leis da natureza, neste caso podem ser obrigados por força e medo a que desçam do sertão para as aldeias, se o não quiserem fazer por vontade, *por ser assim conforme a opinião dos doutores que escreveram na matéria*".

Essa restrição, assim como outras cláusulas e exceções, abriram pretexto à caçada e escravização dos índios; mas a verdade é que ficou firmado o princípio da *autonomia das tribos*, desde que o próprio rei de Portugal as declarava *isentas de sua jurisdição*.

O direito público dos índios ficou, portanto, reconhecido e perfeitamente firmado entre o período colonial; e, se os juízes da Corte Suprema norte-americana, em caso semelhante, puderam reconhecer que, "pelo tratado de paz de 1783, o direito originário da soberania da coroa inglesa sobre todo o território indiano foi devolvido, não aos estados particulares, mas à União, e que as tribos de índios conservam a sua existência *nacional*", com maioria de razão reconheceriam, para os índios do Brasil.

## IV

Em suma, os índios exigiam sempre o seu governo autonômico. A princípio houve um simulacro de anuência a isso, dando-se às aldeias um chefe tirado dentre os índios mais velhos, ao qual era dado o título de capitão, mas que não tinha outra autoridade senão a de servir de *língua*, de transmissor de ordens dos *administradores* e de figurar nos atos públicos como o principal. Esses índios *aldeados*, iludidos e vítimas de usurpações de suas terras, passaram a fabricar panelas de barro, balaios, cestos etc. e a ter o nome de *administrados*, enquanto não eram as aldeias elevadas a freguesias e vilas. Dos *não aldeados*, que eram os mais enérgicos, uns dos civilizados foram para o interior, onde formaram fazenda e, em sucessivos cruzamentos, constituíram famílias e os outros voltaram à vida nômade, guardando ódio aos conquistadores.

A história dessa dispersão está bem traçada nas *Memórias*, do general Arouche,[6] e do brigadeiro Machado de Oliveira, pelo que diz respeito a São Paulo. Nessas *Memórias* há referência aos regimentos das aldeias, o primeiro, datado de 15 de janeiro de 1698, expedido pelo governador Artur de Sá, o segundo datado de 11 de maio de 1774, assinado pelo conde de Sarzedas, além dos regimentos das aldeias administradas pelos missionários capuchinhos e outros; aí vem a história da intervenção dos ouvidores, como provedores que eram, na luta de emulação com os governadores, e com as câmaras municipais, emulação explorada pelos tais administradores.

Enfim, corramos um véu sobre esse tenebroso passado, salientando uma circunstância muito importante: de todas as aldeias de índios civilizados formadas no século XVII, após a dispersão, uma, a de Conceição dos Guarulhos, ostentou logo direitos a ser excluída da classe de aldeia e passou, em 1681 ou 1685, a gozar do predicamento de freguesia.

A propósito, diz Machado de Oliveira o seguinte:

> Parecerá um fenômeno que, no meio da devastação geral que pesava sobre os índios aldeados, quando o pessoal das aldeias sofria uma espantosa diminuição, uma houvesse que, salva ao flagelo comum, sobrepujando a males que para

---

6 Rendon, Memória sobre as aldeias de índios da província de São Paulo, *Revista do Instituto Histórico e Geográfico Brasileiro*, v. 4.

as outras foram inevitáveis, e sobranceira à ideia fixa, destino irrevogável que pesou sobre as outras, ostentasse direitos para ser excluída da desgraçada classe de aldeia; mas, não o será a quem observar que o sítio que foi designado para os Guarulhos continha em si mais elementos de riquezas rurais do que os outros, e que, para aproveitá-las, houve o bom senso de amalgamar a raça indígena com a europeia, e mesmo com a africana, cuja introdução em São Paulo ia progredindo; derivando-se dessa mistura as pessoas conhecidas com os nomes de *mamelucos* e *caribocas*.[7]

Ora, ainda em 1660, a Câmara afixou edital, edital que se acha no livro do registro do arquivo, para serem *restituídos* à aldeia dos Guarulhos os índios que andavam pelas casas dos particulares; e muitos provimentos depois vieram para evitar que os índios saíssem das aldeias. Na memória do general Arouche, está isto tudo bem explicado.

Outra consideração. O governo, várias vezes, mandou índios *aldeados*, de São Paulo para o sertão, a fim de aumentarem as povoações de Goiás, Mato Grosso, Minas Gerais e Rio Grande; e, em 1623, quando as aldeias ficaram despovoadas, isto é, quando já os índios civilizados escasseavam, veio a Carta Régia de 18 de outubro ordenar "que os que fossem ao sertão buscar índios, pagassem o quinto, pondo nas aldeias de Sua Majestade a quinta parte" e que a metade desse quinto se remetesse à Bahia, para lá fundar aldeia.

Os pobres índios tornaram a ser vítimas de muitas perseguições –; e, entre os *bandeirantes*, estabeleceu-se uma luta: uns como Fernão Dias Pais, procuravam fundar lavouras e proceder honestamente, opunham-se às crueldades contra os índios; outros se dedicavam mesmo à caçada de índios, para serem remetidos como já *civilizados*.

7 Mas, posteriormente, isso se foi confundindo; mais tarde, foram chamados *caboclos* os descendentes de índio e africano, depois de cruzados com europeus. Os filhos de índio com europeu passaram, afinal, a ser considerados *brancos* tão legítimos como os europeus. A estes, por injúria, havia o costume de denominar *caboclos*, até que o Alvará de 4 de abril de 1755 os declarou "preferíveis e capazes de qualquer emprego, honra ou dignidade", e diz o alvará: "proíbo que 'sejam tratados com o nome de *caboucolos*, ou outro semelhante que possa ser injurioso', sob pena de serem os que assim os chamarem, mandados sair da comarca dentro de um mês".

## V

No preâmbulo da Lei de 6 de junho de 1755, El-Rei d. José I, ouvido voto unânime de seu Conselho e outros ministros, afirma que a causa da dispersão dos índios "consistiu e consiste ainda em se não haverem sustentado eficazmente os ditos índios na liberdade, que a seu favor foi declarada pelos Sumos Pontífices e Senhores Reis meus Predecessores".

A essa Lei de 6 de junho de 1755 eram anexas: a Lei de 1º de abril de 1680, na qual, referindo-se às exceções que, pela Lei de 9 de abril de 1655, autorizavam cativeiro de índios no Maranhão, renovou a Lei de 30 de julho de 1609 e a Provisão de 5 de julho de 1605 –, e declarou que

> daqui em diante se não possa cativar índio algum do Brasil em nenhum caso, nem ainda dos excetuados nas ditas leis; o Alvará de 10 de novembro de 1647, declarando que "por se darem de administração os índios, no Maranhão e Pará, os administradores usam tão mal dos índios, que, em breves dias, uns morrem de excessivo trabalho e até a pura fome, outros fogem pela terra adentro, onde a poucas jornadas perecem, hei por bem mandar declarar que os gentios são livres, e que não haja administrações, havendo por nulas e de nenhum efeito todas as que estiverem dadas, de modo que não haja memória delas; e que os índios *possam livremente servir e trabalhar com quem bem lhes estiver e melhor lhes pagar o trabalho.*

Trazia a lei muitas disposições acautelando o direito dos índios à liberdade, acautelando a fixação e garantia dos salários dos índios que trabalham; renovava o texto do Alvará de 1º de abril de 1680, em que, para conservar os gentios em aldeias, se determina o seguinte:

1º – Que os índios descidos do sertão sejam "senhores de suas fazendas, como o são no sertão, sem lhes poderem ser tomadas, nem sobre elas se fazer moléstia".

2º – Que "aos que descerem do sertão sejam designados lugares convenientes, para neles lavrarem e cultivarem, sem que possam ser mudados dos ditos lugares contra sua vontade".

3º – Que esses índios nem serão obrigados a pagar foro ou tributo das ditas terras, ainda que sejam de sesmarias, a pessoas particulares,

> porque na concessão de sesmarias se reserva sempre o prejuízo de terceiro, e muito mais se entende, e quero se entenda, ser reservado o prejuízo e direito dos índios, PRIMÁRIOS E NATURAIS SENHORES DELAS.

Seguiam-se disposições, ordenando:

1º – Que o governador e capitão-general fizesse erigir em vilas as aldeias que tivessem número.

2º – Que fossem repartidas pelos índios aldeados as terras adjacentes às suas respectivas aldeias, sustentando-se os índios no inteiro domínio e pacífica posse das terras, assim demarcadas, para gozarem delas por si e todos os seus herdeiros.

3º – Que fossem castigados, com toda a severidade que as leis permitem, os que, abusando de sua imbecilidade, os perturbassem nelas e na sua cultura.

4º – Que se levantassem igrejas nas aldeias e se convocassem missionários, para instruir e conservar os índios na fé cristã.

5º – Que se promovesse a instrução civil dos índios aldeados, fazendo-lhes conservar a liberdade de suas pessoas, bens e comércio, não permitindo interrupções e usurpações sob pretexto algum.

## VI

Os índios denominavam os portugueses, e em geral os europeus –, *emboavas*, palavra composta de *amboaè*, diferente, *aba*, homem, como se pode ver no vocabulário de Montoya, para significar – homem de outra raça; e os paulistas, filhos de portugueses com índias, usaram da mesma palavra para designar os seus avós europeus e, principalmente, os portugueses que chegavam de novo.

O monge beneditino Fr. Gaspar da Madre de Deus, referindo-se a uma apreciação precipitada do jesuíta francês Charlevoix, argumenta assim:

> A experiência sempre mostrou que, nos indivíduos nascidos da união do sangue europeu com o brasílico, reluzem aquelas belas qualidades que caracterizam, em geral, os indígenas do Brasil, tais como uma alma sensível, benéfica e desinteressada. E se vós reconheceis que o povo de São Paulo se conservou em piedade

enquanto não concorreram para ele os mestiços, é muito mais lógico concluir que o fermento da corrupção não consistiu no sangue dos índios.

O padre José de Anchieta assinala na sua carta ao preposto Diogo Laynez, a castidade das donzelas indígenas e a fidelidade das mulheres a seus consortes. Os outros jesuítas, quer portugueses, quer espanhóis e flamengos, que vieram com os padres Nóbrega e Paiva, conquanto assinalando as desconfianças dos índios, reconheciam a sua boa disposição e índole.

Entretanto, Charlevoix e Vaissete aventuram as mais clamorosas inexatidões.

O povo de São Paulo, a princípio, não podia ser senão de europeus, índios e *piratininganos* (índios cruzados com europeus); só mais tarde, quase trinta anos, é que se desenvolveu a vinda de africanos.

Nas atas das vereações de São Paulo de Piratininga, encontra-se a da sessão de 20 de maio de 1561, em que os vereadores representam ao governo da metrópole, pedindo que "venham degradados para povoar a terra, *contanto que não sejam ladrões*"; e isto o faziam porque estavam vendo que, dentre os europeus, havia muitos que eram mais terríveis que os índios.

Os *bandeirantes* eram, em geral, filhos de europeu e índia. Deles, uns eram considerados cruéis contra os índios, ao passo que outros sempre protestavam contra quem os acusava de inimigos dos índios. Havia mesmo *bandeirantes* que não queriam ser confundidos com atacantes de índios, buscando sempre fundar seus atos na defensiva, e ostentando a sua complacência. Todas essas diferenças se revelam nas crônicas e até em documentos oficiais.

Os bandeirantes que acompanhavam Antônio Raposo eram mais propensos a crueldades contra os índios; esses foram os da reduções de *Goara*, foram os escaladores dos Andes, foram os invasores das regiões banhadas pelo Amazonas. Também eram acusados de perseguir índios, posto que em menor escala, Pascoal Paes de Araújo, que seguiu para os sertões de Goiás e Bahia e foi até os territórios de Piauí e Maranhão, Francisco Dias de Siqueira, de alcunha Apuçá, por ser surdo, e Domingos Jorge Velho, que invadiram os sertões até quase o Pará e Amazonas. Mas, estes três últimos, principalmente Francisco Dias de Siqueira, se esforçavam por afastar de si essa má fama, protestando que entraram em luta contra índios, assim como contra civilizados, quando os atacavam e os forçavam à defesa; e, dos seus companheiros, muito conseguiram habilmente captar a confiança de índios e formar fazendas nos sertões com posses mansas e pacíficas.

Em compensação são apontados como prudentes com os índios, o próprio Bartolomeu Bueno (o Anhanguera), Pascoal Moreira Cabral, Fernão Dias Pais, Fernando Dias Pais Leme (o das esmeraldas), Bueno da Veiga e muitos outros que, por sua boa orientação no viver com os índios, se tornaram sertanejos residentes, fundando estabelecimentos agrícolas e pastoris, onde tratavam os índios sem crueldade, atraindo-os com complacência e, muitas vezes, até defendendo-os contra as opressões. Havia alguns que se tornaram notórios pela caridade.

## VII

*Paulistas* eram denominados todos os que nasciam na capitania de São Vicente, que depois se chamou, até oficialmente, capitania de São Paulo, compreendendo ainda então Minas Gerais, Mato Grosso, Goiás, Santa Catarina e Rio Grande do Sul. Na primeira metade do século XVIII é que alcançaram governo separado os territórios de Minas Gerais (Provisão Régia de 20 de fevereiro de 1720), Goiás e Mato Grosso (Alvará de 9 de maio de 1748), Santa Catarina e Rio Grande do Sul (Carta Régia de 11 de agosto de 1738).

Meu pai, na parte histórica da sua obra *Notas genealógicas*, narrou, em paciente e brilhante estudo, as *migrações* de *paulistas*, nos séculos XVII e XVIII, para o vale do rio São Francisco nos sertões da Bahia; depois, no princípio do século XIX, a remessa de forças *paulistas* a Montevidéu, as migrações a negócio de animais muares e a volta a Sorocaba, outras migrações ao vale do São Francisco e aos sertões do Piauí e do Maranhão.

> O vale do rio São Francisco, de Carunhanha até Joazeiro, já aliás muito povoado de *paulistas* e de seus descendentes desde o século XVII, tornou-se uma como colônia quase que exclusivamente deles.
>
> Quem conhece, à luz da história, o movimento das grandes migrações, compreende que essas sucessivas caravanas de *paulistas*, no século XVIII, forçariam a deslocação de outras famílias já aí estabelecidas, ainda que oriundas de outros *paulistas*, migradas no século XVII. A semelhança do que ocorrera, no século XVI, com os indígenas, quando atacados desde a Bahia até São Vicente, e de tal

arte cindidos em duas grandes massas, foram arremessados, uns para as regiões do Norte, Maranhão e Amazonas, outros para as regiões do Sul, Paraná e Paraguai, guerreando, trucidando, espalhando as tribos que lá encontraram –, assim os migrantes *paulistas* do século XVIII, ainda que sem guerrearem e trucidarem os descendentes dos migrantes paulistas do século XVII, os deslocaram e impeliram para as capitanias do Piauí e do Maranhão, espalhando entretanto muitos para os sertões das de Goiás, Pernambuco e do Ceará.[8]

*Paulistas* eram todos os brasileiros "desde Macaé até o extremo sul e todo o sertão, compreendendo Minas Gerais, Mato Grosso e Goiás, confinando, portanto, ao sul e oeste, com as possessões espanholas, e ao norte com Pará, Maranhão, Piauí, Pernambuco, Bahia e Espírito Santo"; descendentes de *paulistas* são quase todos os atuais habitantes dos sertões da Bahia, Pernambuco, Ceará, Piauí e Maranhão.

Naquela referida obra de meu pai, percebe-se a missão providencial dos *paulistas* como uma reprodução da profecia contida na benção de Jacó a Benjamim, aplicada ao Apóstolo das Gentes, o grande São Paulo, segundo a lição de Santo Agostinho: *Lupus rapax. Quid ergo? Si lupus rapax, semper rapax? Absit. Sed quid? Mane rapiet, ad vesperam dividet escas.*

## VIII

Mas, os nossos avós, que se achavam habituados a considerar os índios "serviços dos moradores", sem direito a qualquer remuneração pelo trabalho, atribuíam essas leis liberais da metrópole a manejos dos missionários, especialmente dos jesuítas, que, diziam eles, "sempre tiveram o maior cuidado em possuir índios somente para si" (cit. "Memória", do general Arouche).[9]

E logo que aqui chegou em 1808 o então príncipe regente, depois d. João VI –, conseguiram que os governadores e capitães-generais de Minas Gerais e São Paulo obtivessem cartas régias, autorizando a guerra aos índios e a servidão dos prisioneiros.

8 Mendes de Almeida, *Algumas notas genealógicas*, p.258 seg.
9 Rendon, Memória sobre as aldeias de índios da província de São Paulo, *Revista do Instituto Histórico e Geográfico Brasileiro*, v. 4.

Essas cartas régias foram expedidas em 13 de maio e 2 de dezembro para a capitania de Minas Gerais, e a 5 de novembro para a capitania de São Paulo.

Os capitães-generais Ataíde e Melo, de Minas Gerais, e Franca e Horta, de São Paulo, informaram que os índios, recusando aldear-se, se tornaram assassinos, ladrões e antropófagos; entretanto, para desmascarar esses pretextos, havia em todas as cartas a confissão de que os índios "podiam ser aproveitados para serviços gratuitos e reduzidos à servidão".

Se eram antropófagos, não se concebe que os quisessem aproveitar para serviços. Esse aproveitamento para serviços gratuitos foi a verdadeira causa dessa guerra: isso revela a falsidade da informação e também a falsidade dessa lenda de antropofagia dos índios, uma das muitas que andam por aí a iludir os que julgam dos nossos índios pelas mentiras que escrevem alguns... *historiadores*.

É verdade que os índios tiveram, várias vezes, de atacar moradores, em represália, depois de perseguidos por estes; outras vezes, eram até incitados por moradores (e a eles sub-repticiamente aliados), como aconteceu no assalto que fizeram ao Registo do Alto da Serra, na estrada de Lajes para Santa Catarina, em que tropeiros e moradores, se opondo ao Registo, serviram-se dos índios para atacá-los e impedir assim a arrecadação das taxas; é possível mesmo que, uma ou outra vez, como fazem também os *civilizados*, eles pratiquem correrias.

Mas, a verdade é que tudo isso não foi a causa da guerra aos índios: a causa *real*, a causa *única*, foi o plano de reduzi-los à servidão. A Carta Régia de 5 de novembro, dirigida ao capitão-general Franca e Horta, da capitania de São Paulo, com todo o desplante, dispõe o seguinte: "Todo o miliciano ou qualquer morador, que segurar algum destes Índios, poderá considerá-los por quinze anos como prisioneiros de guerra, destinando-os ao serviço, que mais lhe convier".

Essa cláusula da carta régia terminava assim:

> tendo, porém, vós todo o cuidado em fazer declarar, e conhecer entre os mesmos Índios, que aqueles que se quiserem aldear, e viver debaixo do jugo da Minhas Leis cultivando as terras, que se lhes aproximarem, já não só não ficarão sujeitos a serem feitos prisioneiros de guerra, mas serão até considerados como *cidadãos livres* e, vassalos especialmente protegidos por Mim e por Minhas Leis, e fazendo praticar isto mesmo religiosamente com todos aqueles que vierem oferecer-se a

reconhecer a Minha Autoridade, e se sujeitarem a viver em pacífica sociedade debaixo das Minhas Leis protetoras de sua *segurança individual e de sua propriedade.*

Vê-se bem que o próprio governo, não dando muito crédito às tais informações sobre antropofagia e outras, na própria carta régia desmascarava o pretexto.

– Na seguinte conferência mostraremos em que situação ficaram os nossos indígenas depois da nossa independência e em que situação permanecem.

## Terceira conferência

**SUMÁRIO**: Situação dos índios depois da nossa independência:

I – Os aldeamentos e os índios.

II – Os índios considerados cidadãos brasileiros – Concurso do sangue indígena na raça nacional brasileira.

III – A Lei de 27 de outubro de 1831 – Os índios declarados isentos de servidão e considerados como órfãos, para lhes serem aplicadas as providências da Ord. L. I tit. 88 – O Decreto de 3 de junho de 1833.

IV – O Decreto n.246, de 24 de julho de 1845, regulando as missões de catequese e civilização dos índios.

V – As sesmarias e as terras de índios – A Lei n.601, de 18 de setembro de 1850: terras devolutas, terras reservadas, terras possuídas – O Regulamento n.1.318, de 30 de janeiro de 1854 – As posses dos índios onde existem hordas selvagens, são *ipso facto* reservadas e, portanto, não dependem de legitimação e registro.

VI – Leis estaduais sobre terras devolutas – Os sertanejos e os "*grilos*".

VII – Situação dos índios na República – Atribuições cumulativas da União e dos estados federados em relação aos índios – O estado de São Paulo com a missão providencial análoga à do Apóstolo das Gentes.

## *Ilustres consócios,*

Vamos agora verificar em que situação ficaram os índios depois da nossa independência.

O tratado de 29 de agosto de 1825, pelo qual Portugal reconheceu a nossa independência, não alterou, em ponto algum, as antigas relações dos índios; assim como os reis de Portugal não se julgavam com ampla jurisdição sobre os índios, também não se podia, desde logo, julgar com essa jurisdição o novo governo do Brasil.

Mas, surge uma consideração importante: nós não principiamos pela federação e, por isso, não tivemos necessidade de territórios distintos das províncias, como nos Estados Unidos da América do Norte houve e há territórios distintos dos estados; jamais tivemos necessidade de discutir a supremacia das províncias, porque o nosso regime era unitário; todavia, não foi terminantemente negada a autonomia das tribos e o próprio Decreto n.246, de 24 de julho de 1845, regulando as missões de catequese e civilização, manda, no art. 2º, § 5º, que mesmo nas aldeias, isto é, mesmo nas aldeias de *índios civilizados*, o diretor "irá de acordo, quanto se possa, com o *maioral* dos mesmos índios".

## I

Principiemos por um retrospecto.

O general Arouche, em 1798, tinha sido nomeado diretor geral das aldeias de índios da província; e, tratando de informar-se de tudo, publicou em 1823 uma memória sobre as primitivas aldeias e os primitivos aldeamentos.[10]

Ele não se mostra partidário do sistema absoluto de aldeamentos; acusa os jesuítas e franciscanos de ter sempre os índios separados do comércio dos brancos e mesmo de promover o casamento de índios com pretas e pretos, batizando os filhos como servos; acusa também a Câmara Municipal de aforar e cobrar foros das terras de índios.

> Procurava-se unicamente que existissem nas aldeias, para servirem forçados nas ocasiões em que eram chamados; e, apesar de todas as proibições, acrescenta ele, as violências eram tais, que afugentavam os índios de suas aldeias, sem se lembrarem das mulheres e filhos que deixavam, porque tantos eram os sofrimentos, que faziam emudecer a natureza! Esses índios foram aumentar as povoações de Goiás, Cuiabá, Minas Gerais e Rio Grande do Sul.

10 Ibid.

Essa deserção dos índios produziu: o ato de 18 de outubro de 1623, determinando que todos os que fossem ao sertão buscar índios, pusessem "a quinta parte nas aldeias de Sua Majestade e a metade deste quinto se remetesse à Bahia para lá fundar aldeia"; a carta régia concluindo que entregassem as aldeias a clérigos com jurisdição espiritual e temporal; os esforços do governador Morgado de Mateus para aldear os índios que andavam dispersos, dando instruções aos diretórios das aldeias, livros rubricados pelo provedor e pelo ouvidor para a escrituração, e fazendo o possível para restituir aos índios as terras que se lhes tinham usurpado; tendo elevado a vila a aldeia de São José, fez incluir índios na pauta elegível, de sorte que, na respectiva Câmara, havia vereadores índios.

Mas, apesar de tudo, havia no plano desses diretórios a cláusula de o diretor lucrar a sexta parte de tudo o que o índio ganhava (tal como era também disposto em um diretório do Pará); e depois se determinou que tudo o que o índio ganhasse fosse para as mãos dos diretores, que dividiam o ganho em três partes, uma para o índio, outra para o diretor (a sexta parte dos dois terços), e o resto para igreja e o pároco. "Vê-se que, por este modo", diz o general Arouche, "ganhando o miserável índio 100 réis por dia (era o jornal daquele tempo) ficavam em sua mão 33 réis, para nesse dia, sustentar-se a si, sua mulher e seus filhos!"

O general Arouche narra ali muitas torturas de que eram vítimas os índios, quer partidas de leigos, entre os quais a Câmara, usurpando-lhes terras com a complacência e até autorização de alguns juízes provedores, quer partidas mesmo das ordens missionárias; revela e transcreve penas de açoite e tronco, além de excomunhão, impostas até no regimento das missões, feito pelos frades franciscanos no Capítulo Provincial de 13 de agosto de 1745; refere-se aos regimentos expedidos pelos governadores Sá e Menezes (1698), conde de Sarzedas (1774), d. Luís Antônio (Morgado de Mateus), à administração de Pedro Taques, e ao ato do governador Franca e Horta, mandando que os poucos indígenas que não puderam fugir das aldeias fossem incorporados aos terços de ordenanças, e elevando algumas aldeias ao predicamento de freguesia etc.

Um ponto que ele assinala é a intervenção do rei d. João V, pela Carta Régia de 3 de março de 1713, mandando restituir aos índios as terras que lhes tinham sido usurpadas. Note-se que entre ministros de d. João V havia um paulista, Alexandre de Gusmão, que para honra e glória nossa, concorreu para esse e outros atos daquele reinado. Infelizmente, esse ato foi sempre sofismado em sua execução.

Refere-se às providências acertadas do conde da Palma; e, atestando que continuava a servidão dos índios, ele narra, em 1823, o seguinte: "Dos primeiros rapazes chegados a São Paulo procedentes do Paraná, que lá foram comprados, eu tenho um que hoje é homem robusto de muitas forças, e bom trabalhador na agricultura: eu o fiz batizar na freguesia de Santa Efigênia como homem livre de nascimento". Em conclusão, termina ele: "convém extinguir para sempre o bárbaro sistema de atacar os índios como inimigos".

O brigadeiro Machado de Oliveira, que foi notável como historiador e geógrafo, foi o primeiro diretor nomeado depois do Decreto de 1845: ele fez nesse mesmo ano uma *Memória*, que é outro excelente relatório, tornando salientes as três fases por que tiveram de passar os pobres índios: a da *escravidão*, a da *servidão*, a da *administração*, sendo que estas duas últimas denominações, diz ele, foram "apenas uma modificação de nome no característico da escravidão".

O brigadeiro Machado de Oliveira denuncia os horrores, as usurpações e a ambição dos *administradores* das aldeias, tanto *leigos*, como eclesiásticos. Todos viviam a roubar e explorar os índios sob pretexto de civilizá-los; nunca prestavam contas e "viviam lautamente nas aldeias, onde erigiam estabelecimentos rurais, servidos pelos mesmos índios". Narra e descreve, com critério histórico, todas as aldeias e aldeamentos, inclusive os das margens do rio Paranapanema, Guarapuava, Itapeva e outros que não foram descritos pelo general Arouche. Ele assinala a dedicação do missionário brasileiro padre Chagas e a regularidade da administração do coronel Pinto de Azevedo, muito conhecidos pelos serviços prestados em Guarapuava e, em geral, no Paraná.

O general Arouche descreve a origem das aldeias de São Miguel, Pinheiros, Conceição dos Guarulhos, Escada, Peruíbe, Carapicuíba, Mboi, Itapecerica, Itaquaquecetuba, São José dos Campos (que, elevada a vila, chegou a ter vereadores índios) e Queluz; refere-se ao pouco zelo de algum ouvidores, que chegaram a permitir que tirassem dos índios as terras concedidas para suas lavouras; não se mostra favorável ao sistema absoluto dos aldeamentos; reconhece que seria desgostar os índios adotar, como sistema, a prática de reparti-los pelas casas e fazendas dos brancos; todavia, aconselha que, sem os escandalizar, separem-se deles os filhos, logo que passem da infância ou quando seja conveniente, para educá-los, entregando-os a boas famílias.

Na memória do brigadeiro Machado de Oliveira, escrita em 1845, vem a origem da servidão dos índios, a história de todos os aldeamentos, acrescentando-se, aos referidos pelo general Arouche, os aldeamentos de Guarapuava e Itapeva.

Em uma outra memória, essa do dr. Joaquim Antônio Pinto Júnior, escrita em 1862, vem ainda os aldeamentos de São João Baptista (Itaporanga), criado a instância do barão de Antonina, São Sebastião do Pirajú e Itacorá ou Salto Grande de Paranapanema.[11]

## II

Não ocultarei que, desde a nossa existência nacional, a tendência para declarar autonomia dos índios não foi tão explícita; mas, a razão disto é que os índios, entre nós, entraram, como vimos, mais do que nos Estados Unidos da América do Norte, no cruzamento das raças. As aldeias tornaram-se municípios; e os índios, que quiseram manter a sua autonomia completa, passaram a constituir hordas errantes ou a habitar aquilo que chamamos *terreno desconhecido*.

Em suma, já não puderam ser considerados *nações*, porque os aldeados se amalgamaram, pelos cruzamentos, na *nação brasileira*, e os *não aldeados* foram considerados cidadãos brasileiros, desde que como tais, na forma do art. 6º da Constituição do Império, foram declarados "todos os que no Brasil tiverem nascido".

O dr. Mello Moraes Filho, na *Pátria Selvagem*, assinala que se vai tornando rara essa mestiçagem e tende a considerar os indígenas ainda como nações. "Raramente vemos o *cariboca*, diz ele. Quem nos apresenta um terceiro ou quarto avô indígena? De duas, uma: ou não cruzam com as duas raças (a europeia e a africana), ou o cruzamento produz híbridos infecundos?".[12] Cruzam, e o cruzamento não produz híbridos infecundos. A observação mostra exatamente o contrário no cruzamento de europeu e índio.

Nós estamos vendo, principalmente nos distritos rurais, muita gente que, se não pode mostrar o terceiro ou quarto avô indígena, pode mostrar avô

11 Pinto Júnior, *Memória sobre a catequese e civilização dos indígenas da província de S. Paulo*, p.4.

12 Moraes Filho, *Pátria selvagem*, p.20.

indígena talvez antes do décimo grau da linha reta ascendente. Expliquem-nos a origem dos nossos caipiras, dos derrubadores das nossas matas, que convivem conosco desde as vizinhanças desta capital e cujos sinais etnográficos indicam um tipo mais próximo do europeu, porém diferente quer de europeu, quer de mulato. Só depois de 1570 é que principiaram a entrar africanos e a grande massa entrou depois de 1755.

Basta ler o que diz o general Arouche:

> Os descendentes daqueles índios que não ficaram nas aldeias e ainda daqueles que em outros tempos se escaparam delas, vivem mais felizes, têm mais bens, *muitos servem nos corpos militares, muitos querem ser brancos e alguns já são havidos por tais, desde que por meio do cruzamento das raças têm esquecido a sua origem.* Vendo-se os mapas estatísticos de São Paulo, encontra-se um grande número de *brancos*; mas, não é assim, a maior parte é gente mestiça, *oriunda do grande número do gentio* que povoou aquela província e que não teve a infelicidade de ficar em aldeias.[13]

O general Arouche nota ainda a aldeia de São José, erigida em vila pelo capitão-general d. Luís Antônio de Sousa Botelho Mourão, "com pelourinho e câmara, *em que serviam promiscuamente brancos e índios*".

Ainda no fim do século XVII e até meado do século XVIII abundavam índios mesmo nesta cidade, então vila de São Paulo.

O padre Manoel da Fonseca, na *Vida do venerável padre Belchior de Pontes*, cap.20, diz:

> Quando se achava no Colégio, saía pela vila, a doutrinar o gentio de que naqueles tempos abundava São Paulo; porque como a saída ordinária de seus moradores era ao sertão, e dele tiravam grandes levas, era tal a abundância que contavam alguns nas suas fazendas quatrocentos, outros quinhentos e algum chegou a contar mais de novecentos. Faltava a tanta multidão senão a luz da Fé ao menos o claro conhecimento dos seus mistérios; e como era notória esta falta, punha todo o cuidado em lh'os declarar, usando de comparações rasteiras, e que pudessem ser entendidas de entendimentos grosseiros, e que ordinariamente só percebem o que lhes entra pelos olhos.

---

13 Rendon, Memória sobre as aldeias de índios da província de São Paulo, *Revista do Instituto Histórico e Geográfico Brasileiro*, v. 4.

> Ajuntava-os em uma praça junto à Igreja da Misericórdia, e postos em fileiras se metia entre eles. [...]
>
> Em uma destas ocasiões, em que estava rodeado de um numeroso concurso, não só de índios, mas também de portugueses, sucedeu [...].
>
> Quando celebrava fora das nossas igrejas [...], era infalível a doutrina depois da missa, guardando sempre o costume de explicar os sagrados mistérios aos índios na sua língua.[14]

A verdade é que a maioria dos paulistas e mesmo não paulistas, que hoje estão figurando na política, descendem, alguns de índios que se dispersaram em 1562, quase todos, de índios que ficaram, ou que se aldearam; e, se preponderа neles o sangue europeu, é isto devido aos posteriores cruzamentos.

A lei da fixidez das espécies, diz Quatrefages, é condição essencial do mundo orgânico, semelhante à lei da atração universal no mundo físico. Nas uniões sexuais de indivíduos de diversas raças não se dá a *hibridação*; o cruzamento opera a absorvência, a absorvência produz a assimilação.

A verdade antropológica está bem definida por Aristóteles, desenvolvida por Crisipo e, neste ponto, apoiada por Galeno:

> O ser vivo contém em si uma mistura muito complexa de razões seminais, cada uma destas razões representando em gérmen um dos ascendentes do indivíduo; haverá no curso do desenvolvimento, uma luta entre estas razões e, segundo vencer uma ou outra, o indivíduo se assemelhará a um dos seus ascendentes.

Como que comentando este pensamento, diz João Mendes, nas *Notas genealógicas*, o seguinte: "Uma vigorosa e bem seguida disciplina moral fortifica as famílias, sejam puras, sejam cruzadas. Não há melhor depurativo do sangue; não há melhor regulador dos nervos; não há melhor sindesmose para os ossos. A virtude, por isso mesmo que é uma grande força moral, é também um enorme poder físico".[15]

Bem sabemos que, entre os antropologistas, há divergência sobre o concurso para a geração, entendendo alguns que não só o pai, mas também a

14 Fonseca, *Vida do venerável padre Belchior de Pontes, da Companhia de Jesus da Província do Brasil*, p.113-4.

15 Almeida, *Algumas notas genealógicas*, p.280.

mãe, concorrem *seminalmente*, entendendo outros que *virtus activa est in semine maris, materia autem fœtus ministratur a femina ex emanationibus sanguinis*; seja, porém, como for, ou as partes mais sólidas do corpo façam-se *ex semine patris*, e as menos sólidas *ex sanguine matris*, ou concorram igualmente, a verdade é que, no cruzamento de europeu com indígena americano, *uterque parens est ejusdem speciei, habet easdem potentias, et utrique proles exit similis* (confiram-se: o jesuíta Cordeiro, comm. aos *Parva naturalia*, art. I, trat. 3, n.3.126; Aristóteles, *de gener. animalium*; S. Tomás, *Summ. Theol.*, qu. 118 e 119; Bréhier, *Chryssippe, Antropol.*, p.159 ss.).

Ocorre que propriamente a potência intelectual não se transmite pela virtude seminal, mas por uma causa externa (Aristóteles., *de gener. animal.*, L.II, cap.III); e a doutrina católica, deduzida da geogonia mosaica, confirma aquela observação do filósofo, afirmando que a alma intelectiva, em cada indivíduo, é uma criação direta de Deus (S. Tomás, *Summ. Theol.*, I, qu. 118, art. II). A alma, no embrião, a princípio nutritiva, depois sensitiva, afinal torna-se intelectiva, sensitiva e nutritiva (cit. qu. 118).

Os antropologistas materialistas não apresentam argumento ou observação que melhor explique a formação da alma humana; as conjecturas modernas não resistem à realidade; e o que se quer é observação *real* e não afirmação *simplesmente moderna*. A capacidade mental e o vigor das raças não podem ser deduzidas desses métodos fundados em hipóteses e observações não verificadas, cada uma delas concluindo *arbitrariamente* quer do peso, quer do volume, quer das formas dos crânios. Basta ver que o próprio Topinard, na sua *Anthropologia*, p.495, é o primeiro a mostrar-se desconfiado das tais *cubagens* de Morton, do *Museum*, e outras, em relação ao tipo americano.

A realidade é que a alma indígena americana pensa, julga, raciocina, coordena raciocínios, com o mesmo vigor de atenção, reflexão, análise, síntese, comparação e apreensão comparativa; a alma indígena está sujeita às mesmas paixões a que está sujeita a alma europeia, mostrando, porém, superioridade na temperança, na energia da paciência e até, digamos a verdade, até na justiça e na caridade.

A alma do descendente de indígena cruzado com europeu é tão vigorosa e às vezes mais vigorosa do que a alma do puro europeu ou do puro indígena; e tem a vantagem de unir a ambição do europeu à longanimidade do indígena, temperando uma pela outra.

Nós estamos contemplando descendentes de raças puras caindo e degenerando, não só a golpes de repetidos casamentos entre próximos parentes, como a golpes de embriaguez, indolência, incontinência carnal e sífilis; por outro lado, estamos vendo, dia por dia, descendentes de raças cruzadas, em cuja organização predomina um tipo forte, enérgico, inteligente, enquanto se mantém sem vícios *civilizadores*. Estamos vendo, dia por dia, muitos imigrantes europeus, mais feios, mais incultos e até mais rústicos que os nossos mais selvagens caipiras; por outro lado, estamos vendo caipiras de porte esbelto, fisionomia simpática, ar inteligente, nos quais se percebe o sainete brasílico do sangue indígena e que são menos morenos que muitos imigrantes.

Nós estamos vendo, dia por dia, toda esta nossa imigração europeia, reproduzindo uma população de aspecto mais forte, mais belo, cruzada ou não cruzada, bastando o simples nascimento em terra americana, isto é, o nascimento depurado por um banho da nossa atmosfera indígena. Em suma, o próprio europeu, com um banho de América, torna-se outro homem, isto é, torna-se uma alma generosa, digno e modesto na atitude, compassivo de coração, inteligente nas resoluções, reto na consciência; enfim, identifica-se com a índole brasileira, como se aqui tivesse nascido.

## III

Passemos, porém, ao exame da legislação posterior a nossa independência.

O ato mais importante é a Lei de 27 de outubro de 1831, revogando as Cartas Régias de 1808, abolindo a servidão dos índios, e os considerando como órfãos, para serem-lhes aplicadas as cautelas protetoras a que se refere a Ord. L. I, tit. 88. Eis o teor dessa lei:

> Art. 1º – Fica revogada a Carta Régia de 5 de novembro de 1808, na parte em que mandou declarar a guerra aos índios bugres da província de São Paulo, e determinou que os prisioneiros fossem obrigados a servir por 15 anos aos milicianos ou moradores, que os apreendessem.
>
> Art. 2º – Ficam também revogadas as cartas régias de 13 de maio, e de 2 de novembro de 1808, na parte em que autorizam na província de Minas Gerais a mesma guerra, e servidão dos índios prisioneiros.
>
> Art. 3º – Os índios todos até aqui em servidão serão dela desonerados.

Art. 4º – Serão considerados como órfãos, e entregues aos respectivos juízes, para lhes aplicarem as providências da Ordenação Livro Primeiro Título oitenta e oito.

Art. 5º – Serão socorridos pelo Tesouro do preciso, até que os juízes de órfãos os depositem, onde tenham salários, ou aprendam ofícios fabris.

Art. 6º – Os juízes de paz nos seus distritos vigiarão, e ocorrerão aos abusos contra a liberdade dos índios.

## IV

Passemos a ver o que se fez posteriormente.

As primitivas aldeias eram divididas em duas classes: uma, as fundadas pelos índios que se submeteram; outra, as fundadas pelos índios libertados ou evadidos às *administrações*; aquelas eram dirigidas pelo governo, estas pelos conventos. Os *administradores* eram os únicos usufrutuários do que produziam as aldeias, em frutos naturais e em tudo o mais; roubavam os pobres índios, maltratavam-nos, deixavam-nos em extrema penúria e eles enriqueciam, cegando os governadores, os provedores e as câmaras, à custa de presentes e bajulações. Certamente, aos índios não podia ser agradável uma tal exploração; e daí a fama de vadios, indolentes, preguiçosos etc., que esses *administradores*, enriquecidos à custa dos índios, não cessavam de formar contra as suas vítimas.

Os pobres índios não tinham cônsules que por eles interviessem, não tinham juízes que lhes reconhecessem direito ao trabalho: fizeram justiça por si, tanto quanto deles não era lícito esperar, porque limitaram-se à evasão e à dispersão. Fugiram alguns; pois, apesar de todas as calúnias, quando queremos derrubar matas e trabalhos mais pesados, não recorremos aos compatriotas de nossos avós europeus, mas aos descendentes dos nossos índios, aos nossos *caboclos*, aos nossos *caipiras*. Os colonos, hoje, se não são negociantes, apenas *limpam* os cafezais, *colhem*, aproveitam as *capuavas*, havendo poucos que arrostem mesmo as *capoeiras*. Esta é a verdade.

O governo imperial, no Decreto de 3 de junho de 1833 ainda confirmou o princípio da Lei de 27 de outubro de 1831, pelo qual os índios são, em todas as relações de direito, equiparados aos órfãos; gozam, portanto, da proteção do ministério público e de todos os benefícios instituídos para defesa dos órfãos. Mais tarde, expediu o Decreto n.246, de 24 de julho de 1845, regulando as missões de catequese e civilização dos índios. Nesse regulamento se determinava houvesse um diretor geral de índios e em cada aldeia um diretor, um tesoureiro ou um almoxarife, e, sendo possível, um cirurgião e um missionário. Esse decreto é fértil em disposições, mas nunca foi devidamente executado. Ali se recomenda tudo: recenseamento, relatório anual, diligenciar a edificação de igrejas, fornecimentos, policiamento, concessão de terras, granjearias, escolas, criação de pedestres, oficiais de ofícios e artes mecânicas, músicos etc. etc.

Não vale a pena demorarmo-nos no exame desse decreto; passemos a estudar o direito territorial dos índios, quer no regime das sesmarias, quer no regime das terras devolutas.

## V

A Ord. L. IV tit. 43 trata das sesmarias; mas nem todas as disposições são aplicáveis às de terras virgens do Brasil, como está explicado em longa nota do senador Candido Mendes à cit. Ordenação. Muitas provisões, alvarás e cartas régias, posteriores às Ordenações, trouxeram diversas modificações. As últimas disposições foram:

1º – O Decreto de 10 de julho de 1792 declarando que as sesmarias de terras incultas eram dadas sem outro encargo além do dízimo.

2º – O Alvará de 3 de outubro de 1795, regulando as concessões de sesmarias no ultramar, alvará que foi suspenso em 10 de dezembro do ano seguinte.

3º – Os decretos de 22 de junho de 1808, autorizando os capitães-generais do Brasil a fazer concessões de sesmarias, sujeitas à confirmação do Desembargo do Paço, e de 25 de novembro do mesmo ano, permitindo que essa concessão se estendesse aos estrangeiros residentes no Brasil.

4º – O Alvará de 25 de janeiro de 1808 regulando a forma das cartas de sesmarias expedidas pelo Desembargo do Paço.

5º – A Resolução de Consulta de 17 de julho de 1822 suspendendo todas as sesmarias até a convocação da Assembleia Geral Constituinte.

6º – A Provisão de 22 de outubro de 1823 e a Resolução de 5 de fevereiro de 1827, mantendo essa suspensão e proibindo expressamente a concessão de sesmaria para o futuro.

Antes dessas disposições, a Lei de 6 de junho de 1755 definiu que – "nas terras dadas de sesmaria a pessoas particulares se reserva sempre o prejuízo de terceiro, e muito mais se entende, e quero que se entenda", diz El-Rei, "ser reservado o prejuízo e *direito dos índios, primários e naturais senhores delas*".

Proibidas as concessões de sesmarias, veio a Lei n.601, de 18 de setembro de 1850 regular as terras possuídas, as terras devolutas e as terras reservadas.

A Lei n.601, de 18 de setembro de 1850, considerou devolutas, isto é, vagas à nação: 1º) as terras que não se acharem aplicadas a algum uso público nacional, provincial, ou municipal; 2º) as que se não acharem em domínio particular por qualquer título legítimo, nem forem havidas por sesmarias e outras concessões do governo geral ou provincial, não incursas em comisso por falta do cumprimento das condições de medição, confirmação e cultura; 3º) as que não se acharem dadas por sesmarias, ou outras concessões do governo, que, apesar de incursas em comisso, foram revalidadas pela lei; 4º) as que não se acharem ocupadas por posses, que, apesar de não se fundarem em título legal, forem legitimadas pela lei.

Foram estabelecidas as regras para revalidação das sesmarias e concessões que se achassem com princípio de cultura e morada habitual do respectivo sesmeiro e concessionário, embora não tenha sido cumprida qualquer das outras condições com que foram concedidas.

Quanto às posses mansas e pacíficas, adquiridas por ocupação primária, ou havidas do primeiro ocupante, e que se acharem cultivadas ou com princípio de cultura, e morada habitual do respectivo posseiro, foram estabelecidas regras para a legitimação e registro.

Ora, os índios, principalmente os que moram em terras longínquas e até desconhecidas, não podiam, como é natural, praticar esses atos para o processo da legitimação e registro. Os sertanejos bons e prudentes não os hostilizavam; mas, os outros que descobriam as suas arranchações e terras foram criando posses e formando registros, e, tanto quanto lhes foi preciso, foram invadindo e até expelindo à força os aldeados. Daí muitas lutas e carnificinas.

A lei reservou das terras devolutas as necessárias, não só para fundação de povoações e abertura de estradas e mais fundações públicas, como para a colonização dos indígenas.

O Regulamento n.1.318, de 30 de janeiro de 1854, bem interpretando a intenção da lei, declarou que essas terras são reservadas para colonização e "aldeamento dos indígenas nos distritos que existirem hordas selvagens" (arts. 72 a 75). Bem se compreende que o legislador não julgou necessário subordinar os índios aldeados, mesmo nos distritos onde existem hordas selvagens, às formalidades da legitimação de sua posse; pois o fim da lei era mesmo o de reservar terras para os índios que se aldeassem. Mas, nas demandas entre posseiros e indígenas aldeados, se tem pretendido exigir que estes exibam os registros de suas posses. Parece-nos, entretanto, que outra é a solução jurídica: – Desde que os índios já estavam aldeados com cultura e morada habitual, essas terras por eles ocupadas, se já não fossem deles, também não poderiam ser de posteriores posseiros, visto que estariam devolutas; em qualquer hipótese, suas terras lhes pertenciam em virtude do direito à reserva, fundado no Alvará de 1º de abril de 1680, que não foi revogado, direito esse que jamais poderá ser confundido com uma posse sujeita à legitimação e registro.

Tudo isso nos faz lembrar a seguinte interrogação do dr. Joaquim Antônio Pinto Junior (então tenente-coronel dos índios, na forma do Regulamento de 1845): "Como chamar de novo a um centro, indivíduos [...] que foram esbulhados de seus terrenos primitivos, deslocados do lugar em que habitavam, hoje ocupado até por potentados que dificilmente poderão ser convencidos e punidos pelos abusos que praticaram [...]?".[16]

Tanto o *indigenato*, como o *colonato*, podem ser preliminares da *municipalização*. Os próprios romanos, que se constituíram por conquista e que davam tanta importância ao *dominium ex jure quiritium*, tiveram de reconhecer estes efeitos (Savigny, *Hist. do Dir. Rom., na Idade Média*; Mainz, *Dir. Rom.*, notas ao § 75). As leis portuguesas dos tempos coloniais apreendiam perfeitamente essas distinções: dos índios aborígenes, organizados em hordas, pode-se formar um *aldeamento* mas não uma *colônia*; os índios só podem ser constituídos em *colônia* quando não são aborígenes do lugar, isto é, quando são *emigrados* de uma zona para serem *imigrados* em outra.

Não quero chegar até o ponto de afirmar, como P. J. Proudhon, nos *Essais d'une philosophie populaire*, que – "o *indigenato* é a *única* verdadeira fonte jurídica da posse territorial"; mas, sem desconhecer as outras fontes, já os filósofos gregos afirmavam que o *indigenato* é um título *congênito*, ao passo que a *ocupação* é um título *adquirido*. Conquanto o *indigenato* não seja a *única*

16 Pinto Júnior, *Memória sobre a catequese e civilização dos indígenas da província de S. Paulo*, p.7.

verdadeira fonte jurídica da posse territorial, todos reconhecem que é, na frase do Alvará de 1º de abril de 1680, "a primária, naturalmente e virtualmente reservada", ou, na frase de Aristóteles (*Polit.* I, n. 8), – "um *estado* em que se acha cada ser a partir do momento do seu nascimento". Por conseguinte, o *indigenato* não é um fato dependente de legitimação, ao passo que a *ocupação*, como fato posterior, depende de requisitos que a legitimem.

O indígena, primariamente estabelecido, tem a *sedum positio*, que constitui o fundamento da posse, segundo o conhecido texto do jurisconsulto Paulo (Dig., titul. *de acq. vel. amitt. possess.*, L. 1), a que se referem Savigny, Molitor, Mainz e outros romanistas; mas, o indígena, além desse *jus possessionis*, tem o *jus possidendi*, que já lhe é reconhecido e preliminarmente legitimado, desde o Alvará de 1º de abril de 1680, como *direito congênito*. Ao *indigenato*, é que melhor se aplica o texto do jurisconsulto Paulo: – *quia naturaliter tenetur ab eo qui insistit.*

Só estão sujeitas à legitimação as posses que se acham em poder de ocupante (art. 3º da Lei de 18 de setembro de 1850); ora, a *ocupação*, como título de aquisição, só pode ter por objeto as coisas que nunca tiveram dono, ou que foram abandonadas por seu antigo dono. A *ocupação* é uma *apprehensio rei nullis* ou *rei derelictæ* (confiram-se os civilistas, com referência ao Dig., tit. *de acq. rerum domin.*, L. 3, e tit. *de acq. vel. amitt. poss.*, L. 1); ora, as terras de índios, *congenitamente* apropriadas não podem ser consideradas nem como *res nullius*, nem como *res derelictæ*; por outra, não se concebe que os índios tivessem *adquirido*, por *simples ocupação*, aquilo que lhes é *congênito* e *primário*, de sorte que, relativamente aos índios estabelecidos, não há uma simples posse, há um título *imediato* de domínio; não há, portanto, posse a legitimar, há domínio a reconhecer e direito originário e preliminarmente reservado.

O art. 24 do Decreto n.1.318, de 30 de janeiro de 1854, explicando o pensamento da lei, claramente define, no § 1º, que, em relação "às posses que se acharem em poder de *primeiro ocupante*", estão sujeitas à legitimação aquelas "que não têm outro título senão a sua ocupação". Esse § 1º do art. 24 do cit. Decreto de 1854 reconhece, portanto, a existência de *primeiro ocupante que tem título distinto da sua ocupação*. E qual pode ser esse *primeiro ocupante*, com *título distinto da sua ocupação*, senão o indígena, aquele que tem por título o *indigenato*, isto é, a *posse aborígene*? O Decreto de 1854 repetiu desse modo o pensamento do Alvará de 1º de abril de 1680: "quero que entenda ser reservado o prejuízo e direito dos Índios, *primários e naturais senhores das terras*".

Há, pois, outras reservas que não supõem posses originárias ou congênitas: essas são as das terras devolutas, que destinam-se, na forma da Lei n.601, de 18 de setembro de 1850, art. 12, à *colonização*, assim como à fundação de povoações, abertura de estradas e quaisquer outras servidões públicas, assim como à construção naval. A *colonização de indígenas*, como já ficou explicado, supõe, como qualquer outra *colonização*, uma *emigração para imigração*; e o próprio Regulamento n.1.318, de 30 de janeiro de 1854, no art. 72, declara reservadas das terras devolutas, não só as terras destinadas à *colonização dos indígenas*, como as terras dos *aldeamentos onde existem hordas selvagens*. Em suma, quer da letra, quer do espírito da Lei de 1850, se verifica que essa lei nem mesmo considera devolutas as terras *possuídas* por hordas selvagens *estáveis*: essas terras são tão particulares como as possuídas por ocupação legitimável, isto é, são *originariamente reservadas da devolução*, nos expressos termos do Alvará de 1º de abril de 1680, que as reserva até na concessão das sesmarias.

É verdade que, entre nós, subordinados os índios às consequências da posição de órfãos, em que os colocou a Lei de 27 de outubro de 1831 – parece que eles não podem, sem assistência judicial, alienar suas terras, *ex vi* do disposto na Ord. L. I tit. 88 § 26; mas esta cautela tem por efeito, não *desapossar* os índios e sim evitar que eles sejam enganados dolosamente. Seja, porém, como for, não podem ser aplicadas às terras de *posse indigenata* as mesmas regras aplicáveis às terras *reservadas para colonização*: aquelas não estão sujeitas senão às cautelas da Ord. L. I tit. 88 § 26; estas, na forma do art. 72 do Regulamento de 1854, têm um encargo análogo ao usufruto e não podem ser alienadas enquanto o governo, por ato especial, não conceder aos índios o pleno *gozo* delas.

Esta distinção, que parece subtil, não o é – tem consequências práticas, que os norte-americanos resolveram por tratados entre o governo e as tribos, pagando-lhes as terras a preço debatido; e as dificuldades nascidas dessa distinção só desapareceram depois que foi aplicada aos índios a lei de *homestead*. A jurisprudência norte-americana, como explica Carlier, sempre apreendeu essa distinção, a ponto de sustentar como legítimas as vendas particulares feitas pelos índios do *Indian country*, desde que nelas não interviesse dolo ou fraude, e sempre aplicando às terras do *Indian reservation* regras distintas. Ainda no *Annuaire de legisl. étrangère*, de 1875, vem um *act* de 15 de dezembro de 1874, confirmando um tratado com os índios Shoshones:

tendo sido descobertas umas minas nos confins do território de Wyoming e de Idaho, o governo resolveu evitar complicações entre os exploradores e os índios, entrando em acordo com eles, pagando-lhes 25.000 dólares pelas terras que tinham de ser ocupadas pelos exploradores; esses 25.000 dólares deviam ser e foram pagos em cinco prestações anuais de 5.000 dólares cada uma, para serem empregadas na compra de gado de boa qualidade, entregável aos Shoshones.

Enfim, esse ponto talvez seja um dos poucos em que há a aprender nas últimas leis e jurisprudência norte-americanas.

## VI

A Constituição Federal, no art. 64, determina que pertencem aos estados as terras devolutas situadas nos respectivos territórios, cabendo à União somente a porção de território que for indispensável para a defesa das fronteiras, fortificações, construções militares e estradas de ferro federais.

Os estados passaram, então, a estabelecer cautelas sobre o *reconhecimento* dos títulos de domínio, subordinados sempre, como devem ser, às regras de direito civil; além disso, estabeleceram regras sobre a *revalidação* de títulos de domínio, sobre a *legitimação* de posses, sobre a *discriminação* das terras possuídas, das terras reservadas e das terras devolutas, devendo respeitar os princípios, regras e leis que afetam a ação judiciária quanto à *índole da ação*, visto que essa *índole* afeta o *direito de agir*.

Aos estados ficaram as terras devolutas; ora, as terras do *indigenato*, sendo terras congenitamente possuídas, não são devolutas, isto é, são originariamente reservadas, na forma do Alvará de 1º de abril de 1680 e por dedução da própria Lei de 1850 e do art. 24 § 1º do Decreto de 1854; as terras reservadas para o *colonato de indígenas* passaram a ser sujeitas às mesmas regras que as *concedidas* para o *colonato de imigrantes*, salvo as cautelas de orfanato em que se acham os índios;[17] as leis estaduais não tiveram, pois, necessidade de reproduzir as regras dos arts. 72 a 75 do Decreto n.1.318, de 30 de janeiro de 1854.

---

17 Para os *imigrantes* foram estabelecidas ultimamente *cautelas de patronato*, muito mais vantajosas do que as *cautelas de orfanato*, estabelecidas para os *índios* pela Lei de 27 de outubro de 1831.

As leis e decretos estaduais de São Paulo consideram revalidadas: as sesmarias e quaisquer concessões, ou os quinhões em que se achem divididas, desde que os sesmeiros e concessionários, ou seus representantes e sucessores, tenham moradia habitual e cultura efetiva pelo prazo de trinta anos, contados de 2 de agosto de 1865: as terras obtidas originariamente por sesmarias, e adquiridas por qualquer título legítimo até 22 de junho de 1895, ainda que não medidas, confirmadas nem cultivadas; as terras havidas por sesmarias ou concessões do governo geral ou provincial até 18 de setembro de 1850, que não houverem caducado por falta de cumprimento das condições de medição, confirmação e cultura, salvo se tiverem sido dispensadas até 22 de junho de 1895.

Ficaram sujeitas à revalidação as concessões de terras feitas da Lei n.601, de 18 de setembro de 1850, que não estiverem medidas e demarcadas ou a respeito das quais não tenham sido cumpridas as outras condições estabelecidas pelo governo, quando para seu cumprimento tiver havido prorrogação de prazo concedida até 22 de junho de 1895, e quando as prorrogações concedidas depois de 24 de fevereiro de 1891, pelo governo federal, estejam previstas nos atos e contratos das concessões.

Quanto às posses e à sua legitimação, as leis estaduais de São Paulo não se afastam, nem podiam se afastar dos princípios gerais estabelecidos pela Lei n.601, de 18 de setembro de 1850; quaisquer diferenças no processo da discriminação não afetam esses princípios gerais e constam do Decreto n.734, de 5 de janeiro de 1900.

Esse Decreto n.734, de janeiro de 1900, expedido em execução das leis estaduais n.323, de 22 de junho de 1895, n.545, de 2 de agosto de 1898, e n.655, de 23 de agosto de, é um trabalho bem confeccionado. Trata das terras devolutas, das terras reservadas, das concessões não medidas e demarcadas, das terras possuídas, das concessões gratuitas de terras devolutas, do registro público das terras nas comarcas, do registro geral na Secretaria da Agricultura, e dos processos de *revalidação de concessões*, de *legitimação de posses*, e de *discriminação e de medição* de terras devolutas, reservadas e possuídas.

Nesse processo de *discriminação* e *medição* é que encontrei algumas disposições, que me trouxeram dificuldades no estudo, despertando especialmente a minha atenção, e requisitando talvez alguma emenda ou explicação. Parece-me que o art. 130 institui um interdito possessório em forma de recurso, desde que o regulamento só cogita no art. 140 da ação de reivindicação. Penso assim porque não é lícito admitir que o legislador estadual possa, mediante o recurso do art. 139, abolir uma ação possessória; quero antes crer que ele quis dar a esse remédio possessório um processo mais sumário. Convém, entretanto, ficar bem firmado que o juiz de direito, em tal caso, não funciona como juiz de segunda instância, mas por jurisdição originária e em primeira instância. Enfim, esse caso merece estudo, porque afeta, não só a forma do processo, como a índole da ação e o princípio constitucional da divisão dos poderes; aliás, não é lícito colocar o agrimensor na posição de juiz e abolir um *interdicto retinendæ*.

Os nossos sertanejos acham-se, portanto, diante dos seguintes títulos originários de propriedade:

1º – O das terras *possuídas por hordas selvagens* coletivamente organizadas, cujas posses não estão sujeitas à *legitimação*, visto que o seu título não é a *ocupação*, mas o *indigenato* (Alvará de 1º de abril de 1680).

2º – O das sesmarias concedidas até a Resolução Imperial de 5 de fevereiro de 1827.

3º – O das terras *possuídas por ocupante*, cujas posses estão sujeitas à *legitimação*, visto que não têm outro título senão a ocupação (Lei n.601, de 18 de setembro de 1850 e Decreto de 30 de janeiro de 1854, art. 24 § 1º).

4º – O das terras *em poder de segundo ocupante*, adquiridas por título legítimo, tais como herança, compra e venda, doação, em suma, por transmissões *causa mortis* ou *inter vivos* (cit. Decreto de 1854, art. 24 § 2º).

5º – O das terras *devolutas* (art. 3º e 14 da Lei n.601, de 18 de setembro de 1850).

6º – O das terras *reservadas*, quer para colonização de indígenas, quer para fundação de povoações, estradas e outras servidões e estabelecimentos públicos, quer para construção naval (cit. Lei de 1850, art. 12).

7º – O de algumas *sesmarias irregularmente concedidas* depois da Resolução de 1827, e que foram *consideradas revalidadas*.

8º – O de concessões do governo geral ou provincial, feitas depois de 1827 e antes da Lei de 1850, e que também foram *consideradas revalidadas*.

9º – O de concessões de terras, feitas depois da Lei de 1850, e que as leis estaduais declaram *sujeitas à revalidação*.

Na faina de ter um título de aquisição, alguns recorreram ao expediente dos chamados *grilos*, isto é, às transmissões por instrumento particular, assinado por *posseiros* falecidos ou a rogo de *posseiros* analfabetos falecidos. O

Decreto estadual de São Paulo n.734, de 5 de janeiro de 1900, no intento de estabelecer cautelas contra *grilos futuros*; tratou prudentemente de tranquilizar os adquirentes por *grilos passados*, estabelecendo as seguintes regras:

1º – Fica reconhecido em sua posse, independentemente de *legitimação*, o possuidor de terras que tiver título legítimo obtido até 2 de agosto de 1878.

2º – Se o título for instrumento particular, só se reputará datado do tempo em que se tiver verificado algum fato de fé irrecusável nos termos de direito.[18]

3º – Fica também reconhecido em sua posse o possuidor que, por si e por seus antecessores, tiver morada habitual e cultura efetiva nas terras pelo prazo continuado de trinta anos, contados de 2 de agosto de 1868, ainda mesmo que as terras constituam concessões não revalidadas.

4º – Estão sujeitas à legitimação as posses estabelecidas depois do dia 2 de agosto de 1868 até o dia 22 de junho de 1895, desde que as terras estejam cultivadas ou com princípio de cultura e moradia habitual do possuidor originário, ou de seus sucessores, ou de seus prepostos.[19]

---

18 Os fatos de fé irrecusável, nos termos da Lei n.79, de 23 de agosto de 1892, art. 3º, são ou o reconhecimento da firma, ou o registro em notas do tabelião, ou a apresentação em juízo ou repartições públicas, ou o falecimento de algum dos signatários. Um *grilo* assinado a rogo de *posseiro* analfabeto antes de 2 de agosto de 1878 é, portanto, um título legítimo, desde que o signatário a rogo, ou mesmo qualquer das testemunhas signatárias, tenha falecido antes daquela data. A lei não exige, nem podia exigir, o concurso desses quatro fatos: basta que *algum* deles se tenha verificado, para que do tempo desse se repute datado o instrumento. Está claro que isto não quer dizer que, no caso de assinatura falsa, prevaleça o instrumento; uma vez provada a falsidade da assinatura, é como se não houvesse signatário e, então, o caso se rege por outros princípios. Mas, desde que as assinaturas do signatário a rogo e das testemunhas são verdadeiras, o falecimento de qualquer dos signatários determina a data e legitima o título para todos os efeitos.

19 Um dos maiores *posseiros*, talvez o maior *posseiro* das regiões do Paranapanema, foi o sertanejo José Teodoro de Souza. Em 1862, ele apareceu nesta capital, seguido de alguns índios; e a seu respeito disse o dr. Joaquim Antônio Pinto Junior, na *Memoria* cit, o seguinte: "O cidadão José Teodoro é um homem de coração bem formado, que se tem constituído protetor dos índios, que lhe dão até o nome de pai; ele a expensas suas, os conduziu a esta capital para apresentá-los ao governo; é ele que os auxilia em suas necessidades mais urgentes; é em sua fazenda que encontram todos os socorros; de uma modéstia a toda prova, não faz ostentação de seus serviços".

Esse sertanejo pode pacificamente manter e registrar todas as suas *posses*, que por muitas transmissões deram origem a grande número de fazendas atualmente estabelecidas naqueles sertões. Os índios, até poucos anos antes de sua morte, nunca tiveram luta nem queixas desse sertanejo; mas, nos últimos tempos, por pendências entre os índios e um irmão desse sertanejo, os seus parentes e aderentes, sob pretexto de represália ao assassinato desse seu irmão

## VII

Quer em relação a direitos individuais e políticos, quer mesmo nas relações estritamente administrativas, os índios, na República, não passaram por alteração alguma.

O Ato Adicional à Constituição Política do Império, no art. 11, dava às assembleias provinciais a competência para, *cumulativamente com o governo geral*, promover a catequese e a civilização dos índios. É verdade que a Consulta do Conselho de Estado, de 29 de março de 1848, diz que, conquanto tenham as assembleias provinciais competência sobre esta matéria, não podem legislar sobre o modo de se tornar efetivo esse serviço, visto que tal competência foi preventa pelo Decreto n.246, de 24 de julho de 1845; mas, essa consulta não teve Resolução Imperial.

Se assim era, no tempo do Império, em relação às províncias, com maioria de razão deve sê-lo, na República, em relação aos estados. Nada há que, com o regime federativo, possa alterar esse estado de coisas; o estado de São Paulo, pois, pode e deve entrar na tarefa de catequese e civilização dos índios, respeitando não só a autonomia como *tribos* enquanto não se constituírem municipalmente, como também o seu domínio sobre as terras em que se acharem *estabelecidos* com posse congênita.

A extensão em que os índios são encontrados com residência insistente é mínima em relação à grande extensão deserta que fica devoluta; deixem-lhes as terras em que se acham estabelecidas as suas tribos, porque, relativamente a essas terras de índios, a grande extensão restante é como um oceano em relação a uma gota d'agua.

Dos vigentes princípios constitucionais, não pode resultar senão o seguinte:

1º – Em relação a direitos individuais, os índios devem encontrar nas jurisdições estaduais com recurso para o Supremo Tribunal Federal, as garantias do seu direito à posse indigenata, enquanto subsistem em terras por eles congenitamente ocupadas: é um direito individual, que além de *natural*, está positivamente reconhecido pelo Alvará de 1º de abril de 1680 e pela Lei de 6

---

(assassinato que não ficou provado ter sido feito pelos índios, por caboclos, ou mesmo por parentes e aderentes), principiaram em uma série de vinganças contra os índios.

Coincide isto com a multiplicação das transmissões de partes das *posses* registradas por José Teodoro. Enfim, tal é a instabilidade das coisas humanas, que José Teodoro, o grande *posseiro*, morreu paupérrimo!

de junho de 1755. O Poder Judiciário é eminentemente nacional, quer na jurisdição federal, quer nas jurisdições estaduais; e os juízes são para todos os *indivíduos*, quer não indígenas, quer indígenas.

2º – Em relação ao interesse exclusivamente social, especialmente para animar o desenvolvimento da catequese e civilização, tanto o governo federal, como os governos dos estados, têm atribuições cumulativas, que, em alguns casos, podem ser até simultâneas; e por isso, já mesmo no antigo regime unitário, não teve Resolução a Consulta do Conselho de Estado, que considerava preventa pelo Decreto de 1845 a competência do governo geral.

O Estado de São Paulo é a terra dos bandeirantes. *Quid ergo? Si lupus rapax, semper rapax? Absit. Sed quid? Mané rapiet, et vesperum dividet escas.* "Que significa isto? Se lobo rapace, sempre rapace? Não. Mas, como? De manhã arrebatará e à tarde dividirá os despojos." Agora, o estado de São Paulo, como o Apóstolo que lhe deu o nome, *lupus rapax adducitur ad sequendam, non rapiendam*, é o lobo rapace que segue, não para arrebatar a vontade livre e o domínio dos índios, mas para iluminar a sua vontade e distribuir por eles as vantagens da moral cristã e da civilização.

Que *bandeira* era essa que levavam os *paulistas*? Era (como já, sem o sentir predissera Santo Agostinho) – o estandarte da Cruz: *Circumfert Paulus in Cruce vexillum et Petrus titulat signo Crucis gentiles* – "Paulo leva aos gentios a bandeira da Cruz e Pedro lhes marca o sinal da Cruz".

Paulo, o Apóstolo das Gentes, levando por toda a parte a bandeira da Cruz, atraía os gentios ao cristianismo; aos *paulistas*, pela Carta Régia de 9 de novembro de 1690, era permitida a entrada de *bandeiras* no sertão, "em auxílio dos padres que forem pregar a Fé e para só trazerem os índios que voluntariamente quisessem vir".

Se muitos abusaram, outros protestaram; e, afinal, todos se curvaram ao sinal da Cruz. É providencial que o estado de São Paulo prossiga na senda do Apóstolo, tornando-se *ex persecutore proedicator, ex lupo ovis*. Pedro Álvares Cabral denominando – *Santa Cruz* – o país que ele descobriu em 3 de maio de 1500, era o instrumento de um prognóstico: *Petrus titulat signo Crucis gentiles; circumfert Paulus in cruce vexillum*. O nome Santa Cruz dado à terra do Brasil; os nomes de *Pedro*, por que se assinalaram o descobridor Pedro Álvares Cabral, o primeiro informador histórico Pedro Vaz Caminha, o primeiro bispo Pedro Fernandes Sardinha, o rei de Portugal d. Pedro, que expediu a Carta Régia de 1690 favorecendo e definindo as *bandeiras*, o príncipe d.

Pedro depois d. Pedro I, que proclamou a nossa independência; o imperador d. Pedro II, que declarou os índios isentos de servidão e equiparados aos órfãos; tudo isto unido ao nome São Paulo dado a este pedaço da terra do Brasil donde partiram as migrações para a expansão nacional, e o nome de *paulistas* dado a esses *bandeirantes*, tudo isso nos obriga a crer no que diz o padre Antônio Vieira, na sua *História do futuro*, isto é, que do Brasil, e especialmente dos *paulistas*, falava o profeta Isaías, quando disse no cap.XVIII, v.2: *Ite angeli veloces ad gentem convulsam et dilaceratam, ad gentem expectantem et conculcatam, cujus diripuerunt flumina terram ejus.*

Como podem explicar essas coincidências os pretendidos sábios modernos? Estas coincidências, que só podiam estar nos desígnios de Deus, não podem deixar de impressionar os espíritos verdadeiramente cultos: "não há acaso para Deus, [...] E, se não, atendamos ainda para certos sinais, que, se nada valem para os incrédulos, são de subido valor para os homens de fé".[20]

O estado de São Paulo tem providencialmente a atribuição de proteger os indígenas, promovendo a sua catequese e civilização.

Há quem ande a dizer que o nosso indígena resiste aos esforços civilizadores; a isto responderam o general Arouche, o brigadeiro Machado, o barão de Antonina, e principalmente o dr. Pinto Junior: "aproveitados no interesse alheio os seus serviços sem retribuição, é natural que eles, sem estímulo, prefiram os hábitos da indolência; pois para qualquer homem, o trabalho é uma pena, um sofrimento que só se torna apetecível quando os resultados compensam as bagas do suor derramado".[21] E, perguntamos nós, se um imigrante europeu obtiver resultados idênticos aos obtidos pelos nossos índios aldeados, como hão de proceder? Terão a paciência do africano que, por estranho às nossas matas, se subordinava à escravidão, ou farão como o índio, que preferia fugir para as suas matas?

Também alguns dos nossos caipiras vulgarmente chamados – *camaradas*, eram apontados como indolentes, a fim de serem reduzidos aos celebérrimos contratos de locação de serviços da Lei de 13 de setembro de 1830 e mesmo do Decreto de 15 de março de 1879. Até 1886 ainda havia locadores de serviços, *colonos nacionais*, presos aos celebérrimos contratos da revogada Lei de 13 de setembro de 1830. Os cartórios dos escrivães de paz estavam cheios de

20 Almeida, *Algumas notas genealógicas*, p.44.

21 Pinto Júnior, *Memória sobre a catequese e civilização dos indígenas da província de S. Paulo*, p.11.

*autos de infração*: os únicos locadores que escapavam da armadilha eram os que tinham meios de apelar para algum juiz independente, justo e enérgico; os outros continuavam mediante contas de *fornecimentos elásticos*, amarrados ao poste de contratos leoninos, alguns dos quais feitos desde mais de dez e vinte anos. Esses contratos chegaram a ser considerados títulos ao portador: o camarada mudava de patrão sem ser consultado.

Em 1886 dizia um jornal brasileiro:

> O camarada brasileiro, branco, mameluco, caboclo, ou indígena aldeado, que se contrata, vê-se apanhado em uma rede infernal, cujas malhas são compostas de contas leoninas, que *se espicham*. Aquele que conseguiu escapar dessa armadilha, cansado, desalentado, forma então o seu plano de vingança, procurando, na indolência, uma reação, uma defesa, uma resistência passiva. Os camaradas brasileiros, quando dispostos a trabalhar, são os mais fortes, os mais corajosos, os quase únicos derrubadores das nossas matas; mas é necessário que eles tenham a consciência de sua liberdade e que recuperem a confiança no respeito de seus direitos, para que manifestem o vigor, a energia que sempre os distinguiu.

Em relação aos indígenas, evoco aqui as palavras do barão de Antonina, no ofício de 2 de setembro de 1843: "Devemos procurar criar entre os indígenas as necessidades do homem civilizado, não para comodidade exclusivamente nossa, mas também para comodidade deles; ao contrário, será impossível que não prefiram ou a indolência na vida conosco, ou a vida errante nos terrenos desconhecidos".

Houve um tempo em que alguns soldados dos destacamentos policiais, e mesmo do Exército, que iam e vinham do sertão, gabavam-se de, por divertimento, ter feito nos índios exercícios de tiro ao alvo; ora, sendo assim, como estranhar que, em represália, os índios às vezes façam nos civilizados exercício de seta ao alvo? Felizmente, os comandantes e os bons soldados nunca aplaudiram essas jactâncias de covardia e crueldade.

Aliás, aos índios se atribui tudo quanto acontece nos sertões; entretanto, mesmo quando há notícia de alguma *correria* de índios, todos assinalam que, entre os assaltantes, havia gente que falava português, usando de interjeições e ameaças em língua portuguesa etc. Isto indica que os índios, estando sós, em regra, não são assaltantes; quando há um assalto de índios, é que, entre eles, há *civilizados*, provenientes das vilas e cidades e que se adaptaram aos aldeamentos. Por outro lado, os índios são, as mais das vezes, o bode expiatório de fatos que praticaram instrumentalmente: tão certo é isto, que o malogrado monsenhor Claro Monteiro dizia: – "Se houver notícia do meu assassinato, não o atribuam aos índios, mas aos *regatões* protegidos pelos mandões interessados na ignorância dos índios".

Hão de se convencer de que a Igreja Católica é quem melhor pode civilizar os índios. Eu não pretendo afirmar que as ordens religiosas estejam isentas de erros e até de pecados; afinal, são compostas de homens como os outros. Entendo mesmo que os leigos podem também concorrer ao serviço da civilização, certos, entretanto, de que, não só para a religião, como para outras coisas que exigem tenacidade de sacrifícios, sem um lucro pessoal imediato, essas ordens são insubstituíveis, posto que não devam ser dispensadas de assistência e inspeção. Ninguém mostrará entre os leigos um frei Timóteo, que morreu no Paraná, velho, sempre estimado pelos índios, fundando povoações que hoje estão ali em prosperidade; ninguém mostrará, entre os leigos, um frei Pacífico do Monte Falco, o fundador de Itaporanga; e, mesmo atualmente, nós estamos vendo os capuchinhos de Trento, sob a direção de frei Bernardino de Lavalle, afundando pelos sertões, onde, certamente, hão de mostrar resultados de catequese.

Pelo amor de Deus, e mesmo por amor de nós mesmos, dispamo-nos de preconceitos contra a religião de nossos pais: foi ela que nos civilizou e só ela civilizará os nossos indígenas. Que os *posseiros* e *fazendeiros* dos sertões trabalhem e sejam venturosos; mas, longe de maltratar os índios, os protejam, os eduquem, os defendam. Que os *sertanejos* sejam os veículos do progresso, os precursores da indústria civilizada e das estradas de ferro; que se defendam mesmo contra assaltos, quer de índios, quer de *civilizados*; mas não andem à caçada de índios como quem anda à caça de veados. Todos, *fazendeiros, posseiros, sertanejos,* todos sigam o rumo que a caridade indica, com o olhar fito na Cruz do Redentor.

São Paulo foi o Apóstolo das Gentes; o estado de São Paulo não pode deixar de ter a mesma missão providencial em relação ao gentio das nossas florestas.

## Referências bibliográficas


Almeida, João Mendes de. *Algumas notas genealógicas*: livro de família – Portugal, Hespanha, Flandres-Brabante, Brasil, São Paulo, Maranhão: séculos XVI-XIX. São Paulo: Tipografia Baruel, Pauperio & Companhia, 1886.

Fonseca, Manoel da. *Vida do venerável padre Belchior de Pontes, da Companhia de Jesus da Província do Brasil*. Lisboa: Oficina de Francisco da Silva, 1752. Reeditada pela Companhia Melhoramentos de São Paulo, [s.d.].

Madre de Deus, Frei Gaspar da. *Memórias para a história da capitania de São Vicente*, I, 42.

Moraes Filho, Alexandre José de Mello. *Pátria selvagem*: a floresta e a vida. Mitos amazônicos. Os escravos vermelhos. Rio de Janeiro: H. Garnier, 1897.

Pinto Júnior, Joaquim Antonio. *Memória sobre a catequese e civilização dos indígenas da província de S. Paulo*. Santos: Tipographia Commercial, 1862.

Rendon, José Arouche de Toledo. Memória sobre as aldeias de índios da província de São Paulo, *Revista do Instituto Histórico e Geográfico Brasileiro*, v.4.

Taques, Pedro. Nobiliarchia paulistana, *Revista do Instituto Histórico, Geográfico e Etnográfico do Brasil*, XXXIV, 1871.

# 12
# TEXTOS CONSTITUCIONAIS DE 1824 A 1988

**1824**
Carta Outorgada
Não menciona índios.

**1834**
Ato Adicional
Art. 11, § 5º – Atribui competência às assembleias legislativas provinciais "para promover cumulativamente com as assembleias e governos gerais [...] a catequese e a civilização do indígena e o estabelecimento de colônias".

**1891**
Constituição
Não menciona índios.

**1934**
Constituição
Art. 5º – Compete privativamente à União: [...] XIX – Legislar sobre: [...] m) incorporação dos silvícolas à comunhão nacional;
Art. 129 – Será respeitada a posse de terras de silvícolas que nelas se achem permanentemente localizados, sendo-lhes, no entanto, vedado aliená-las.

**1937**

Constituição Outorgada

Art. 154 – Será respeitada aos silvícolas a posse de terras em que se achem localizados em caráter permanente, sendo-lhes, no entanto, vedado aliená-las.

**1946**

Constituição

Art. 5º – Compete à União [...] XV – Legislar sobre: [...] r) incorporação dos silvícolas à comunhão nacional; Art. 216 – Será respeitada aos silvícolas a posse de terras onde se acham permanentemente localizados, com a condição de não a transferirem.

**1967**

Constituição

Art. 8º – Compete à União [...] XVII – Legislar sobre: [...] o) incorporação dos silvícolas na comunhão nacional.

Art. 14 – Integram o patrimônio da União [...] – as terras ocupadas pelos silvícolas; [...].

**1969**

Ato Institucional n.1 – Constituição

Art. 4º – Incluem-se entre os bens da União: [...] IV – As terras ocupadas pelos silvícolas.

Art. 8º – Compete à União: [...] XVIII – Legislar sobre: [...] o) nacionalidade, cidadania e naturalização; incorporação dos silvícolas à comunhão nacional.

Art. 198 – As terras habitadas pelos silvícolas são inalienáveis nos termos que a lei federal determinar, a eles cabendo a sua posse permanente e ficando reconhecido o seu direito ao usufruto exclusivo das riquezas naturais e de todas as utilidades nelas existentes. § 1º – Ficam declaradas a nulidade e a extinção dos efeitos jurídicos de qualquer natureza que tenham por objetivo o domínio, a posse ou a ocupação de terras habitadas pelos silvícolas. § 2º – A nulidade e extinção de que trata o parágrafo anterior não dão aos ocupantes direito a qualquer ação ou indenização contra a União e a Fundação Nacional do Índio.

**1988**

TÍTULO III – DA ORGANIZAÇÃO DO ESTADO
CAPÍTULO II – DA UNIÃO

Art. 20. São bens da União:

XI – as terras tradicionalmente ocupadas pelos índios.

Art. 22. Compete privativamente à União legislar sobre:

XIV – populações indígenas;

TÍTULO IV – DA ORGANIZAÇÃO DOS PODERES
CAPÍTULO I – DO PODER LEGISLATIVO
SEÇÃO II – DAS ATRIBUIÇÕES DO CONGRESSO NACIONAL

Art. 49. É da competência exclusiva do Congresso Nacional:

XVI – autorizar, em terras indígenas, a exploração e o aproveitamento de recursos hídricos e a pesquisa e lavra de riquezas minerais;

TÍTULO IV – DA ORGANIZAÇÃO DOS PODERES
CAPÍTULO III – DO PODER JUDICIÁRIO
SEÇÃO IV – DOS TRIBUNAIS REGIONAIS FEDERAIS E DOS JUÍZES FEDERAIS

Art. 109. Aos juízes federais compete processar e julgar:

XI – a disputa sobre direitos indígenas.

TÍTULO IV – DA ORGANIZAÇÃO DOS PODERES
CAPÍTULO IV – DAS FUNÇÕES ESSENCIAIS À JUSTIÇA
SEÇÃO I – DO MINISTÉRIO PÚBLICO

Art. 129. São funções institucionais do Ministério Público:

V – defender judicialmente os direitos e interesses das populações indígenas;

TÍTULO VII – DA ORDEM ECONÔMICA E FINANCEIRA
CAPÍTULO VI – DOS PRINCÍPIOS GERAIS DA ATIVIDADE ECONÔMICA

Art. 176. As jazidas, em lavra ou não, e demais recursos minerais e os potenciais de energia hidráulica constituem propriedade distinta da do solo, para efeito de exploração ou aproveitamento, e pertencem à União, garantida ao concessionário a propriedade do produto da lavra.

§ 1º A pesquisa e a lavra de recursos minerais e o aproveitamento dos potenciais a que se refere o "caput" deste artigo somente poderão ser efetuados mediante autorização ou concessão da União, no interesse nacional, por brasileiros ou empresa constituída sob as leis brasileiras e que tenha sua sede e administração no País, na forma da lei, que estabelecerá as condições específicas quando essas atividades se desenvolverem em faixa de fronteira ou terras indígenas.

TÍTULO VIII – DA ORDEM SOCIAL
CAPÍTULO III – DA EDUCAÇÃO, DA CULTURA E DO DESPORTO
SEÇÃO I – DA EDUCAÇÃO
Art. 210. Serão fixados conteúdos mínimos para o ensino fundamental, de maneira a assegurar formação básica comum e respeito aos valores culturais e artísticos, nacionais e regionais.
§ 2º O ensino fundamental regular será ministrado em língua portuguesa, assegurada às comunidades indígenas também a utilização de suas línguas maternas e processos próprios de aprendizagem.

SEÇÃO II – DA CULTURA
Art. 215. O Estado garantirá a todos o pleno exercício dos direitos culturais e acesso às fontes da cultura nacional, e apoiará e incentivará a valorização e a difusão das manifestações culturais.
§ 1º O Estado protegerá as manifestações das culturas populares, indígenas e afro-brasileiras, e das de outros grupos participantes do processo civilizatório nacional.

TÍTULO VIII – DA ORDEM SOCIAL
CAPÍTULO VIII – DOS ÍNDIOS
Art. 231. São reconhecidos aos índios sua organização social, costumes, línguas, crenças e tradições, e os direitos originários sobre as terras que tradicionalmente ocupam, competindo à União demarcá-las, proteger e fazer respeitar todos os seus bens.
§ 1º São terras tradicionalmente ocupadas pelos índios as por eles habitadas em caráter permanente, as utilizadas para suas atividades produtivas, as imprescindíveis à preservação dos recursos ambientais necessários a seu

bem-estar e as necessárias a sua reprodução física e cultural, segundo seus usos, costumes e tradições.

§ 2º As terras tradicionalmente ocupadas pelos índios destinam-se a sua posse permanente, cabendo-lhes o usufruto exclusivo das riquezas do solo, dos rios e dos lagos nelas existentes.

§ 3º O aproveitamento dos recursos hídricos, incluídos os potenciais energéticos, a pesquisa e a lavra das riquezas minerais em terras indígenas só podem ser efetivados com autorização do Congresso Nacional, ouvidas as comunidades afetadas, ficando-lhes assegurada participação nos resultados da lavra, na forma da lei.

§ 4º As terras de que trata este artigo são inalienáveis e indisponíveis, e os direitos sobre elas, imprescritíveis.

§ 5º É vedada a remoção dos grupos indígenas de suas terras, salvo, "ad referendum" do Congresso Nacional, em caso de catástrofe ou epidemia que ponha em risco sua população, ou no interesse da soberania do País, após deliberação do Congresso Nacional, garantido, em qualquer hipótese, o retorno imediato logo que cesse o risco.

§ 6º São nulos e extintos, não produzindo efeitos jurídicos, os atos que tenham por objeto a ocupação, o domínio e a posse das terras a que se refere este artigo, ou a exploração das riquezas naturais do solo, dos rios e dos lagos nelas existentes, ressalvado relevante interesse público da União, segundo o que dispuser lei complementar, não gerando a nulidade e a extinção direito a indenização ou a ações contra a União, salvo, na forma da lei, quanto às benfeitorias derivadas da ocupação de boa fé.

§ 7º Não se aplica às terras indígenas o disposto no art. 174, § 3º e § 4º.

Art. 232. Os índios, suas comunidades e organizações são partes legítimas para ingressar em juízo em defesa de seus direitos e interesses, intervindo o Ministério Público em todos os atos do processo.

## ATOS DAS DISPOSIÇÕES CONSTITUCIONAIS TRANSITÓRIAS

Art. 67. A União concluirá a demarcação das terras indígenas no prazo de cinco anos a partir da promulgação da Constituição.

SOBRE O LIVRO
*Formato*: 16 x 23 cm
*Mancha*: 27,5 x 49,0 paicas
*Tipologia*: Horley Old Style 11/15
*Papel:* Offset 75 g/m$^2$ (miolo)
Cartão Supremo 250 g/m$^2$ (capa)

*1ª edição Editora Unesp*: 2018
*4ª reimpressão*: 2023

EQUIPE DE REALIZAÇÃO

*Capa*
Marcelo Girard

*Imagem de capa / página 8*
Walter Campanato / Agência Brasil

*Edição de texto*
Tulio Kawata (Copidesque)
Beatriz de Freitas Moreira (Revisão)

*Editoração eletrônica*
Sergio Gzeschnik

*Assistência editorial*
Alberto Bononi
Richard Sanches

Rettec artes gráficas e editora

Rua Xavier Curado, 388 • Ipiranga - SP • 04210 100
Tel.: (11) 2063 7000 • Fax: (11) 2061 8709
rettec@rettec.com.br • www.rettec.com.br